高等学校教材

Chuanbo Yingyun Guanlixue

船舶营运管理学

（交通运输管理专业）

方　芳　主编

人民交通出版社

内 容 提 要

本书系统地阐述了远洋、沿海及内河运输船队营运管理的基本概念、基本理论与基本方法。

全书共分4篇18章。主要内容包括:船舶运输系统的构成、船舶种类及其船舱结构特征、船舶营运必备的基础条件、船舶营运与经济指标、班轮运输组织、不定期船运输组织、内河船舶运输组织、计划与调度、国际航运组织、航运政策与法规、港口国监控、ISO 9000系列认证、ISM规则和船型技术经济论证等。

本书既可作为大专院校交通运输管理专业本科生、大专生的教材使用,又可供船公司对各级管理人员进行培训,也可用于管理人员自学以及行政管理人员熟悉船公司业务。

图书在版编目(CIP)数据

船舶营运管理学/方芳主编.—北京:人民交通出版社,2004.10(2007.10重印)

ISBN 978-7-114-05317-7

Ⅰ.船… Ⅱ.方… Ⅲ.船舶管理 Ⅳ.U692

中国版本图书馆CIP数据核字(2004)第108358号

高等学校教材

书　　名:船舶营运管理学(交通运输管理专业)
著 作 者:方　芳
责任编辑:富砚博
出版发行:人民交通出版社
地　　址:(100011)北京市朝阳区安定门外外馆斜街3号
网　　址:http://www.ccpress.com.cn
销售电话:(010) 59757973
总 经 销:人民交通出版社发行部
经　　销:各地新华书店
印　　刷:北京鑫正大印刷有限公司
开　　本:787×1092　1/16
印　　张:16.25
字　　数:402千
版　　次:2004年10月 第1版
印　　次:2013年8月　第4次印刷
书　　号:ISBN 978-7-114-05317-7
印　　数:5001－6000册
定　　价:28.00元

前　　言

船舶运营管理是一门专业性很强的课程，涉及的内容较为广泛。本书将船舶运输组织作为有机的系统进行研究。

全书共分4篇18章。主要内容包括：船舶运输系统的构成、船舶种类及其船舱结构特征、船舶营运必备的基础条件、船舶营运与经济指标、班轮运输组织、不定期船运输组织、内河船舶运输组织、计划与调度、造船、买船与租船决策、国际航运组织、航运政策与法规、港口国监控、ISO 9000系列认证、ISM规则和船型技术经济论证等。

本书在编写过程中，力求基本概念清楚、全面，具有良好的可读性。为便于自学和加深学习效果，本书每一章后面都列有思考题和习题，既可作为大专院校交通运输管理专业本科生、大专生的教材使用，也可作为航运企业各级管理人员岗位培训和业务进修用书。

本书主编为武汉理工大学交通学院方芳教授。有关章节的执笔者是：第一、二、六、七、十、十一、十二、十三、十六、十七章由方芳编写；第五、八、十四章由詹斌编写；第三、四、九、十五章由丁涛编写；十八章由屠琳桓编写，同时对第三、四、五、八章作了补充和修改。全书由屠琳桓校核。

由于编者水平有限，书中的疏漏、缺陷和不妥之处在所难免，敬请各位专家赐教，以便改进与提高。

作者

2004.9

目　录

第一篇　船舶营运基础篇

第二篇　船舶运输组织与决策篇

第三篇　船舶运营环境篇

第四篇　船舶技术经济论证篇

第一篇 船舶营运基础篇

第一章 绪 论

第一节 交通运输在国民经济中的地位和作用

一、交通运输的性质

交通运输属于第三产业，即服务行业。运输具有三个要素：空间位移、所使用的运输工具以及运输服务费用。因此，运输的性质可以概括为：利用运输工具，为旅客、货物实现空间位移而提供的有偿服务。

二、交通运输业的特点

工农业生产是以物质为劳动对象，通过生产过程改变劳动对象的物理、化学、生物属性，产生具有使用价值的新的物质产品。与工农业生产过程不同，运输业生产过程是在不改变劳动对象原有属性或形态的要求下，实现劳动对象的空间位移。运输业这一特殊生产过程使其与其他产业有很大的区别，主要特点是：

1.运输服务的公共性

运输服务的公共性指的是运输服务在全社会范围内与公众有利害关系的特性。其公共性主要表现在：

(1)保证为社会物质在生产和流通过程中提供运输服务。由于社会物质包括生产过程中的原材料、半成品、成品以及流通过程中的商品、生活必需品等，涉及到企业的生产和人们的日常生活，因而运输服务的需求者十分广泛。

(2)保证人们在生产和生活过程中的出行需要提供运输服务。由于在现代生活中，人们不可能总是在同一地点进行工作、学习和接受教育，因此出行是人们日常生活中所必需的活动，其运输服务需求者也十分广泛。

总之，无论是物质的空间位移，还是人们的出行都是全社会普遍发生的运输需求，因而运输服务对整个社会的经济发展和人们生活水平的提高，均有广泛的影响，从而体现了运输服务的公共性。

2.运输产品是无形产品

运输业的劳动对象是货物或人，与一般生产过程中的劳动对象不一样，货物或人进入运输过程没有经过物理的或化学的变化取得新的使用价值形态，即运输不增加劳动对象的数量，而且也不会改变劳动对象所固有的属性，而是仅仅改变劳动对象的空间位置，从而改变了其使用价值的形态，为消费做好准备。因此，运输对象只发生空间位置和时间位置的变化而本身没有产生实质性变化。运输生产是为社会提供效用而不是生产实物形态的产品，因此，运输生产属于服务性生产，其产品可称之为无形产品，具体表现为货物或人在空间位置上的变化。由于运输业的产品仅仅是运输对象空间位置的变化，所以，运输过程受自然环境影响很大，其设备、人员、地点流动分散，经营管理显然与其他工农业生产部门有较大差距。

3.运输生产和运输消费必须同时进行

运输生产必须在用户需要时及时进行生产，并且只能在生产的同时即时消费，运输业创造的使用价值依附于它所运输的商品的使用价值已有的固定形态上，与运输过程同始同终。因此，运输产品的生产过程与消费过程是不可分割的，是合二为一的，在空间和时间上是结合在一起的。因此，如果运输需求不足，则运输供给就应相应减少，否则就会造成浪费。

4.运输产品具有非储存性

工农业产品的生产和消费，可以在时间上和空间上表现为两种完全分离的行为，任一时间生产的产品可以在任一时间消费，某个城市生产的产品可以在另一个城市消费。但是运输业的生产过程和消费过程不论在时间上还是空间上都是不可分离地结合在一起的，也就是说运输产品不可能被储存用来满足其他时间和空间发生的运输需求。因此，在运输业没有产品过剩问题，只存在运输能力不足或过剩的问题。

运输产品的这一特征表明：运输产品既不能储存，也不能调拨，只能在运输生产能力上做一些储备，才能满足国民经济增长和人民生活改善对运输需求增加的需要。

5.运输产品的同一性

工农业生产各部门产品种类繁多、千姿百态，并具有不同的效用。但在运输业，各种运输方式的区分仅仅是使用不同的运输工具承载运输对象，具有不同的技术经济特征，在不同的运输线路上进行运输生产活动，但是，它对社会具有相同的效用，即各种运输方式生产的是同一产品——运输对象的位移。运输产品的数量由统一的客货运量（人、t）和客货运周转量（人·km、t·km）来描述。运输产品的同一性使得各种运输方式之间可以相互补充、协调、替代，形成一个有效的综合运输系统。

三、交通运输在国民经济中的地位和作用

当今世界呈现经济全球化发展趋势，我国已经进入全面建设小康社会阶段。加入WTO，将加快加入国际产业分工的步伐，有利于发挥我国劳动力资源的优势，使我国成为世界加工贸易的中心。随着人民生活水平的提高和社会经济的高速发展，能源和原材料不足的矛盾以及东西部发展不平衡的矛盾也日益突出，需要利用国内和国际市场满足我国发展对各种生活和生产资源的需求。此外，人口众多是我国基本国情，发展经济、提高人民生活水平，均需要土地资源和良好的自然环境，交通运输对实现国家的可持续发展显得越来越重要。

运输业在国民经济中占有相当重要的地位，美国和德国的调查表明，在农业生产领域中运输量占一半以上；在林业、采掘业中有80%以上的作业需要运输配合；在加工工业中，需要依靠运输输入原材料，输出制成品；在国内和国际贸易流通领域里，更是离不开运输，我国商品流通费中有1/3是运输费用，经济发达国家商品流通费用中运输费一般也占1/2以上。上述事实表明，国民经济各部门间以及部门内部的空间与时间联系，完全依赖于运输业的功能才能实现。由此可见，运输业在国民经济中占有相当重要的地位，是国民经济的主要基础之一。

交通运输在国民经济发展中所起的作用，主要体现在以下几个方面：

1.交通运输是国民经济和社会发展的基础

交通运输是发展农业、工业和第三产业的基础。交通运输不仅沟通了不同地区之间的物资交流，促进了农村地区农副产品的流通、城乡交流，是工业企业生产所需的能源、原材料得以及时输入、产品销售能够及时输出的必要条件，而且发达的交通运输网相对缩短了人员交往和

商品流通的时空距离，为人与物的流动创造了有利条件。便利的交通不但为企业降低了流通成本，通畅的运输加速了资金的周转，为企业创造了利润，同时还促进了商业、旅游业等第三产业的发展。

交通运输是城镇体系发展的基础。交通运输基础设施的改善，为城市的发展创造了有利的空间条件，从而带动新的城镇群体的出现和原有城市的扩展，调整区域城镇体系的布局，加速沿运输通道周边地区的城市化进程。

交通运输是社会经济平衡发展的基础。我国区域间、城乡间社会经济的发展还很不平衡，较为落后地区的发展除受观念、资源、资金、技术、人才和自然条件、自身基础等方面的限制外，交通运输落后也是其重要的制约因素。交通运输不但能够有效地为发达地区向落后地区技术辐射创造条件，也为落后地区发挥人力和资源优势提供了可能，有利于区域间的协调发展。

交通运输是国防后勤保障能力和灾害救助能力的基础。不仅国防建设离不开现代化的交通运输系统，发达的交通运输极大地提高了军队快速反应和军需供给的能力，有效地保障国家安全；而且各种灾害的救助需要发达的交通运输以保障物资和人员的快速输送，保证把灾害的损失降低到最低程度。

2.交通运输是国民经济发展的重要产业部门之一

20世纪90年代以来，各国运输、仓储和邮电通信业产值占GDP的比例一般为5%～7%，我国运输、仓储和邮电通信业产值占GDP的比例为5.1%～6.5%，与世界其他国家基本相当；发达国家运输、仓储和邮电通信业就业人数占全社会的比例为5%～9%，我国约占全社会比例为2.9%，与发达国家差距明显。可以预见，随着经济特别是第三产业的发展，交通运输发展对我国就业的贡献仍有很大空间。

3.发达的交通运输有利于降低物流成本

在物流成本中，交通运输费用是物流成本的主要组成部分；在产品成本中，运输费用在生产费用中也占较大比例。目前，我国流通费用较高，约占商品总成本的40%以上。在生产布局中，如何考虑运输因素，最大限度地节省运输成本，不断降低运输费用，是节省社会生产费用，提高社会劳动生产率的重要因素。发达的交通运输可缩短运输距离，提高运送速度，有利于降低物流成本。

4.交通运输有利于促进资源的合理分配和产业结构的调整

便捷的交通运输对国家资源开发、区域经济和社会发展具有支撑和先导作用。大型城市均坐落在沿江、沿海、铁路和公路交汇点等交通运输发达地区，一个新的交通运输通道的建设，可以降低已有社会体系的物流成本，沿运输通道形成新的低物流成本区域，从而调整社会资源的配置，促进产业结构调整和人口重新布局。发达的交通运输网可以拉动一个区域乃至整个国家的经济发展和社会进步，同时交通运输基础设施建设和运输工具本身的发展对于相关产业也具有拉动作用。铁路、公路、码头、机场、管道等基础设施和运输工具的建设，需要大量的原材料投入，如钢铁、水泥、沥青等化工、矿建材料以及设备、电子元件、通信器材等材料或产品。因此，在经济不景气情况下，加大交通运输基础设施建设对于扩大内需具有特别重要的意义。

在不同的交通运输系统支持下，一定的资源及其生存空间可承受的经济总量是不同的。自然资源在地理上的分布是不均匀的。交通运输线路分布状况、距离市场的远近对资源的开发及其经济价值的大小往往具有决定性的影响。现代运输可以改变传统的经济地理概念，使缺少资源的地区扭转资源匮乏劣势。因此，要通过运输网的建设与完善，减少运输短缺对经济发展带来的不利影响，促进社会经济资源的合理配置。

5. 交通运输有助于促进社会生产的发展

从社会发展的角度来看，交通运输是社会发展的前提条件，因为生产的发展、社会的进步均离不开交通运输。世界经济发展史表明，世界各国工农业的发展，大、中城市的兴起，都是以交通运输业的发展为基础或为前提条件的。根据美国的统计资料，美国交通运输业的产值已占其国民生产总值的20%，运输业的从业人数已占全国就业总人数的10%。

运输业担负着社会产品和商品流通的任务，是社会生产的必要条件。宽广的运输网的覆盖、方便的运输条件，将有助于开发新的资源，发展落后地区的经济，扩大原料供应范围和产品销售市场，从而促进社会生产的发展。

6. 交通运输有利于加速资金周转

缩短流通时间，可减少社会产品和商品在流通过程中的数量。缩短流通时间的重要手段就是发展运输业。目前我国国有工业企业流动资金周转时间较长，如果流动资金的周转时间缩短10%，就可节省流动资金100多亿元。因此，加快运输业的发展，建设一个发达的交通运输体系，不仅可以满足国民经济和人民生活对运输的需要，也将促进生产发展和缩短流通时间，加速资金周转，最终将促进社会劳动生产率的提高。

第二节　水路运输对我国社会经济发展的作用

水路运输对人类文明发展的作用是不言而喻的。海洋占全球面积的71%，现代世界贸易的货物量85%是靠海上运输实现的，世界各大城市有60%位于海边或距海岸50km以内，内陆城市大部分建在河岸两旁。可见，水路运输对社会的贡献不可小觑。

一、水路运输方式的技术经济特征

现代交通运输系统由铁路、水路、公路、航空及管道5种主要运输方式组成，每种运输方式都有自身的优点。虽然在运输功能上基本相同，但是在速度、承载重量、运输的连续性、货运质量和旅客的安全、舒适程度、对地理环境的适应程度、能源和材料消耗、投资的多少、运输费用的大小、劳动生产率的高低以及对环境的影响等方面各不相同，在某些情况下甚至是不可能由其他运输方式替代的。一个好的运输体系，就是要充分利用各种运输方式的优点，搞好协调，形成一个低消耗、高输出的运输系统。因此，必须掌握各种运输方式的尤其是水路运输的技术经济特征。

人们对交通运输的要求是安全、迅速、经济、便利，与公路、铁路、民航相比，水路运输方式的技术经济特征表现在以下几个方面：

1. 运输工具的装载能力及线路的通过能力大

水路运输的载重量之大是其他运输方式所无法比拟的。海运航道的通过能力几乎不受限制，内河航道通过能力也是非常惊人，一条多瑙河相当于19条铁路，一条莱茵河相当于20条铁路。

通常，一列火车载重量只有3 000t左右，即使近代发展的重载列车，一般载重量也只有10 000t左右，最大双层集装箱列车载箱量约550TEU。而大型远洋原油船的载重量达56万t，沿海原油运输船达6万t，远洋铁矿砂运输船已达36万t，第六代集装箱船载箱量达8 000TEU以上。在内河运输中，世界先进国家，如美国最大的顶推船队载重能力达到5~6万t，我国长江大型顶推船队也可达3.2万t。此外,在超大、超重单件货物的运输方面,水运也有其他运输方式无可比拟的优越性。

2.运输成本较低

水路运输成本明显低于其他运输方式。在我国,海运及管道运输成本最低,其次为内河、铁路、公路和航空运输。而美国内河运费约为铁路的1/4、公路的1/15;德国内河运输成本是铁路的1/3、公路的1/5,海运运费比内河则更低。各种运输方式的成本水平是受诸多因素影响的,例如与运量有关的固定费用,如果在运输成本中所占的比例较大,则成本水平受运输密度的影响也较大。又如运输距离对运输成本也有很大的影响,这是因为终端作业成本的比例随着运输距离的增加而下降,通常对水运的影响最大,铁路次之,公路最小。再如运载工具的载重能力对运输成本亦有相当的影响,载重量较大的运输工具一般来说其运输成本较低,因此,水运在运输成本方面居于相当有利的地位。

3.能源等资源消耗少

运输业是能耗大户,在各种运输方式中船舶主机功率的热效率是最高的。中低速柴油机是船舶主要采用的主机,其中低速机热效率最高,一般可达40%~50%,而通常内燃机的热效率仅为30%,因此,船舶单位能耗低于铁路,更低于公路。以平均每吨货物运输1km所消耗的燃料折合标准煤计,船舶运输为2kg,货车为12kg,汽车为40kg,航空则达800kg。由于世界能源储量有限,节约能源已成为各国产业技术发展的主要目标,因此,能耗的多少日益成为选择运输方式的重要选择标准。

影响能耗的因素很多,如载重量、速度等,因此,在同一种运输方式中能耗的差别也很大。

4.土地占用少,线路投资省

土地资源是一个国家赖以生存和发展的极其宝贵的资源。从世界各国道路建设实际分析,铁路、公路建设均需要占用大量的土地,1km复线铁路占地约20000m^2(30亩),1km双向四车道高速公路占地约40000m^2(60亩),而船舶主要航行于自然水道上,特别是在海洋上航行的船舶,基本不占土地。

各种运输方式线路投资是不一样的,有相当大的差别。水路运输投资主要集中在船舶、码头,并对局部航道进行整治、维护、设置航标,因此,用于航道的投资、维护及管理费用比其他运输方式少得多。而铁路、公路等运输,不仅要建设站场,而且需要巨额投资建设线路、桥梁、隧道等。

5.环境影响小

与铁路、公路运输相比,水路运输对环境的影响较小。据美国环境保护机构对各种运输方式造成的污染研究分析表明,公路运输对环境的污染最为严重。在PM-10的污染方面占71%,有机化合物污染占81%,氮氧化物占83%,一氧化碳占94%。航空的铅污染最为严重,约占96%。船舶除在PM-10的污染方面占10%外,其他方面如铅污染、有机化合物污染、氮氧化物、一氧化碳等很小,几乎可以忽略不计。根据德国对运输造成的污染估算,铁路运输对环境的污染为水路运输的3.3倍,公路是水路的15倍。在货物运输中,每100t·km需要付出的环境保护成本,内河运输为0.35马克,铁路为1.15马克,公路为5.01马克。根据荷兰的研究资料,公路运输排放的二氧化碳为35.1g/t·km,是内河运输的3倍,公路运输排放的氮氧化物为0.42g/t·km是内河的2倍。

6.技术速度低,运输环节多

数千年来,船舶虽然有了很大的发展,但一直离不开阿基米德原理,始终依赖静浮力支撑船重。水的密度是空气的800倍,水中的阻力也是空气的800倍,而且船在水面上航行,会兴起波浪,这一由兴波而引起的阻力一般与航速的6次方成正比,提高船舶航速有很大难度,所以常规船舶技术速度低。由于水对船的阻力随船速的提高迅速增加,从节省主机功率和燃油成本的角度看,船速一般不高;而且水路运输往往是运输链的中间环节,多数货物在两端港口还要依靠汽车倒载才能运达目的地,运载工具的技术速度基本决定了货物或旅客在途运行时间的长短。

各种运输方式均有其适用的速度范围。例如,目前旅客运输的速度链将各种交通运输方式的最优速度范围(旅客运输速度)以链的形式连贯起来,一般认为公路运输的最优速度为50~100km/h,普通铁路运输为100~300km/h,高速铁路为300~500km/h,航空运输则为500~1 000km/h。水路因其速度低,已基本退出普通客运市场,但在具有地理位置优势的地区,高速船、旅游船和普通客船仍有一定的发展余地。

7.运输的经常性和机动性差

从运输的经常性看,铁路是惟一不受季节和气候的影响的运输方式,其他运输方式均受影响。公路运输机动灵活,中转环节少,可实现“门—门” 运输,运输的机动性最好;铁路受铁路线布局的影响,机动性与水路相当;航空的机动性也因受到飞机起飞、降落的限制而受到影响;水路则外界营运条件复杂,受自然条件和地理位置限制大,且往往需要公路予以接应,运输的机动性较差。

二、水运对我国社会经济发展的作用

1.水运是我国加入经济全球化的战略通道

各国实践证明,一个国家或地区在工业化进程中和实现工业化后的发展时期,要保持国民经济以较高速度发展,必须大力开拓国内外市场,外贸增长速度一般要比经济增长速度快,这是经济发展的内在规律。

在世界经济全球化趋势的影响下,各国经济将进一步融入世界。随着世界经济全球化的发展,我国国民经济对国际贸易的依赖越来越大,加工贸易是我国近年来外贸增长最快的部分,此外,我国资源相对贫乏,为满足国民经济发展的需要,每年需进口大量能源和原材料。在一般情况下,各种运输方式之间存在替代和竞争关系,而受地理条件的限制,世界85%以上的贸易量是依靠水运完成的,水运在国际贸易中具有不可替代的作用。

2.水运可促进沿江沿海地区经济的发展和城市的崛起

因水运运量大、成本低,在世界工业化进程中,大都选择在沿江沿海进行工业布局。纵观全球,无论是美国的密西西比河、欧洲的莱茵河、俄罗斯的伏尔加河,还是西北欧、美国、日本等国的沿海地带,均借助于便利的水运条件和费用低廉的优势,形成了本国最早、最发达的经济走廊。我国长江三角洲、珠江三角洲及沿海地区经济的兴起和城市的快速发展,无疑是得益于舟楫之利。

3.航运业是一种无形贸易,有利于促进我国服务贸易的发展

航运是一项风险较大的保本微利行业,但航运业的发展有助于国家创汇和外汇收支平衡。如希腊的航运收入占本国出口值的44%,居国家外汇收入首位;挪威航运创汇收入相当于国家外汇收入的25%,占第二位。改革开放以来,我国对外经济贸易获得了长足的进步,已经成为一个经贸大国,但与其他发达国家相比,仍存在较大差距,而在服务贸易上差距更大。

我国国际航运较早参与国际竞争,初步形成了以集装箱、干散货、石油、液化气等为代表的专业化船队,海运船队规模居世界第五位,是世界海运大国之一,是我国服务贸易最具竞争力的行业。航运业的发展可以带动金融、保险、信息等服务贸易的发展,对我国整个服务贸易的发展具有重要意义。

4.发展水运最符合我国社会可持续发展战略

交通运输从设施建设到运营过程中都不可避免地要占用土地,消耗各种资源,同时废弃物、废气的排放,噪声和交通事故的发生都对社会可持续发展带来不利的影响,而水运的发展最符合社会可持续发展战略,其定性评价见表1-1。

各种交通运输方式的可持续发展定性评价 表1-1

运输方式	对土地资源的占用			对环境的影响			安全性
	土地	水资源	能源	大气	噪声	垃圾	
公路	多	少	多	严重	中	少	中
铁路	中	少	中	中	中	中	好
水路	少	多	少	小	小	少	好
航空	少	少	很多	中	很大	少	较好
管道	很少	中	中	很小	很小	无	很好

5.航运业在国际政治、军事和国防的地位和作用

当今国际政治、经济、军事斗争日趋激烈,局部冲突和突发事件时有发生。在国家需要时,船公司可通过其遍布全球的船只和网点迅速进行重要物资和人员的输送,保障国家安全和利益。世界许多国家在其航运法中明确规定,本国商船队除为其经济发展服务外,必须在紧急时刻保证为国家安全服务。尤其是内河航道在战时,是一条打不垮、炸不烂的运输线,对保障战时运输具有特殊作用。在发生洪涝灾害时,航运也具有其他运输方式不可替代的作用。

思考题

1.与其他企业相比,水运业有何特点?

2.为什么说交通运输业是国民经济的先行官?

3.水路运输方式有哪些技术经济特征?

第二章 船舶运输系统

船舶要完成货物或旅客运输,除了必须有航道、港口等硬件基础设施外,还应有便于进行业务洽谈的航运市场、中介组织的密切配合。另外,国家的相关政策的引导,国际公约的制约,政府有关部门的监督与管理等软件系统也是不可缺少的。因此,船舶运输是一个涉及面广、牵涉单位多、复杂的系统。

第一节 船舶运营硬环境系统

船舶运营硬环境系统主要包括港口与航道,它们是开展船舶运输的基本条件,也是必要条件,否则船舶运输将无法进行。

一、港　　口

港口是位于沿海、内河的水陆运输转运的交接点，它一方面为船舶运输服务，另一方面也为内陆运输工具服务，是国内外贸易重要的集散地。在一般情况下，港口有船舶安全停泊的港湾，有可供船舶靠泊、旅客上下船、货物装卸存储中转、船舶修理、油水供应、航行标识等设备。世界各发达国家均十分重视港口的建设和管理，以促进对外贸易的发展。我国海岸线长达18 000余千米，90%以上的对外贸易依赖于海运，因此，港口的建设和发展对国家的经济建设和对外贸易都非常重要。

港口的基础设施主要有：

1.水域

水域是供船舶进出港以及在港内运转、锚泊和装卸之用。主要设施有：

1)进港航道

供船舶进出港口的水道称为进港航道，它必须有一定的深度和宽度，并配有航标以便船舶安全航行。多数港口有天然进出港航道，但当水深不能满足船舶航行要求时，往往需要疏浚和整治。

2)锚地

锚地可细分为港外锚地、港内锚地及其他特殊用途锚地。港外锚地供船舶抛锚停泊之用；港内锚地主要供船舶等待泊位，或进行水上过驳作业；特殊用途锚地有检疫锚地、危险品锚地、驳船编解锚地等。

3)防波堤

防波堤可防止风浪和海流，使港内水面保持平静，使船舶能在港内安全作业和靠泊。

4)系船浮筒

系船浮筒是供船舶在水面上抛锚停泊、水上过驳装卸之用。

2.陆域

陆域是供旅客上下船以及货物装卸、堆存和转运之用，主要设施有：

1)码头

码头是供船舶安全靠泊并能从事货物装卸或旅客上下的水上建筑物。

码头前沿是码头的船舶装卸区域，是港口水域和陆域的连接处。码头前沿有防止船舶系泊码头时碰撞的岸壁装置，如护舷木；有供船舶系固的系缆桩和供船舶装卸的起重设备等。

2)泊位

泊位是供船舶停靠的位置，一般一个泊位只可供停靠一艘船舶。由于不同船型的长度不同，所以泊位长度要依据船舶的大小而异，同时需留出两船之间的间隔。一个码头往往有几个泊位，可同时停泊几艘船。

3)装卸设备

装卸设备是指供船舶装卸搬运货物之用的设备。装卸设备配备是否合理，直接影响船舶能否装卸、装卸效率的高低以及船舶泊港时间的长短，乃至港口的竞争力。

4)库场

库场是储存货物的场所，它可细分为仓库和堆场。

3.其他设施

其他设施是指如办公楼、船舶或装卸机械修理设施、供油供水供电设施、照明设施、港务通信、消防设施等。

二、航　道

航道是以水上运输为目的所规定或设置的船舶航行通道，主要划分为海上航道、内河航道和人工航道。

1.海上航道

海上航道属自然航道，其通过能力几乎不受限制。但随着船舶吨位的增大，一些海峡或狭窄水道对船舶吨位产生限制条件。如马六甲海峡，为确保安全，防止污染，规定通过海峡的船舶吨位不能超过22万t，龙骨下水深必须保持3.35m以上。

2.内河航道

内河航道大部分是利用天然水道加上航标设施构成的，航道的主要技术特征是：航道水深、宽度、曲率半径、水流速、潮汐及季节性水位变化、航道建筑物尺度、航道的气象条件及地理环境。内河航道的通行条件是有很大差别的，主要反映在不同的通航水深、不同的通行时间和不同的通行方式。一般常规的做法是适应这些自然条件，局部进行整治。因此，在多数情况下是根据一定的航道条件来规划设计港口，选择船型。

3.人工航道

人工航道是指由人工开凿的河流，如我国的大运河，世界著名的苏伊士运河、巴拿马运河和基尔运河等。

三、船　舶

船舶是水上运输的工具，有多种分类，可按用途、航行状态、推进方式、动力装置、船体材料和船体数目等分类。随着科技的不断进步，船舶吨位和专业化水平的提高，船舶运输效率也越来越高。

第二节　船舶运营软环境系统

船舶运营软环境系统包括航运市场、航运政策与法规、国际公约、政府机关的服务质量、有关规章制度等。

一、航运市场

航运市场的主体是货运市场，基本形式是班轮市场和不定期船市场，这种航运市场被称为航运基本市场。与航运市场有关联的市场则称为航运相关市场，它包括造船市场、船舶买卖市场和拆船市场。

1.航运基本市场

1)班轮市场

班轮运输是指在固定航线上按公布的航期表和运费率，在特定的港口之间进行的规则运输，在班轮航线上的船舶称为定期船。以定期船提供的规则运输为供给，以集装箱运输为主要需求，两者结合形成的这种航运市场就称为班轮市场或定期船市场。定期船的船型以集装箱船为主，传统杂货船、滚装船和多用途船为辅。在班轮航线上运输的货物主要是：集装箱货、普通杂货等，其中多数是工业成品和半成品、高价商品。此类货物要求承运的船舶有良好的船舶设备以保证运输质量,并有较高的设计船速。

班轮市场是一个带有垄断性的市场,参与经营班轮运输的船公司数目少而规模大,其主要原因是由于定期船的技术含量高,其造价自然要高于普通的货船;为了维持规则运输,必须在班轮航线上投入一定数量的船舶;为了保证船舶停泊、装卸的顺利按期进行,必须支付巨额的码头费用;而且班轮航线一旦开通,为了保证一定的货载,船公司还需在有关港口、地区设立派出机构,从而增加了管理费用。由此可见,参与经营班轮航线的船公司是具有一定资金实力和规模的。正因为这一点,船公司在班轮航线上就要设法巩固自己的地位,扩大自己的影响,排挤其他经营者。

在国际航运中,当竞争出现对双方均不利的情况时,双方就需要联合起来以达成某种妥协,这样就产生了班轮公会。班轮公会是在某一特定航线上互相竞争的班轮企业之间,为了限制竞争而形成的一种联合经营组织。各不同地区航线上的班轮公会,或是同一班轮市场下的各局部市场,其垄断性、严密性都是不同的。从第一家班轮公会在100多年前成立至今,无论是班轮公会对班轮市场的影响力,还是班轮公会本身的经营活动,都有较大的变化。当前明显的两个趋势是,一方面有规模更大的超级公会的产生,另一方面削弱班轮市场垄断性的力量也在增强。

2)不定期船市场

不定期船运输是一种个性化的不规则运输,是指船舶营运者根据航运需求在装运时间、航线和货种不断变更的一种营运方式。实际上在早期航运中这是惟一的营运方式,只是当生产力发展到一定的水平,某条航线上的货物数量达到足以开设定期航线时,才产生了班轮运输。由不定期船供给和需求相结合所形成的航运市场就称为不定期船市场,该市场包括不定期船运输市场和租船市场。在不定期船市场上成交运输的货物,主要是适于整船运输的干散货和液体货,也有少部分杂货和特种货。从事不定期船运输的船舶类型主要有各种专用船,如大型油船、散货船、化学品船和多用途船等,这些船舶的设计船速不高,单位船吨的造价较低。

在不定期船市场中,供需双方的市场交易是通过各种合同的签订与履行来完成的。这些合同可分为两大类:一是运输合同,以货物为合同标的,以运费作为报酬,一般按实际货运量计收,与之对应的市场称为不定期船运输市场;二是船舶租赁合同,以船舶为标的,以租金为报酬,一般以每载重量按月计收或以每载重量按日计收,与之相对应的市场称为租船市场。货物运输合同包括航次租船合同、包运合同和长期运输合同;船舶租赁合同包括期租船合同、航次期租合同和光租合同。

经营不定期航运业务的船公司究竟该签订什么样的合同,取决于船公司对市场情况的了解及对市场发展趋势的判断。作决策时,除进行运费或租金与成本相比较外,还需考虑航运市场的发展趋势,对未来市场持乐观态度时可以签程租合同为主,对未来市场持悲观态度时则可多签期租合同。而对此能否作出正确的决策,是船公司综合经营水平的体现。

在不定期船市场上成交的货物运量约占世界总运量的80%左右,即海上运输活动主要集中在不定期船市场。不定期船市场中供需双方的结合多数是通过交易所或经纪人的活动进行的,有时船东也直接与货主签订定期或长期运输合同。

必须指出的是,不论就船舶或货物而言,不定期船市场与班轮市场之间并没有什么严格的区分,两个市场相互影响并有一定的互换性,不定期船市场是班轮市场运力的潜在供给者和竞争者;对班轮市场而言,随着运量的增加,也可进行整船租运。

2.航运相关市场

为了适应航运市场的变化,提高自身的竞争能力,船公司必须不断地在规模和结构上调整运力,增减或改造船舶。船舶的增减或改造除了采用出租或租入的方式外,也可采用建造新船、买卖旧船或拆解旧船来实现。由于这些业务均与航运市场的变化紧密相关,所以在受到航运市场影响的同时,航运相关市场的波动也给航运市场以较大影响,新船价格、旧船买卖成交价和成交量往往是航运市场兴衰的间接反映。

造船市场的变动规律与航运市场相似,市场繁荣时,对新造船的需要增加,船价上涨;市场不景气时,船价下跌。因此,船公司在进行建造新船决策前必须权衡利弊。船价高时虽不利造船,却有市场的潜在需求;船价低迷时虽对造船有利,但市场却呈疲软状态。为此,有些船公司采取"市场繁荣船价上涨时,出售经济性能不佳的旧船;市场不景气时则新造经济性能良好的新船"的策略,有利于节省资金、优化船队结构和提高企业竞争力。但是近年来世界新造商船的总吨位有增无减,与航运市场的变化规律并不完全吻合。其原因也是多方面的,如新技术的采用,提高了船舶的经济性能;世界范围内的造船能力过剩,迫使船价下跌;以及有些国家政府的干预等。

由于在增添运力上买旧船比造船快捷,而且投资低,船舶买卖市场和租船市场受航运市场影响的程度明显大于造船市场,尤其是在市场波动较大时这一优点更为明显。当船公司对市场估计乐观,则会购入旧船或租入船舶,迅速扩大自己的经营规模;反之,对市场估计悲观,则可将竞争力差的船舶投放船舶买卖市场或租船市场,以调整运力结构。所以,旧船买卖和船舶出租是船公司正常的经营活动,是适应市场变化的重要经营手段,也是调整公司资金运用的重要杠杆。

拆船市场是调节航运市场运力过剩的重要相关市场。在正常情况下,商船的最终结果是被拆解,但是导致船舶拆解的因素不仅是船龄、结构,还有全球船队的供需状况、航运市场的景气与否、对废钢的需求状况以及拆船业本身的发展等情况,这些因素都直接影响拆船市场中废旧船的投放量和拆船价格,而废旧船的市场投放量与拆船价格两者又是互相影响的。由此可见,拆船市场的行情变化是多种复杂因素综合影响的结果。

二、航运交易所

波罗的海海运交易所被公认为是世界上历史最悠久、租船业务最多的市场,以洽谈租船业务为主。船东经纪人和租船代理人在交易大厅内公布的资料中可看出当天的租船行情、货物及船舶的种类和数量等,从而寻找合适对象商谈。交易所内还装设了许多其他设施以方便和协助双方的洽谈。除了租船业务外,保险经纪人通常也在大厅内洽谈保险业务。

在波罗的海海运交易所进行的交易是完全公开的,其成交租约最终也将被船东和租船人获悉。当然,在此洽谈的业务中,也有船东和租船人要求对其内容予以保密的个别情况。交易所的租船活动可以代表世界各地船货供求现状,也可反映世界航运市场的状况。因此,世界各地的船东和租船人都时刻密切注意着交易所的交易动态。

就租船市场而言,在全球较著名的还有纽约、汉堡、奥斯陆、东京、香港等市场,但没有设专门用于进行交易磋商的场所,租船业务洽谈成交由经纪人通过电话、电传、计算机网络系统等通信工具联系磋商和成交。

我国上海也成立了航运交易所,并于1997年初开始运作。

三、中介组织

1.船舶代理

船舶代理是指船舶代理机构或代理人接受船舶所有人(船公司)、船舶经营人、承租人或货主的委托,在授权范围内代表委托人(被代理人)办理与在港船舶有关的业务、提供有关的服务或进行与在港船舶有关的其他法律行为的代理行为。而接受委托人的授权,代表委托人办理与在港船舶有关业务和服务,并进行与在港船舶有关的其他法律行为的法人和公民,则是船舶代理人。

国际运输船舶在世界各港间进行客货运输过程中,当船舶停靠于船舶所有人或船舶经营人所在地以外的其他港口时,船舶所有人或船舶经营人是无法直接照管与这些船舶有关的营运业务的。对此,只可能有两种解决办法:其一是在有关港口设立船舶所有人或船舶经营人的分支机构;其二是委托当地专门从事代办船舶营运业务和服务的机构或个人代办船舶在港的一切业务,即委托船舶代理人代理这些业务。事实上,不论一个船舶所有人或船舶经营人的资金有多么雄厚,都不可能为自己所拥有的船舶可能停靠的港口普遍设立分支机构。因此,委托代理人代办业务的办法是普遍采用的更为经济和有实效的办法。

设在各个港口的船舶代理机构或代理人,对本港的当地情况,所在国的法律、规章、习惯都相当熟悉,在长期从事代理的工作中更积累了丰富的经验,往往能比船长更有效地安排和处理船舶在港的各项业务,更经济地为船舶提供各项服务,从而加快船舶的周转,降低运输成本,提高船舶的经营效益。当前,各国的船公司在绝大多数港口都采用这种委托代理人代办船舶在港各项业务的办法来照管自己的船舶。世界各国的各个海运商港也都普遍开设有船舶代理机构或代理行,而且在一个港口又常常开设有数家船舶代理行从事船舶代理业务工作。

船舶代理业纯属服务性行业。船舶代理机构或代理行可以接受与船舶货运有关的任何人的委托,业务范围非常广泛,既接受船方的委托,代办定期或不定期船舶营运业务,也同时接受货方或承租人的委托,代办他们所委托的有关业务。

2.货运代理

货运代理是指在合法的授权范围内接受货主的委托并代表货主办理有关水运货物的报关、交接、仓储、调拨、检验、包装、装箱、转运、订舱等业务的人。

随着国内外贸易的扩大,社会分工的越来越细,货物运输业务范围广、头绪多,使得任何一个承运人(船公司)或货主都很难亲自处理好运输业务中的每一环节的具体业务,很多工作需要委托代理人代为办理。货运代理精通业务,经验丰富,熟悉各种运输程序、手续和规章制度,他们与交通运输部门以及贸易、银行、保险、海关、商检等部门有着广泛的联系和密切的关系,从而具有有利条件为委托人代办各种运输事项,甚至比委托人自己亲自去办理更为有利。货运代理还可将小票货物从不同的货主那里集中起来向班轮公司订舱,以批量大争取优惠运价。不仅货主愿意委托给货运代理,而且船公司也乐于支付佣金给货运代理以求得到稳定的货源。

3.航运经纪人

在航运业中有三类经纪人:船东经纪人、租船代理人和船舶买卖经纪人。

1)船东经纪人

船东经纪人即船东委托的经纪人,他代表船东寻找货源或需长期租用船舶的租船人。洽谈业务时,他当然会维护船东利益,力求最高运费或租金率,为船东争取防止风险的合同条款。

2)租船经纪人

租船经纪人即租船人委托的经纪人,他代表承租人寻找合适的船舶,在洽谈租船业务时是船东经纪人的对手。他们力求维护租船人利益,争取最低的运费率或租金率,争取有利租方的合同条款。

船东经纪人与租船代理人每天的洽谈冲突能反映不定期船市场的动态。

3)船舶买卖经纪人

船舶买卖经纪人接受委托办理船舶买卖,如购买二手船、废钢船等。船舶买卖经纪人对船舶知识的掌握较为透彻,他们熟知船级、主机、装载线和船舶检验等知识。通常他们代表一方进行交易。若作为卖方的经纪人,将着眼于卖出最高价格,而作为买方的经纪人,则将力争为委托人取得最低的价格。船舶买卖经纪人随时将市场上成交的买卖船记录汇总,经常研究运费率和租金率行情及其走势,预测二手船价格走向,同时掌握造新船的价格,并与二手船价格比较。他们还经常受船东委托与船厂洽谈建造新船合同,这时作为经纪人必须熟悉国际上新船造价行情。

经纪人的作用主要体现在以下方面:

1)是租船市场上的主要参与者

经纪人是租船市场上的实际参与者,整个市场是通过经纪人运作、平衡和协调船货供求关系。由于经纪人之间拥有全球性联系网络,一个地区市场内无法成交的业务可随时转向其他地区租船市场洽谈成交。

2)为船东或租船人快速成交租船业务

由于经纪人联系着世界上众多船东和租船人,掌握着大量的信息,随时可以为船东或租船人迅速找到合适机会,当委托人需要时,他们可立即提供洽租机会,缩短了租船过程。

3)减少船东或租船人大量租船事务性工作

假如一个船公司要亲自寻找租船机会或洽谈每一租约条款,势必要配备大量职员去做租船事务性工作,公司机构必然庞大,管理费用也势必增加。若这些事务性工作委托给经纪人,例如向市场发盘,商淡条款细节,编制订租船确认书和合同正式文本等,可大大精简机构和降低管理费用。

4)降低船东和租船人在租约中的责任风险

经纪人应具有丰富的专业知识和实务经验,熟知各种租船标准合同格式的条款内容、租船合同法律和惯例,并及时掌握着船、港、货方面的信息动态。经纪人在洽谈业务时随时运用他们的知识、经验和信息为船东或租船人提供建议提出忠告,推荐条款或建议修改措词等。这将为船东或租船人减少或防止合同条款中可能预见的风险。

四、主要政府机构和公司

我国港口常设的主要政府机构和公司有:

1.海事局

海事局是在原中华人民共和国港务监督局(交通安全监督局)和原中华人民共和国船舶检验局(交通部船舶检验局)的基础上,合并组建而成的。海事局为交通部直属机构,实行垂直管理体制。根据法律、法规的授权,海事局负责行使国家水上安全监督和防止船舶污染、船舶及海上设施检验、航海保障管理和行政执法,并履行交通部安全生产等管理职能。

海事局的主要职责包括:

(1)拟定和组织实施国家水上安全监督管理和防止船舶污染、船舶及海上设施检验、航海保障以及交通行业安全生产的方针、政策、法规和技术规范、标准。

(2)统一管理水上安全和防止船舶污染。监督管理船舶所有人安全生产条件和水运企业安全管理体系;调查、处理水上交通事故、船舶污染事故及水上交通违法案件;归口管理交通行业安全生产工作。

(3)负责船舶、海上设施检验行业管理以及船舶适航和船舶技术管理;管理船舶及海上设施法定检验、发证工作;审定船舶检验机构和验船师资质,审批外国验船组织在华设立代表机构并进行监督管理;负责中国籍船舶登记、发证、检查和进出港(境)签证;负责外国籍船舶入出境及在我国港口、水域的监督管理;负责船舶载运危险货物及其他货物的安全监督。

(4)负责船员、引航员适任资格培训、考试、发证管理。审核和监督管理船员、引航员培训机构资质及其质量体系;负责海员证件的管理工作。

(5)管理通航秩序、通航环境。负责禁航区、航道(路)、交通管制区、港外锚地和安全作业区等水域的划定;负责禁航区、航道(路)、交通管制区、锚地和安全作业区等水域的监督管理,维护水上交通秩序;核定船舶靠泊安全条件;核准与通航安全有关的岸线使用和水上水下施工、作业;管理沉船沉物打捞和碍航物清除;管理和发布全国航行警(通)告,办理国际航行警告系统中国国家协调人的工作;审批外国籍船舶临时进入我国非开放水域;负责港口对外开放有关审批工作以及中国便利运输委员会日常工作。

(6)航海保障工作。管理沿海航标无线电导航和水上安全通信;管理海区港口航道测绘并组织编印相关航海图书资料;归口管理交通行业测绘工作;组织、协调和指导水上搜寻救助,负责中国海上搜救中心的日常工作。

(7)组织实施国际海事条约;履行“船旗国”及“港口国”监督管理义务,依法维护国家主权;负责有关海事业务国际组织事务和有关国际合作、交流事宜。

(8)组织编制全国海事系统中长期发展规划和有关计划;管理所属单位基本建设、财务、教育、科技、人事、劳动工资、精神文明建设工作;负责船舶港务费、船舶吨税有关管理工作;负责全国海事系统统计和行风建设工作。

2.外轮代理公司

业务范围包括船舶代理、货运代理、揽货订舱;客运代理、国际联运及其他有关业务。

3.外轮理货公司

代表船方进行货物的点数、计量和交接。外轮理货是外贸运输中不可缺少的一个环节,它对承、托运双方履行运输契约,买卖双方履行贸易合同和船方保质保量地完成运输任务,都起着重要的作用。

4.中国船舶燃料供应总公司

统一管理海洋运输船舶的燃油、润滑油和淡水的供应工作,在各个港口设置分公司或供应站、供应点。

5.中国船级社

中国船级社的主要任务是:

(1)施行入级和保持入级的检验,签发入级证书和必要的证件,出版船舶名录;

(2)接受中国政府和其他国家政府的授权,代行法定检验和发证工作;

(3)承办公证检验业务;

(4)提供技术咨询;

(5)制定各种船舶和海上设施的入级规则和规范,并及时进行更新;

(6)进行有关安全技术和入级标准的研究和试验。

6.海关

根据国家有关法规、规定,负责进出口货物的检查、放行和征税,对船员、旅客携带的个人物品检查、放行和征税;查禁走私。

7.边防检查站

检查进出境人员的护照及其他证件,维护国家主权和尊严,保证港口、船舶的安全。

8.卫生检疫、动植物检疫、商品检验等机构

对进口动、植物和国际航线船舶上的船员、旅客进行卫生检疫,防止病菌、害虫和疫病传播;检查进出口货物的品质、包装等是否符合有关规定;应船方或货方请求,对残损货物进行品质、包装等检验,出具证明,以便法院仲裁。

国际航线航行的船舶在进入我国对外开放港口前1周就要通过当地船舶代理公司填报规定的表格,向港务监督办理进港手续。由港监组织海关、边防检查站和卫生检疫所等单位组成联合检查小组,提出联合检查方式,对船舶进行联合检查。联合检查简称联检,其方式有如下3种:边航行边检查、在锚地检查或靠码头后检查。

五、船舶管理公司

船舶管理公司是指那些接受船公司或船东委托代其管理船舶及船员等业务的公司。它向船东提供在合理竞争价格下,组织安排达到适航标准的船舶安全经济地从事运输生产等项服务,目的是赚取管理费。

船舶管理公司从20世纪70年代开始出现于欧洲。最初的业务范围只涉及船东招募新手、人员培训与任命、船舶租赁和船舶维持。随着该形式公司的发展,其业务范围和规模也在不断地扩大。其业务扩大到对使用最佳船型、船舶供给、船舶入级与登记等方面提供咨询。有些国家的法律要求本国籍船上的定员必须是本国籍船员,使在任用船员方面受到了限制,而船舶管理公司则具有在别国或地区登记船舶的灵活性。规模大的船舶管理公司管理的船舶多则可达100~200艘。

船舶管理公司可以是一个无自有船的公司,也可以是一个班轮或其他大航运公司的子公司。后者能充分利用母公司的专业技术与管理优势,通过将代管的船舶汇编到自有船队中,能够获得较低的保险费和具有备件、供应品共享等低成本优势。

船舶管理公司在降低运输成本,提高生产效率,合理分工等诸方面有积极的作用。一些大宗货物的货主,如大型石油公司,发现了船舶管理公司所具有的各种优点,将自有船队委托给船舶管理公司管理,自己只需进行监督管理即可,从而自己免于设立庞大的船舶运输组织管理机构,节约管理费用。

思考题

1. 船舶运营软环境系统包括哪些?
2. 航运基本市场与相关市场的关系是什么?
3. 我国港口常设的主要政府机构和公司有哪些?
4. 船舶管理公司主要业务是什么?

第三章　船舶种类及其船舱结构特征

船舶作为水路运输的重要工具，是构成水上运输的重要环节之一，了解各类运输船舶的技术、经济与营运特点，是我们有效组织、管理航运生产活动的基础。本章将简要介绍运输船舶中的主要类型。

第一节　干散货船

干散货船是指专门载运粉末状、颗粒状、块状等非包装散堆货的运输船舶。

一、常规型干散货船

常规型干散货船主要有3类，包括普通散货船、专用散货船——矿砂船、运煤船、散粮船、散装水泥船等，以及较近发展的兼用散货船——车辆—散货船、矿—散—油船等。

普通散货船一般为单层甲板、尾机型。因为所运货物货种单一，且是散装，所以对舱室的分隔要求不高，而尾机型则有利于货物的装载等。不同的散货密度相差很大，为了满足装载轻货的要求，散货船的货舱容积较大，使用中若装重货时则采用隔舱装载的方法，有的船则采用大小舱相间的布置方式。因此，船体结构较强，可以适应集中载荷的需要。图3-1是现代普通散货船较典型的横中剖面形式。从图中可见，货舱截面呈八角形，上下分设顶、底边舱。

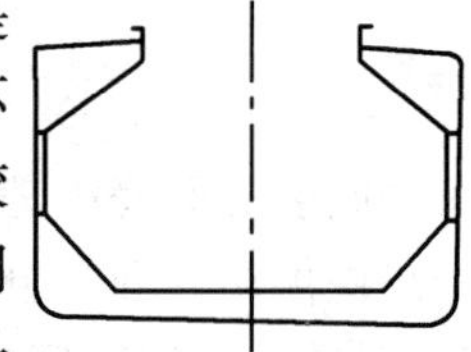

图3-1　散货船横中剖面图

设置顶边舱有利于航行中限制货物表面的移动，提高船舶稳性，也有利于减少平舱工作量；设置顶边舱在必要时还可装压载水，提高船舶重心，缓和船舶的摇摆。底边舱的设置则有利于在装卸时消除死角，减少清舱工作量。散货船货舱口的宽度很大，约可达船宽的70%。顶边舱和底边水舱在货舱两侧以40°~60°角和35°角封闭，通过压载水的装载可以调节船舶的重心，尤其是甲板下的顶边舱，当装载重货时，对调节船舶重心高度有很大的作用。散货船为保证回程空放航行中的耐波性和稳性，并防止压载航行时发生中拱，中部的一个货舱有时作为压载水舱用，以补双层底和边水舱的不足。此外，在有大吨位散货船航行的航线上的港口码头，都有相应的装卸设备，所以4万t以上的散货船一般都不设起货设备，尤其在特定港口间进行专线运输的散货船，一般均不设起货设备。

专用干散货船各有如下一些特点：

1.运煤船

运煤船船型最接近于普通散货船，船上设有良好的通风设备，以防止煤发热自燃。

2.散粮船

散装粮食的积载因数较大，所以舱容系数比普通散货船大。散粮在船舶航行中会逐渐下沉，为了限制自由面效应，目前一般都将散粮船的货舱口围壁加高及缩小货舱口尺度，使货物沉降后的表面积限制在货舱口范围内。

3.矿砂船

矿砂的积载因数较小，所以对货舱的容积要求不大，而荷载较集中。为了适当提高货物重心改善船舶性能，有利于货物装卸。常将双层底抬高，且货舱口两侧设纵向水密隔壁，使货船剖面呈较小的矿斗形，船体结构强度亦较强。图 3-2 是横中剖面示意图。

4.散装水泥船

散装水泥船甲板上不开设大的货舱口，也不设吊杆式等起货装置。为装卸水泥，船上设有气动式或机械式的水泥装卸设备。为了防止散装水泥飞扬、水湿结块，船中部设有集尘室或在船盖上装有空气滤器，上甲板和货舱口严格水密，有些船还采用双层船壳或在船舱内设粉密隔壁。

5.车辆—散货船

在回程有大量汽车可运输的散货航线上发展可载运散货、汽车两类完全不同性质货物的船舶。这种船装有若干层悬挂式或折叠式车辆甲板，配以轻便的舱盖，用于装载汽车。车辆甲板一般为网格式花铁板结构，目的是减轻重量。当装载散货时，可将舱盖吊到甲板上，并将车辆甲板收起悬挂在主甲板下或折叠起来紧贴在横舱壁旁。

6.矿—散—油船

矿—散—油船简称 OBO 船(Ore-Bulk-Oil 船)。

图 3-3 是典型的 OBO 船横中剖面简图。这种船吨位大，舱容丰富。中间为矿砂或其他散货舱，开有大舱口，能方便抓斗上下。两侧为油舱，能利用回程和矿砂、散货贸易的淡季装油，提高船舶的经济性。目前，载重 15 万 t 以上的散货船绝大多数是 OBO 型船。此外，根据货源情况，这类兼用船常见的还有矿—油兼用船(Ore – Qil)和散—油兼用船(Bulk – Oil)。这类兼用船因其需要满足装载石油、矿砂以及其他散货的要求，设备较复杂，构造有差别，所以造价要比单纯的油船或散货船高。

7.大舱口散货船

为了提高散货船的使用效率和灵活性，以适应市场变化的需要，1962 年 9 月，世界上出现了第一艘货舱口宽度达船宽的 70% 并装有起货设备的大舱口散货船。这类船既能装载散货，也能装载木材、钢材、橡胶、机械设备、新闻纸以至集装箱等，适应性很强，其发展速度也较快。对于大多数发展中国家，在短期内，全集装箱运输还不可能成为主要的海运方式，因此，大舱口散货船更是值得考虑的船型。图 3-4 是一艘大舱口散货船的横中剖面图，该船在甲板上设有门式吊车。

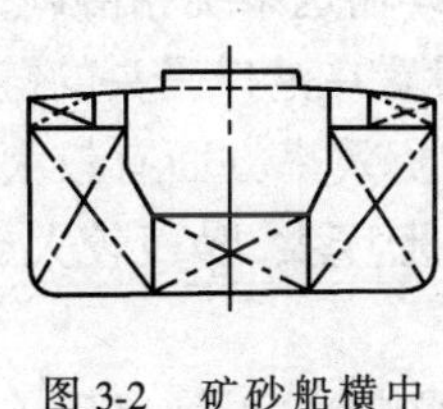

图 3-2　矿砂船横中剖面图

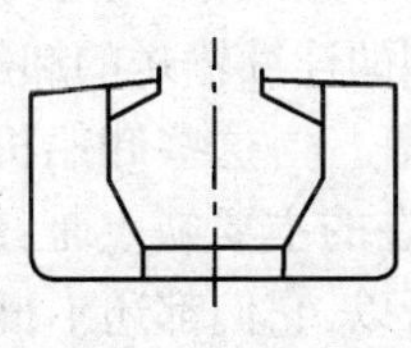

图 3-3　OBO 船横中剖面图

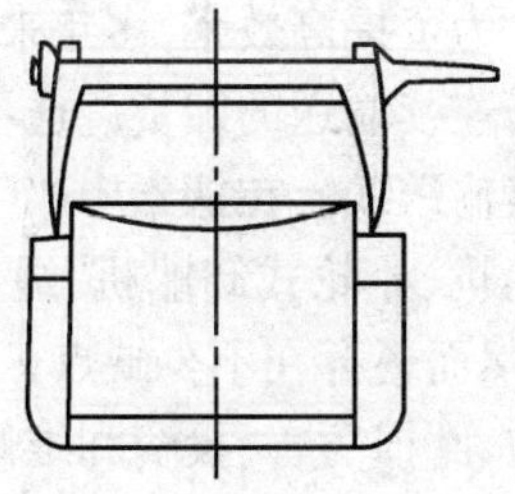

图 3-4　大舱口散货船的横中剖面图

8.浅吃水肥大型船

20 世纪 60 年代，散货船的大型化速度加快，而港口和航道的水深不足，因此，开始了对浅吃水肥大型船舶的积极研制。研究的主要方向是增加船宽吃水比 B/T，增大方形系数 C_b，当然，由此就需要研究新的线型和推进操纵系统，从而保证船舶的航行性能和有效地提高船舶的经济性。现在，浅吃水肥大型船舶的 B/T 值已达 6 以上，如已正式使用多年的日本川峻重工建造的重货搬运船“Sea bridge”号，$L/B=4.6, B/T=6.4$。

浅吃水肥大型船与常规船相比，在船长与吃水十分相近的条件下，能大幅度提高载重量，从而大大提高其经济性。表 3-1 以秦沪航线煤炭运输的对比为例，可以看出大致情况。另外，为了发展江海联运，也需要研制浅吃水肥大型船，从而提高经济效益。

散装货船技术经济指标表

表 3-1

船　型	尺　度　要　素					经　济　指　标		
	船长	船宽	型深	吃水	载重量	吨利润	吨成本	投资回收期
	(m)	(m)	(m)	(m)	(t)	(元/t)	(元/t)	(年)
25 000t 常规型	172	23.2	14.2	9.5	23 110	2.96	3.02	8.75
35 000t 肥大型	175	34.0	14.7	9.5	38 000	3.50	2.48	6.71

散装货船在营运过程中遇到的关键问题之一是如何提高货物的装卸效率，从而提高船舶的利用率，降低运输成本。众所周知，散货在岸上可以以各种适用的输送机械以较高的效率向船舱输送，例如用皮带输送机或溜槽把煤或矿装入货舱，其装船效率已达 6 000t/h(煤)和 10 000t/h(矿)。相对比较困难的问题是如何提高卸船效率。传统的散货卸船工艺是采用抓斗，这种卸货方式存在不少缺点，最大的缺点是它的卸货效率无法取得突破性的提高。首先，因为抓斗是周期性的从货舱抓取物料卸至岸上，它的效率主要取决于抓斗往返的周期和抓斗的容量，现在缩短周期的潜力已有限，而要增加抓斗容量就要相应地增加抓斗自重，从而要成倍地增加起重能力。许多中小型船舶也不允许采用过大容量的抓斗。周期性的卸货始终存在着间歇时间。因此，卸船效率无法有突破性的提高。其次，用抓斗卸货，要进行专门的清舱作业，这不仅要配备专门的清舱机械和有关人员，而且也大大影响卸货效率。据统计资料，由于清舱，使整个货舱的平均工作效率降低到抓斗正常工作效率的 70%左右。另外，用抓斗卸货，在卸货过程中做了许多无用功，最明显的是在空斗运转中对物料的位移毫无作用，无谓的消耗了能量。抓斗卸货工艺的其他缺点还有：容易损坏船舶(主要是抓斗撞击船体)；物料损耗大(物料泄漏入港池和散落周围)；投料时物尘污染空气；不易实现卸货过程的自动化等。

二、干散货的卸船新工艺及散货自卸船

为了提高效率，多年来人们广泛探索卸船的新工艺，探索的总趋势是如何把周期性的卸货变为连续输送的卸货。这不仅可以提高卸船效率，而且可与码头的连续输送系统相协调，构成连续输送线。在探索中产生了不少新型的连续输送的卸船机械。如设置在港口码头的链斗式卸船机、斗轮式卸船机、绳斗式卸船机等。但这些卸船机械虽然在卸货效率方面有较大的提高，然而还存在不少缺点。当前共同存在的主要缺点是：结构复杂、外形庞大、噪声较大、有冲击力、磨损厉害、投资和维修费用高。所以，它们都还不很理想。

采用连续输送卸船的另一种工艺形式是在船舶本身设置连续卸船机械，于是出现了各种形式的散货自卸船，其中，皮带输送型自卸船应用最为广泛。皮带输送型散货自卸船通常就称自卸船。它是指一种具有特殊货舱结构和带式卸货设备，能以连续输送方式卸货的干散货运输船舶。早在 1908 年，美国就建造了世界上第一艘传送带式的散货自卸船“汪达脱”号，航行于北美大湖区。第二次世界大战后，由于散货运量的迅速增加，散货船吨位的逐渐增大，使用抓斗卸货速度低下的矛盾日益尖锐，散货自卸船受到人们广泛的重视。到 20 世纪 70 年代后期，散货自卸船不仅在世界各国的湖区、内河和沿海运输中被采用，而且还向远洋运输发展。例如自卸船“Universe Kure”就专门用来横渡太平洋，在墨西哥与日本之间运盐。自卸船的自卸

能力,由于自卸技术的不断研究和发展,也达到了较高水平。如 20 世纪 60 年代后期设计的"Stewart.J.Core"自卸船,设计卸矿效率高达 20 400t/h。

早在 1958 年,我国就已开始对散货自卸船的研究,20 世纪 70 年代中期以后有了较大的进展,如 1975 年,将一艘 500t 雪橇型煤驳改装为我国第一艘翻斗式自卸船,并于 1977 年投产。1979 年左右,又设计了 1 800t 自航自卸运煤船,先后建造了 2 艘投入营运。1986 年 9 月在我国海上第一条煤炭自卸船航线(秦皇岛港—营口鲅鱼圈港)上 2 艘载重量各为 27 000t 的自卸船"北极星"号和"南极洲"号正式开始了运营。

1.自卸系统

散货自卸船通常是在舱底设置纵向输送机,舱内物料通过斗门或以其他喂料方式喂入输送机并被提升到一定高度,经投料输送机卸至码头。图 3-5 是一艘载重量为 5 万 t 级的散货自卸船货舱区剖面图。

现代散货自卸船的自卸系统有多种形式,各种形式主要表现在自卸系统的各主要环节上。

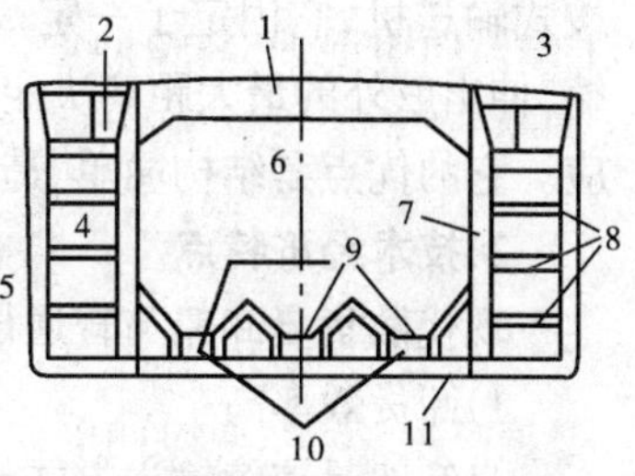

图 3-5 散货自卸船货舱区剖面图

1-弓形板结构;2-通道;3-上甲板;4-压载水舱;5-船侧;6-货舱;7-货舱内壁构架;8-支撑构架;9-斗门;10-纵向转送;11-船底板

1)舱底输送

现代散货自卸船舱底物料输送普遍采用胶带输送机。它的优点是结构简单、动作可靠、生产效率高。

2)舱内喂料

喂料形式基本上可分为两种:一是全自流喂料。这种方法是藉物料的重力自流至舱底输送机上。其优点是比较简单,所以为大多数自卸船所采用;其缺点是物料舱斗壁倾角要大,即要大于物料的自然坡角,防止喂料不畅,因而舱容损失较大,所以这种喂料方法较适用于易流性货物。另外,为了提高舱容利用率,可根据货舱情况,采取增加舱底纵向输送机的方法。据估计,当纵向输送机由 2 条增至 3 条时,装货容积可增加 10%,只是自卸系统的造价亦将增加 10%左右。二是协助喂料,这种方法除部分藉物料重力自流以外,还要采用辅助设备来喂料。如采用甲板起重机、舱内推耙机、螺旋输送机、叶轮喂料器,以及使用翻斗等。其优点是可增大舱容,货舱可设计成类似普通散货船的形式,缺点是增加了辅助设备。这种喂料方法主要适用于轻质或流散性差的货物。

3)物料提升

物料提升的方法有很多种,主要有:

(1)斜带式:利用胶带斜升的方式来提升物料。由于皮带装料斜升其倾斜角度不能太大,一般光皮带的倾斜角为 15°~18°,花纹皮带的倾斜角对小煤粒为 28°~35°,对较大煤块为 23°~25°,因而提升区要损失较大的船容。当然,这种提升方式有不少优点,如结构简单、维修方便、动作可靠、扬尘少、振动小、效率高。所以在提升高度不大的小型自卸船上较多采用。

(2)护带式:在上述提升皮带上覆一条重皮带,使其一直盖住物料到预定高度的卸料点再分开,即物料在两条输送带的夹持下进行提升。这种方式可使斜升带的倾斜角度增大到 30°~45°,从而可降低舱容损失,但设备及维修费用增加。

(3)环带式:用两根皮带夹持物料呈圆弧形提升到预定高度,如图 3-6 所示。纵向输送机将物料投入环带式输送机的外圆皮带上,物料在外圆皮带与内圆皮带之间被夹持提升,最后由内圆皮带抛入甲板输送臂的喂料槽内。这种提升方式费用有所提高,但有效地减小了舱容损失,被广泛采用。

物料提升还有其他的方式,如少数国外自卸船还采用一种转轮提升机构来提升物料,这类提升机构对减小舱容损失十分有效,只是其结构较复杂,维修保养费用高、噪声大,所以实际应用不多。

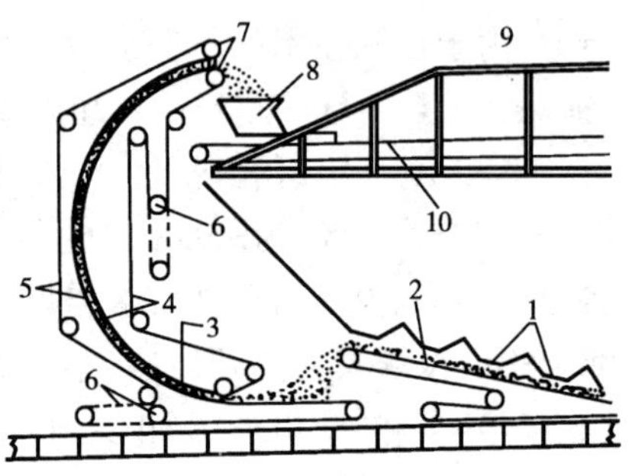

图 3-6 环带式示意图

1-货舱料斗;2-纵向输送带;3-物料被夹持;4-内圆带;5-外圆带;6-拉紧装置;7-滚筒;8-料斗;9-输送臂;10-输送臂胶带

4)投料机构

投料机构基本上有两种类型:甲板输送臂和伸缩输送机。甲板输送臂可以向左右两舷大角度回转,把物料投送到较远岸上,而且可以在一定角度(一般为 20°)内俯仰,所以适应性较好。缺点是造价高,且因暴露在甲板上,易蚀损,维修费用高,这种类型应用较普遍。伸缩输送机亦称梭式输送机,它固定于一定高度,可向一舷或两舷横向伸缩,伸出舷外的最大距离决定于船宽。伸缩输送机不能变幅,对水位变化比较大的码头不太适应。它的优点是结构简单、造价及维修费用低。

2.技术经济特点

现代散货自卸船与普通散货船比较,概括起来主要有如下一些技术经济持点。

1)卸货效率高

自卸船是连续输送方式卸货,卸矿效率可达 20 400t/h。这对于周期性的抓斗卸船工艺来说是无法想象的。由于卸货效率高,大大缩短了船舶的停港时间,从而提高了船舶营运经济性。

2)对码头建设要求低

从自卸船的卸货作业看,码头上只需简单的接运装置。由此,码头建筑要求不高,岸上装卸设备可以简化,有关操作人员可以减少,从而既降低了码头装卸成本,也减少了港口建设投资。而且由于码头结构及设备简单,因而投资见效快。这对于大型厂矿的货主码头尤为合适。

3)可以实现卸船作业的全自动化

斗口的开启,输送机械的运转,都可安装联锁装置来实现自动控制。另外,散货自卸船消除了清舱作业。这些特点,既减轻了劳动强度,也减少了船上所需的工作人员。

4)机动灵活

可以不依赖于港口设施和码头工作独立地进行卸货。分散的货主可以根据需要机动的调度船舶;对于吃水较浅的货主码头可以卸到小船上转运;对于没有什么设备的码头也可以把货卸到岸上待运。

5)建造成本较高

主要是增加了自卸系统的建造费用,其次是在相同载重吨位下主尺度略有增大。据统计,自航自卸船比普通散货船约高出 15% ~ 25%,自卸驳则高出约 25% ~ 35%。船舶吨位愈大,则增加费用的百分数愈小,另外,与自卸系统所采用的形式有关。

散货自卸船如何合理采用,与多方面的因素有关,主要可概括为两个方面,即航运效益和港口效益。一般来说,采用自卸船对港口效益是有利的,如上所述,可以减少港口的投资和节约货物的装卸费用。当然,需要根据实际情况进行具体分析。而航运效益则有经济航距的问题。总的来说,航程愈短,由于停港时间减少而带来的效益愈显著;另外,船舶吨位愈大,由于卸货效率高而带来的好处就愈明显,所以船舶的经济航距与船舶的大小有关。对于内河,大宗散货常用推驳船队进行运输，所以，内河散货自卸船的经济航距还需与推驳船队运输进行分析比较而定。

第二节　干杂货运输船舶

一、普通杂货船

普通杂货船是指载运各种包装、桶装以及成箱、成捆等件杂货的船舶。由于件杂货包装种类较多，一艘船上装有多票货物，为了有利于货物的分隔装载，普通杂货船的货舱具有较大的容积，同时根据船舶大小等因素，有些杂货船舶还有适当的分层及分舱。货舱分层涉及到甲板层数及甲板间高。对于杂货船，从使用要求上考虑，因载运土产、杂货(如各种工业成品)和各种包装货，货种多样化，为便于理货分票，不压坏货物，中型以上的船舶常设2~3层甲板；有的小型船舶，如排水量仅500t左右的小船，为便于装船，也设双层甲板。至于甲板间高，主要根据货种及作业条件等使用特点确定。杂货船一般在2.45m以上，因为太低而很难充分利用布置。具体设计时，是从船的型深、货种、码头下舱机械的高度、货舱口纵桁材高度等因素来综合加以确定。目前甲板间高已逐步加大，有的达到2.75m甚至3m左右，大型远洋杂货船则增大到3m以上，以提高其适应性。杂货船的货舱侧壁一般有木质或钢质护肋设施，以防止污水湿损货物和碰损船体。每个货舱通常设置一个舱口，舱口的宽度大多为船宽的40%~60%。设在露天甲板上的货舱口都配有水密货舱盖，以防海水和雨水进入舱内，造成货损。关于船舶的货舱划分，除应保证《钢质海船建造规范》所要求的最少水密舱壁数以及有抗沉性要求的船舶对舱长的限制外，其首先考虑的是满足使用要求。例如：载运钢轨和机车的船舶为了适合其载运需求，设置了长达35m多的大货舱。其次是考虑起货设备的各种配置、装卸效率及装卸时间的均衡性来划分货舱。在船舶的首、尾货舱和小货舱一般均只在舱口的一端设置起货设备，而大舱(通常又称重点舱)在两端设置起货设备。起货设备为吊杆装置或旋塔型吊车，较大型杂货船上大多还配备有1~2副重型吊杆，用以装卸大件重货。大舱的舱容一般取为小舱(一端起货设备)容积的1.5~1.6倍，这是考虑同样起货能力下两端起货设备之间的干扰。船舶靠码头装卸货时，有些船舶货舱盖需用船吊或岸机吊开，为缩短停港时间，较大的杂货船上货舱盖多做成能自动启闭，其货舱两边设有滑道，货舱盖沿滑道通过液压控制能迅速自动启闭。

根据《钢质海船建造规范》规定，对于货船，除液货船外，应尽可能从防撞舱壁到尾尖舱壁设置双层底，其高度在任何情况下不得小于700mm。《长江钢船建造规范》则规定船长在40m以上，常年航行于长江急流航段的机动船应设置双层底，并尽可能由防撞舱壁延伸至尾尖舱壁。双层底可做成阶梯形式，若有困难，可在舯部设置防撞边舱，或机舱外的舱室满足破舱后一舱不沉的要求。双层底高度一般不小于800mm。双层底在船底破损时能防止海水进入货舱，并可增强船体的纵向强度，其空间可用作清水舱和燃料舱，也可作压载舱以调节船舶的重心。船舶分舱能保证船舶在一个舱破损进水时其他舱不进水，增强船舶的抗沉性。

件杂货的传统运输方法，是将货物一件件地进行装卸和搬运。即发货人将货物装车运到港口，再将货物卸下堆存到仓库内，然后由港内各种搬运工具运至船边，用船上起货设备吊运到船舱内码垛装舱。在整个过程中，装、卸码垛都是一件件地进行。到达目的港后，进行相反的流程作业，亦是如此。所以这种传统的散件货运输工艺，在运输过程中各个环节的装卸换装，要投入较多的劳动力，耗费较长的时间及费用。

二、集装箱船

以载运集装箱为主的运输船舶称为集装箱船。集装箱船可分为全集装箱船和半集装箱船两种，前者是船的全部货舱都用于装载集装箱，一般航行在固定的航线上；后者则只有部分货舱用于装载集装箱，其余货舱用于装运件杂货，是一种使用灵活和适应性强的多用途杂货船。

集装箱船具有以下一些明显的特点：

1.外形

集装箱船航速要求较高，因此外形狭长，型线瘦削，且常设置球首。机舱设在尾部或中部靠后，以使较为丰满的中部用于装载集装箱。但上层建筑也有的设在船首部，这样驾驶视线好，纵倾调整方便，不影响甲板上装箱，船员居住条件改善。缺点是驾驶室与机舱的距离拉长。图 3-7 为其布置示意图。

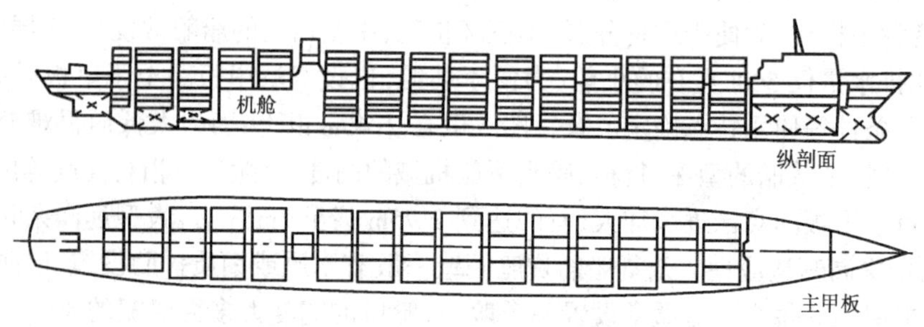

图 3-7　集装箱船布置示意图

2.结构

根据集装箱的装载特点，集装箱船的结构采用单甲板、大开口，且常为双船壳。这样的结构形式有利于集装箱的装载和装卸。集装箱船的舱口宽度可达船宽的 80%，比普通杂货船大 30% ~ 50%，舱口总长则比普通杂货船大 60% ~ 80%，双船壳不仅提高船体的纵强度、横向强度、扭曲强度，增大了剖面的抗弯刚度，也有利于提高船舶的抗沉能力。船侧双壳内可设压载舱、燃油舱和空舱等。由于船用集装箱的尺寸已标准化，因此载集装箱的货舱尺度也规格化，其长、宽、深尺度依集装箱尺寸和必要间隙而定。

3.性能

由于集装箱船装卸效率高，因此航速较高，从而加快船舶周转，经济上有利。集装箱船通常为 20 ~ 23n mile/h，高的达 33n mile/h，这比普通货船要高。但船舶的航速受能源价格的影响，在石油价格高涨的情况下，船速有所下降。另外，集装箱船对稳性要求较高。为了加大装载，通常在甲板上要堆放货箱，这就引起重心升高，受风面积和风压力臂增大。此外，在港内装卸时，船舶的横倾角应不大于 5°(一般在 3°以内)，否则集装箱在装卸时易被导轨卡住。这都要求船舶有较好的稳性。再是为了减小甲板上集装箱绑扎系统的受力和箱内货物对箱体的作用力，横摇周期要大，摆幅要小。

4.设备

较大集装箱船在船舱内设有格栅结构以防止由于船舶的摇荡而使集装箱在舱内产生移动。格栅导轨的上口做成喇叭状，集装箱装舱时，只要对准每一格栅，堆装在内即可。集装箱船的甲板和舱口盖上一般也堆放集装箱，多的可达 4 层。为防止由于船舶的运动而引起集装箱的倾覆或移动，需要有固缚装置。使用比较广泛的是用绑扎方式固缚集装箱，这就需要有索及拉紧装置等。此外,集装箱船上还有集装箱的角配件,以便于集装箱的起吊、堆存和在舱内的固定。为了便于集装箱的流通和操作,ISO 制订了国际集装箱标准角配件。

三、滚 装 船

滚装船亦称“滚上滚下船”。从广义讲,凡是借助轮子进行滚上滚下装卸的船舶都属于滚装船的范畴。世界上第一艘滚装船是 1958 年美国太阳造船公司建造的“慧星”号。

为了适应货物滚上滚下的装卸运输方式,滚装船的型深较大,船体亦较宽,且上甲板平整全通,上甲板下面按尺度的不同,设有 2~6 层分舱甲板,货舱内一般不设横舱壁,各层甲板之间用斜坡道或升降机连通。为了平稳地安置货物,分舱甲板设有梁拱和脊弧。某些滚装船的分舱甲板间还设有平台,以便放置轻型车辆。滚装船机舱通常设于尾部甲板下面,烟囱位于两舷,上层建筑位于船头或船尾,上甲板不设货舱口和起货机械。

滚装设备是滚装船的关键设备,它直接影响滚装船的使用效果。滚装设备中主要的是船与码头的连接桥梁——跳板,以及各层甲板之间的连通设备——斜坡道及升降机。

船与码头的连接实际上可有两种方式,即除了通过船舶本身设跳板外,也可通过岸上设吊桥或跳板。这里我们仅介绍船上跳板。目前滚装船采用的跳板,按设置的位置可分为尾跳板、舷跳板和首跳板。首跳板使用较少,仅在沿海一些小型船上可见。舷跳板使用也不很多,但在大、中、小型船上均有,在兼装小汽车的滚装船上较普遍。尾跳板则使用最广泛,几乎各类型滚装船上均采用。

四、冷 藏 船

冷藏船实际上是一个能航行的大冷藏库,冷藏船的货舱为冷藏舱。冷藏船通常是具有多层甲板的剩余干舷船。因为冷藏货物不宜堆积过高,有些货物还必须悬挂着运输,故宜设置多层甲板,使上下层甲板之间和甲板至舱底之间的高度较小,甲板间高通常在 1.5~2.0m 之间。冷藏船货舱常隔成若干个舱室,每个舱室是一个独立的封闭的装货空间,舱壁和舱门均为气密,并覆有泡沫塑料、铝板聚合物等隔热材料,形成隔热舱,使相邻舱室互不导热,以满足不同货种对不同温度的要求。为了减小在装卸和航行过程中对舱室温度的影响,冷藏船的货舱口设计得比较小。由此,冷藏船的装卸效率也较低,有些冷藏船为了加快装卸,在舷侧开有绝热的舷门,从舷门进行装卸。

冷藏船上通常设有制冷装置,包括制冷机组和各种有关管系。制冷机组一般由制冷压缩机、驱动电动机和冷凝器组成。制冷机组安装在专门的舱室内,要求在船舶发生纵倾、横倾、摇摆、振动时和在高温高湿条件下仍能正常工作。冷藏船上的制冷装置,根据货物对温度的要求,一般可控制冷藏舱的温度为 -25℃~15℃。由于冷藏货物的批量比较小,所以冷藏船的吨位都不大,通常为数百吨到数千吨。在内河及其他短途运输的冷藏船上常不设机械制冷装置,而仅设绝热的冷藏舱室,船上带少量制冷剂,一般为冰,以保持舱室低温。

五、多用途船

多用途船是指具备多种用途功能的船舶。广义的说,凡能装运两类以上货物的船舶都可称多用途船。不过,一般所讲的多用途船是特指多用途干货船。干货的品种很多,按其对船舶性能及设备等的要求可归纳成 5 类,即件杂货、散货、集装箱、重大件货及滚装货。所以多用途船的目标,就是高效率地载运这 5 类货。

1.多用途船的种类

多用途船是进入20世纪60年代以后世界各主要造船国家竞相发展起来的。目前,多用途船力求向广泛多用性方向发展,按其对货类的载运能力来分析,建造的多用途船主要可划分成4类:

1)以载运集装箱为主的多用途船

这类船舱口开得尽可能大(或采用双排舱口),以便能装载尽可能多的集装箱。货舱的划分,考虑集装箱的排列要求,在此基础上,舱室相对比较均匀。船上配有起货设备,主要采用旋转吊车,有1~2个舱配置成对吊车,其最大起重能力可达40~50t,以备装卸40ft集装箱以及较重的货物。

2)以运输重大件、特长件为主的多用途船

这类船货舱舱数较少,货舱长度较长,货舱口宽度并不很大,以留有一定的甲板面积供装载甲板货。船上设有重吊,起重能力40~500t。这类船除主要载运重大件及特长件外,还考虑载运件杂货、集装箱,以及钢铁制品、煤、矿、谷物等散货。

3)兼运集装箱及重件货的多用途船

这类船将上述两类多用途船的特点和功能结合在一起。

4)兼运集装箱及重货、滚装货的泛多用途船

这种船舶一般设有2层甲板,并设有尾跳板,整个甲板间可用于滚装作业,甲板间容积也可用于装载件杂货及集装箱。

2.多用途船的特点

多用途船的最基本要求是如何高效率地载运多种货类。由此,构成多用途船相应的一些特点。

(1)大多数多用途船从载运多种类型货物的方便性出发,设置2层甲板。有的船为适应装运汽车和不宜重压货物的需要,设置多层甲板或活动甲板。多用造船的机舱绝大多数在尾部,对于机舱布置在尾部确有困难的船舶,才将机舱适当前移。根据统计,多用途船的主机机型采用中、低速柴油机,航速多为16~18kn。

(2)多用途船的型宽常比普通货船要大,因多用途船常装运甲板集装箱或甲板货以提高载货能力,故从稳性要求需取较大的船宽。型深主要从装运的货物对舱容的要求出发,大多数从装运集装箱所需的层数出发确定,即考虑集装箱的高度、层数、必要的间隙及舱口围板高度等来确定型深。由于多用途船要适应各种航线,所以设计吃水较多取为9.15m以下,这个吃水适合世界上大多数港口。除设计吃水外,也常考虑较大的结构吃水,以适应装载重货时增大装载量的要求。多用途船的船长一般取得较小一些,用较小的船长,适当配合较大的船宽及方形系数是确定多用途船主要尺度系数的基本倾向。当然,船长涉及的因素较多,需全面考虑确定。

(3)多用途船一般均设置舷边舱,且多作压载舱用,舷边舱主要形式有如下3种(图3-8):

①设于甲板间。如图3-8a)所示,这种形式的主要优点是舷侧上部形成箱形结构,对纵总强度及扭转强度有利;甲板间货舱的宽度较小,有利于载运散货;需要时用作压载舱可提高重心,改善航行性能。缺点是当船舶稳性紧张时,即船舶重心偏高时,舷边舱无法用于压载以改善稳性。

②设于大舱内。如图3-8b)所示,这种形式的舷边舱用于压载时可增加压载量,降低船舶重心,改善稳性。

③设于整个舷侧。如图 3-8c)所示,这种形式大多用于单甲板船或载运重货的船。即对容量要求不太大,船体强度要求高的船舶。

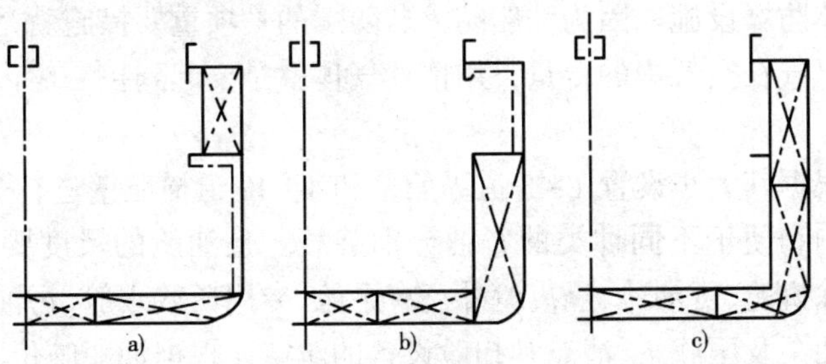

图 3-8 舷边舱示意图

通常认为。多用途船最适宜于在不定期航线及在干线上运输非适箱货及部分集装箱,很有发展前途。随着造船科学的发展,多用途船必将出现更多的新船型。

第三节 液体货船

液货运输在世界海上运输中占有很大比例,其中主要有:石油、各种液体化工产品、液化石油气及液化天然气。所以本节将扼要介绍油船、化学品船、液化石油气船及液化天然气船。

一、油 船

载运散装石油及成品油的液货船称油船。早期的石油是用桶装由普通杂货船运输。第一艘散装油船是 1886 年英国建造的"好运"号机帆船,用油泵和管道系统装卸。第二次世界大战以后,随着石油产量和运输量的迅速增长,油船向专业化大型化发展,逐渐成为一种重要的专用船舶。随着石油化学工业的发展,原油和成品油的运输趋向专业化,出现专用原油运输船和成品油船。远航程的油船采用大吨位在经济性上有利。从波斯湾到欧美的原油运输,由于中东战争,1967 ~ 1975 年苏伊士运河被关闭,不得不绕道好望角,往返航程增加了 1 万多 n mile。更促使原油船向大型化发展。20 世纪 70 年代末,出现了 50 万 t 以上的大油船。1980 年日本将一艘 42 万 t 油船进行改建,称"海上巨人"号,载重量达 56 万 t 以上。但随着苏伊士运河的重新开放和各国积极采取节能措施,原油船的大型化过程已经终止,巨型油船大量过剩,近年建造的油船多在 10 万 t 级以下。今后远洋原油船大多为 20 万 t 级以内。成品油船因受货物批量以及港口、炼油厂设备条件的限制,载重量大多为 2 ~ 4 万 t。

1.现代油船的特点与设备

油船采用单层连续甲板,甲板上设坚固的步桥以沟通船舶前后方的联系,当然,大型的富裕干舷型油船可不设步桥而在主甲板下设封闭的通道。由于船上货油的装卸依靠岸上和船上专设的油泵和油管,所以甲板上一般不设起货设备和大的货舱口,而只设置吊放油管接头的小吊杆或其他起吊装置。在甲板上还可以看到的是一系列的管系、操纵管系的阀和手轮、人孔盖、通风筒等。

油船的机舱设在尾部,其优点是除了尾机型船的一般优点外,使货油区形成一个独立区,尤其是对保证油密和防火防爆十分重要的油船的安全性极为有利,它可以防止烟囱火星落到货油区而引起火灾。

基于防止油类气体的渗透和防火防爆的安全要求,《钢质海船入级与建造规范》规定:

货油舱前后两端应设有隔离舱，以与机炉舱、干货舱、居住舱室等隔离。隔离舱舱壁间距应不小于760mm，以便于进出。国际海事组织1978年议定书还规定：载重量2万t以上的新造油船，须有惰性气体防爆设施。因为油船防火、防爆的一项重要措施就是要控制石油气在空气中的浓度和降低氧气在空气中的含量，用惰性气体就是要起到控制舱内空气中的含氧量的作用。

油船的货油区根据其大小设置1~3道纵舱壁和4~10道横舱壁进行分隔，以减少自由液面对船舶稳性的影响和便于不同种类的石油分别装载。且油舱的尺度要满足防污公约的限制。油船的主隔舱除机舱、货油舱、隔离舱外还有泵舱、专用压载水舱、污油兼货油舱等。

泵舱是布置货油泵及压载泵、清舱和扫舱设备的舱室。根据油船吨位的大小，泵舱一般设1~2处。设2处时，通常设在碰撞舱后和机炉舱前。机炉舱前的泵舱由于两者只有一壁之隔，泵的原动机可放到机炉舱内，便于轮机人员管理。泵舱仅1处时多设在船中，能降低满载中垂弯矩。泵舱应设有单独出入口及梯道。

专用压载水舱是根据国际海事组织1987年防污议定书的规定而设置的。新建的2万t级以上的原油船和3万t级以上的成品油船设置专用压载舱，以保证油船在压载航行时能具有适宜的浮态和防止含油的水被排放到海上污染海域。油船运输通常是单向载货航行，回程空放时就必须装载一定的压载水。专用压载水舱的容积就是要保证压载航行时船舶吃水及纵倾必须满足下列要求(以下各条的单位均为米)：①船中部吃水$\geqslant 2.0+0.02L$(垂线间长)；②尾倾值$\ngtr 0.015L$；③在任何情况下，尾吃水必须确保螺旋桨全部浸没水中。

污油兼货油舱是根据1973年防污公约要求而设置的。所有油船必须具有足够容量的污油水舱，以便储存和处理污水并按规定含油标准排放。所以船上除污油舱外，还须有适合的污水处理装置、油水分离器、排油检测及控制系统等。污油舱的容积不少于货油舱容积的3%，载重7万t以上的油船要求有2个污油舱。一般都设置在货油舱后面两舷。当营运中无污水处理要求时，该舱亦可用于装货油。油船上的污油水主要来自于洗舱。1978年防污议定书要求载重量2万t以上的原油船应设置原油洗舱系统。所谓原油洗舱是在油船卸油时，把一部分原油由固定于舱内带有喷嘴的洗舱机在一定压力和温度下向正在卸油或已卸完油的货油舱四周喷射，将附存在油舱内表面上的石蜡等残渣去掉，随货油卸出。油舱经原油喷洗后再用少量海水冲洗，即可作清洁压载舱。洗舱水中含油量已很少，略加处理即可符合标准排放。许多现代油船已采用了原油洗舱自动控制程序系统。

2.油船货油区的结构形式

油船货油区的剖面结构形式有如图3-9所示的3种：

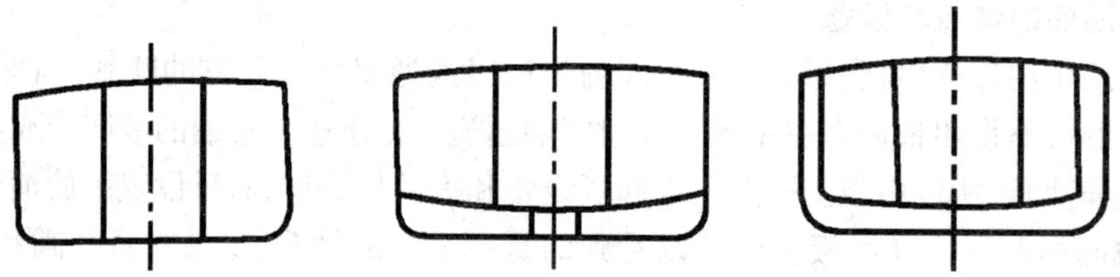

图3-9　油船货油区的剖面结构形式

1)单船壳型

单船壳型亦称常规型，其结构简单，施工方便，不设专用压载舱的油船多采用此型。压载舱就布置于边舱内。

2)双层底型

双层底型即单层舷、双层底结构型。这种形式双底内空间可作压载舱。并且可以防止底部搁浅破损溢油,平整的内底也便于清舱和洗舱。双底高度根据防污染公约规定不得低于 2m 或 $B/15$(B 为型宽),取二者中之小者。这种形式的结构重量有所增加。

3)双船壳型

这种形式对解决压载舱以及防止事故性溢油效果都很好,货油舱内表面平整对清舱和洗舱也都很有利。但结构较复杂,重量要比常规型增加 20%左右。

3.油船上的管系

油船上的管系很多,主要的有下面几种。

1)输油管系

它由输油接头、输油平管及通向各油舱的输油支管、管系中的闸阀及手轮,以及管路膨胀补偿器、注油器、吸油口等组成。输油接头位于油船中部甲板上,每一接头装有一叉形短管,以便能同时连接岸上两组输油软管。为了保证能同时装载不同油品的油而不致混杂,通常将油船油舱分隔成几组,每一组油舱可以进行独立的输油。油船上的主输油泵有离心泵和往复泵两种。离心系可以达到很高的排量,所以已被现代油船所广泛采用。但离心泵吸入能力差,不如往复泵的真空度高,吸入能力好,所以泵舱设在船中部的中小型油船上还是较多采用往复泵作为主输油泵。

2)清舱管系

许多油船设有专门的清舱管系及清舱泵,以用于卸净舱底的残油。所以清舱管道敷设在油舱底部,管径较小,吸油口很低。有的油船把清舱油管与输油平管连接,清舱泵打出的残油经主输油管排出;也有的不设清舱泵,将清舱支管与输油支管连通,由主输油泵清舱。清舱泵一般都采用往复泵,以使其有良好的吸入性能。

3)通气管系

在运输过程中,为了防止由于油品的挥发和舱内油的体积随温度升高而膨胀致使船内产生异常的压力,所以每一艘油船上除留有货油舱容积的 2%~3%的膨胀容积外,还应设置通气管系。各舱的通气管相连于通气总管,通气总管通过桅柱或甲板上其他支柱将气体送至离甲板 10~20m 高度处排出。通气管均设有防火安全罩和节气门,以便在发生火灾时隔绝各舱气体。

4)加热管系和洒水管系

一方面,为便于装卸粘度大,容易凝固的重质货油,油舱内通常设有加热管。另一方面,为了降低甲板温度,减少舱内油品的挥发,通常在甲板上敷设开有喷水孔的洒水管路。在热带航行时,要经常打开洒水管系以降温。

5)消防管系和惰性气体系统

由于油类的易挥发性和易燃性,因而对油船的消防设备有很高要求,一般配有蒸汽、二氧化碳等灭火系统。关于惰性气体,前已述及,它主要用于在装卸、运输和洗涤舱作业过程中导入需要的舱内以防止火灾。

二、液化气船

1.液化天然气船(LNG 船)

20 世纪 50 年代末,美国首先用普通旧油船改建成一艘容量为 5 100m^3 的液化天然气船,称"甲烷先锋号"。20世纪60年代,英法等国先后建造了一些容量为25 000~27 000m^3的液化天然气船。这之后液化天然气船更向大型化发展,到20世纪70年代末,法国建成了容量达13万m^3的巨型液化天然气船,其主尺度超过了10万t级的油船。

液化天然气船的船型按液货舱的结构可分独立贮罐式和膜式两种。前者是将柱形、筒形、球形等形状的贮罐置于船内,船体构件对贮罐起支持和固定作用,贮罐本身具有一定的强度和刚度;后者是采用双壳结构,船体内壳是液货舱的承载壳体,液货舱衬有一种由镍合金钢薄板制成的膜,膜与船体内壳之间有良好的绝热层,膜仅起屏障作用,它和低温液货直接接触,而液货施于膜上的载荷则通过绝热层传至船体内壳。两者相比,膜式的载重量利用率和容积利用率都较高,所以早期的液化天然气船为独立贮罐式,自20世纪60年代后期出现了膜式液化天然气船后,新建船舶,尤其是大型船舶,多采用膜式结构。

液化天然气船的液货舱对材料的要求较高,在常压下,液化甲烷的沸点为-161.49℃,在这样的低温下一般船用碳素钢均呈脆性,所以只能采用昂贵的镍合金钢或铝合金钢。上面提到的膜式结构在液货舱里衬一层镍合金钢薄板,即是为此。膜与船体内壳之间的优良绝热层,既是为了保持液货的低温,减少蒸发,也是为了防止构件过冷,出现脆性。液货舱和船体的外壳保持一定距离,以防在船舶碰撞、搁浅等情况下受到破坏而泄漏液化气。

液化天然气船设备较复杂,有的船还设有气体再液化装置。因为在低温运输过程中,免不了有热量从外部侵入,以及船舶摇荡使液体运动而产生热量,这就要靠液化气本身的蒸发来维持舱内的低温。这种蒸发出来的天然气必须及时排出,否则会增大舱内压力,甚至冲开安全阀而喷向空中。其蒸发量据估计,每天的气化率可达货物总量的0.3%~0.4%。当然,其具体量值与货舱的绝热情况、外界的温度高低、营运中货物的平静状态等有关。所以,这种蒸发出来的气体必须妥善处理,否则,既会带来危险也会造成很大的浪费。处理的措施通常有两种,一是将其再液化,二是作为船上的补充燃料。对于天然气,由于其理化特性,再液化十分困难,需要庞大的再液化装置,因此常将这种气体作为补充燃料送入锅炉中燃烧。

2.液化石油气船(LPG船)

液化石油气船的结构和设备大体与液化天然气船相类似,但由于石油气的理化特性对运输及液化的要求较之天然气为低,所以液化石油气船早在20世纪30年代时就出现了,比液化天然气船要早得多。

液化石油气船根据液化的方法主要可分为压力式和冷冻式两种类型。

压力式液化石油气船是将几个压力贮罐装在船上,液化石油气在高压下维持其液态。这种形式构造简单,至今容量在6 000m^3以下的小船仍较多采用。压力式液化石油气船在装货时要设置平衡管,连通岸上的液化石油气库及船上的货舱。这样,装货时库内液面下降不会引起压力降低,液化气蒸发;货舱内也不会因液化气的充入而压力增高,气体凝缩,温度升高。相应地,装油泵的工作负荷也不会增加,效率不会下降。

冷冻式液化石油气船采用双壳结构,货舱内采用耐低温的合金钢并衬以优良的绝热材料。液化石油气装入货舱后就在常压下运输。石油气冷冻液化的体积要比加压液化的体积小2%~6%。容量在1万m^3以上的液化石油气船大都采用冷冻式。

液化石油气船船上一般都设有气体再液化装置,可将蒸发出来的石油气再液化后送回液货舱。液化天然气船也可运送液化石油气,但液化石油气船不能运送液化天然气,因为后者要求更低的运输温度。液化石油气船的大型化不如液化天然气船,容量一般不超过10万m^3。

冷冻式液货舱在装运中要进行预冷，一般要将货舱温度降低到与货物温差不超过30℃。预冷通常是在前一航次结束的空航途中进行。它将前一航次的液化气预留1%，通过置于舱内适当位置的带喷头的冷却管将液化气呈雾状喷出，从而蒸发气化，吸收热量，降低货舱温度。

液化气船要备有惰性气体装置，使液货舱周围的空间内充填惰性气体，万一液化气泄漏可确保安全。

三、液体化学品船

专门载运各种散装液体化学品如甲醇、硫酸、醚、苯等的液货船称液体化学品船。由于液体化学品大多具有剧毒、易燃、易挥发和腐蚀性强等特点，因而这类船对防火、防爆、防毒、防腐蚀等有很高的要求，否则，在运输过程中，会对船舶、船员和周围环境产生危害。

为了确保运输安全，国际上将液体化学品船按货种的不同，即按其危险性的大小将船舶分为3类。第一类专用于运输最危险的货物，它具有双层底和双重舷侧，并要求其边舱宽度不小于船宽的1/5，以确保液体化学品在船舶发生碰撞或搁浅时不致泄出；第二类用于运输危险性相对较低的货物，其船体结构仍为双层底和双重舷侧，但边舱宽度可较第一类船为小；第三类用于运输危险性更低的货物，其构造特点与一般油船相似。液体化学品船由于载运货物的品种多，所以货舱分隔多而且货泵多。对于腐蚀性强的酸类液货，货舱内壁和管系多采用不锈钢或敷以某种耐腐蚀材料。

国际海事组织（IMO）1977年通过的《散装危险化工产品运输船舶结构及设备规则》从确保运输安全的角度出发，有较具体的规定。这里要说明的是，化工产品具有品种多而批量小的特点，所以对于运输某类化工产品的专用船舶，一般是吨位较小，运输距离亦较短。从20世纪60年代开始，随着化学工业的进一步发展，出现了所谓化工产品小批量集运船，使能在较为远程的航线上采用较大吨位的船舶。这种小批量集运船总的特点是要求比较高，以适应各类化工产品的运输，具体的主要有以下几点：第一，要满足上述3种类型船舶的各项要求，船体结构具有双层底、双重舷侧，以及一定的隔堵等；第二，货舱布置及设备要满足最高要求，可以装运剧毒、强腐蚀、低闪点和化学性能极其活泼的产品；第三，要满足适于运输多种货品的要求，货舱应是舱室小而数量多；第四，要具有多性能灵活的装卸设备，通常每一货船设置有独立的泵及管系。

第四节　顶推及拖带船队

由一艘推船（拖船）顶推（拖带）一艘或多艘驳船组成的船队称为顶推（拖带）船队。推船和拖船是船队的动力部分；驳船本身无动力，是船队中用以装载客货的部分。

船队运输由于营运的特点，通常分为内河顶推及拖带运输和海上顶推及拖带运输。考虑在实际营运中，顶推运输已逐渐成为主要运输方式，因此，我们重点介绍顶推船队。

一、内河顶推船队

1.分类

内河顶推船队根据驳船类型的不同，可分为普通驳顶推船队和分节驳顶推船队。普通驳与分节驳的区别是：前者从单船考虑，例如船体型线从减小单船的阻力出发；后者从船队的整体性考虑，例如船体型线是从船队的光顺性，即从减小船队的阻力着眼。另外，分节驳与普通驳比较，分节驳船上实现“四无”，即无舵（无操纵设备）、无上层建筑、无人、无护舷材。美国的分节驳船上还不设锚，实现了“五无”。

分节驳顶推船队可分为全分节驳船队和半分节驳船队两种。全分节驳船队由首驳、尾驳、中间驳组成，如图 3-10a)所示。首驳的前端和尾驳的后端均具有简易的型线（大多为雪橇型、折角型）；另一端则呈方箱形。中间驳则两端均呈方箱，整个驳船像一个长方形箱子，所以有箱形驳之称。半分节驳船队只有首、尾驳而无中间驳，在营运中通常将首、尾驳组成一体，可称为组驳，编入船队之内，如图 3-10b)所示。全分节驳船队的整体型线较半分驳船队为好，因为后者在纵向组驳对接处存在较大的空隙部分。但全分节驳船队在营运途中摘挂驳节（分节驳船通常称为驳节）不如半分节驳船队方便，因为从阻力考虑，前者只能增减中间驳而必须保留首、尾驳。所以全分节驳船队特别适用于专线运输；半分节驳船队一般作为不同货种、不同航线的通用船队。

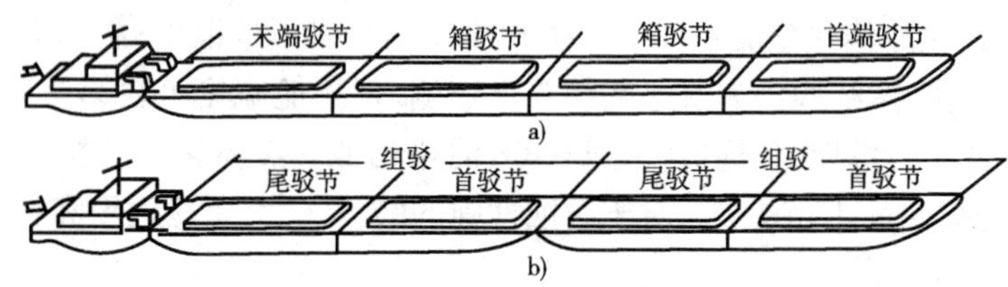

图 3-10　全分节驳船队和半分节驳船队示意图

分节驳船队与普通驳船队比较，具有较多优点。首先，分节驳体型丰满，呈方箱形或近似方箱形，所以在同样船队尺度下。载货量可增加 8% ~ 14%。其次，船队整体型线好，水流较顺畅，可提高船队航速 6% ~ 15%。如果分节驳船队选择了最佳方案，使分节驳的载量、数目、船队的航速、货源以及推船的功率都组合得较理想，则全年总运量可增加 50%左右。其次，分节驳型线简化，结构简单，又减少了很多设施且无船员，所以使每载重吨钢材消耗量减少 8% ~ 13%，建造投资降低 20% ~ 30%，营运费用节省 10% ~ 20%。此外，分节驳驳型较方整，船队易成一体，降低劳动强度，也便于标准化和系列化。

为了提高船队运输的经济效益，内河顶推船队已在系列化、大型化和现代化方面做了不少工作。系列化主要是船型简化、尺度统一、推船主机功率分档。大型化主要是推船功率、驳船尺度及船队载量均逐渐增大。如美国推船最大功率已达 11 768kW，我国最大功率推船为长江上营运的 4 413kW 推船。联结方式主要是向使用可靠、解结方便的方向发展。船舶技术主要是提高推进装置、操纵系统、导航设备的效用。经营管理主要表现为现代通信手段和电子计算机的应用。

2. 组成

船队运输是由推船或拖船与驳船组成。

1)推船

推船是用于顶推驳船或驳船队的机动船。对于分节驳顶推船队中的推船来说，由于驳船上实现“四无”或“五无”，所以推船是整个船队的动力源、操纵台和生活区。

推船要有强大的功率。推船的功率，要求能推动整个船队在一定的速率下航行。同时，要有良好的操纵性能，因为推船担负着操纵整个船队的任务。目前，较常见的推进操纵系统形式有如下两种：

(1)固定导流管螺旋桨加正倒车舵。这种系统是螺旋桨上装有固定导流管，导流管后方装一正车舵，前方两侧装有两个倒车舵。美国、西欧和我国绝大多数推船上都采用这种形式。

(2)螺旋桨加转动导流管。转动导流管不仅具有增大推力的优点，而且导流管转动所产生的侧向力具有强大和灵敏的转船能力。前苏联和日本都较多采用此种形式。

内河推船船型总的可以说是短、宽、扁。短是为了尽量增加驳船队的长度；宽是由于提高船队的操纵性，常设双机双桨(与功率大吃水受限有关)；扁是因吃水受限。推船机舱位置多在船中附近，有的甚至还略为中前，这是由于安装外形较大的推进操纵装置，推船尾部切去较多，因而从机舱布置及纵倾调整的要求出发，机舱位置得较前。由于船队长度较长，推船又位于船队尾部，为了保证有较好的驾驶视线，推船的驾驶室必须有相应的高度，如果航线上有桥孔、过江架空电缆等高度限制时，则推船驾驶室采用能升降的方式来解决。另外，在营运过程中，推船不仅承受波浪及其他一般载荷的作用，而且受到整个驳船队在顶推时所施加的挤压作用和在倒航时所产生的拉张作用。所以推船的结构较一般运输船舶坚固，即强度较大。例如我国《长江钢船建造规范》对推船的首端结构有一条规定：推船设置顶推架的部位，其甲板和外板应局部增厚50%或加复板；在顶推架处的后端应设置短纵舱壁或短纵桁架，并分别延伸至防撞舱壁。

2)拖船

拖船主要是指专用于拖带驳船或驳船队的机动船。拖船与推船有不少共同之处，如拖船短而宽、主机功率大、推进和操纵性能要求高、船体结构比较强等。

拖船上装有专门的拖带设备，主要是各种形式的拖钩。从操纵性及稳性的考虑，希望拖钩设置的位置尽可能靠近船中(即靠近船舶的回转中心)及高度较低的位置。由此，拖船的上层建筑较集中于船的前部，尾部甲板上较空旷。另外，希望拖船的吃水较大，除考虑航行性能外以便安装直径较大的螺旋桨。一些水深较小的航区，拖船常采用隧道形尾，使螺旋桨直径大于船舶吃水。为提高拖力，拖船一般采用导管螺旋桨。

在我国，拖船除拖带钢驳、木驳和水泥驳外，有些地区，也用拖船拖带木帆船以利用民间运力，提高运输效率。

3)驳船

驳船本身无推进动力装置，依靠机动船带动，专用于载运旅客或货物，亦无起货装置。驳船的种类很多，按接货驳结构形式分，有下列几种。

(1)舱口驳。设有若干货舱，每一货舱有一货舱口，舱口设有水密舱口盖，主要用于运输件杂货。

(2)敞舱驳，又称大统舱口驳。只设有一个货舱且货舱上方全部敞开。它一般为双层底、双重舷侧，货舱四周设连续舱口围板。这种驳船对货物的适应性较强，尤其适宜装运大宗散货和大型机械。舱口盖可考虑货种的需要而是否设置。

(3)甲板驳。不设货舱，全部货物堆装在甲板上，甲板四周设有挡货围板。这种驳船的优点是装卸方便。

(4)半舱驳，又称槽形驳。是介于甲板驳与敞舱驳之间的一种中间型驳船，其载货甲板低于强力甲板，四周设有伸出强力甲板与一定高度的舱口围板。

(5)罐驳。在甲板上设置罐等密闭容器以装运液体货物，某些罐驳设有泵设备以装卸货物。

二、海上顶推船队

海上顶推运输是20世纪60年代发展起来的，经过40多年的实际营运，目前已有较多国家采用此种运输方式。海上顶推运输不仅在近海，而且已发展到远洋。世界上第一个大型远洋顶推船队是“阿格里亚—考比斯”(Agria - Cotbsi)号，于1972年底投入营运。推船“Agria”号由美国建造，主机功率为4 292kW；驳船“Corbsi”由香港船厂建造，载重量为22 000t。该船队属法国航运公司，主要在波兰与法国港口之间运输煤炭，也曾从澳大利亚装矿砂经好望角驶往英国，在穿过印度洋时，曾经受了九级大风的袭击。

海上风浪大，推船和驳船间的联结问题是发展海上顶推运输的关键。目前世界各国应用于海上顶推船队的联结装置种类很多，分类的方法也不同，通常按两船的相对运动方式分为非整体式、半整体式和整体式3种。

1.非整体式

非整体式也称非固定式，这种方式对水平方向的控制比较稳定，而对上下方向及横摇、纵摇等运动不加控制，所以耐波性较差，主要用于航距较短、风浪较小的沿海航线。属于此种联结方式的有：

1)推架式

推架式相当于内河顶推船队的短线系结，用于较平静的沿海航区，如图3-11所示。

2)顶棍式

如图3-12所示，它用推船首部的顶棍顶推驳船尾部的受顶件，并用钢丝绳和尼龙绳以及绞车使推船与驳船联结。顶棍具有一定的曲率，可以用来放任上下运动，在2m的波高下顶航。

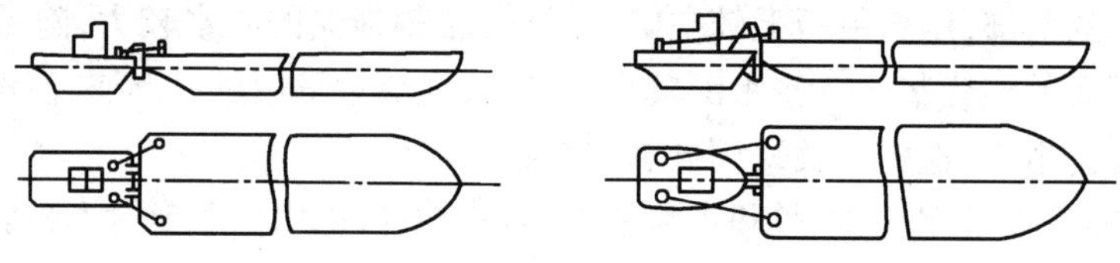

图3-11　推架联结方式　　　图3-12　顶棍联结方式

3)靠球式

如图3-13所示，它由两部分构成：一是装在推船首部最前端的带有减振器的双辊靠球；一是装在驳船尾部与靠球匹配的上下导槽结构。靠球与上下导槽结合，使轮、驳相对运动的自由度达到最佳状态，可在波高3m海况下顶航。

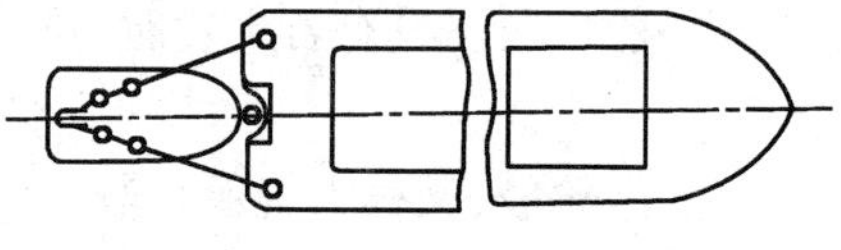

图3-13　靠球联结方式

4)浅槽与深槽式

如图3-14所示，推船首部可以扦入驳船尾部的凹槽内，用缆绳联结。凹槽愈深，性能愈好，可以控制推船的横摇。为了防止轮、驳的冲击，在推船首部周围装有缓冲垫，驳船凹格内吊有轮胎。这种形式结构简单，造价低，但适航性差，适于波高1.5~3.0m以内的航区。

2.半整体式

半整体式推船与驳船通过左右两个销子相联结，仅允许相对纵摇的一个自由度，改善了适

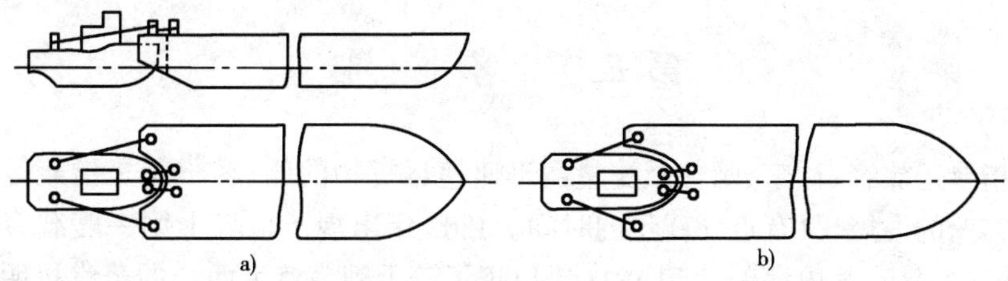

图 3-14　浅槽与深槽联结方式

a)浅槽式;b)深槽式

航性能,克服了非整体式在海况恶化时需改为拖航的缺点,在近海和远洋均可航行。该方式的技术关键是插销部分的动态应力问题,如图 3-15 所示。

3.整体式

整体式联结方式是把推船与驳船完全刚性地联结在一起,6 个自由度的运动完全加以控制,形同一艘船,故其抗风浪能力近似于自航货船。整体式的联结形式有若干种,图 3-16 为楔槽式,亦称 T. B. S 式,其他还有三销固定式、ABC 式、Murvicker 式等。它们的共同特点是:驳船尾部有较深的凹槽,其形状与推船前部相匹配。推船楔入驳船内,用油压牢固锁紧,接触面间设有缓冲橡皮。这种联结方式结构复杂,操作不便,必须把推船和驳船调整到合适位置才能楔入。但如上述其适航性好,可耐 6m 波高。

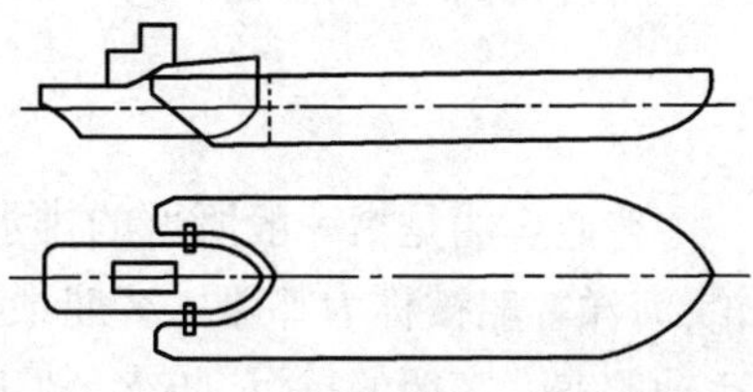

图 3-15　半整体式联结方式

上述几种基本方式均是一轮一驳的联结方式,现在国外又研制成功一轮多驳的联结装置。如图 3-17 所示为韧性销式联结,它利用特殊的联结杆和控制机构,对船队进行纵向联结。通过营运证明,这种方式可在近海和远洋进行顶推运输。

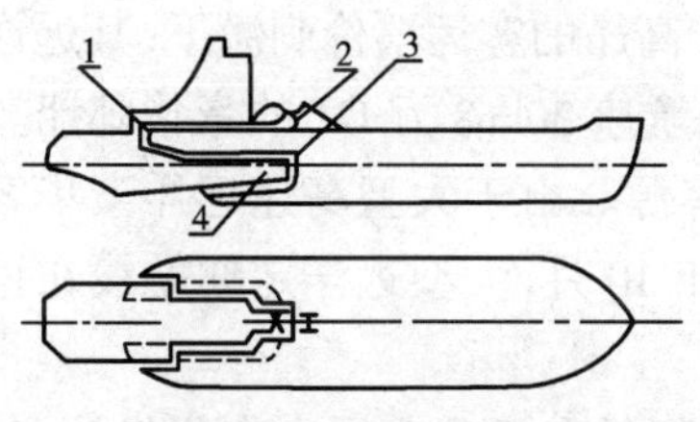

图 3-16　整体联结方式

1-后楔;2-联结器;3-首衬垫;4-前楔

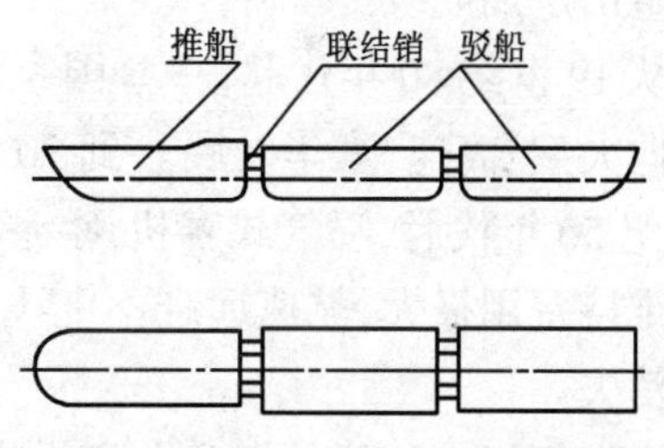

图 3-17　韧性销式联结

海上顶推船队与同吨位、同主机功率的货船比较,航速和抗风浪能力不及货船,造价也未必低廉,但发展海上顶推船队,根据具体情况,有如下经济意义:

(1)顶推船队的轮、驳可以分开,在装卸效率较低、航程较短的航线上,可以组织循环搭配运输,可提高推船动力的利用率。

(2)顶推船队对船员的技术等级要求低,人数配备要求少,因而船员工资费用低,这在西方一些国家船员工资占运输成本很大比例的情况下就有较大意义。

(3)顶推船队的吃水较浅,因此可用于江海直达运输,避免货物在港口的换装转运,从而可提高经济效益。

第五节 客　船

客船是指专运旅客、行李、邮件及少量需迅速递运货物的船；客货船是指兼运旅客及货物的船。现代客船的发展，只有近200年的时间。1807年出现了世界上第一艘载客蒸汽机明轮船“克雷门特”号，是一艘内河船。到1838年出现了若干艘横渡大西洋的蒸汽机明轮客船。到1936年出现了巨型客船，如法国的诺曼地号和英国的玛丽皇后号，总吨位达80 000t。第二次世界大战严重影响了客船的发展，随后喷气式客机用于洲际飞行，使远洋客船更遭到了致命打击。总的来说，由于航空和公路运输的发展以及人们时间观念的增强，水路客运在各种运输方式中所占比例有所下降。

一、普通客船

普通客船是指一般所见的排水型客船。客船多为定期定线航行，故内河客船通常称为班轮，海洋客船被称为邮船。客船最显著的特点是上层建筑发达，用以布置旅客居住舱室和各种活动舱室。客船的抗沉、防火、救生等方面的安全要求较严格；减摇、避振、隔声以及各种生活设施等方面的舒适性要求较高；另外，还有航速较快、外形较美、功率储备较大等特点。客船包括以下主要类型：

1.海洋客船

海洋客船可分远洋客船和沿海客船。1620年秋，英国“五月花”号帆船载运100名移民及其行李横渡大西洋到达美洲科德角，可算是近代第一次远洋客运。1818年美国“黑球”轮船公司首次开辟了纽约—利物浦定期航线。1938年起，在英国政府的财政扶植下，先后开辟了西亚，东亚、澳大利亚以及横渡大西洋、太平洋的定期航线。我国于1880年由招商局开辟了上海—旧金山定期航线。

从19世纪80年代起，一些国家在政府的财政津贴和高昂的客运票价刺激下，其远洋客船日益向大型、高速、豪华发展。到20世纪30年代已出现航速30kn8万GT的豪华邮船。但到20世纪50年代后，喷气式客机逐渐夺走了远洋客船的客源。由于大型高速远洋豪华客船建造及维持费用极大，航速远赶不上飞机，所以到在1977年10月，大型远洋定期航线在世界上完全消失。

沿海客运在波罗的海和北海沿岸国家、澳大利亚、新西兰和日本等国一向很发达，包括短程国际海上客运。20世纪60年代出现一种以运送旅客及其携带自备轿车为主的汽车客船。这种汽车客船多在4 000GT以下，所载汽车数约为旅客数的10%～20%，载客部分有卧舱和娱乐散座舱，兼有旅游功能。这种船航速多为16～18kn；吃水较浅，可广泛停靠各港口；船宽较大，可增大甲板面积，多采用双桨单舵；设防摇鳍和侧推装置，以改善船舶摇摆性能和操纵性。船舶在上甲板下设1～2层车辆甲板，前后贯通，汽车多由首尾开门上下船。现今海上运输发达国家的重要中短程定期航线基本上已采用汽车客船，而且随着旅游业的发展，船舶吨位、车客比值、航速，都有所增大，设备亦更加豪华，航速超过20kn。

2.内河客船

内河客船是指航行于江河湖泊的传统客船。它一般载客量大，舱室等级多，码头停靠频繁；与海洋客船比较，其结构强度及安全性要求均较低，这是因内河风浪较小，出现事故容易靠岸处理，应变方便。内河客船通常设2层甲板，干舷较低，并采用延伸甲板以增大船舶使用面积。上层建筑很长,几乎延及首尾。为了减小空气阻力,上层建筑首尾大都呈阶梯形,使船舶的实体侧面外形包络在一个光顺的流线之内,也给人以快速感。我国长江干线上的客船,即客班轮,通常装载少量件杂货,由舷侧波门进行货物装卸;客舱沿船舶横向分隔,两侧开门,大大提高了自然通风的条件,很适合航线气候炎热的特点;船舶两侧的外走道较宽,首、尾端有较大的空敞甲板面积,可供旅客散步和观赏沿岸风景。但随着沿江公路与铁路的建设,客源不断流失,长江客班轮已基本停航。

内河客船的操纵性要求比较高,故多为双桨双舵或三舵。现今江河湖泊的较大客船,航速多在 20～30km/h。内河客船的航速除考虑经济性,还要考虑航线的具体情况,例如避让小船和保护堤岸或是冲滩过急流等。所以内河客船要针对航线情况选择适宜和合理的航速。

3.旅游船

旅游船主要供旅游者旅行游览用。旅游船造型美观,生活设备完善,娱乐设施较全,它既要满足旅游者旅游的要求,同时也可使旅游者达到疗养、度假、文化娱乐、社会活动等目的。所以旅游船振动和噪声都很小,并设有防摇装置,使船舶在航行中尽量平稳和舒适。旅客卧室基本上都布置在船的前部,使具有安静的条件;公共场所多种多样,并有宽阔的活动场地和良好的视野。旅游船一般吃水较浅、续航力较大,以便停靠许多港口。

海上旅游船的航速多为 20～24kn,船的大小多在 1 万总吨以上,载客约为 800～1 800人,机舱位置多设在中后部。船在风景秀丽的海域周游巡航或定期定线航行,船上旅客可在公布的旅游航线上某个停靠点中途上下船。旅游船也可附带从事港际交通。

海上旅游船早期由客船兼作旅游船,如英国于 1969 年建造的女王伊丽莎白二世(Queen Elizabeth II)即如此,该船的用途是:夏季用作大西洋的客船,冬季用作旅游船。

进入 20 世纪 70 年代,由于大型喷气客机十分活跃,使兼用客船一筹莫展,而挪威一些轮船公司相继推出的新型旅游船航行于加勒比海却颇值得注意。之后,旅游船有较大的发展,除一部分由原远洋客船改为旅游船外,也新建了一些旅游船。进入 20 世纪 80 年代以后,新型旅游船仍有所发展。我们可以把 70 年代所建的旅游船看作是第一代旅游船,其主要特点有:

(1)客船宾馆化。所有客舱均提高舒适性。每一舱室都有卫生设备和空调装置,几乎每室都只住 2 人。

(2)客船成为流动娱乐场。船上广设大型公共活动场所,充分利用宽敞的公共设施安排丰富多彩的娱乐活动。

20 世纪 80 年代所建的旅游船可看作是第二代旅游船。这一代旅游船相比之下的特点是:

(1)对舒适性的要求更高。例如 1984 年建造的英国皇家公主号全部 600 间客舱都是外向的,其中 152 间更有专用的阳台。

(2)船舶吨位逐步增大。表 3-2 摘录了部分 80 年代建造的颇具代表性的旅游船,可供参考。

表 3-2

船 名	国 籍	总吨位(t)	载客数(人)	功率(kW)	船速(kn)	建造年
欧 洲	前联邦德国	33 819	758	21 270	22	1981
热 带	利比利亚	36 674	1 420	19 564	21	1982
新阿姆斯特丹	荷 兰	33 930	1 120	22 440	21	1983
皇家公主	英 国	40 000	1 200	29 126	22	1984
假 日	巴拿马	45 000	1 800	22 359	22	1985
纪 念	巴拿马	48 000	1 800	22 359		1986
庆 祝	巴拿马	48 000	1 800	22 359		1987

(3)注意节能。主要采用轮带发电机系统。如热带号、新阿姆斯特丹号、皇家公主号等船上均采用这种系统。

旅游船不仅在海上发展,在内河也有所兴建,因为沿江沿河有许多著名的文物古迹和旅游胜地。内河旅游船的基本特点是和海上旅游船相一致的,当然要更密切结合航线的具体情况。

二、快速客船

快速客船也称高速客船。这里是指非单体排水型船,主要介绍水翼船、气垫船、小水线面半潜双体船。

1.水翼船

水翼船是指船底下装有水翼,高速航行时利用水翼产生的升力使船体部分地或全部地升高水面的船。水翼船在停泊或以低速航行时与普通排水型船一样,也靠浮力支承,且因多了水翼,阻力比普通船型更大。但随着航速的增高,水翼产生的举力逐渐加大,最后将船体抬离水面。这时,船舶浸水面积大大减少,只有水翼、水翼支柱、推进装置和舵在水中,所以船的兴波几乎消失,总阻力大幅度下降,航速很高。

世界上第一艘水翼船是1919年制造的,但因为没有大功率轻型动力机,发展缓慢。20世纪50年代曾研制了民用内河水翼船,如前苏联在1957年建造的"火箭"号水翼船,有66个客位,航速为38kn。这一时期生产的水翼船,吨位多在100t以内。到20世纪60年代,在民用内河水翼船继续发展的同时,海洋水翼船和军用水翼船开始建造。

从20世纪50年代末起,我国也开展了对水翼船的研制。如1960年初由芜湖船厂建造的长江水翼船,水线长21m,载客40人,船员3个,主机功率882kW,航速61~65km/h。该船舶身为铆接铝合金,水翼为合金钢。机舱设于中部,客舱在中前,后舱为休息室,坐位为飞机式活动椅,驾驶室在中部上一层,舱室明亮舒适。

水翼船的关键部件是水翼。水翼的剖面形状和作用原理同飞机的机翼相似,但尺寸小得多。水翼的种类很多,按数目可分为单水翼和双水翼;按能否收放可分为固定水翼和可收缩水翼;按控制方式可分为自控水翼和非自控水翼;按水翼和水面的相对位置可分为割划式水翼和全浸式水翼,其中全浸式水翼又可分浅浸水翼和深浸水翼。

水翼船舶体一般用铝合金和钢材制造,水翼用不锈钢或钛合金制造,动力装置多采用轻型高速柴油机,一般使用水下螺旋桨推进。可收缩全浸式自控双水翼船也有用喷水推进装置推进的。民用水翼船的运行速度多在30~40kn,最高的可达70kn。水翼船在遇到特大波浪情况下,被迫浮航,船底水翼起消摆阻尼作用,可提供很好的稳定性。

水翼艇的缺点是:因船底水翼吃水要较普通排水型船深,所以浅水航道不适于航行;水翼往往比船宽要宽,因此靠码头时要特别注意;动力装置使用寿命短,对燃油及润滑油的要求高;因采用铝质船体及有关水翼的要求,船舶的造价较高。

2.气垫船

气垫船是航行时利用高压空气在船底和水面(或地面)间形成气垫,使船体部分或全部垫升而脱离支承面(水面或陆面)实现高速航行的船。

在船底下打入高于大气压的空气以减少航行阻力,提高航速的想法早在19世纪初就已出现。1953年,美国人C·库克雷尔创立气垫理论,并经过大量试验后于1959年建成世界上第一艘气垫船,并成功横渡英吉利海峡。1964年以后,气垫船类型增多,应用也日益广泛。我国从60年代后期开始也研制气垫船,如1969年由沪东造船厂建造的侧壁式气垫船"金沙江"号,该船总长22.3m,总重28t,客位80人,最大航速60km/h。气垫船多用轻合金材料制成,船上装有鼓风机以产生船底气垫;动力装置采用航空发动机、高速柴油机或燃气轮机;船底用以阻挡空气泄漏的围裙采用的是高强度尼龙橡胶布。

按维持气垫的方式,气垫船可分为如下两类:

1)全垫升气垫船

全垫升气垫船又称全浮式气垫船。船底四周装有柔性围裙,压缩空气在围裙内形成气垫,使船体硬结构全部垫升而脱离水面或陆面,从而成为高速两栖航行的气垫船。

对于气垫的高度,或者说船体与支承面之间的高度必须认真考虑。气垫高度小,对越波和越障碍物显然是不利的;气垫高度大,显然垫升功率消耗就大。全垫升气垫船多用空气螺旋桨推进,靠空气舵等操纵。

2)侧壁气垫船

这是一种船体左右两侧有刚性壁伸入水中,仅在首尾两端设有维持气垫围封装置的气垫船。这种气垫船由于侧壁的作用,气垫的气只能从首尾部逸出,因此垫升功率较全垫升气垫船消耗小,经济性较好。然而由于侧壁在航行过程中始终伸入在水中,所以只能在水域航行,不能两栖运行,航速亦较低。我国建造的内河民用气垫船多为侧壁气垫船。侧壁气垫船只设置水中螺旋桨或喷水推进装置。民用气垫船从经济性考虑多采用侧壁气垫船。

气垫船的缺点是耐波性较差,在风浪中航行失速较大。船体一般用铝合金、高强度钢或玻璃钢制造,动力装置的要求亦较高,所以船舶建造成本高。另外,围裙容易磨损,常需更换。

三、小水线面半潜双体船

小水线面半潜双体船通常是由两个潜入水中相互平行的鱼雷状船体,通过几个流线形支承体托住一个高踞在水面上的箱形平台所构成,如图3-18所示。世界上第一艘小水线面实船是1973年建成,由美国海军海洋研究中心设计及使用的工作艇"K-aimalino"号。

1.小水线面半潜双体船的优点

(1)阻力性能较好。高速船的障碍在于兴波阻力,小水线面船由于水线面积大大减小,使兴波阻力大幅度下降。

(2)适航性能优良。由于水线面很小,小水线面船的适航性能优良,风浪中不必人为减速航行,故更能显示其优越的快速性能。在航行或停泊状态,波浪对船的扰动力小,引起的运动加速度也小。例如日本的"海鸥"号,在为时半年的统计中,旅客中仅0.2%的人有呕吐现象。小水线面半潜双体船运动在5级浪时其纵摇幅度仅为普通单体船的1/6左右;在4级情况下,横摇角仅为常规船的1/4~1/6。

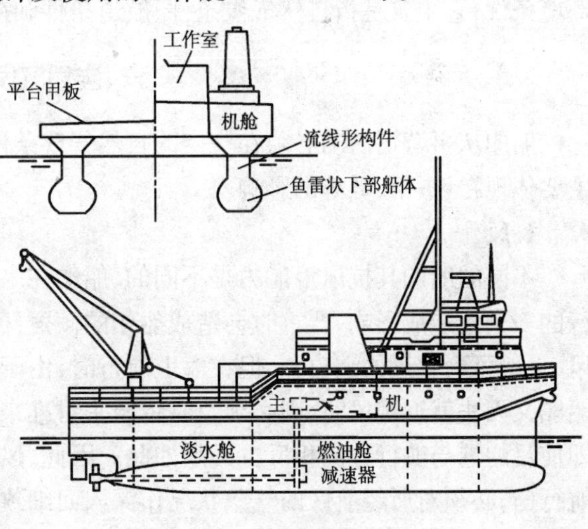

图 3-18

(3)航向稳定性与回转性都很好。由于两个螺旋桨的间距大,在低速时,仍有很好的操纵性能;由于两个水下鱼雷状潜体,航向稳定性能好。

(4)推进效率高。由于表面扰动力小,螺旋桨的潜深又较大,故推进效率高,抗空泡能力好。

(5)具有较强的生存力。由于水下潜体的水密分隔,再加上水上部分有很大的储备浮力,所以对于对称或非对称破损,均具有较好的稳性和抗沉能力。

(6)具有较大的箱形甲板,有利于总体布置,同时,外形简单,大多由平面与圆柱状等构成,建造方便。

2.小水线面半潜双体船的弱点

(1)低速时由于浸水面积大,因此摩擦阻力较大。

(2)需要对船舶的重量及重量分布精确控制,同时需要设置潜水艇型的压载补偿系统。

(3)结构比较复杂,船舶自身重量较大,每载重吨的造价较高。

(4)吃水要求较大;高速时的回转半径较大。

思考题

1. 船舶主要有哪些类型?为什么会发展这些类型?
2. 对于同属干散货船的几种船,为什么它们的横中剖面均不一样?
3. 简述中机型船和尾机型船的优缺点。

第四章　船舶营运必备的基础条件

第一节　船舶营运的环境条件

船舶在从事运输生产所要依靠的,分布在自然空间上的一些生产力要素称为船舶营运的环境条件,它主要是指自然气候条件、航道条件和港口条件。

一、自然气候条件

船舶从事营运活动必须在一定的自然气候条件下进行,自然气候条件对船舶营运的影响主要体现在风、雨、雾等的影响。

1.风

不同的船舶其抗风浪能力是不同的,船舶在水上航行,当风浪达到一定的级别时会对其航行的安全性造成影响,严重时会造成船舶的倾覆,因此,当风浪达到一定的级别时,船舶需要避风(一般可到较近的港口)。但在海上航行时,由于无法准确把握海上气候的变化,当遇到台风船舶又无法就近避风时,则必须及时将船头对准来风方向,顶风航行以保证船舶航行的安全,即使目的港与航行方向相反也必须如此。因此,风浪对船舶航行的安全性影响极大。船舶在航行前,必须对所经航区的气象状况作深入而细致的了解,以保证船舶航行的安全。

2.雨

风雨同行,雨和风是同时存在的,通常当大(暴)雨来临时,常伴有强风,因此,雨对船舶航行的安全影响极大,同时,大(暴)雨还会影响驾驶人员的视线,危及船舶航行安全。此外,雨对船舶在港口的装卸生产会产生较大的影响,有些货物在雨天无法进行作业。另外,风雨较大时,船舶会产生摇晃,这会给船舶在港口的生产作业带来不利影响,甚至无法进行作业。

3. 雾

雾是由于空气中的尘埃遇水蒸气凝结而形成,雾会对船舶航行安全造成影响。当遇大雾时,船舶驾驶人员的视线受到极大的影响,驾驶人员不易瞭望,易发生船舶航行安全事故。我国长江上游川江段是大雾发生较多的地区,船舶在川江段航行时,遇到大雾,经常需要扎雾。因此,大雾经常延误船舶的航行时间,影响船舶航行。

二、航道条件

现代水上航道已不仅是天然航道,而且包括人工运河、进出港航道以及保证航行安全的航行标志系统和现代通信导航设备系统在内的工程综合体。随着运输生产与科学技术的发展,船舶尺度的增大,船舶运行对水上航道的要求亦越来越高,但对海上航道来说,主要的还是自然水道。人工水道、运河及过船建筑只是作为自然水道的补充或改进。

1. 海上航道

海上航道属自然水道,其通过能力几乎不受限制。每一海区的地理、水文情况都反映在该区的海图上。船舶每次的运行都是根据海图,结合当时的气候条件、海况和船舶本身的技术性能进行计算并在海图上标出。经过人们千百年来的努力和探索,加上现代化导航技术的应用,全世界各国地区间的海上航道已基本为人们所了解和掌握。

海上航道的通过能力几乎不受任何限制,但随着船舶吨位的增加,一些海峡或狭窄水道会对通航船舶产生一些限制条件。如位于新加坡、马来西亚和印尼之间的马六甲海峡,为确保安全,防止海域污染,三国限定通过海峡的油船吨位不超过 22 万 t,龙骨下水深必须保持 3.35m (11ft)。

我国的海岸线绵延 18 000 多 km,大陆海岸线北起中朝两国交界的鸭绿江口,南抵中越两国边境的北仑河口。我国又是一个岛屿众多的国家,共有大小岛屿的 6 500 多个,岛屿岸线长 14 000 多 km。大陆岸线和岛屿岸线共达 32 000 多 km,而且我国的海岸线地处温带和亚热带,北部冰冻海岸线少,冰冻期短,十分有利于发展海上运输。

2. 内河航道

内河航道大部分是利用天然水道加上引航的航标设施构成的。航道的主要技术特征是:航道的宽度、深度、弯曲半径、水流速度、潮汐及季节性水位变化、过船建筑物尺度以及航道的气象条件及地理环境。内河航道的通行条件是有很大差别的,反映在不同的通航水深(如各航区水深不同、枯洪期水深不同等)、不同的通行时间(如有的区段不能夜行)和不同的通行方式(如单向或双向过船)等。对于这些自然条件,人们可以局部地改变它,但目前主要还是去适应它。

因此,在大多数情况下总是根据一定的航道条件来设计港口,选择船舶,组织运输。同时,大多数内河自然水道必须进行航运、发电、灌溉、防洪和渔业的综合利用与开发,在发展内河航运而涉及航道问题时,应注意与其他国民经济部门协调配合。在进行综合规划时,还应考虑航道的分级和航道的标准化。航道分级有利于从安全角度对船舶进行管理;航道和过船建筑物的标准化则是实现船型及港口设备标准化,形成现代化高效运输系统的前提。根据国内外一些河流综合治理的经验,一般情况下是对上游及支流进行渠化,中下游则以整治、护岸、疏浚相结合,就可逐步稳定河势,也为其他方面的综合利用创造了条件。

长江——世界上著名的第三大河。其干线航道全长 6 300 多 km。水系通航的河流有 700 多条,通航的里程有 7 万多 km。长江的主要支流有岷江、沱江、嘉陵江、涪江、赤水河、乌江、汉江、澧江、沅水、资水、湘江、赣江、黄浦江等。长江水系还有许多天然湖泊,较大的有洞庭湖、鄱阳湖、巢湖、太湖等。长江干线横贯中国中部,由西向东流入东海,其支流大多是南北走向,构成了以长江干线航道为主干、向外延伸的四通八达的长江水系航道网。此外,我国自北到南还有黑龙江水系、海河水系、黄河水系、淮河水系、珠江水系等,都有较好的水运条件,是我国水运的宝贵资源。

3.人工航道

人工航道是指由人工开凿,主要用于船舶通航的河流,又称运河。人工航道一般都开凿在几个水系或海洋的交界处,可以使船舶缩短航行路程,降低运输费用,方便人们生产和生活,扩大船舶航行的范围,进而形成一定规模的水运网络。一些著名的国际通航运河对世界航运的发展和船舶尺度的限制影响很大,其中主要有苏伊士运河、巴拿马运河和基尔运河。

1)苏伊士运河

苏伊士运河沟通了地中海和红海,把大西洋和印度洋连接起来。从欧洲到印度洋和太平洋两岸,通过苏伊士运河可使航程缩短 8 000 ~ 10 000km,目前欧洲和亚洲之间 80% 的海运货物都经过苏伊士运河。

苏伊士运河从塞得港至苏伊士全长 161.16km,基本上是单向航道,大苦湖、巴拉 100 ~ 110km 和卡布里特 35 ~ 45km 有 3 处双向航道可供会船,因此,通航时基本上采用单向成批发船和定点会船的办法。平均通过运河时间约 15h,最快约 10h。苏伊士运河目前可通航吃水深度 16m,满载 15 万 t 或空载 37 万 t 的油船。第二期扩建工程的目标是要求航道宽达到 140m,航道水深加至 23.5m,水深 11m 处底宽扩到 240m,建成后 22 万 t 级重载船和 30 万 t 级以上的空载船能双向通航。

2)巴拿马运河

巴拿马运河斜贯巴拿马共和国中部,是南北美洲的分界线。运河沟通了太平洋和大西洋,是两大洋的重要航道。从美国的纽约到旧金山,通过运河航行比绕道南美洲的麦哲伦海峡可缩短航程 14 000km。

巴拿马运河全长 81.3km,河面宽度 91 ~ 304m,水深 13.5 ~ 26.5m,可以通过 6 万 t 级以下和宽度不超过 32m 的船只。目前国际航运中所谓“巴拿马型”船即为受该尺度限制而设计的最大吨位散货船,载重量为 6 万 t。巴拿马运河所连接的大西洋和太平洋,水位相差较大,高潮时可差 5 ~ 6m,所以需要建造水闸。运河全程建有三级船闸,所有船闸都是双线船闸,便于往来船舶分别使用,每个闸室长 305m,宽 33.5m 左右。一般通过运河时间约需 16h。

由于目前巴拿马运河既不能适应船型日益增大的要求,又不能满足运量的要求,因此入口港压船很严重。为了提高船舶通过能力,巴拿马政府计划在现运河以西 15km 处修建第二条巴拿马运河。新运河不设水闸,陆地部分河底宽 200m,外海部分 400m,水深 30m,总投资 200 亿美元,工期 10 年。工程完工后,30 万 t(涨潮时 50 万 t)的船可以直接通过。

3)基尔运河

基尔运河位于德国的北部,是连通北海和波罗的海的一条重要水道。运河全长 98.15km,水深为 11.21m,底宽 44.03m,水面宽度 80 ~ 102.07m。运河上有大桥 6 座,净空高度为 40m。运河两端设有船闸两对,一对为大闸,一对为小闸。运河允许通过船舶的最大尺度为长 314.9m,宽 39.9m,吃水 10.5m,净空高度为 39.9m。通过运河所需时间一般约为 8h。

我国有世界上最古老最长的人工运河——京杭大运河。运河全长 1 747km,横跨北京、天津两市,直穿河北、山东、江苏、浙江 4 省,从内陆将海河、黄河、淮河、长江、钱塘江 5 大水系沟通，是我国国内水运的大动脉。正是由于这种特殊的重要作用，2 000 多年来人们一直在对大运河进行整治和扩建。

三、港口条件

从为船舶服务来说，港口是供船舶上下旅客、装卸货物的码头及相应的区域，还包括船舶待泊的水域及服务场所。

港口为使船舶能安全进港停泊，除了应具备良好的自然地理条件以外，还必须具备一定的设施，才能发挥其功能。港口一般分为水域和陆域两大部分。水域包括进港航道、港池和锚地，对天然掩护条件较差的海港，还需建防波堤，以满足船舶在港池内稳定系泊的要求。港口陆域岸边建有码头，岸上则有港口库场、港区铁路和道路，并配备有各种装卸设备和运输机械，还有各种辅助设施和服务设施。

衡量一个港口规模大小的主要指标是港口的通过能力，它是指港口在一定时期内(通常为1年)，在一定的技术装备和劳动组织条件下，所能够完成的运输船舶装卸货物数量和旅客到发量的能力。港口通过能力决定于港口水域面积、水深、码头泊位数、装卸效率、库场堆存能力和后方集疏运能力。

港口水域面积决定了它同时能接纳的船舶数量。港口水深决定了它所能接纳的船舶吨位。随着水路运输量的日益增加、船舶吨位的大型化，足够的水域面积和水深便成为发展大型港口的主要前提。

港口的泊位数决定了它能同时接纳并进行装卸的船舶数。如与岸上所配的装卸机械同时考虑，还可用港口能同时作业的舱口数或作业线数来表示泊位的通过能力。装卸效率也直接决定每个泊位的通过能力，它不仅取决于装卸机械本身的效率，还取决于人们的工作效率和管理水平。

由于海船、河船、火车、汽车的装载量差别很大，货物交接手续有快有慢、有简有繁，因此换装和联运的货物必须在港口储存，以便积累足够的数量装船或卸后逐步通过其他运输方式疏散。因此，库场堆存和周转的能力也会影响到港口通过能力。

港口后方有无一定的交通网和一定的集疏运能力，非但决定了它的通过能力，而且还决定了它的作用和发展。

可见，港口通过能力是多种能力的综合反映，只有当上述各个环节的通过能力达到平衡时，其作用才能真正发挥。

此外，由于航运生产是在广阔的空间进行，为了确保生产的顺利进行和安全，需要具备现代化的通信和导航设备；为了使航运生产能连续不断地正常进行，需有一定的船舶修理基地；为了尽量减少在各种灾害中的人员伤亡和财物损失，还需要有一定的海上救助设施等。这些也是船舶营运的自然环境条件的重要组成部分。

第二节　船舶适航条件

船舶的适航条件是指船舶能顺利地在水上航行并从事运输服务，所必须达到或具备的技术、安全、法律等方面所规定的条件，主要是通过船舶登记、船舶检验、船舶入级、船舶签证、船舶保险及船员配备等方式对其进行控制、监督和执行。

一、船舶登记

凡是我国国家所有、集体所有、中外合资经营企业所有以及公民所有的从事客货运输的船舶,除用于军事、公安、体育运动等船艇外,均应在中华人民共和国的船舶登记机关进行船舶登记。交通部授权和省(自治区、直辖市)交通厅指定的各地港(务)航监督机关为船舶登记机关。船舶登记港就是船籍港。船籍港由船舶所有人依据其国内经营机构的所在地就近自行选择。

船舶登记的目的,是确定船舶国籍,保障船舶所有人对登记船舶的所有权及其他合法权益,并有利于加强国家对船舶的监督管理。

船舶登记主要有以下几种:

1.船舶所有权登记

由船舶所有人向船舶登记机关提出书面申请,并交验船舶所有权的证明文件和船舶检验部门签发的有效的船舶技术证书。船舶登记机关审验上述有关文件后,认为符合条件者,发给船舶国籍证书或者船舶登记证书或者船舶执照。此时,船舶便有权悬挂中华人民共和国国旗航行。

2.船舶临时登记

凡属在国外买进或新造船舶合同规定离岸交船的,在国内为国外新造船舶合同规定到岸交船的,新造船舶出海试航的,以光船条件从国外租进的船舶,其船舶所有人或承租人应当向船舶登记机关申请临时登记。对老旧船舶提供不出所有权证明文书者,在公告期内可由经营人出具证明,申请临时登记。

在国外取得的船舶,其所有人应当向中国领事馆申请核发临时船舶国籍证书。临时船舶国籍证书在船舶未选定船籍港进行船舶登记以前有效,但有效期最长不可超过1年。船舶取得临时证书后,可悬挂中华人民共和国国旗航行。

船舶不得有双重国籍,凡在外国登记的船舶,未注销原登记国国籍的,不得再进行登记。且每艘船舶只能有一个船名,同一船籍港的船舶不得重名或同音。

3.船舶抵押、租赁登记

凡船舶抵押给他人或光船出租给外国经营时,应由船舶所有人提出申请。申请书内应载明上述各项有关内容并呈验抵押契约或经主管上级批准光船出租的文件和租赁契约。

4.船舶变更登记

凡船舶所有人的名称变更、船舶所有权转移他人,以致船舶所有人变更、船舶船籍港变更,均应向船舶登记机关办理变更登记。

5.船舶注销登记

凡船舶由于所有权经有关主管机关核准移转给国内外新的船舶所有人,或船舶灭失及沉没,或船舶失踪已经满6个月,或经有关主管机关核准拆解时,船舶所有人应当叙述事由,连同证明文件向原船舶登记机关申请注销登记,并将原船舶国籍证书、船舶登记证书或船舶执照交还注销。

6.航行国际航线的船舶登记

欲航行国际航线的船舶必须向中华人民共和国船舶检验局办事处申请进行船舶技术检验,在取得各种合格证书后,按"船舶登记章程"到船籍所在港口的中华人民共和国海事局(港务监督部门)申请办理船舶登记,领取船舶国籍证书后方准予航行国际航线。

运输船舶一般都在本国政府主管机关登记,但第二次世界大战以后,特别是在船员工资昂贵或税收较高的国家,有大量的船舶不在本国登记而在别国登记,并取得悬挂登记国国旗的权力。这就是所谓的“方便国旗”,又称开放式登记。由于在这些国家登记的费用及捐税较低,船员雇佣和工资等可以不受本国法律约束并且能使用低工资国家的船员,也可免受本国政府的征用,因而使航运企业的竞争能力大大提高。当然,也有出于其他原因而在别国登记的。

二、船舶检验

按照中华人民共和国船舶检验工作条例规定,每一艘建造或营运中的船舶,必须接受国家技术机构(船舶检验局)的监督和检验。船舶检验机构从安全生产的角度出发,按照所颁布的规程、规范以及我国已经承认的有关国际公约的规定,对船舶进行监督和检验,并签署相应的技术文件。

中华人民共和国船舶检验局(简称船检局,缩写符号 ZC)是我国船舶的技术监督机构,其主要任务是:通过对船舶、水上设施及其材料、机械、设备的监督检验和试验,使船舶和海上设施具备正常的技术条件,以保障水上船舶、设施和人命的安全以及水域环境不受污染。

对运输船舶的检验,包括船舶建造检验、初次检验、船级检验、法定检验、临时检验、公证检验等。

1.船舶建造检验的步骤及内容

(1)申请。船舶设计部门和造船厂向船检局提出图纸审核的书面申请和建造检验申请。

(2)审图。对新造船的主要设计图纸和技术文件进行审核。

(3)开工前检验。主要对造船厂设备、材料、生产技术、上船产品等进行检验。

(4)建造中检验。船检局在船厂派驻验船师,对完工的各个工程项目进行检查,签署各项检验文件。

(5)完成交船试验并发给证件。

2.船舶的初次检验

对新购入船的初次检验,是指由国外进口未经我国验船部门监督建造的船舶,在参加营运前应接受初次检验。

3.船舶法定检验

船舶法定检验包括船舶的定期检验和期间检验。船舶在营运过程中,机械、构件、管系、外板等都会发生局部磨损、腐蚀或损坏。因此,必须对船舶技术状态进行经常性的全面监督和检查,并通过经常性的维护和有计划的检修来恢复船舶的技术性能,使船舶经常处于良好的技术状态,保证航行安全。我国《船舶检验条例》规定各类船舶的定期检验和期间检验的间隔期分别是:

海船:4~6 年,1~1.5 年;

内河机动船:4 年,1~2 年。

对于国际航行的船舶,检验时间和内容还须遵照我国已经承认的有关国际公约的规定。

4.船舶临时检验

当营运船舶在发生海损、改变航区、改变使用目的、临时增载乘客、证书延期及其他特殊情况时,必须向验船机构申请进行临时检验。

5.船舶公证检验

公证检验是船舶和海上设施有关利益方面提供技术鉴定的检验,根据有关利益方(包括保险人、船方、保赔协会及第三利益方)的申请,船检局可进行以下几项有关公证检验和有关的咨询工作:船舶买卖检验、船舶损坏检验、船舶起退租检验及其他各种公证性检验。检验后提出的报告可以作为交接、计费、理赔、索赔时的有效凭证。

三、船舶入级

船舶技术性能的优良状况是用船级来评价的。船级社是核定船级工作的行业组织。当船舶的船体结构、轮机、舾装设备等技术状态经过验船表明符合某船级社所颁发的验船规范后,可取得该船级社的船级,即表明该船具有优良的技术性能。

船舶入级是对船舶进行经常性技术监督和检验的重要手段。船舶是否取得船级,对从事国际海上运输有很大影响。国际上常根据船舶是否持有船级来决定运费及保险资率。有些货物规定只允许获得船级的船舶承运,获得船级的船其保险费率要低些。在租船业务中,它是船舶技术状况良好的凭证。

中国船级社为办理船舶入级业务,制定了《钢质海船入级规则》。规则规定,凡船舶的船体,及设备、轮机和货物冷藏装置,经检验符合《钢质海船建造规范》的有关要求或船级社认可的等效条件者,可取得船级,并发给相应的船级证书。规则还对船舶船级检验的种类及内容作了详细规定,主要有以下几种:

1.造船的入级检验

凡在中国船级验船师监督下建造的船舶,符合入级规则及建造规范要求时,船舶社将对其船体及舾装授予★ZCA 入级符号,对其轮机授予★ZCM 入级符号。

2.初次入级检验

凡未在中国船级社检验下建造的船舶,如欲取得 ZC 船级,则需接受中国船级社验船师的初次入级检验。初次入级检验的范围基本上相当于入级船特别检验时的要求,如果该船具有经中国船级社承认的船级社签发的有效证书和检验文件,则初次入级的检验范围可以缩小。

3.保持船级检验

凡在中国船级社入级的船舶,要想保持其已经获得的船体级及轮机级,须进行保持船级的检验,查明各部分的磨耗和损坏程度及使用情况,以确定能否继续保持原有的船级。保持船级的检验有定期检验和临时检验。定期检验包括年度检验、坞内检验、特别检验、循环检验、螺旋桨轴和尾轴检验、锅炉检验和展期检验。临时检验同前所述。

世界许多国家都设有办理船舶入级的机构,其中有官方的,也有非官方的。世界主要船级社如表 4-1 所示。

世界主要船级社 表 4-1

序 号	船舶检验机构名称	符 号	成立年份	总部地址
1	英国劳氏船级社	LR	1760	伦敦
2	法国船级社	BV	1828	巴黎
3	意大利船级社	RI	1861	热那亚
4	美国船级社	ABS	1862	纽约
5	挪威船级社	NV	1864	奥斯陆
6	德国劳氏船级社	GL	1867	汉堡
7	日本海事协会	NK	1899	东京
8	前苏联船舶登记局	RS	1932	列宁格勒
9	中国船级社	CCS	1986	北京

四、船舶签证

为了监督船舶保持适航状态,保证航行安全,维护水上交通秩序,纠正违章,我国政府分别对国内航行船舶与国外进入我国港口的船舶规定了进出港签证制度与管理办法。船舶进出港口必须向所在港口主管机关办理签证手续,呈验各种证书及文件。

船舶进出港口签证的条件是:备有有效的船舶证书;证书所载与实际相符;船舶处于适航状态;配备足够的持有证书的船员;装运危险品的船舶要符合装载要求,并持有装运准单;救生、消防设备必须配齐,并符合标准;载客、装货符合乘客定额及载重线规定;船舶没有违反港口有关规章法令。凡不具备以上条件之一者,在未经采取必要措施纠正或改善以前,港航监督机关有权不予签证,并禁止其离港。

在船舶证书中,除了船舶国籍证书或登记证书系证明船舶已履行了有关法律手续外,大部分证书及文件是反映船舶技术状态,证明船舶确系接受连续的技术监督,确定船舶的航区,以及说明船舶动力装置、各种机械、设备与管系等工作的可靠性的。文件中还包括船舶的各种日志、簿志等以反映船舶使用过程的工作情况。

对于国际航行客船及总吨位满500t以上的货船,应呈验的证书包括:《货船构造安全证书》、《货运设备安全证书》、《国际船舶载重线证书》、《乘客定额证书》以及《安全证书》(客船)、《船级证书》、《蒸汽锅炉检验簿》、《二氧化碳灭火装置检验簿》、《起重设备检验簿》、《无线电报安全证书》等。

对于国内航行船舶和总吨位不满500t的国际航行货船,应呈验的证书是《船舶检验证书簿》(记载船舶主要技术营运性能以及各项设备符合规范的签证,并附有"吨位证书"、"载重线证书"、"客船乘客定额证书"等)、《蒸汽锅炉检验簿》、《二氧化碳灭火装置检验簿》、《起重设备检验簿》等。

各类船舶均应呈验各种初次检验与定期检验的鉴定书,包括船体设备、轮机、无线电设备、冷藏设备、空气瓶等。

船长对全部文件的完整无缺并保证使之经常处于有效状态负直接责任。

船舶签证一般是以船舶进出港口签证一次,掌握出口签证为原则。船舶应当在进口以后和出口之前一段时间内,将航行签证薄及进出口报告书一次填好,连同有关证件一并送港航监督机关办理签证手续,未经签证的船舶不得出港。

拖轮所拖驳船的进出港口签证手续,可由拖轮统一办理。油船、化学品船、液化气船、罐轮或装有一级危险品的船舶进港靠泊后,应尽快办理进港签证,出港前仍须办理出口签证。

五、船舶保险

船舶保险是随着水上贸易运输的发展而发展起来的,它是对自然灾害和意外事故所造成的财产损失的一种补偿方法,属于财产保险的范畴。凡是可能遭受海上风险的财产(如船舶、货物),它所得的收入(如运费、佣金)以及对第三者所应负的责任(如船舶碰撞责任),都可以作为保险而向保险人投保,以便在保险标的发生承保范围内的危险而遭受损失时,可以向保险人取得经济上的补偿。

中国人民保险公司承担船舶保险业务。我国远洋运输船舶投保的险种(保险的种类)主要有4种:全损险、船舶综合险、船舶战争险、船舶油污险。其中战争险和油污险均属于保险的特别附加险,因此不能单独投保。

下列情况,保险公司不负责赔偿:船舶不适航;船东疏忽或恶意行为所致损失;船舶正常维修费用;滞期费和间接费用;清理航道费用。

六、船员配备

运输船舶是航运企业的基本生产单位。由于船舶常航行在千百里之外,航行条件复杂而且变化无常,船上全体人员对全船生命财产的安全负有重大的责任。为了保证船舶正常生产,安全航行,又节约船舶营运费用,对每艘船舶根据其营运及技术条件,科学合理地配备船员也是船舶适航的重要条件,配备足够的持有证书的船员和备有船员名册,也是船舶签证时的重要内容。

1.船员的编制

我国运输船舶一般分甲板部(包括驾驶部)和轮机部,在客船上另设客运部。甲板部船员包括船长、政委、大副、二副、三副、货运员、水手长、水手等,主要负责船舶驾驶、货运工作、甲板作业及通信等;轮机部船员包括轮机长、大管轮、二管轮、三管轮、电机员、机匠、铜匠、电匠、加油等,主要负责船舶主辅机、锅炉及其他机电设备的正常运行;客运部船员包括客运主任、服务组长、医生、会计、营业员、广播员、放映员、乘警、服务员、厨工等,主要负责旅客运输及安全。

每艘船舶船员配备的数量,主要取决于船舶的用途、航行距离、船舶大小、动力装置的功率及船舶自动化控制程度等因素。船舶的用途有时决定着船舶是否需要某些职务的船员和需要的数量。如在普通杂货船上需要货运员、理货员,有时还需要有看舱水手来清点货物,避免货损货差事故的发生。船舶航行距离的长短,与船舶连续航行时间的长短密切相关,也决定了所需船员的多寡。如在长航线上,所有船员都要采用三班制工作形式,要配备医生,所需人数就多。船舶的大小,主要影响到甲板部船员的数量,船舶越大,经常性的甲板工作量就要增加,在紧急事态出现时,也需要较多的水手工作。船舶动力装置的功率越大,机械设备越复杂则轮机员、机匠、电匠的名额也就越多,因此就要增加轮机部的人员。如大功率推船,其轮机部的人员比例比一般船舶要大。船舶自动化控制的程度越高,船员的工作强度就越小,船员数量也相应地减少,但需要船员有更高的知识水平。工业发达国家的船员编制较少,一方面是由于其船舶自动化程度高,另一方面是由于船东通过减少船员来降低高昂的船员工资费用,而且两者是互为条件的。

小型船舶一般只设正、副驾驶、水手和正、副司机等。

在工业发达国家,由于船员工资高昂、船舶自动化控制程度较高、船员素质要求较高等原因,船员编制比我国要少。

2.主要船员职责分工

这里所指的主要船员,是指船长、政委、轮机长、大副和水手长等。

1)船长

船长是全船生产业务和行政管理的最高领导人。船长应保持船舶经常处于良好的技术状态,合理地组织船上的工作,保持船上应有的秩序和纪律,严格贯彻执行国家有关的法律和政策,在安全生产的条件下,最大限度地发挥船舶的运输效率,保证全面完成企业下达的生产任务和各项技术经济指标。

在正常航行情况下,船长不在驾驶室值班,而由大副、二副、三副轮流值班,但在船舶遇到大风浪、雾天、穿过桥梁以及通过狭、险航段等情况下,船长必须亲临驾驶室指挥。在港区航行和靠码头时,船长也必须亲临指挥,三副在此时协助船长瞭望和传达船长的命令。在发生事故或遭遇危险时，船长应坚守岗位，立即采取一切有效措施，积极抢救，减少损失，并密切保持与企业领导及有关部门领导联系，事后按规定向上级提出事故报告。

2)政委

政委是船舶思想政治工作的负责人，是船舶的主要领导之一，主要任务是协助和配合船长，做好船员思想政治工作，搞好全船的精神文明建设，以保证船舶安全生产，完成和超额完成生产任务。

3)轮机长

轮机长是轮机部的负责人，领导轮机部的全体船员严格执行有关规章制度和技术操作规程，正确管理和使用各种机电设备，做好节能工作，经常检查机电设备的运转情况和轮机部船员的工作情况，分配和布置轮机部的各项工作，注意机电设备的日常维修保养，确保各种设备的安全运转。

4)大副

大副是甲板部的负责人，在船长的领导下，负责执行全船行政管理工作和航行、停泊值班职责，领导甲板部日常工作，维护劳动纪律，负责货运管理工作，编制见习人员训练计划。在船舶进出港、系泊作业、锚泊、调头时，大副应在船首按船长意图指挥安全操作，及时向船长汇报情况。

此外，其他船员也都有明确的分工职责，例如，二副负责管理航行驾驶设备、航海仪器、图表和各种书籍、航线(路)设计等工作；三副负责管理救生、消防设备以及航行资料的修改、收发和保管工作等。

为确保船舶的船员配备，足以保证船舶安全航行、停泊和作业，防治船舶污染环境，依据《中华人民共和国海上交通安全法》、《中华人民共和国内河交通安全管理条例》和中华人民共和国缔结或者参加的有关国际条约，制定《中华人民共和国船舶最低安全配员规则》。该规则已于2004年8月1日起施行。具体配备如表4-2所示。

海船、轮机部和客运部最低安全配员表 表4-2

甲板部			
船舶种类、航区、吨位或功率		一般规定	附加规定
一般船舶	大于等于3000GT	船长、大副、二副、三副各1人，值班水手3人	航程不超过300n mile或连续航行时间不超过36h，可减免三副和值班水手各1人
	大于等于500GT且小于3000GT	船长、大副、二副各1人，值班水手3人	连续航行时间不超过36h，可减免值班水手1人；连续航行时间不超过8h，可再减免二副1人
	大于等于100GT且小于500GT	船长、三副各1人，值班水手2人	连续航行时间超过36h，须增加驾驶员1人
	小于100GT	驾驶员(国际航行船舶为船长)1人，值班水手1人	限白天航行且连续航行时间不超过8h，夜间航行或连续航行时间超过8h，须增加驾驶员1人

续上表

<table>
<tr><th colspan="5">甲　板　部</th></tr>
<tr><th colspan="3">船舶种类、航区、吨位或功率</th><th>一般规定</th><th>附加规定</th></tr>
<tr><td rowspan="3">客船</td><td colspan="2">大于等于500GT及以上</td><td>(1)船长、大副、二副、三副各1人,值班水手3人
(2)配有与救生艇数量相等的持有救生艇员证书的人员(不包括船长和大副)</td><td>连续航行时间不超过8h,可减免三副和值班水手各1人</td></tr>
<tr><td colspan="2">大于等于100GT
且小于500GT</td><td>(1)船长、三副1人,值班水手2人
(2)配有与救生艇数量相等的持有救生艇员证书的人员(不包括船长和大副)</td><td>连续航行时间超过8h,须增加二副1人</td></tr>
<tr><td colspan="2">小于100GT</td><td>(1)船长1人,值班水手1人
(2)配有与救生艇数量相等的持有救生艇员证书的人员(不包括船长和大副)</td><td>限白天航行且连续航行时间不超过2h,连续航行时间超过2h,须增加二副1人。</td></tr>
<tr><td rowspan="4">拖轮</td><td rowspan="2">海上</td><td>大于等于3000kW</td><td>船长、大副、二副、三副各1人。值班水手3人</td><td>连续航行时间不超过36h,可减免二副、值班水手各1人;连续航行时间不超过8h,可再减免三副1人</td></tr>
<tr><td>小于3000kW</td><td>船长、三副各1人,值班水手2人</td><td>连续航行时间超过8小时,须增加二副1人</td></tr>
<tr><td rowspan="2">港内</td><td>大于等于750kW</td><td>船长、驾驶员各1人,值班水手2人</td><td></td></tr>
<tr><td>小于750kW</td><td>驾驶员1人,值班水手1人</td><td></td></tr>
</table>

<table>
<tr><th colspan="5">轮　机　部</th></tr>
<tr><th colspan="3">航区和功率</th><th>一般规定</th><th>附加规定</th></tr>
<tr><td rowspan="5">所有船舶</td><td rowspan="4">海上</td><td>大于等于3000kW</td><td>轮机长、大管轮、二管轮、三管轮各1人,值班机工3人</td><td>(1)连续航行时间不超过36h,可减免三管轮和值班机工各1人
(2)AUT-0自动化机舱可减免二管轮、三管轮和值班机工2人
(3)AUT-1自动化机舱可减免三管轮和值班机工2人
(4)BRC半自动化机舱可减免值班机工2人</td></tr>
<tr><td>大于等于750kW且小于3000kW</td><td>轮机长、大管轮各1人、值班机工2人</td><td>连续航行时间超过16h,须增加轮机员1人和值班机工1人(自动化机舱及BRC半自动化机舱除外)</td></tr>
<tr><td>大于等于220kW
且小于750kW</td><td>轮机长、轮机员各1人,值班机工2人</td><td>连续航行时间超过36h,须增加二管轮1人(自动化机舱及BRC半自动化机舱除外)</td></tr>
<tr><td>小于220kW</td><td>轮机长,值班机工各1人(机驾合一的免)</td><td>连续航行时间超过4h,须增加轮机员1人(机驾合一的免)</td></tr>
<tr><td colspan="2">港内</td><td>三管轮1人,值班机工1人</td><td></td></tr>
</table>

续上表

客运部	
客船	按船舶载客定额,每50名乘客配客运部人员1名;航程不超过40n mile或航行时间不超过4h的,可按每100名乘客配客运部人员1名;航程不超过10n mile或航行时间不超过1h的,可按每150名乘客配客运部人员1名;航程不超过5n mile或航行时间不超过0.5h的,可按每200名乘客配客运部人员1名

注:1.值班水手、值班机工均为持有值班水手、值班机工适任证书者。

2.客运部人员包括乘警、船医、厨工及旅客服务员。

3.国际航行船舶的机舱自动化程度按其轮机入级证书载明情况为准;国内航行船舶的机舱自动化程度按照船舶检验证书簿载明情况为准,主推进装置驾驶室遥控的可按半自动化机舱进行减免。

4.轮机部可按航行时间减免,或按机舱自动化程度减免,但不应按航行时间和机舱自动化程度同时减免。

5.核定乘客人数12人及以上的特种用途船舶,按客船要求核定配员。

6.废钢船需航行时按其检验时的船舶种类及相关参数核定配员,不适用减免规定。

7.船舶在中途港或海上作业点停留时间不超过4h的,计入连续航行时间。

七、助航设备支持系统

船舶从事营运必须具备良好的软、硬条件,具有充分的可行性。科学技术的进步,使船舶航海仪器得到了空前的改善;通信设备的更新换代,保证了船岸信息的及时沟通;管理水平的提高,确保了船舶高效、安全地航行。

1.现代化助航仪器

目前船舶使用的现代化助航仪器为船舶从事营运奠定了可靠的基础,它们凭着不同的强大功能,为营运船舶提供了必需的信息和手段。

1)自动舵系统

这是由电罗经、磁罗经结合操舵仪用于保证船舶可以按预定的航线航行的系统。这一系统解决了人为保向的繁重工作压力,加之该系统有灵敏的偏航报警,可使船舶能稳定在计划航线上。

2)GPS卫星导航系统

现在的远洋船舶都安装了全球定位系统(GPS)装置。卫星导航系统是利用导航卫星的导航系统,它一般包括卫星、地面站及用户设备(船舶等)三大部分。受地面站控制的导航卫星发送导航信号,用户设备所载的卫星导航仪收测导航信号,求得船舶的位置。GPS的广泛使用大大改进了航海者的定位、航线设计等诸多方面的工作。它不仅可以给航海者提供适时的准确船位(精确度非天文定位、航迹推算及其他定位方法可比),而且可以输入多条航线的资料,具有设定航迹偏离报警、转向点报警等功能,对航线的设定和未来的自动化导航有极大作用和意义。有了该系统,航海者在新航线设定操作中可谓是如虎添翼。

3)气象传真机

气象传真机表面看来与新航线设定没有太大的关系,其实不然。当今的气象传真资料可以提供航线设计者全球各海区适时及中长期天气海况预报,而这些信息是航线设定必须考虑的重要因素。所以有了气象传真机提供的气象信息,航海者就能设计、及时修改预定航线确保船舶航线设定和执行都能安全、高效。

2.现代化通导设备

当今的通导设备早已淘汰了单一的莫尔斯电报,建立了系统完善的GMDSS系统。该系统中与信息有关的设备给新航线的设定提供了全面、可靠的信息获取手段。

1)NAVTEX

这是一种用窄带直接印字电报技术广播航行警告、气象警告、气象预报和紧急通知等消息的设备。它提供的信息有助于船长选择适当的航线,避开存在的航行风险。

2)INMARSAT-C

卫星C船站是以海事卫星作为转发器,全天候提供储存—转发业务的设备。它可以提供遇险告警、安全业务和EGC安全业务等。它除了提供C站电传这种通信手段外,还有强制性接收的EGC安全业务。这是一种A3海区航行警告。搜救信息等自动、强制接收的安全信息系统。

3)IMARSAT-B/M

该卫星船站系统可以给船舶提供卫星电话、传真、电传及其他数据通信。这样,船、岸双方的信息交流真正做到了全天候、全海域、数字化。尤其是近年开发的船岸E-mall数字通信系统(利用计算机和INMARSAT-B/M航站),使单位时间的信息量成倍增加,而通信费用则大幅下降,这一系统给船、岸双方的信息交流提供了极其便利的平台。

4)船舶适时监控系统(Fleet View on-line)

这是一种通过国际互联网、卫星C船站、电子海图系统建立起来的可以随时对船舶信息进行监控的信息系统。该系统将由船舶C站获取的船位信息标注到电子海图上,只要上“网”便可立即直观地发现船队各船位置所在;同时该系统还将国际气象卫星资料、海洋气象台的天气预报输入叠加到电子海图上,使岸基地管理人员犹如长上了千里眼,对船舶安全、紧急事件处理大有好处,也为营运船舶的航线设定和适时修正提供了充分的信息。

第三节　船舶速度性能

船舶的速度性能是运输船舶的重要技术营运性能之一。船舶的速度影响船舶运输能力、客货运达速度、营运费用以及在国际航运中的竞争能力。运输船舶的速度性能包括:

1.交船速度

交船速度又称试航速度,即船舶的最大速度。它是船舶建造后,在航行试验中测得的速度。航行试验应在风浪不超过3级,龙骨下水深超过船舶吃水8倍的平静海域进行;船舶应满载至夏季水线;船体清洁;在测区内至少进行4次(即往返2次)。满足上述条件后,航行所测得的速度平均值称为交船速度。

2.技术速度

技术速度是由航运企业机务部门对船舶进行热工试验所测得的速度。通常测定满载和空载两种技术速度,并记入船舶证书中。技术速度是确定速度定额的依据。技术速度是针对某一时间而言,船舶在整个使用寿命期中各不同时期船舶技术速度是不同的,一般使用的时间越长,其值越低。技术速度又称静水速度。

3.平均营运速度

平均营运速度是船舶航行距离与实际航行时间的比值。船舶实际航行中所处的环境是十分复杂和多变的,如风、浪、雾、水流等自然因素和船舶技术管理等人为因素都会影响到船舶航行时间。因而平均营运速度是一个统计概念上的航速。它反映出船舶在营运过程中的实际周转速度,而船舶此时的技术速度只是决定平均营运速度的一个主要因素。

4.其他船舶航速概念

(1)满载航速与压载航速。满载航速常指船舶满载航行时的平均营运速度。压载航速常指空船压载航行时的平均营运速度。

(2)限制航速。限制航速即速度受限制时的船舶航速,如船舶通过狭水道及船只来往频繁的航道上,渔汛期间船舶航行于捕鱼区时,洪水期间船舶航行于防洪区时,应使用限制航速等。

(3)临界航速。临界航速指航行于受水流影响的内河水道上的船舶,为使该船的上下水平均速度正好等于该船的静水速度时,所要求的船舶技术速度,即不因船舶上水遇逆流,下水遇顺流而使上下水平均航速增加或减小所要求的船舶技术速度。

(4)最佳航速。最佳航速也称最佳减速航速。因对最佳概念的不同理解,有经济航速与盈利航速等名称上的区别及计算方法上的不同。最佳航速通常低于技术速度,高于技术下限速度。

(5)技术下限速度。技术下限速度指技术上所允许的最低减速航速。因为若低于该速度,将会引起一系列问题:如过分减速后,柴油机排气余热温度下降,使废气锅炉产生的蒸汽无法加温燃油,导致燃油得不到充分雾化,因而不能正常地泵运、分离、过滤与喷射燃油,从而易发生停车事故;因排气温度低,使柴油机的增压器产生的扫气压力过低,导致燃烧不良,使每千瓦功率所需的燃料消耗率增加,气缸结焦现象严重,磨损厉害,对维修保养不利等。实践表明,减速功率的限度约为额定功率的60%左右。所以常以60%额定功率时所能达到的航速,称为功率下限速度,或技术下限速度。

第四节　航运企业设立条件

企业的设立是指企业人为取得企业生产、经营的资格,依照法定程序所实施的行为。航运企业的设立包括航运企业的筹建和开业两个步骤。

一、航运企业的筹建

1.筹建申请

申请人申请筹建航运企业,应向航运管理部门提交申请报告。申请报告的内容包括:

(1)航运企业筹建申请书;

(2)企业筹建可行性研究报告,主要内容有客货源分析与预测、经营范围与规模、组织机构、资金来源、经济效益估算和分析等;

(3)企业章程,包括总则、经营范围、经营性质、经营规模、注册资本、组织机构、财务制度等;

(4)资金来源证明。

2.筹建审批程序

(1)申请人向当地航运主管机构提交申请筹建报告。属各省内运输者,由各省交通厅或授权的航运管理机构审批;属省际运输的,经当地县级以上航运管理机构审核提出意见,报所在省的省交通厅或授权的航运管理机构审核,再转报交通部。其中,经营长江、珠江和黑龙江水系干线运输者,报交通部派驻该水系的航运管理局。经交通主管部门或其授权的航运管理机构批准,发给申请人《水路运输企业临时许可证》。

(2)申请人持临时许可证到当地工商行政管理部门办理《筹建许可证》。

完成这些程序后,方可成立企业筹建机构,并进行办理银行开户、购造船舶、配备船员等工作。

二、航运企业的开业

1.开业条件

航运企业开业必须具备下列条件:

(1)具有与经营范围相适应的运输船舶,并持有船检部门签发的有效船舶证书,其驾驶、轮机人员应持有港航监督部门签发的有效职务证书;

(2)有企业经营管理的组织机构、场所和负责人,并订有业务章程;

(3)拥有与运输业务相适应的自有流动资金和合法的验资证明;

(4)有安全、技术管理的规章制度和对安全负有主要责任的上级单位。

航运企业以外的单位和个人从事营业性运输,必须具备上述(1)、(3)、(4)项条件和申请报告的(2)、(4)项条件,并确定负责人。

2.开业审批程序

1)交通管理部门审批

企业筹建完毕后,对于申请经营省际运输的,由当地县级以上航运管理机构审核提出意见,报所在省交通厅或其授权的航运管理机构并经其签署意见后转报交通部审批,其中经营长江、珠江和黑龙江水系干线运输的,报交通部派驻该水系的航运管理局审批。对于申请省内运输的,报省交通厅或其授权的航运管理部门审批;对于“三资企业”要求经营我国沿海、江河、湖泊及其他通航水域内的客货运输的,应申报交通部审核。

各级交通主管部门在审批时,应根据被审批的航运企业和其他从事营业性运输的单位和个人的管理水平、运输能力、客货运条件以及社会运力和运量总的平衡情况,审批其经营范围。

2)工商登记

取得运输许可证的申请人,应按照《工商企业登记管理条例》的规定,持许可证向工商行政管理机关申请登记,经核准领取营业执照后,便可营业。营业执照是企业法人资格的证明文件。

3)办理船舶营业运输证

已领取营业执照的航运企业和其他从事营业性运输的单位,还应持照向原签发运输许可证的机关,按照拥有船舶的数量领取单船长期或临时的《船舶营业运输证》。此时还须提交运力增加申请书、有效的船舶适航证书的复印件、主要船员名单及有效职务证书的复印件,并附船员来源证明或租用船员合同等材料。

3.国际航运企业的开业

从事国际航运的航运企业申请开业时,应向交通部申报下列文件资料:

(1)开办企业的可行性研究报告和有关的经济技术资料;

(2)企业名称和注册地点;

(3)经营范围、经营方式和经营的国际航线;

(4)资金的数额、来源和船舶资料;

(5)企业的章程、机构和主要负责人。

交通部根据国家的方针、政策和货源、运力、企业的资金、经济效益等条件对开业申请进行审核,于3个月内决定批准或不批准,并发出相应的书面通知。

凡与外国合营者合资经营、在中国注册的国际航运企业,中国的合营者须向交通部报送拟与外国合营者设立国际航运企业的建议书和初步可行性研究报告,内容包括经营范围、经营方式，拥有船舶的数量及其根据。建议书和可行性研究报告经交通部审核同意，并发给相应书面通知书后，合营各方才能进行进一步商议。洽谈各项工作并在此基础上商签合营协议、合同、章程。

合营各方就合营国际航运企业达成协议后，我国的合营方须报交通部核转商务部批准，并持商务部发给的批准证书，才能按照《中外合资经营企业登记管理办法》的规定，办理有关的注册登记手续。

国际航运企业开业后，如要改变经营范围、方式或航线，应向交通部申请变更。

思考题

1. 船舶营运受哪些基础条件的影响？
2. 船舶吨位的大小与航道、港口有什么关系？
3. 简述船舶适航条件与船舶营运的关系。
4. 船舶速度性能包括哪些？
5. 航运公司开业的程序有哪些？

第五章　船舶营运与经济指标

为了反映船公司营运活动的全貌，需要用完整的指标体系来说明航运生产活动各个方面及各个环节的实绩，因此，指标是船公司进行科学管理的必不可少的手段。

船舶营运与经济指标具有多方面的作用。首先，它是编制船舶运输生产计划的基础；其次，它是考核船舶生产活动成果和经济效益的依据；第三，它也是船舶运行组织优化决策时比选方案的依据，而且，又是分析船舶营运活动、改进管理工作的必要手段；最后，它又是各级领导部门了解和掌握船公司营运情况、指导和监督船公司运营，制定有关航运政策的依据。

第一节　船舶营运指标

船舶营运指标包括营运数量指标和营运质量指标两部分。

一、营运数量指标

1.船舶运输量

它是指历期内船舶从事营业性生产的计划任务或实际完成的客货运输工作量，包括客货运量及周转量。该指标所用的符号、计算方法及计量单位见表5-1。

船舶运输量计算表　　表5-1

指标名称 / 船舶数	货物		旅客	
	货运量	货物周转量	客运量	旅客周转量
	t	t·里	人	人·里
单艘	$\sum Q$	$\sum Ql$	$\sum P$	$\sum Pl$
多艘	$\sum\sum Q$	$\sum\sum Ql$	$\sum\sum P$	$\sum\sum Pl$

该指标反映工农业生产、对外贸易和人们的旅行对船公司的需求和船公司满足国民经济

和人民生活需要的程度，是国家考核船公司的重要指标之一，为使物畅其流，人便于行，必须努力提高船舶运输量。同时，该指标也与船公司的经济效益密切有关，是计算船舶生产率、全员劳动生产率及其他财务指标的依据。

在计算及理解该指标时，尚需注意以下几点：

(1)船舶运输量一律按到达量进行统计，其中的货运量按运输单据上记载的实际重量统计，客货运送距离亦按运输单据上所记载的到发港之间的距离计算，而船舶有可能按多角航线运行，或因故改道航行，它的距离应是 L，与客货运送距离 l 的概念是有区别的，其数值有时也不同。客货运送距离与船舶航行距离的计量单位，海上为海里，内河为公里。为简化起见，在本书中一称为"里"。

(2)要求同等重视运输量和周转量，两者不可偏废，尤其是对外贸物资、重点物资、救灾物资及特殊物资，必须分货种统计。

(3)船公司根据自己业务工作的需要，还可以对船舶运输量按不同要求进行分类，如自有航队运输量及租轮运输量、进口运输量和出口运输量及分航线或分船队统计的运输量等。

2.船舶生产能力

船舶生产能力包括船舶实有数及船舶运用情况。严格地说，它们不是指标，但在以后的其他指标运算中需要用到这些基础数据资料。

1)船舶实有数

它是反映船舶生产能力的主要要素，计量单位有艘、定额吨位、定额客位及定额功率。艘数 m 是指从事营业性运输的船舶；定额吨位 D 一经确定不得由于运输条件的变化(如枯水期减载等)而改变；定额客位 M 是指用于载运旅客的铺位与座位的合计数，不包括船员自用的铺位；定额功率 N 是指船舶主机的额定功率，蒸汽机为指示功率，内燃机为轴功率，计量单位均为千瓦。

2)船舶运用情况

拥有船舶的船公司如果不把船舶投入营运，也不能构成真正的生产能力，所以，要将上述的船舶实有数与它们的运用时间结合起来，才能发挥它们的生产能力。船舶运用情况这一指标，有基本指标和派生指标两类。

(1)基本指标：它包括船舶在册吨(客位、千瓦)天、营运吨(客位、千瓦)天及航行吨(客位、千瓦)天，它们所用符号、计算方法及计量单位见表5-2。

船舶在册吨天、营运吨天及航行吨天计算表 表5-2

指数 / 船舶数	货船			客船			推(拖)船		
	在册吨天	营运吨天	航行吨天	在册客位天	营运客位天	航行客位天	在册千瓦天	营运千瓦天	航行千瓦天
	t·天	t·天	t·天	人·天	人·天	人·天	kW·天	kW·天	kW·天
单艘	$D_{定}T_{册}$	$D_{定}T_{营}$	$D_{定}T_{航}$	$MT_{册}$	$MT_{营}$	$MT_{航}$	$NT_{册}$	$NT_{营}$	$NT_{航}$
多艘	$\sum D_{定}T_{册}$	$\sum D_{定}T_{营}$	$\sum D_{定}T_{航}$	$\sum MT_{册}$	$\sum MT_{营}$	$\sum MT_{航}$	$\sum NT_{册}$	$\sum NT_{营}$	$\sum NT_{航}$

对表中的有关内容，作如下说明：

①$T_{册}$、$T_{营}$、$T_{航}$ 分别表示某一艘船舶在历期内的在册时间、营运时间及航行时间。

②船舶在册时间 $T_{册}$ 的计算：在历期内船舶数量发生增减时，新增船舶自办妥固定资产登记之日起计算；报废船舶自从公司账上消除之日起不再计算。

③船舶营运时间 $T_{营}$:它是指在册期内船舶技术状况完好可以从事客货运输工作的时间,即等于在册时间减去非营运时间。非营运时间指船舶因技术状况不良不能从事运输生产的时间,它包括修理时间、等待修理时间、等待报废时间、航次外的检修和洗炉时间,以及专为修船而进出船广的航行时间。

④船舶航行时间 $T_{航}$ 它是指历期内各航次航行时间 $t_{次}$ 之和。航次航行时间是指船舶从离开港口码头或锚地、浮筒解去最后一根缆时起,到抵达到达港靠好码头或在锚地、浮筒带上第一根缆时止的实际航行时间,包括机动船拖带驳船、排筏通过急流浅滩时,分批拖带的往返时间。航行时间按船舶是否有载又可分为重航时间和空航时间。

(2)派生指标:它包括船舶吨(客位、千瓦)里及船舶吨(客位、千瓦)次指标,它们所用的符号、计算方法及计量单位见表 5-3。

船舶吨里及船舶吨次指标计算表　　表 5-3

指标 船舶数	货船		客船		推(拖)船	
	船舶吨里	船舶吨次	船舶客位里	船舶客位次	船舶千瓦里	船舶千瓦次
	t·里	t·次	人·里	人·次	kW·里	kW·次
单艘	$D_{定}L$	$D_{定}\cdot n$	ML	$M\cdot n$	$N\cdot L$	$N\cdot n$
多艘	$\sum D_{定}L$	$\sum D_{定}\cdot n$	$\sum ML$	$\sum M\cdot n$	$\sum N\cdot L$	$\sum N\cdot n$

注:在本章中 n 为航次数。

二、营运质量指标

1.装载率

对于货船称载重量利用率,客船称客位利用率,推(拖)船则称平均每千瓦拖带量。

船舶装载率又分为发航装载率和运距装载率。前者表示船舶离开港口时货船的定额吨位、客船的定额客位及推(拖)船舶的定额功率的利用程度;后者反映船舶在一定的行驶距离内货船的定额吨位、客船的定额客位及推(拖)船的定额功率的平均利用程度。它们的名称、所用的符号、计算方法及计量单位见表 5-4。

装载率指标计算表　　表 5-4

指标名称 船舶数	货船		客船		推(拖)船	
	发航载重量利用率	运距载重利用率	发航客位利用率	运距客位利用率	发船每千瓦拖带量	运距每千瓦拖带量
	$\alpha_{货发}$	$\alpha_{货}$	$\alpha_{客发}$	$\alpha_{发}$	$\alpha_{推发}$	$\alpha_{推}$
	%	%	%	%	%	%
单艘	$\frac{\sum Q}{D_{定}\cdot n}$	$\frac{\sum Ql}{\sum D_{定}L}$	$\frac{\sum P}{M\cdot n}$	$\frac{\sum Pl}{\sum ML}$	$\frac{\sum Q}{N\cdot n}$	$\frac{\sum Ql}{\sum NL}$
多艘	$\frac{\sum\sum Q}{\sum D_{定}\cdot n}$	$\frac{\sum\sum Ql}{\sum\sum D_{定}L}$	$\frac{\sum\sum P}{\sum M\cdot n}$	$\frac{\sum\sum Pl}{\sum\sum ML}$	$\frac{\sum\sum Q}{\sum N\cdot n}$	$\frac{\sum\sum Ql}{\sum\sum NL}$

发航装载率 $\alpha_{发}$ 及运距装载率 α 的数值通常应小于 1.0,当实际载货量 Q 超过定额吨位 $D_{定}$,或实际载客量 P 超过定额客位 M,且货物、旅客的运送距离等于船舶行驶距离 L 时,亦有可能大于 1.0,但是,一般是不允许船舶超载的。因此,在保证安全、不超载的情况下,装载率

的数值越接近1越好。

在货船的定额吨位、客船的定额客位及推(拖)船的定额功率为定值的情况下,提高船舶的发航装载率及运距装载率的主要途径是提高实际载货量 Q、载客量 P 及减少船舶空驶距离 L。而影响这三者的主要因素是客货流量及构成、港口及航道的水深、船舶运行组织及驳船队的编队质量等。

1)货船

(1)货源组织:要保证有足够的货批量,并且尽可能使装载的货种构成轻重搭配,以利于船舶满舱满载;尽量使双向的货流基本平衡和全程内各航段上的货流平衡,以利船舶在正反航向上及同航向的各个航段上均能满载。

(2)配积载:要正确使用载重线,合理计算航次所需的可变载荷,清除船上废物重量以减少船舶常数,提高船舶的净载重量;还要使轻重货物在各舱内合理搭配;合理安排货位和使货垛紧密堆码以及在保证船舶稳性的基础上,充分利用舱面用板积载,使船舶的净载重量及舱容得到充分的利用。

(3)船舶运行组织:要优化航线配船,使船舶的吃水与航线上的港口及航道水深相适应,尽量减少因水深不足所造成的亏载;要优化航线规划,尽量减少船舶空驶;要合理选择船舶的航路,尽量缩短船舶的重航里程;根据内河水道上枯、中、洪水期时水位变化较大,感潮航道及港口受潮水涨落影响较大的特点,合理地组织船舶通过吃水受限的地段等。对于集装箱船,还要注意避免正反航向上出现箱型不平衡的现象。对于油船,还要注意减少剩余油脚,合理确定膨胀空档和富余水深。

2)客船

主要努力方向有:

(1)合理规划好客运航线,尽量避免在与铁路、公路和航空运输竞争中处于劣势的地方开辟客运航线,以保证有足够的客源。

(2)当客运航线上的客源受季节影响出现不均衡时,要很好地研究旺季和淡季的客船运行组织,适时调整航线和班期,合理安排客船的挂靠港口和客船的运行时刻表,改善客运服务工作,以吸引更多旅客乘船。

3)驳船队

除了注意和货船相同的内容外,主要的努力方向有两方面:

(1)提高推(拖)船的牵引效率。在航道条件许可的情况下,应大力推广顶推运输,尽量减少拖带运输,逐步采用半分节驳和全节驳,淘汰普通驳。

(2)优化驳队队形。要结合航道条件、驾驶技术、上行船队与下行船队等因素,选定优良的驳队队形,确定最佳的船队载重量。

2.平均航行速度

平均航行速度是指船舶平均航行一天所行驶的里程。但是,因货船的定额吨位不同,客船的定额客位不同,推(拖)船的定额功率不同,故当计算一组船舶的平均航行速度时,还须考虑权数的影响。正因如此,对于驳船队而言,推(拖)船的平均航速与驳船的平均航速就有可能不一样,而且往往前者之值大于后者;同样,对于客货船而言,当分别按定额吨位和定额客位计算平均航速时也肯定不同。平均航行速度指标所用的符号为 $\overline{V}$,计量单位:海船为 n mile/d,内河船舶为 km/d。

船舶的平均航速,应按表5-5中的算式计算。

船舶平均航速计算表 表 5-5

货船	客船	推(拖)船
$\frac{\sum\sum D_{定}L}{\sum\sum D_{定}t_{航}}$	$\frac{\sum\sum ML}{\sum\sum Mt_{航}}$	$\frac{\sum\sum NL}{\sum\sum Nt_{航}}$

船舶平均航行速度的高低,反映船舶周转的快慢,影响船公司的经济效益及其在航运市场中的竞争地位,也体现客货运时间的长短,与货主及旅客的经济利益密切有关。各类船舶应有一个合理的最佳航速。在不过分增加船公司的成本开支及货主和旅客经济负担的前提下,努力提高船舶平均航行速度是双方的共同愿望。为此,为保持客、货船舶的技术速度或驳船队的静水速度为一定值的条件下,消除影响航速下降的因素,是船公司的重要任务。从管理角度来分析,影响船舶的平均船速的因素有:

1)海流、潮流和水流的影响

海流和潮流都有一定的运动规律,适时地发船或适当的调整航行中的船舶航速,均可利用它起到顺水推舟的作用,这不仅有利于提高船速,也有利于节约燃料。内河航道上的水流速度更是影响船舶航速的主要因素,上下游航道的水位差越大时,水流速度使下行船舶的增速值及上行船舶的减速值也越大,而且通常情况下总是 $C_{下}$ 大于 $C_{上}$。因此,下行船舶应最大限度地利用主流来提高航速;而上行船舶要利用缓流,以减少逆水行舟带来的不利影响。

船舶在有水位差的内河航道上航行时,因受水流速度增、减值的作用,必将影响到船舶的上下水平均营运速度。当船舶静水速度为 $v_{静}$ 时,由于上水船的营运速度为 $v_{上}=v_{静}-C_{上}$,下水船舶的营运速度为 $v_{下}=v_{静}+C_{下}$,故在航段距离 L 为一定值的航段上航行的船舶上下水平均航速 $\overline{V}$ 的表达式是:

$$\overline{V}=\frac{2L}{t_{上航}+t_{下航}}=\frac{2(v_{静}-C_{上})\cdot(v_{静}+C_{下})}{2v_{静}+(C_{下}-C_{上})}\quad(\mathrm{km/d})\tag{5-1}$$

当 $C_{上}$ 及 $C_{下}$ 分别为一定值时,水流对上行船舶的减速作用和对下行船舶的增速作用,有可能使船舶的上下水平均航速 $\overline{V}>v_{静}$ 或 $\overline{V}<v_{静}$。当 $\overline{V}=v_{静}$ 时的静水速度为临界静水速度,用符号 $[v_{静}]$ 表示,则当 $v_{静}>[v_{静}]$ 时,必定 $\overline{V}>v_{静}$,说明水流速度对船舶上、下水平均航速有利;反之,当 $v_{静}<[v_{静}]$ 时,必定 $\overline{V}<v_{静}$,说明水流速度对船舶上下水平均航速不利。我们可从此结论中得到启示:为避免在受水流影响的航段上航行的船舶上下水平均航速不致低于静水速度,必须选用静水速度较高的船舶。因为 $[v_{静}]=\overline{V}=v_{静}$,所以令 $\overline{V}-v_{静}=0$,就可根据公式(5-1)导出临界静水速度的算式(5-2)。从公式(5-1)及(5-2)看,船舶上下水平均航速及临界静水速度均与航段距离 L 无关,主要影响因素仅是 $C_{上}$ 及 $C_{下}$。

$$[v_{静}]=\frac{2C_{上}\cdot C_{下}}{C_{下}-C_{上}}\quad(\mathrm{km/d})\tag{5-2}$$

2)风浪的影响

风浪的作用使前进中的船舶增加阻力,使船舶螺旋浆工作不稳定而降低推进效率,使船舶升沉、船首摆动,造成航向不稳定,综合影响结果使船舶失速,导致营运速度下降。船舶在风浪条件下影响失速值大小的因素十分复杂,主要有波长、波高、风向、相对风速、船长、方形系数及技术速度等。一般情况下船舶技术速度越高,失速越小,反之就越大;船舶吨位越大失速越大,反之就越小。所以在优化航线配船时,在风浪大,航程长的航线上应选配高速船;反之,在风浪小,航程短的航线上应选配低速船。

3)船舶污底的影响

经过一段时间营运后的船舶，因船体水下部分的船壳表面附着各种水生生物，使船壳的粗糙度增加，导致阻力上升，船舶航速降低。船体附着物的生长速度，随水温的增高及水中含盐浓度的增大而加快，且停泊时的生长速度又比航行中快。为减少污底阻力，船舶要尽量少在水温高、盐分大的水域停泊，应定期进坞清理污底。并采用新技术，可大大地减少因污底影响而造成的失速，并延长船舶进坞间隔时间。

4)船舶浮态的影响

这主要指船舶在不同装载下的纵倾值对航速的影响。理论及实践表明，船舶在不同装载量条件下具有最佳的纵倾值，它可以使船舶以最快的航速和最低的油耗航行。以往，这种最佳纵倾值凭船舶驾驶员的经验来确定，缺少科学根据。近年来，通过由船上微机自动控制的实时性能监控系统，获得在航速变化、海况变化、吃水变化条件下的最佳纵倾值，而且能根据新的条件自动调整纵倾值。

5)浅水的影响

浅水航道使船舶航速下降的主要原因是阻力增加和吃水增加所引起的。由于船体周围的水流从深水的三维(空间)变为主要是二维(平面)流动，水流与船体的相对速度增加，使摩擦阻力、涡流阻力和兴波阻力均相对增大。另外，由于同样的原因，使船体周围的流体相对加快、动压强降低，导致船舶下沉，吃水增加，这种下沉量随水深减小而增大。为减少浅水对船舶航速的不利影响，主要通过优化航线配船来改善，当航道水位发生较大变化时，更要及时调整船舶，这不仅有利减少降速，更有利保障船舶安全，避免搁浅。

6)内河运输中，上下水货流量分布比例的影响

若上下水货流量不平衡，则每航次上下水的船舶载货量也必然不同，这样，船舶上下水静水速度也不同，此时，船舶上下水的平均速度就不能直接按公式(5-1)计算，根据平均航速的定义正确的计算公式应是(5-3)式。于是，若上水货流量大于下水货流量，则因 $v_{上静} < v_{下静}$，使在往返航次时间中，上水慢速航行时间所占比例增大，导致船舶上下水平均航速下降；反之则平均航速增大。

$$\overline{V} = \frac{2(v_{上静} - C_{上})(v_{下静} - C_{下})}{v_{上静} + v_{下静} + C_{下} - C_{上}} \quad (\mathrm{km/d}) \tag{5-3}$$

7)船员及管理人员的技术水平和责任心的影响

任何技术都依靠人去使用和管理，只要船上的驾驶人员、轮机人员和陆上的管理人员共同努力，合理地确定航路，正确操舵保持航向的稳定，推广先进的顶推运输，编组合理的队形；加强船舶的维修保养以保持船舶具有良好的技术状况，以及掌握前述的种种办法和措施，均有利于提高航速。

3.船舶时间利用指标

它包括营运率、航行率及船舶平均航次时间。

1)营运率

它是指船舶在册时间中，营运时间所占的比例。该指标用符号 $\varepsilon_{营}$ 表示，其数值小于 1.0，它反映船舶在册时间的利用程度，显然，其数值越大越好。认真做好平时的维修保养和安全预防工作，可延长修船间隔时间和缩短船舶的修期，从而可使营运期延长，使营运率获得提高，使更多的运输能力投入营运；而且，若有较多的船舶在修理时，则应首先缩短大吨位、高航速的船舶修理期，这对提高营运率有更大的意义。该指标的计算方法及计量单位见表 5-6。

2)航行率

它是船舶营运时间中航行时间所占的比例。该指标用符号 $\varepsilon_{航}$ 表示,其数值小于1.0,该指标的计算方法及计量单位见表5-6。

船舶时间利用指标计算表

表5-6

指标 / 船舶数	货船			客船			推(拖)船		
	营运率	航行率	平均航次周转数	营运率	航行率	平均周转期	营运率	航行率	平均航次周转期
	%	%	%	%	%	%	%	%	%
单艘	$\frac{T_{营}}{T_{册}}$	$\frac{\sum t_{航}}{\sum t_{次}}$	$\frac{\sum t_{次}}{n}$	$\frac{T_{营}}{T_{册}}$	$\frac{\sum t_{航}}{\sum t_{次}}$	$\frac{\sum t_{次}}{n}$	$\frac{T_{营}}{T_{册}}$	$\frac{\sum t_{航}}{\sum t_{次}}$	$\frac{\sum t_{次}}{n}$
多艘	$\frac{\sum D_{定}T_{营}}{\sum D_{定}T_{册}}$	$\frac{\sum D_{定}T_{航}}{\sum D_{定}T_{营}}$	$\frac{\sum D_{定}T_{营}}{\sum D_{定}\cdot n}$	$\frac{\sum MT_{营}}{\sum MT_{册}}$	$\frac{\sum MT_{航}}{\sum MT_{营}}$	$\frac{\sum MT_{营}}{\sum M\cdot n}$	$\frac{\sum NT_{营}}{\sum NT_{册}}$	$\frac{\sum NT_{航}}{\sum NT_{营}}$	$\frac{\sum NT_{营}}{\sum N\cdot n}$

在一定的航线和一定的航速条件下,航行率高意味着船舶多数时间用于客货运输,因而在一定的时期内所完成的客货运输量多。提高航行率的主要途径是缩短船舶在港停泊时间,而停港时间是指船舶在运输生产过程中因各种原因在港口和途中的全部停泊时间,包括生产性、非生产性和其他原因停泊时间。

生产性停泊时间,是指为完成客、货运输任务所必须的停泊时间,包括上下旅客、装卸作业、熏舱、洗舱及推(拖)驳船队在港口编解船队的技术作业等停泊时间,虽然它们是生产所必需的停泊时间,但亦有必要采取各种措施使之缩短,如采用先进的装卸工艺、集中机械装卸和增加必要的劳动力、平衡舱时等均是缩短装卸作业时间的有效办法。非生产性停泊时间,是指包括等候码头泊位、等工人、等货、等候调度命令等非必需的时间,这类停泊时间应尽量减少。其他原因停泊时间,是指因风、雨、雾等气象原因,以及因某些航道不能夜航等原因而造成的停泊时间,这些时间虽是人力不可抵抗的,但也应力求减少。

3)船舶平均航次时间

船舶平均航次时间是指船舶平均完成一个航次所需天数。该指标用符号 $\bar{t}_{次}$ 表示,它的计算方法及计量单位见表5-6。

航次是指船舶运输的生产周期,是船舶从事货物或旅客运输生产的一个完整过程。航次是船公司组织船舶生产的基础,因为只有通过制定航次计划,才能确定航次运输任务、燃润料、淡水、食品及储备品的消耗量,以及航次所需的各项时间,并在此基础上进行航次营运及经济计算,这些是航次决策和航次核算所必需的工作和数据;同时,通过航次安排,可以核定单船以至整个船公司的运输能力,用以制定整个船公司的运输生产计划;而且,通过组织具体的航次来完成整个运输生产计划。

根据船舶运输生产组织特征,航次可分为简单航次和复杂航次。简单航次是指船舶仅在两个港口间进行一次货物或旅客运输的完整过程;复杂航次是指船舶不仅运输从始发港到终点港的货物或旅客,而且途中还要进入一个以上的港口进行货物装卸或上下旅客。在中华人民共和国交通部颁布的航次起止时间的划分规定中,有明确的界限。对客船、货船或驳船,航次起止时间的规定是:自上一航次终点港卸空所载货物(或下完旅客)时起,至本航次终点港卸空所载货物(或下完旅客)时止,计为本航次的时间。对运输推(拖)船的航次起止时间的规定是:将驳船送达终点港的锚地,或将驳船转交另一推(拖)船换推(拖)本船收毕拖缆,或将驳船送达终点港并使驳船分别靠好岸的时间作为本航次结束与新航次开始。运输推(拖)船自航的航次时间计算,以上一航次结束时起,至本航次到达终点港调度码头系好新的被推(拖)船舶第一根缆时止。此外,往返航次是指船舶完成一次由两个简单航次(包括双向有载及单向有载、回程空载）或复杂航次组成，且船舶重返始发港的闭式循环运行过程，显然，这是出于运输生产组织上的需要而设定的名称。

设立船舶航次时间指标的目的，在于研究和分析航次的时间结构，缩短每个环节的时间，加速船舶周转。船舶航次时间由航行时间、停泊时间及其他时间 3 部分组成。简单航次时间的算式见公式(5-4)。在航次时间中包含两大类作业：第一类称为基本作业，它包括装卸货、上下客和航行等具有周期性特点的作业，是船舶运输的基本环节；第二类称为辅助作业，它包括装卸准备、燃物料供应、办理文件及推(拖)船队的编解作业时间等。显然，从单船运行角度看，应尽量缩短基本作业时间，争取使辅助作业与基本作业同时进行，是缩短航次周转期的重要途径，但是从整个船队的生产组织角度看，还应注意着眼于优化航线配船，在长航线上配置高速船，在装卸效率高的航线上配置大吨位船舶，可以收到缩短船舶平均航次周转期的效果，这一结论可从对公式(5-5)及(5-6)的分析中得到证实。

$$t_{次} = \frac{L}{v} + \frac{2\alpha_{发货}D_{定}}{\overline{M}_{纯}} + t_{其他} \quad (\mathrm{d}) \tag{5-4}$$

式中：$t_{其他}$——指航行和装卸作业时间以外的其他作业时间，d；

$\overline{M}_{纯}$——港口平均装卸纯定额(t/d)，它应按调和平均法计算求得，因装卸货数量相等($Q_{装} = Q_{卸}$)，故算式是：

$$\overline{M}_{纯} = \frac{Q_{装} + Q_{卸}}{\dfrac{Q_{装}}{M_{纯装}} + \dfrac{Q_{卸}}{M_{纯卸}}} = \frac{2M_{纯装}M_{纯卸}}{M_{纯装} + M_{纯卸}}$$

$$\delta t_{航} = \frac{L}{v_1} - \frac{L}{v_2} = L\left(\frac{v_2 - v_1}{v_1 v_2}\right) \tag{5-5}$$

$$\delta t_{停} = \frac{2\alpha_{发货}D_{定}}{\overline{M}_1} - \frac{2\alpha_{发}D_{定}}{M_2} = 2\alpha_{发货}D_{定}\left(\frac{\overline{M}_2 - \overline{M}_1}{\overline{M}_1 \cdot \overline{M}_2}\right) \tag{5-6}$$

式中：$\delta t_{航}$——在一定的航距条件下，采用高速船($v_2 > v_1$)所缩短的航行时间，d。由于括号内数值为定值，所以航距 L 越长，缩短的航行时间也越大；

$\delta t_{停}$——在一定的船舶吨位条件下，提高装卸效率($M_2 > M_1$)所缩短的停泊时间，d。由于括号内数值为定值.所以船舶吨位 $D_{定}$ 越大，缩短的停泊时间也越大。

4.生产率指标

该指标表示生产的效率，是指一定的物力和人力在一定的时间内所创造的产品数量，或者是指生产一定的产品数量所耗用的物力、人力和时间。故努力提高生产率是船公司降低成本、增加利润、扩大再生产的重要途径。船公司的生产率指标包括船舶生产率指标和劳动生产率指标。

1)船舶生产率

它又包括以下 2 种指标：

(1)货船的平均每营运吨天生产量、客船的平均每营运客位天生产量和推(拖)船舶的平均每营运千瓦天生产量，用符号 μ 表示，这类指标的计算方法及计量单位见表 5-7。由于船舶每吨(客位、千瓦)天产量指标是货物(旅客)周转量与船舶营运吨(客位、千瓦)天之比，它不仅体现了产出值周转量的大小，还体现了投入量运力的多少，所以，要提高 μ 值，必须在强调追求高产量的同时，努力降低投入的运力，才是惟一正确的方法。但是，当运力为一定时，追求高产量与高生产率则是等价的。应当指出，该指标还是一个综合指标，因为它又是运距装载率、平均航行速度和航行率 3 个单元指标的乘积。这不仅说明了该指标的重要性，也同时表明要提

高 μ 值,通过提高指标 α、$\overline{V}$ 及 $\varepsilon_{航}$ 是惟一有效的途径。

$$\mu_{货}=\frac{\sum\sum Ql}{\sum D_{定}T_{营}}\times\frac{\sum\sum D_{定}L}{\sum D_{定}L}\times\frac{\sum\sum D_{定}T_{航}}{\sum D_{定}T_{营}}=\alpha_{货}\times\overline{V}\times\varepsilon_{航}\qquad[\text{t·里/(t·d)}]\tag{5-7}$$

(2)货船的平均每吨船生产量、客船的每客位船生产量和推(拖)船的每千瓦船生产量,用符号 z 表示,它们的计算方法及计量单位见表5-7。由于吨(客位、千瓦)船产量指标 z 是货物(旅客)周转量与历期内每天实有的船舶吨位(客位、千瓦)之比,且又是运距装载率、平均航行速度、航行率和营运率4个单元指标和历期天数的乘积,所以指标 z 更能体现出船公司各方面工作的好坏,故指标 z 是船公司所关注的。计算指标 z 时所用到的历期内平均每天实有船舶吨位(客位、千瓦)数,其计算方法见表5-8。而综合指标 z 又是 α、$\overline{V}$、$\varepsilon_{航}$、$\varepsilon_{营}$ 4个单元指标与历期天数 $T_{历}$ 的乘积,以货船为例,在分子和分母部分同乘以 $\sum D_{定}T_{营}$ 就可以得到验证,具体见公式(5-8)。从该指标的结构看,要提高吨(客位、千瓦)船产量指标 z 的数值,除努力提高船舶的吨(客位、千瓦)天产量指标 μ 值外,还应不断提高营运率 $\varepsilon_{营}$。

生产率指标计算表 表5-7

指标名称 \ 船舶数	货船		客船		推(拖)船	
	吨天产量	吨船产量	客位天产量	客位船产量	千瓦天产量	千瓦船产量
	$\mu_{货}$	$z_{货}$	$\mu_{客}$	$z_{客}$	$\mu_{推}$	$z_{推}$
	t·里/(t·d)	t·里/t	人·里/(人·d)	人·里/人	t·里/(kW·d)	t·里/kW
多艘	$\frac{\sum\sum Ql}{\sum D_{定}T_{营}}$	$\frac{\sum\sum Ql}{D_{定}}$	$\frac{\sum\sum Ql}{\sum MT_{营}}$	$\frac{\sum\sum Ql}{M}$	$\frac{\sum\sum Ql}{\sum NT_{营}}$	$\frac{\sum\sum Ql}{N}$

生产率指标历期内平均值计算表 表5-8

货船	客船	推(拖)船
历期内平均每天实有吨位	历期内平均每天实有客位	历期内平均每天实有千瓦
$\overline{D}_{定}$	$\overline{M}$	$\overline{N}$
t	人	kW
$\frac{\sum D_{定}T_{册}}{T_{历}}$	$\frac{\sum MT_{册}}{T_{历}}$	$\frac{\sum NT_{册}}{T_{历}}$

$$\begin{aligned}z_{货}&=\frac{\sum\sum Ql}{\overline{D}_{定}}=\sum\sum Ql\times\frac{T_{历}}{\sum D_{定}T_{册}}\times\frac{\sum D_{定}T_{册}}{\sum D_{定}T_{营}}\\&=\mu_{货}\varepsilon_{营}T_{历}=\alpha_{货}\overline{V}\varepsilon_{营}T_{历}\qquad(\text{t·里/t})\end{aligned}\tag{5-8}$$

2)劳动生产率

该指标又可细分为全员劳动生产率和航行人员生产率。

全员劳动生产率是指整个船公司的劳动生产率,因它不按货船、客船和推(拖)船分别计算,所以该指标是历期内整个船公司的换算周转量 $\sum\sum Ql_{换}$ 与全部职工平均人数 $\overline{\gamma}_{全员}$ 之比,以符号 $\omega_{全员}$ 表示,而 $\overline{\gamma}_{全员}$ 值等于历期内在册职工人天数,除以历期天数。指标 $\omega_{全员}$ 的计算表达式及计量单位见表5-9。设立该指标对船公司来说有利于改进劳动组织、控制定员编制、合理地使用劳动力。提高全员劳动生产率的主要途径,一是要努力提高产量,二是要减少职工人数,特别是要减少非生产性人员的数量。

航行人员劳动生产率,反映直接在船舶上从事水运生产的航行人员的劳动生产率水平,以符号 $\overline{\gamma}_{航员}$ 表示,它的计算表达式及计量单位见表5-9。算式中全部航行人员的平均人数等于历期内在册的船员人天数(包括储备船员和公休船员)除以历期天数。为了提高 $\omega_{船员}$ 值,应在提高运输周转量的同时，合理确定船员编制，减少储备船员数量及制定合理的公休制度，力求把船员数量减少到最低的程度。

劳动生产率指标计算表　　表5-9

指标名称	全员劳动生产率	航行人员劳动生产率
符号	$\omega_{全员}$	$\omega_{航员}$
计算单位	t·里/人	t·里/人
算式	$\sum\sum Ql_{换}/\overline{\gamma}_{全员}$	$\sum\sum Ql_{换}/\overline{\gamma}_{航员}$

以上两个劳动生产率指标，考核时常以前者为主，后者为辅，这是因为船公司的生产活动是有分工、有组织地进行的，不论其中的成员是直接参加生产的或间接服务于生产的，都是必不可少的，故生产成果是全体职工共同劳动的结晶。

第二节　船舶财务指标

船公司不仅要努力提高船舶的使用效率及职工的劳动生产率，超额完成客货运输量和周转量，而且更应重视经济效益。因为只有不断增加收入、降低成本、扩大利润，船公司才能有足够的资金来维持生产和扩大再生产，这不仅有利于船公司本身的发展，也有利于增加对国家的税收贡献，促进国民经济的发展。所以，除营运工作指标外，还需要有船舶财务指标。船舶财务指标，包括数量指标和质量指标两部分。

一、财务数量指标

1.营业收入

整个船公司的营业性总收入称为营业收入，它包括运输收入及其他收入两部分。由于船公司的主要生产经营活动是船舶运输，所以运输收入是主要部分，包括货物运输的运费收入及旅客运输的客票收入。其他收入是指出租船舶的租费收入、滞期费收入及客运服务费收入等。

运费收入等于船上所装运的每票货物的数量与相应等级的费率的乘积；客票收入等于各等级舱位的乘船旅客人数与相应客舱票价的乘积。运输收入以符号 F 表示，各种情况下的运输收入的名称，计算方法及计量单位见表5-10。

船舶营业收入计算表　　表5-10

收入名称	货运收入			客运收入		
	单船一个航次运费收入	单船历期内运费收入	多船历期内运费收入	单船一个航次客票收入	单船历期内客票收入	多船历期内客票收入
符号	$F_{货}$	$\sum F_{货}$	$\sum\sum F_{货}$	$F_{客}$	$\sum F_{客}$	$\sum\sum F_{客}$
计量单位	元/次	元	元	元/次	元	元
算式	$\sum Qf_{货}$	$\sum F_{货}$	$\sum\sum F_{货}$	$\sum Pf_{客}$	$\sum F_{客}$	$\sum\sum F_{客}$

增加航次的运费收入及客票收入是增加运输收入的关键，而影响航次运费收入的因素是货物数量 Q 及相应的费率 $f_{货}$，所以，争取满载及装运费率高的货物是增加航次运费收入的主要途径。为此，要努力提高载重量利用率。此外，根据航运市场的变化情况，采取浮动费率的办法，也有利于增加运费收入。有时，即使下浮费率，反而可以收到薄利多运，增加收入的好效果，尤其是在正反航向货流量不平衡的航线上，下浮运量不足航向的费率，有利于吸引货源。

在国际航线上,采取多种回扣方法也是吸引货源的惯用措施。当然,采取多式联运方式,改善服务质量,均可增加客货运输收入。

船舶运输收入,还有名义收入和实际收入之分。名义收入就是上述的客货运输收入;实际收入是指在名义收入的基础上扣除营业税等税收后的收入。由于营业税的税率 $t_{营业}(\%)$占名义收入的一定比例(目前 $t_{营业}=3\%$),所以,实际收入 $F_{实}=F_{名}(1-t_{营业})$。营业税是由船公司定期向国家的财税部门统一交纳,不是每个航次计算和交纳的,但进行各种航次优化决策时,则必须以实际收入为准。

2.船舶运输总成本

1)船舶总成本的构成

船舶运输总成本是船舶在一定历期内从事客货运输所支付的一切费用的总和,构成远洋运输船舶、沿海运输船舶和内河运输船舶总成本的各费用项目基本相同。它们共同的费用项目有:船员工资及附加费、燃润料费、船用物料费、基本折旧费、修理基金提存、船舶保险费、港口使费、事故损失费及企业管理费(集装箱还有箱子费,包括箱子折旧费、租箱费、堆存费、修理费),地方内河运输船舶还有养河费。有封冻期的船公司的船舶还有卧冬费等。其中的港口使费对远洋船舶来说不仅名目繁多,且各港的费率差别也大。它主要包括以下各项费用:船舶吨税(对外籍船舶征收)、港务费(包括船舶港务费、货物港务费、拖轮费、引航费、移泊费、系解缆费、停泊费)、装卸理货费(包括装货费、卸货费、理货费、验舱费、熏舱费、开启舱费、平舱费,起重机工力费等,其中某些费用是否都由船方支付,或由货方支付,要由贸易合同当中的价格条件或租船合同中的装卸条款确定)、代理费(包括船舶代理费、货物代理费和其他代理业务费)、转口费(指由船方负责中转时在中转港所支付的装卸、搬运、驳运、仓储等费用)和其他港务费(包括供应燃物料的劳务费、淡水费、租用设备费、扫舱费、洗舱费、装拆隔舱板费、搭拆雨棚费、邮政通信费、交通艇费及各种佣金,其中有些费用是否由船方支付要由合同确定)。

船公司要努力降低船舶运输总成本,为此,就要降低上述各项费用。但从成本结构分析,远洋、沿海、内河船舶的各费用项目在总成本中所占的比例大不相同。如在远洋船舶总成本中,港口使费和燃润料费用占主要部分;在沿海船舶总成本中,燃润料费用、修理基金提存及基本折旧费占主要部分;而在内河船舶总成本中,则是燃润料费用、修理基金提存、船员工资及附加费占主要部分。

降低远洋船舶港口使费的潜力是很大的,充分了解港口的规定就可以避免或减少支付许多不必要的费用。如许多国外港口在非正常工作时间、夜间、星期日或节假日内引航费、拖轮费、装卸作业费、临时性修理费等费率都比正常时间高;某些港口规定从一定的日期起,加收进出港的破冰费等。又如调平吃水、减小船舶的最大吃水,就可以节省引航费及运河费;甚至提高责任心,认真填写和审核各种单据,亦可以避免或减少支付许多不必要的费用,或杜绝对方乱填写而随意收费等。降低远洋船舶的燃润料费用的方法,除节约燃料外,主要靠优化燃料供应点的选择。降低沿海及内河船舶修理费及燃润料费用的主要途径是要及时淘汰或更新修理费用高、油耗大的老龄船舶。降低内河船舶船员工资的途径,一是要通过改革减轻沉重的退休职工工资的负担,其次则是通过改拖带运输为顶推运输,采用无人驳或少人驳,以尽量减少船员编制。

2)船舶费用的分类

根据各项费用的性质,上述各项费用又可归并为直接费用和间接费用、固定费用和变动费用、航行费用和停泊费用。

(1)直接费用和间接费用:前者是指可以直接计入某一艘船舶的费用。显然,它包括除企业管理费及事故损失费(事故损失费本应是直接费,但某船舶发生的事故损失费直接由某船自己负担时,因负担太重,致使成本上升过大,所以,现在均在各船中分摊,即使没有发生事故的船舶亦要分担此费用)以外的所有费用;后者则是指企业管理费及事故损失费。这两项费用均按一定的分摊办法,将它摊入到每艘船舶的总成本中。企业管理费又可细分为行政管理费和一般管理费。

(2)固定费用和变动费用:前者是指为维持船舶的营运状态所必须支付的费用,这类费用都不会因航行或停泊的时间的长短而变化。它们包括船员工资及附加费、船用物料费、基本折旧费、修理基金提存、船舶保险费及企业管理分摊费。若每一艘自营船舶在一定历期内,上述各项固定费用的总计值为$\sum K_{固}$,则自营船舶每天的固定费用为

$$K = \sum K_{固} / T_{营}$$

而期租船的每天固定费用为

$$K_{固} = DWf_{月租}/30$$

式中 $f_{月租}$为期租船每载重吨在一个月内所支付的租金。后者是指船舶在航行过程中所发生的费用,且这类费用随航距长短、挂靠港口多少、货物种类及数量、支付了哪些港口使费、航速及油耗、航行及停泊时间比例等情况而异,如燃润料费用、港口使费等,每航次所发生的这类变动费用的合计值,以符号表示为 $K_{次变}$。

(3)航行费用和停泊费用:前者是指船舶航行时所发生的各项费用的合计;后者指船舶在停泊时所发生的各项费用的合计。如果已知船舶每天的航行费用 $K_{航}$(元/d)及每天的停泊费用 $K_{停}$(元/d),则航行费用等于 $K_{航} \cdot T_{航}$,停泊费用等于 $K_{停} \cdot T_{停}$。而每天航行费用 $K_{航} = K_{固} + K_{航燃} + K_{余}$;每天停泊费用 $K_{停} = K_{固} + K_{停燃} + K_{余}$。式中的 $K_{航燃}$及 $K_{停燃}$分别为船舶在航行时及停泊时的每天燃润料费用,只要已知船舶的主辅机功率、使用的航速、燃润料品种及消耗量、燃润料的价格,则它们都可以求得。$K_{余}$ 是指除燃润料费用以外的其余变动费用的每天平均值。

3)船舶航次总成本

根据远洋、沿海及内河船舶的经营特点、航次总成本 $K_{次}$ 有不同的计算方法。

远洋船舶 $K_{次} = K_{固} \cdot T_{次} + K_{次变}$ (元/次)

沿海船舶 $K_{次} = K_{航} \cdot T_{航} + K_{停} \cdot T_{停}$ (元/次) (5-9)

内河推(拖)船队 $K_{次} = (K_{航} \cdot t_{航} + K_{停} \cdot t_{停} + K_{技} \cdot t_{技}) + \sum_{i=1}^{m} K_{固} \cdot t_{次}$ (元/次)

式中 $K_{技}$ 及 $t_{技}$ 是指推(拖)船队的每天技术作业费用(元/次)及技术作业时间(d)。由于推(拖)船在进行技术作业时主机发出的功率小,且动车时间又有间隙性,所以 $K_{航} > K_{技} > K_{停}$;而$\sum_{i=1}^{m} K_{固} \cdot t_{次}$,显然是指由 M 艘驳船组成的驳船航次总成本,而其中 $T_{次}$ 是驳船的航次时间。

由于远洋船舶航距长、挂港多、港口使费杂且大,所以采用上述表达式反映了远洋船舶的特点。海船舶的港口使费一般是定期一次性支付,而燃润料费用已分别计入了 $K_{航}$、$K_{停}$,故采用上述表达式计算较方便。内河推(拖)船队由于推(拖)船要经常在途中进行解编队作业,而驳队又因大小及构成的不同而异,所以采用上述表达比较符合客观实际。

3.船舶利润和收益

1)船舶利润

船舶利润,有税前利润 $W_{前}$ 和税后利润 $W_{后}$ 之分。前者是指扣除营业税后的实际运输收入与总成本之差;后者是指在税前利润的基础之上,再扣除国家征收的所得税便是。所得税是税前利润与所得税税率 $T_{所得}$之乘积。(目前 $T_{所得}=33\%$)。

目前,在船公司还有实现利润指标,它等于营业收入(包括运输收入及其他收入)与运输总成本、营业税及营业外支出 3 项费用之差值,与上面所述的税前利润比较接近。在实现利润的基础上,再扣除所得税和调节税,就是企业留成,所以,调节税与企业留成之和,相当于上面所述的税后利润。船公司最关心的是企业留成的多少。

追求高利润是船公司重要的经营目标,利润既是社会主义积累的重要组成部分,是扩大再生产的主要资金来源之一,也是发展船公司,增加职工收入分配的根本保证。

增加船公司利润的主要途径，一是要从内涵着手增收节支，二是要从外延着手扩大生产规模，而后者的资金来源主要依靠前者取得和积累。从整个船公司看，当运力小于运量时，努力多完成客货运输量，既是尽力满足了国家社会的需要，也意味着为本企业多创收多获利，两者是等价的；当运力大于运量时，追求总成本最小就是多获利，两者也是等价的。但从航次决策来看，不仅航次收入可能不同，航次成本可能不同，而且航次时间也可能不同，此时，追求每天利润值最大作为目标才是正确的，否则，以追求航次利润最大作为目标将是错误的。

要增加整个船公司的利润,抓好船舶的航次增利是基础。船舶航次利润通常是指税前利润,其算式是:

$$W_{次前} = F_{次}(1 - t_{营业}) - K_{次} \quad (元/次) \tag{5-10}$$

2)船舶收益

该指标通常在船舶投资决策时用到,船公司就是依靠此资金更新船舶、扩大运力及偿还造船贷款。每艘船舶的年收益 A 等于该船的年利润和该船的年基本折旧费之和。因为利润有税前利润和税后利润之分,所以,与此相对应,也有船舶税前年收益 $A_{前}$ 和船舶税前年收益 $A_{后}$ 之分。在船舶投资决策时,从每艘船舶的年度总成本中扣除该船的年度基本折旧费后,通常称为年度营运费。

二、财务质量指标

财务质量指标有多种,这里仅介绍船舶单位运输成本指标。船舶单位运输成本指标表示船舶生产单位吨、吨·里所消耗的费用,综合反映船舶运行组织和港口装卸工作组织好坏、技术装备利用水平和劳动生产率水平、船舶营运过程中的物质消耗和费用支出情况等各个环节的工作,是重要的质量指标。对各航线、各货种、各船型的单位运输成本进行测算或统计,既是考核船舶营运好坏的需要,也可作为营运决策时方案比选的依据,同时也是制定运价的基础。以一个航次为基础的单位运输成本的符号,计算方法及计量单位见表 5-11。

运输成本计算表 表 5-11

船型	货船		客船	
指标名称	吨成本	吨里成本	人成本	人里成本
符号	$S_{吨}$	$S_{吨里}$	$S_{人}$	$S_{人里}$
计量单位	元/t	元/(t·里)	元/人	元/(人·里)
算式	$K_{次}/Q$	$K_{次}/Ql$	$Q_{次}/P$	$Q_{次}/Pl$

降低船舶单位运输成本指标主要途径主要有两条:一是在航次运输量和周转量不变的情况下,降低航次成本;二是在航次成本不变的情况下,增加航次运输量和周转量。

第三节　安全、质量与燃料消耗指标

航运生产不仅要求效率高、效益好,而且还必须同时认真贯彻安全质量第一的方针,当然,也应尽量考虑降低燃料消耗。所以,除了船舶营运工作和财务方面的指标外,还需要有衡量与考核安全、质量与燃料消耗方面的指标。

一、安全指标

航运安全是涉及人民生命与财产的重大问题。船舶一旦发生海损事故,就会造成人员伤亡、经济上的巨大损失和极其严重的社会不良影响。

1. 各类海损事故标准

各类海损事故按其性质、损失和政治影响分为重大事故、大事故和一般事故和小事故4级,目前的标准如表5-12所列。

各类海损事故标准　　表5-12

事故标准＼船舶等级	5000GT以上或3675kW(5000马力)以上的船舶	1000以上至5000GT或735~3675kW(1000~5000马力)的船舶	200以上至1000GT或147~735kW(200~1000马力)的船舶	200GT及以下或147kW(200马力)及以下的船舶
重大事故	死亡3人及以上,或	同左	同左	同左
	船舶沉灭,全损或无修复价值,或	同左	同左	同左
	直接损失××万元以上	直接损失××万元以上	直接损失××万元以上	直接损失××××元以上至×万元
大事故	死亡1~2人,或	同左	同左	同左
	直接损失×万元以上至××万元	直接损失×万元以上至××万元	直接损失×万元以上至××万元	直接损失×万元以上至××万元
一般事故	人员有重伤,或	同左	同左	同左
	直接损失××××元以上至×万元	直接损失××××元以上至×万元	直接损失×××元以上至×万元	直接损失×××元以上至××××元
小事故	人员有轻伤,或	同左	同左	同左
	直接损失××××元及以下	直接损失××××元及以下	直接损失×××元及以下	直接损失×××元及以下

表中的直接经济损失包括:修理费、检查费、施救费、赔偿费、货损、抚恤费、事故处理费等。因货币币值受通货膨胀影响会有变动,故表中的金额标准亦会因时而异。

2. 事故死亡率

每千名职工因公死亡率$\overline{\omega}_{死}$(%)等于历期内因公死亡人数$\gamma_{死}$与全部职工平均人数$\overline{\gamma}_{全员}$之比,即$\overline{\omega}_{死}=\gamma_{死}/\overline{\gamma}_{全员}$。

目前，虽然专门的安全检查和监督机构已经设立，事故逐年减少，但沉船、翻船、碰撞、油船爆炸等重大恶性事故仍时有发生，一般事故和小事故不断，不安全、不文明生产情况仍然严重。虽然发生事故的原因中，有因人力不可抗拒或设备不良所造成的，但更多的是因违章操作和玩忽职守所致，故设立安全指标、提高对安全的认识、健全安全生产制度、分析事故原因、消除事故隐患、加强劳动纪律、提高职工的政治和业务素质等都会有利于安全生产。

二、质量指标

在市场经济条件下，提高产品和服务质量，是船公司赖以生存和发展的基本立足点，因此，服务宗旨应是：货主至上、旅客至上、信守合同、信誉第一、完整无损、保质保量、按期准点、安全便捷地实现客货对象在水运生产空间的位移。目前，船公司设立以下一些质量考核指标。

1.重大货运事故件数(件)

货运事故按其性质和损失程度分为三等：第一等是指由于货物爆炸、火灾、中毒等造成人身死亡；第二等是指涉外物资、珍贵文物、尖端保密产品发生灭失；第三等是指货物损失价值在万元以上。此处的货损金额是目前的规定，其标准会因时而异。

2.货损率(‱)

货损率是指货损件数占总货运件数的比例。按规定，它不得超过万分之零点五。

3.货差率(‱)

货差率是指货差件数占总货运件数的比例。按规定，它不得超过万分之零点五。

4.货运质量赔付率(‱)

货运质量赔付率是指总赔偿金额与货运总收入之比。按规定，它不超过万分之五。赔偿金额是指属于本单位责任的货运事故所支付的赔款，包括货款、运费、包装费、修理费等费用，以统计期内实际发出的承认赔偿通知书的金额统计为依据。

5.货物运达期限保证率(%)

货物运达期限保证率是指按期到达的货物批(吨)数占历期内的货物批(吨)数的比例。

6.班期准点率(%)

班期准点率是指班轮按规定班期到达的船次数占历期内到达的班轮总的船次数的比例。

7.旅客准点率(%)

旅客准点率是指准点到达的客(客货)船的船次数占历期内到达的总客(客货)船舶次数的比例。

三、燃料消耗指标

我国是能源供应较为紧缺的国家，而船公司不仅是能源消耗大户，且因燃润料费用在运输总成本中所占的比例高达25%～40%，所以，不论从国家还是从船公司本身方面考虑，设立燃料消耗考核指标，促使节约燃料，就成为船公司一项重要的任务。目前，考核船舶燃料消耗的指标有两个。

1.每千换算吨里平均消耗量 $q_{换算吨里}$

它等于一定历期内的实际燃料消耗量 G，除以同一时期内的换算周转量 $\sum Ql_{换算}$，其计算方法及计量单位见表5-13。

2.历期内的燃料节约或超耗数量 $\delta G'$

它等于实际消耗量 G' 与按定额计算的燃料消耗量 G'_0 之差。负数为节约量，正数为超耗量。其计算方法及计量单位见表 5-13。

燃料节约或超耗数量 表 5-13

船舶燃料消耗 / 船舶数	每千换算吨里平均消耗量	燃料节约和消耗量
	$q_{换算吨里}$	$\delta G'$
	kg/(kt·里)	kg
单艘	$G'/\sum Ql_{换算}$	$G'-G'_0$
多艘	$\sum G'/\sum\sum Ql_{换算}$	$\sum G'-\sum G'_0$

船舶燃料实际消耗量 G',是指在营运时间内包括航行、停泊、作业、其他 4 项所消耗的燃料数量,煤以吨计,油以千克计。由于煤的产地、品种不同,其单位发热量也不同,因此,在计算实际消耗量时应将天然煤换算为标准煤统计。标准煤的发热量为 29260kJ/kg(7000 大卡/kg)。液体燃料因品种及标号的不同,差别较大,所以,上述油耗考核指标还细分为柴油、重油及渣油的平均消耗量指标和节约量或超耗量指标。船舶的定额消耗量,各航运公司对所属的船舶都有具体的规定。

船舶千换算吨里平均燃料消耗量指标,是一个综合性的质量指标,由于它与换算周转量直接挂钩,故可促使船上的机、驾人员在尽力降低燃料实际消耗的同时,注意对企业管理和船舶运行组织进行监督,使船、岸人员共同努力多装货物,减少空航里程,缩短停泊时间,加强船舶周转。自 1973 年和 1978 年两次世界性能源危机以来,燃料价格与 1970 年相比上涨了十多倍,加上国际航运市场不景气,船公司之间的竞争相当剧烈,于是,促使船公司从多方面重视节能。即既重视技术节能,也重视管理节能。总之,出现了从船体设计、船机制造、电气研制、微机应用、船舶调度、船舶驾驶、轮机管理、船体涂料和风能利用等多方面去开拓航运节能的新局面。目前,船公司通常采取以下一些节能措施。

(1)准确掌握船、港动态,指挥船舶采取合理的减速航行措施。

(2)指挥抛锚待命的船舶,在水温低、盐分较小的海域停泊,以减少海蛎子生长。同时对船舶实施定期进坞保养,使船壳表面保持光滑。

(3)掌握风、潮、流的季节特点及周期特点,充分利用自然力助航,减少船舶无功消耗。此外还采用先进的气象导航技术,尽量避免船舶进入大风浪区域航行。

(4)对不同装载量情况下的航行船舶,普遍推行最佳的纵倾值。

(5)在内河普遍推行分节驳顶推运输,推广优良的船队队形。

(6)根据季节及地域特点,掌握好油船靠卸时间,控制好加温时机和温度,缩短货油加热时间。

(7)提高载重量利用率,减少空驶距离;有条件时走大圆航线,缩短实际航距,提高历期内的换算周转量。

(8)针对某些单向载货、反向压载航行船舶的特点,合理控制压载水数量,做到“少压快排”,以利节油省时。

(9)尽可能采用或掺混低价的高秒值低质油,降低燃润料费用。

(10)加速船舶的技术进步,逐步淘汰能耗高、效率低的老旧船舶,使船龄结构趋于合理,同时采取多种以节能为目的的技术改造措施。

(11)开发优秀的节能型船舶,使船舶采用优良线型、水动力附加装置、高效推进器、风力助推装置、低油耗柴油机、动力能量综合利用装置、余热回收装置,以及高效船用设备等各种先进技术。

第四节　船舶运输量指标及成本指标的分析

船舶运输量及单位运输成本,分别是营运工作及财务指标中的主要指标。对这两个指标作进一步分析,其目的是要进一步揭示它们与船舶参数及航线参数的关系,以便引出一些带有规律性、理论性的结论,有利于指导优化航线配船和船型的优化论证工作。

一、船舶运输量指标分析

在本章第一节中已经说明,货船的运输量是指历期内货运量$\sum Q$或货物周转量$\sum Ql$,它们是统计考核指标。如果预测船舶在一定的时期内、一定的营运条件及一定的运行组织下所能完成的运输量,则虽然用同样的符号表示,并仍称为货运量和货物周转量,但其意义已是船舶的运输能力。怎样才能完成更多的运输量,这和是否充分发挥了船舶的运输能力有关,而后者又与船舶参数和航线参数是否做到优化组合有着密切的关系。一艘船舶在一定的历期内,以货物周转量表示的货船运输量的算式,可归纳成以下几种表达式:

$$\sum Ql = vD_{定}T_{营} = vD_{定}T_{册}\varepsilon_{营} \quad (\text{t·里}) \qquad (5\text{-}11)$$

$$\sum Ql = zD_{定} = v\varepsilon_{营}D_{定}T_{历} \quad (\text{t·里}) \qquad (5\text{-}12)$$

$$\sum Ql = Qln = \alpha_{发}D_{定}L\frac{T_{营}}{\dfrac{L}{v}+\dfrac{2\alpha_{发}D_{定}}{M_{总}}} \quad (\text{t·里}) \qquad (5\text{-}13)$$

为使问题简化,以下对公式(5-13)进行分析。该式是指一艘船舶在一条固定的航线上从事简单航次生产时的表达式,式中n为营运期内的航次数且此时$l = L$。该式还可以转化为以下几种形式:

$$\sum Ql = \frac{\alpha_{发}D_{定}LT_{营}}{t_{次}} = \frac{\alpha_{发}D_{定}LT_{营}}{\dfrac{L}{v}+\dfrac{2\alpha_{发}D_{定}}{M_{总}}} = \frac{vT_{营}}{\dfrac{1}{\alpha_{发}D_{定}}+\dfrac{2v}{\overline{M}_{总}L}} = \frac{\overline{M}_{总}T_{营}}{\dfrac{\overline{M}_{总}}{\alpha_{发}D_{定}v}+\dfrac{2}{L}} \quad (\text{t·里}) \qquad (5\text{-}14)$$

(1)在公式(5-14)中,因$D_{定}$及v是船舶的主要营运性能,通常称为船舶参数;而$\alpha_{发}$、$\overline{M}_{总}$及L与航线上的货种构成、航线及港口水深、航线距离等航线要素有关,通常称为航线参数。根据公式(5-14)可得出重要的结论:货物周转量$\sum Ql$是随着变量$x(D_{定}, v, \overline{M}_{总}, L)$的提高而增加的,但其增长程度则随变量$x$的提高而下降,这说明在一定条件下仅孤立地提高其中的任何一个变量x,对增加货物周转量的效果是有限的,其合理性仅局限于一定的范围之内。图5-1较直观的表明了函数$\sum Ql = f(x)$的这一特征,即每一个指标在其提高的初期,对增加货物

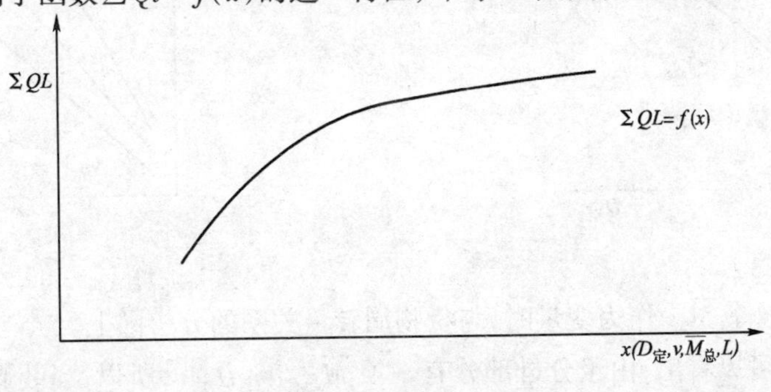

图　5-1

周转量的效果是显著的，随着该参数的继续提高，它对增加货物周转量的作用在逐渐减少。

从航运业务角度解释，出现这样情况的原因是：当船舶的吨位 $D_{定}$ 较小时，船舶在港停泊时间较短，停泊时间占整个航次时间的比例较小，因此提高船舶载重吨位而使货物周转量增加的效果就大于因停泊时间延长使营运期内航次数减少，致使货物周转量呈下降的作用；但是，当船舶的载重吨位达到一定的规模后，航次时间的长短已基本上取决于停泊时间的长短，于是，航次时间将几乎正比于停泊时间而延长，因此使营运期内航次数明显减少，这种因素导致货物周转量的增长速度越来越慢。同理，当船舶的航速 v 较小时，航行时间占航次时间的比例较大，即停泊时间占航次时间的比例较小，因此，提高航速促使货物周转量增加的效果就大，而当航速提高到一定的水平后，停泊时间所占比例上升，航次时间已基本上与停泊时间成正比，故营运期内的航次数就不可能有较大的增加，货物周转量也同样不可能有较大的增加。直接从公式(5-14)看，更能一目了然，因为提高航速 v，可以使货物周转量 $\sum Ql$ 增加，但是，随之分母部分的 $2v/\overline{M}_{总}$ 也增大，于是导致货物周转量呈缓慢增长的规律。同理，平均装卸总效率 $\overline{M}_{总}$ 及航距 L 上对货物周转量 $\sum Ql$ 的作用，也可作同样的解释。

从公式(5-14)还可以看出：提高船舶的发航载重量利用率 $\alpha_{发}$，对于增加货物周转量总是有利的，而且，提高大吨位、高航速、长距离、高装卸效率的航线上的船舶发航载重量利用率对于增加货物周转量的作用，将更会大于提高小吨位、低航速的船舶在短距离低装卸效率的航线上的船舶发航载重量利用率所带来的效果。从公式(5-14)也可看出：当营运期 $T_{营}$ 为变量时，货物周转量 $\sum Ql$ 正比于营运期 $T_{营}$，故延长营运期必会导致货物周转量的增加，而且，提高大吨位、高航速、高装卸效率航线上的船舶营运期，会取得更大的效果，所以缩短大吨位，高航速，高装卸效率船舶的修理时间，对于提高船舶的运输能力，完成更多的运输量有着更为重要的意义。

直接从公式(5-14)也可以看出：当提高船舶载重吨位后，若同时提高装卸效率，则可使分母部分的停泊时间下降，所以可促使货物周转量提高。当航距提高后，虽然分母部分的航行时间延长，对提高货物周转量不利，但在分子部位因与提高吨位后的船舶载重吨位相乘，故有利影响肯定要大于不利影响，所以也可以促使货物周转量提高。图 5-2 及图 5-3 分别表示 $\sum QL=f(D_{定},\overline{M}_{总})$ 及 $\sum QL=f(D_{定},L)$ 的关系，从这两个图上可以直观地看出：随着载重吨位的增大，两组曲线的开度也随装卸效率的提高及航行距离的延长而增大。

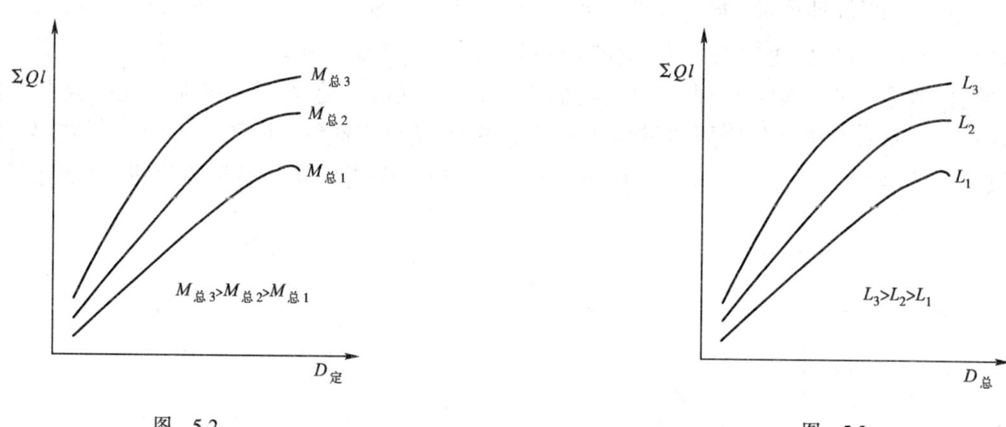

图 5-2　　图 5-3

(2)平均装卸效率 $\overline{M}_{总}$ 作为变量时，与货物周转量关系的分析同上。

从公式(5-14)可以看出，由于分母部分有一项 $\overline{M}_{总}/\alpha_{发}D_{定}v$，所以，当装卸效率高时，提高船舶的载重吨位 $D_{定}$ 及航速 v 是有利的；另外，因分母部分还有一项 $2/L$，所以，当航距 L 较短时，提高装卸效率 $\overline{M}_{总}$，使分子数值增大，对提高货物周转量同样也是有利的。图 5-2 及图 5-4 均显示出这种规律。

(3)船舶航速作为变量时，它与货物周转量关系的分析同上。

对公式(5-14)进行分析，可以得出这样的结论：当 $t_{航}/t_{次}$ 值较大时，提高航速可使货物周转量增长值获得较大的提高。因为在航线参数 $\overline{M}_{总}$ 值大或 L 值大时，$t_{航}/t_{次}$ 值亦大，所以，在这种营运条件下，提高船舶的航速，对增加货物周转量会有较大的作用。图 5-4 及图 5-5 都显示出这种规律。

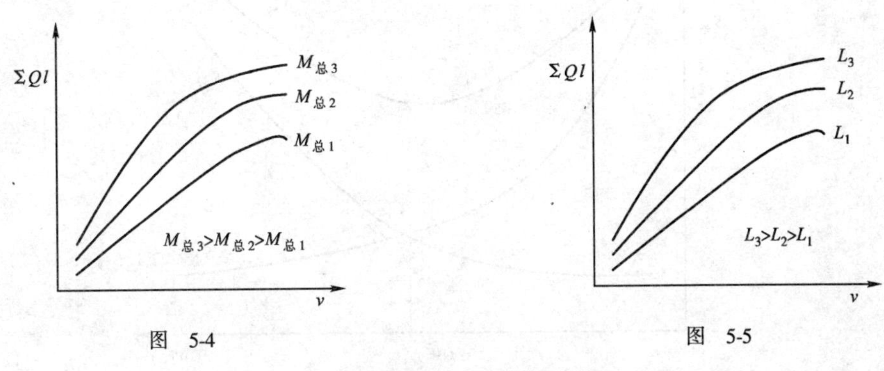

图 5-4　　　　图 5-5

二、单位运输成本指标分析

在本章的前面已对影响单位运输成本的许多因素作过说明，在此重点分析它与船舶参数及航线参数的关系，其目的是要说明组合优化船舶参数与航线参数，这是降低船舶平均单位运输成本的另一重要途径。

(1)一定的营运条件下，存在着单位运输成本最低的最佳船舶吨位及最佳航速。此处所指一定的营运条件主要是指某一航线参数 $\overline{M}_{总}$ 及 L 的组合，显然，最佳船舶吨位 $D_{定}$ 及最佳航速 v 就是在这样特定的营运条件下船舶参数的最佳组合。我们可以通过对船舶单位运输成本表达式的分析得出这一结论。以下两公式(5-15)及(5-16)分别表示吨成本及吨里成本。

$$S_{吨} = \frac{K_{航}t_{航} + K_{停}t_{停}}{\alpha_{发货}D_{定}} = \frac{K_{航}L}{\alpha_{发货}D_{定}v} + \frac{2K_{停}}{\overline{M}_{总}} = S_{航} + S_{停} \quad (元/t) \qquad (5\text{-}15)$$

$$S_{吨} = \frac{K_{航}}{\alpha_{发货}D_{定}v} + \frac{2K_{停}}{M_{总}L} \quad (元/t\cdot 里) \qquad (5\text{-}16)$$

从公式(5-15)可知，船舶的单位运输成本 $S_{吨}$，由航行成本 $S_{航} = \frac{K_{航}L}{\alpha_{发货}D_{定}v}$ 及停泊的成本 $S_{停} = \frac{2K_{停}}{\overline{M}_{总}}$ 两部分组成。式中的 $K_{航}$ 及 $K_{停}$ 随船舶载重吨位的增大而增大，也随着船舶航速的提高而增大，且因船舶的主机功率及燃料消耗量接近于与船速的三次方成正比提高，故当提高航速时 $K_{航}$ 值的提高幅度远较 $K_{停}$ 值的提高幅度要大得多。然而当航速为定值时，由于规模经济效益的作用，每单位载重吨所分摊到的每天航行费用 $K_{航}/D_{定}$ 值，却是随着船舶载重吨位的增大而减小的。

在航速一定的条件下，随着 $D_{定}$ 值的增大，$K_{航}/D_{定}$ 值反而下降的主要原因是：其一，因 DW 值增大，船舶每单位载重吨的造价是不断降低的，因此，一切与造价有关的投资及总成本就不断下降；其二，由于每单位载重吨所分摊到的主机功率也是随之减少的，于是每载重吨所摊到的燃料费也不断下降;其三,船员人数增长率总是大大低于船舶载重吨位增长率,于是,每载重吨分摊到的船员工资及附加费也是不断下降的。

因此,在一定的营运条件($\overline{M}_{总}$ 及 L 为常数)下,且船舶的航速值亦不变时,随着船舶载重吨位的增大,航行成本 $S_{航}$ 将随之下降,而停泊成本 $S_{停}$ 将随之上升,故两者综合的结果,必定存在单位运输成本最低的最佳吨位。图 5-6 所示是 $S_{吨}=f(DW)$,$S_{航}=f(DW)$及 $S_{停}=f(DW)$ 函数的变化规律,单位运输成本最低点所对应的吨位 DW_{opt}就是最佳吨位。

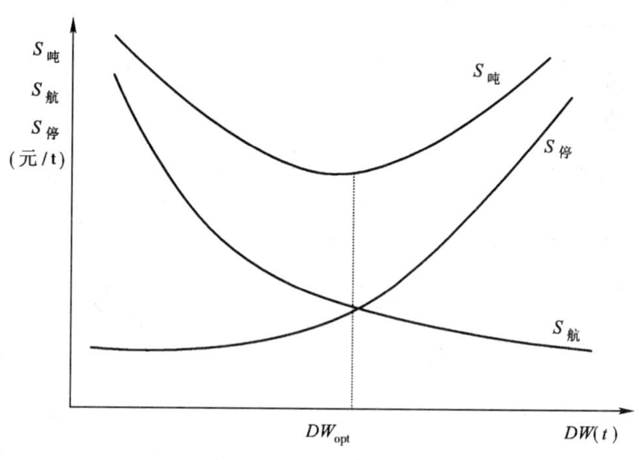

图 5-6

此外,当营运条件不变($\overline{M}_{总}$ 及 L 为常数),且船舶的载重吨位也不变时,随着船舶航速的增大,因航行时间$\left(t_{航}=\dfrac{L}{v}\right)$缩短,故在 $K_{航}/D_{定}$ 值的增长率低于航行时间下降率时,也必定存在单位运输成本最低的最佳航速 v_{opt}。不过,成本最低的最佳航速值一般是比较低的。

(2)随着航线参数的增大,最佳船舶参数亦相应增大。

以下均根据公式(5-15)进行分析。

①当航线距离变化而装卸效率不变,此时,若假定船舶航速 v 亦不变,则随着航距由 L_1 延长到 L_2,虽然航行成本 $S_{航}$ 提高了 $\delta S_{航}$,但因随吨位增大,使 $K_{航}/D_{定}$ 值不断下降,所以,在长航线上航行成本随吨位增大的下降值较短航线要大;而停泊成本 $S_{停}$ 的变化规律及数值不变,所以由 $S_{航}=f(DW)$及 $S_{停}=f(DW)$两组曲线综合而成的单位运输成本曲线最低点所对应的最佳吨位值,必定随航线距离 L_1 延长至 L_2 而增大。而且,单位吨成本虽因航距延长而提高了,但吨里成本却随之降低。

②当航线平均装卸效率变化而航线距离不变,此时,仍假定船舶航速不变,则随着装卸效率由 $\overline{M}_{总1}$提高到 $\overline{M}_{总2}$,停泊成本将相应下降$\left(\text{下降值 }\delta S_{停}=\dfrac{2K_{停}}{M_1}-\dfrac{2K_{停}}{M_2}=\dfrac{2K_{停}(M_2-M_1)}{M_1M_2}\right)$,而且随着船舶吨位的增大,其停泊成本的下降值也愈大(因为 $DW_2>DW_1$,$K_{停2}>K_{停1}$,所以 $\delta S_{停2}>S_{停1}$),但航行成本的变化规律及其数值不变,所以,由 $S_{航}=f(DW)$及 $S_{停}=f(DW)$两组曲线综合而成的单位运输成本曲线最低点所对应的最佳吨位值,必定随航线平均装卸效率而增大,但船舶吨成本及吨里成本均降低。

三、重要结论

通过对船舶运输量指标及单位运输成本指标与船舶参数及航线参数关系的分析,可以得出如下一些重要的结论。

(1)从提高船舶的运输量和降低船舶的单位运输成本角度分析，船舶吨位大和航速高的船舶，其相对应的航线参数装卸效率和航线距离应该是大的，这就是所谓的“大船大线”理论。它不仅是指导航线配船及船型论证的基本依据，对所有营运决策及投资决策均有普遍意义。

(2)不论是从提高船舶的运输量角度，还是从降低船舶的运输成本角度看，提高船舶的发船载重量利用率 $\alpha_{发}$ 总是有利的，而且，提高大吨位、高航速、高装卸效率船舶的发航载重量利用率，将会获得更大的经济效益。

从上述分析看，提高大吨位、高航速、高装卸效率船舶的营运期，更有利于船公司完成更多的运输量。虽然从单位运输成本看，营运期和它没有直接联系，但从提高整个船公司的经济效益看，因运输量大、收入多、利润高，所以，此结论也是有普遍意义的。

(3)代表航线参数的要素，除 $\overline{M}_{总}$ 及 L 外，实际上还应包括航道及港口水深、一次发货批量等。这就是说船舶参数大的船舶，虽然更适用于 $\overline{M}_{总}$ 及 L 值大的航线，但亦要求该航线同时有足够的水深及足够的一次发货批量，否则，发航载重量利用率 $\alpha_{发}$ 值过小，也是不能取得好的经济效益的。此外，平均装卸效率 $\overline{M}_{总}$ 不仅代表航线参数，实际上它亦反映船舶结构及装卸设备的影响，因此，从改进船舶的装卸性能角度看，大吨位、高航速船舶的装卸性能肯定也应是好的。

四、船舶时间成本的基本概念

在船舶经营管理中，常涉及到每航行天维持成本、每停泊天维持成本、每营运天成本和每封存天维持成本等内容。这些都是没有考虑机会成本的时间成本，它们与综合分析船期经济性所运用的船舶时间成本有着重要的区别。船舶的各种时间成本的实际含义如下：

1.每航行天维持成本

它是船舶航行一天所需耗费及承担分摊费用的总和，这一费用的支出是船舶维持一天的航行所必需的。维持成本主要由航行燃油费用和固定费用分摊所构成。其中，燃油费用数额取决于船舶主机性能、航行所选用的航速和燃油价格。如船舶机型优良(单位能耗较低和使用廉价的燃油)，又选用较低航速运行，则可显著地降低航行维持成本。固定费用的分摊额主要取决于该船固定成本各项目的实际水平和该船的营运率，如船舶年固定费用总支出较小，而营运率相对较高，则该船每营运天所分摊的固定费用就较小，并能使航行维持成本得到降低。

在一个具体的航行中，低速航行可降低每航行天维持成本，但它并不能改变每航行天的固定费用分摊额，所以，因航行时间的增加会造成整个航次成本的提高，这是应予注意的。

2.停泊天维持成本

它是船舶营运期间在港口(或其他锚泊地)停泊一天所需耗费及承担分摊费用的总和，该费用支出是船舶维持一天的停泊所必需的。该维持成本除承担固定费用分摊额外，其他费用主要是船舶停泊时电机和其他辅机正常工作所发生的燃油费用(仅计停泊时正常的最低费用，不包括停泊时进行货物装卸作业等燃油耗费)。

船舶在港停泊均须支付港口使费、货物装卸费用和围绕作业而发生的各种费用，但这些耗费都不应计入停泊维持成本。船舶停泊的上述营运费用应在营运成本中计及。船舶每停泊天维持成本的高低主要取决于该船每营运天固定成本的高低，其次是电机等辅机的耗油定额及所用油类的价格。

在一个具体的航次中，船舶在港口发生延误，会增加在港停泊的总时间。虽然，此时并不改变每停泊天维持成本的水平,但由于延误使船舶的停泊维持总费用增加,也会造成整个航次成本的提高。

3.营运天成本

船舶营运除承担固定费用的分摊额以外,还发生各项变动费用的支出,它的每一个营运单元——一航次的成本是其固定费用和变动费用的总和,该航次总成本以相应的航次营运时间进行分摊,即为船舶的每营运天成本。

由于船舶航次情况各异,如营运于不同的航线,或在同一条航线上有不同的挂靠港,或在同样的航次组织条件下实际营运时间发生差异等,所以同一船舶的每营运天成本是有差异的(它只是反映某一航次相应的时间成本),不能简单地加以通用。因为每营运天成本中包含着相当数量与时间无关的费用(如港口使用、货物作业费用等),所以,这种单位时间成本与时间的相关程度并不太高,因此,它不能确切反映船舶的时间成本。

每营运天成本与每货吨成本或每千吨海里成本一样,具有单位运输成本的性质。在特定的航线条件下,它们之间存在着必然的联系,即每营运天成本水平的高低变化与每货吨成本或每千吨海里成本的高低变化是一致的。

1)封存天维持成本

船舶封存(不营运)是不得已时所采取的一种暂时性的行动。为了在适当时间能使船舶从新投入营运,要对封存的船舶予以必要的维持。每封存天维持成本是船舶处于封存状态时每天的支付费用。

船舶投入营运需满足适航的各种条件,船舶封存只需满足看守维持上的要求,所以两者在维持成本上有很大的区别。通常,船舶封存时绝大部分船员离船,原来营运时的船员工资及相应费用大为缩减,主机无须每天运转,辅机须用程度也明显降低,与营运时相比,缩减了大量的燃油耗费。此外,船舶保险费用、船舶封存时物料及润滑油费用也很低,船舶封存维持成本明显低于营运的维持成本,其具体数值可以实际测算,也可取船舶每营运天固定成本或每停泊天维持成本的某一百分数(如每营运天固定成本的40%等)。

船舶封存维持成本的高低取决于船舶造价(或购入价)和船舶每停泊天维持成本的水平。各船舶的每封存天维持成本水平差别甚大。

2)船期成本

船期成本是指船舶延误一个营运天的成本,虽然它常被加以运用,但却是未被准确理解的一种时间成本。船舶在航次营运中常发生时间延误,这有航行上的原因或有在港作业上的原因,实际中较多的是在港时间的延误。船舶发生时间延误,并不总是在营运计划时间之外增加一些(航行或停泊的)维持费用,通常是会造成错失盈利的。所以,这种延误的时间成本比较复杂,存在着一种机会成本。

如何在延误时间上计及盈利的损失,至今尚未有简易实用的方法。所谓盈利,是指已经扣除成本后的所得余额,而船舶延误期间所发生的维持费用,在正常营运时也会发生。正常营运时所得盈利实际上已扣除相应的成本,所以,在计算船舶延误时间成本时,只需计算相应的机会成本,而无须再加相应的维持费用,否则会重复计算而夸大时间成本。船期成本,在正常营运有相当盈利的时候,应按机会成本计算,而在正常营运得不到盈利(保本或亏损)时,可按相应的维持费用计算。显然,以船舶的每营运天固定成本作为船期成本是不恰当的。对于船期,作专门的经济上的定量,具有十分重要的意义,由此可解决不同营运时间的船舶航次组织的经济比较和测算各类事故中船期延误的经济损失等问题。

4.船舶时间成本的计算方法

从理论上讲,船舶时间成本的计算可有以下 3 种基本方法:

(1)对于各种船类(甚至划分吨级),按船舶实际发生延误的情况与市场相应的价格水平,作统计分析,得出具体船类每延误一天船期的经济损失,将这种机会成本作为船舶延误的时间成本。但是,在实际上这是难于开展也是难于得出有实际意义的数据的。

(2)在观察上述船舶延误与费用之间的关系时,要充分考虑经营人为避免船舶延误而支付的额外费用,同是运用较长期的资料,在分析过程中将局部的和外界的影响加以综合,作出一些必要的修正。这从理论上讲似乎比上一种方法为好,但实际上因更难于处理而缺乏实用性。

(3)运用"长期机会成本"的概念,使相当时期内的机会成本可以用一个数值表示(将实际上有差异的数值加以平均处理)。使用这一方法也存在众多的困难,但相对而言,它可提供一个计算的模式,在数据运用相当的情况下具有实用价值。

在船舶经营的投资分析中,投资者已确定了最低期望报酬率(MARR 值),船舶的每天盈利额应以保证船舶在使用期内达到该报酬水平为条件。在船舶营运成本中,固定成本按营运天分摊,与时间有关。变动成本中的港口使费与货物装卸作业等费用与时间无关,燃油费用与时间有关,但在计算船舶在港延误时间成本时只计算在港的燃油耗费。其中与时间无关的费用在计算时排除在外。在应予计入的固定成本中,某些项目的费用每年发生一定的变化,某些项目则认为是相对稳定的,通过处理可得出平均的年固定成本。以船舶的年营运时间分摊平均的年固定成本,再加上在港延误时的耗费,即可计得船舶的长期机会成本(因含有 MARR 因素,所以具有每天盈利的实质)。这一长期机会成本,即船舶每延误一天的时间成本,也是通常需要掌握的船期成本。

当航运市场状况较好,运价较高时,船舶的时间成本就较高,这与航运投资者所定的 MARR 较大时,船舶时间成本就较高是一致的。由于市场景况变化频繁,船舶时间成本难于按某一水准加以测算,尤其短期机会成本差异悬殊,有时受不正常费率影响,极难处理。所以,运用长期机会成本的概念是一种可取的计算方法。其算式为:

$$C_{\mathrm{i}} = \frac{C_0\left[\dfrac{i(1+i)}{(1+i)^n - 1}\right] + \dfrac{W_1\left[1 - \left(\dfrac{1+g}{1+i}\right)^n\right]}{(i-g)\left[\dfrac{(1+i)-1}{i(1+i)^{\mathrm{n}}}\right]} + C_{\mathrm{a}}}{T} + GP_{\mathrm{j}} \tag{5-17}$$

式中:C_{i}——船舶每天时间成本(长期机会成本),元/d;

C_0——船舶投资成本(造价或购入价),元;

W_1——第一年船舶工资总额,元;

C_{a}——船舶(除资本成本及工资外)年其他固定资本,包括:修理、保险、物料、管理费等,元;

G——船舶在港每天燃油消耗量,t/d;

P_{j}——燃油价格,元/t;

i——投资的期望报酬率(MARR),%;

g——船员工资年增长率,%;

n——船舶使用年限,年;

T——船舶年营运时间,d;

$C_0\left[\frac{i(1+i)^n}{(1+i)^n-1}\right]$——船舶年平均资本成本,元;

$\frac{W_1\left[1-\left(\frac{1+g}{1+i}\right)^n\right]}{(i-g)\left[\frac{(1+i)-1}{i(1+i)^n}\right]}$——船舶年平均工资额,元。

其中,船舶年平均工资额由如下运算推出:

①船舶使用期内各年工资额的现值总和(等比级数前 n 项和)为:

$$PV=\frac{W_1}{1+i}+\frac{W_1(1+g)}{(1+i)^2}+\frac{W_1(1+g)^2}{(1+i)^3}+\cdots+\frac{W_1(1+g)^{n-1}}{(1+i)^n}$$

$$=\frac{\frac{W_1}{1+i}\left[\left(\frac{1+g}{1+i}\right)^n-1\right]}{\frac{1+g}{1+i}-1}=\frac{W_1\left[\left(\frac{1+g}{1+i}\right)^n-1\right]}{g-i}=\frac{W_1\left[1-\left(\frac{1+g}{1+i}\right)^n\right]}{i-g} \tag{5-18}$$

②船舶使用期内年平均工资额为:

$$\frac{W_1\left[1-\left(\frac{1+g}{1+i}\right)^n\right]}{i-g}\times\left[\frac{i(1+i)^n}{(1+i)^n-1}\right]=\frac{W_1\left[1-\left(\frac{1+g}{1+i}\right)^n\right]}{(i-g)\left[\frac{(1+i)^n-1}{i(1+i)^n}\right]} \tag{5-19}$$

长期机会成本计算举例如下,某船舶原始价值 1 200 万元,使用年限 20 年,年营运时间 360d,投资期望报酬率 10%,第一年工资额为 36 万元,工资年增长率为 2%,年其他固定成本为 98 万元,船舶在港每天燃油消耗量 5t,燃油价格每吨 360 元。

查"1 元年金现值表"得:

$$\left[\frac{(1+i)^n-1}{i(1+i)^n}\right]=8.514$$

所以

$$C_i=\frac{12\,000\,000\times\frac{1}{8.514}+\frac{360\,000\times0.779}{0.08\times8.514}+980\,000}{360}+5\times360$$

$$=7\,725.49+1\,800=9\,525.49(\text{元})$$

5.重视船期的经济意义

经营船舶运输生产的企业必须十分重视每一艘船舶的船期问题,应充分意识到船舶营运天既是创利的基础,船舶时间本身又具有一定的价值。重视船期问题,合理使用和控制营运时间,可产生良好的经济后果。

(1)避免错失正常盈利机会造成的经济损失。上例表明,该船浪费一天船期就丧失近万元的盈利机会。当然,这一问题不能绝对而论,如市场状况不同会有不同的后果,也不能极端地以提高航速去争取盈利机会,那样往往会产生适得其反的结果。

(2)加快货物周转,提高运输的社会效益。运输时间延误、货物在途时间增加,会造成资金的严重积压,这种经济损失可能波及社会众多方面,运输部门不容忽视。船公司重视船期的合理使用,可在这方面起积极的作用。有一种观点认为,船舶的时间成本中应包括货物被延误的经济损失,这种观点对于合理评价运输经济效益是有价值的。

(3)保持船队有计划地均衡运转,避免生产不均衡造成的经济损失。船队中个别船舶发生延误会影响其他船舶的正常营运,尤其是在一些港口会造成港口堵塞,并由此波及其他船舶,这种经济损失有时也是十分惊人的。因为这种影响是明显而又严重的,所以有人认为,船舶延误的时间成本应该计入这一部分的经济损失。但目前尚难于具体计入,如果船公司能重视控制计划的船期,就可以避免这种经济损失。

(4)利于加速船舶周转,增加运输产量(增产)和降低运输成本(节约),提高企业经营的经济效益。船舶的延误通常发生在港口,而船舶营运中港口停泊时间所占的比例是决定船舶周转速度的关键,所以控制并压缩船舶在港的时间,具有十分重大的意义。如某船在往返航程20 000n mile 的航线上营运,当在港时间比例由60%降至30%时,每吨海里成本可以降低1/4,由70%降至40%时,则可降低1/3。当在港时间比例由60%降至20%时,该船年运输产量可以增加1倍。

思考题

1. 试分析船舶吨次数、船舶吨里、船舶航行吨天、营运吨天的高低受哪些因素的影响。

2. 某船公司某航线平均航次时间在两个历期发生了变化,能否说明可能的原因吗?

3. 发航负载率与运距负载率在什么情况下等值?能否用运距负载率取代发航负载率,为什么?

4. 在完成相同运输周转量的情况下,提高营运率可减少船舶运力投入,原因是什么?

5. 某船公司一季度和二季度营运指标发生了变化:推船航行率由50%增至52%,营运率由87%增至89%;驳船航行率由28%降至26%,营运率由91%降至90%。你能否根据上述资料推测该船公司在哪些方面可能发生什么变化?

6. 当航线距离一定时,船舶定额吨位越大,船舶吨次数越小,对否?为什么?

7. 船舶的运输成本中,燃料费所占的比例各不相同,有的占30%,有的高达50%,试说明其中的理由。

第二篇　船舶运输组织与决策篇

第六章　班轮运输组织

班轮运输是指船舶按预先公布的船期表,在固定航线上的挂靠港口之间进行的有规律运输。班轮运输又称为定期船运输,从事班轮运输的船舶称为班轮。

班轮营运组织主要从事班轮航线论证、航线系统配船优化、班轮船期表的编制等工作。

第一节　班轮运输的主要特征

班轮运输是国际航运的主要经营方式之一,最早出现于19世纪上半叶。班轮运输刚开始时,主要是运送件杂货。由于货物品种繁多,以工业制品、半制成品居多,发货和收货地点较为分散,因此货物批量小,每个托运人只需使用船舶的一部分舱位,这就产生了所谓的定舱业务。船公司接受非特定的、众多货主的托运,有时也称它为公共承运人。件杂货本身价格较高,且多为轻泡货,这就要求有尽量快的运送速度和较大舱容。传统的杂货班轮以包装、外形、重量千差万别的散件形式承运件杂货,装卸效率很低,约为200~500t/(船·d),致使船舶在港停泊时间过长,严重影响船舶的营运效率,使船舶的运输成本增加。船舶装卸速度过低,不仅影响杂货班轮效率,而且还极大地限制了船舶吨位的提高,不能充分发挥规模经济的优势。在相同条件下,杂货班轮吨位最小,通常都在12 000~15 000t以下。为了改变这种落后局面,解决杂货班轮周转慢这一突出矛盾,20世纪60年代后半期,件杂货成组化得到了迅速发展,其中以集装箱化最为突出。目前越来越多的班轮航线上采用集装箱班轮,在班轮航线上营运的船舶以集装箱船占绝大多数,传统的杂货船和滚装船仅为一小部分。

由于竞争和班期的需要,集装箱船舶的载箱量最大已达8 000TEU,而远景规划是要建造15 000~18 000TEU的超大型集装箱船。班轮的航速较高,杂货班轮一般为16~20kn,集装箱船可达21~23kn。滚装船由于自身的特点,多用在短距离的近海班轮航线上。

因需要多揽货,班轮通常挂靠多个港口,这些港口确定了船舶运行路线和航线的服务范围。港口按照主次程度分类,可分为基本港和非基本港。基本港一般都是某一地区的重要大港,货载多而且稳定,在船期表里公布,构成班轮航线上港口的主体;非基本港在航线上起着附加港的作用,到达这些港口的货物运输一般不直航,可通过基本港转运,船公司在营运时视具体情况决定是否挂靠这些港口。

班轮运输除了挂靠港口固定外,在航线上每个港口的抵离港时间也是预先公布在船期表上,这意味着班轮在港口无论是否装满足够数量货物,都要依照班期开航。班轮这种定期性有利于货主安排托运,能够缩短货物在岸上的堆存时间,从而可降低货物在流通中的费用;另一方面,班轮的定期性也是船公司信誉好坏的重要标志,脱班越多,表明运输服务质量越差,从而会严重影响船公司的竞争力,因此,班轮在营运过程中,都尽量设法按时抵离港口,减少"脱班"现象。

为了保证航线上船舶发送的连续性和节奏性,需要维持一定的发船频率,有时也称之为发船密度。发船频率高便于货物托运,受货主的欢迎,但船舶装载率有可能随之下降,而相应的运输收入会随之减少，对船公司不利，因此，合理地确定发船频率也是班轮运输组织中重要的工作之一。

班轮运输中需要一定数量的同类型船舶维持班轮航线的运转，以保证一定的发船频率。经营班轮运输的船公司不仅船队规模大，而且由于揽货、商务及管理工作较多，所以其岸上的管理机构相对也较庞大。在航线上各个港口，船公司通常设立专门的机构或雇用当地代理为其揽货、定舱。此外，为了保证船期，班轮公司甚至需租赁专用的码头泊位和设备，以保证班轮在港口装卸能够按船期计划进行。因此，船公司必须具有很强的经济实力。

在班轮运输中，由船公司承担海上和港口发生的所有费用。航线一经确定，燃油、港口使费可基本视作固定成本，波动不大，仅有货物装卸费、理货费随载货量大小而变化，即班轮的边际成本只是每吨货物装卸费用。因此，在决定是否多运一吨货物时，除其他竞争因素外，班轮公司所考虑的是，只要这一吨货的运费收入足以抵消货物装卸费就值得承运。

由于班轮公司是公共承运人，是否具有良好的运输服务质量对船公司的竞争力是至关重要的，这也是货主选择哪家班轮的主要评价标准。船公司的服务质量越好，其竞争力就越强，就能够吸引更多货主，也就能揽到更多的货载。班轮运输服务质量主要包括货运安全质量、提供服务的条件与程度、发船频率大小、班期的准确程度、货物的送达时间等。

第二节　班轮航线参数

一、班轮航线分类

班轮航线可按运输对象、运行组织、始发港和目的港、所跨区域及航行线路等来划分。

1.运输对象

按运输对象，班轮航线可分为普通杂货航线和集装箱航线。传统的班轮货运航线为普通杂货航线，随着集装箱运输的出现和发展，普通杂货航线逐渐被集装箱班轮航线所取代。

2.运行组织

按运行组织，班轮航线可分为多港挂靠航线和干/支线转运航线。普通杂货航线通常采用多港挂靠航线，集装箱航线则为干/支线转运航线。

3.始发港群和目的港群

班轮航线上的港口分为始发港、中途港和目的港。始发港和目的港位于航线的两端，其数目可能不是一个，而是港口群。中途港是位于航线中间进行装卸货的港口，有时也进行加油或补给。班轮航线因始发港群和目的港群形成不同的航线，如中国—日本航线、中国—西欧航线等。

4.所跨区域

按所跨区域，班轮航线可分为：远洋航线、近洋航线、沿海航线、内河航线。远洋航线指跨越大洋的海运航线；近洋航线是指不跨越大洋的海运航线；沿海航线是指同一海域邻近国家之间或国内港口之间的海运航线，内河航线则指在内河航行的班轮航线。

5.航行线路方式

按航行线路方式，班轮航线可分为来回式航线和环状航线。来回式航线是指以始发港和目的港为两头来回穿梭运行的航线；环状航线则以某一环形线路为航行路线，沿途挂靠有关港口。环状航线又可分为环洋航线和环球航线两种。

二、班轮航线参数

班轮航线参数能反映航线的特征，主要包括以下几个方面：

1.航线总距离($L_{线}$)和港间距离($L_{间}$)

航线总距离指第一个始发港至最后一个目的港的距离。对于环状航线，则表示绕航线一圈的距离。港间距离指两个港口之间的距离。航线总距离可通过累加航线上各相邻两港之间的距离求得。海上运输距离用海里表示，内河用千米表示。

2.航线发船间隔时间($t_{间}$)和发船频率(γ)

航线发船间隔时间是指一个班次的船舶驶离港口后，直至下一班次的船舶再次驶离该港的时间间隔。可按下式计算：

$$t_{间} = \frac{T_{历}}{\frac{\sum Q}{\alpha_{发} \cdot D_{净}}} \tag{6-1}$$

式中：$T_{历}$——该航线的历期时间，d；

$\sum Q$——在历期时间内，航线始发港至目的港所运各种货物之和(t 或 TEU)，取往返航次中货运量最大的为计算依据；

$\alpha_{发}$——船舶在货运量较大方向上的发航负载率指标，%；

$D_{净}$——船舶净载重量，t 或 TEU。

发船频率(也称发船密度)是指单位时间内，在同一航线、同一港口、向同一方向发出的船次数，是发船间隔的倒数。

$$\gamma = \frac{1}{t_{间}} \tag{6-2}$$

这两个指标反映了服务质量的高低。

3.航线往返航次时间($t_{往返}$)

航线上船舶的往返航次时间，是船舶在空间上完成一个循环总的延续时间，它包括正向航行时间、反向航行时间，及在始发港、终点港、中途港的停泊时间。

$$t_{往返} = t_{正} + t_{反} + t_{始} + t_{终} + t_{中} \tag{6-3}$$

式中：$t_{往返}$——航线上船舶的往返航次时间，h；

$t_{正}$——正向航行时间，h；

$t_{反}$——反向航行时间，h；

$t_{始}$——始发港停泊时间，h；

$t_{终}$——终点港停泊时间，h；

$t_{中}$——中途港停泊时间，h。

在一定服务水平下，该指标影响航线配备船舶数的多少。

4.航线平均装卸总定额($M_{总}$)

航线平均装卸总定额表示航线上各港口的平均装卸效率，它决定着航线上船舶的在港时间的长短，其数值的大小直接受港口配备的装卸机械配备数量、现代化水平和组织管理的水平等的影响。

5. 航线货流总量($\sum Q$)及各两港间货流量(Q_{ij})

航线货流总量是指一定时期内在该航线上所承运的或可能承运的各港间的货运量之和。两港间货流量则仅指该两港之间在一定时期内的货流量。该指标与发船间隔、配船数关系紧密。

6. 航线货流方向不平衡系数(μ)

班轮航线是循环往复的,具有两个方向,即去向和返回。在通常情况下,两个方向货流量是不平衡的。习惯上规定货运量大的方向为正向,货运量小的方向为反向。为了表示和分析航线上货流的这种特性,引进了方向不平衡系数,其计算公式为:

$$\mu = \frac{\sum Q_{正} + \sum Q_{返}}{\sum Q_{正}} \tag{6-4}$$

式中$\sum Q_{正}$、$\sum Q_{返}$ 分别为正向和反向货运量(t,TEU)。

班轮航线货流在方向上的不平衡性对船舶运输效率和经济效果有着不良的影响,其主要损失就是船舶载重能力在反向上得不到充分利用,致使船舶运输成本提高和运输效率降低。在某些班轮航线上,由于货物积载因数较大或其他原因,反向货流需要的船舶载货吨位反而比正向要多,这时应以需要船吨位的方向为准来计算方向不平衡系数。

7. 航线货流时间不平衡系数(ρ)

班轮货流不但在方向上存在着不平衡性,而且同一方向上的货流在历期内也具有较大波动性,运输量这种在时间上分配的不平衡现象,用时间不平衡系数 ρ 来表示,它等于全年最高月份的货运量 $Q_{最大}$和全年平均每月货运量$\overline{Q}$ 的比值,其计算公式为

$$\rho = \frac{Q_{最大}}{\overline{Q}} \tag{6-5}$$

班轮货流在时间上的不平衡性主要受货物运输在各个时期内不均衡的影响,这对船舶运营是不利的。因为在货运量最大时,要求有较多的运力才能满足需求,但在其他货运量较少时期,有一部分运力便不能得到充分利用。在班轮运输中,通常按较为稳定的平均货运量来计算所需的船舶运力。当运力紧张时,可通过租船的方法予以解决。

8. 航线货流密度(λ)

班轮航线货流量的大小可用货流密度表示。其定义为在一定时期内,每千米或每海里航线所通过的货运量,即

$$\lambda = \frac{\sum Q}{L} \tag{6-6}$$

式中:λ——货流密度,t/km,TEU/km;

L——航线距离,km;

$\sum Q$——在航线距离上,一定时期内生成的货流量,t 或 TEU。

货流密度越大,表明班轮航线货流充沛,即船舶毋需挂靠过多的港口即可满载。

第三节　班轮运输航线结构的确定

班轮运输航线结构的确定分两步进行,首先确定班轮运输航线形式,然后确定航线挂靠港口及挂靠顺序。

一、班轮运输航线形式选择

班轮运输航线形式通常有多港挂靠和干/支线转运两种。

传统的班轮运输方式常采用多港挂靠航线形式，即船舶在每个往返航次顺序挂靠若干港口，通常为5~10个港口，货物不经中间港口换装直接运送到目的港。其优点是可减少运输中转环节，具有较高的送达速度和货运质量。但是，为增加载箱率而挂靠过多的港口，其时间上和成本都会大幅增加。随着班轮航线集装箱化的发展、集装箱船吨位的增大、速度的提高，集装箱船舶运输成本也随之提高。为了更好发挥集装箱规模经济的优势，必须加快船舶周转，而且不宜停靠数目过多的港口，干/支线转运方式能较好地发挥“大船大线”优势。

干线/支线转运方式是在航线两端各选择一个枢纽港，两个枢纽港之间构成了航线的干线。干线往往是跨洋航线，运距长，水深条件好，适宜大吨位船舶航行。每一端枢纽港负责所在航线端的集疏运工作，即枢纽港与其他港口之间再组成支线，支线运输可采用小吨位船。但干/支线转运方式存在一些缺点，即不仅货物装卸费用大幅增加，而且延长了货物运输时间。

由于货流、航线、港口和船舶等诸多因素均会影响船公司的盈利水平，故采用单位运输成本比较法进行定量计算，以选择对船公司较为有利的运输方式。

集装箱船按一个往返航次计的单位运输成本为：

$$S_{\mathrm{TEU}} = (K_{单固} + K_{单燃} + K_{单使} + K_{单陆}) \cdot \frac{1}{\mu\alpha_{发}} + K_{单装} \tag{6-7}$$

式中：S_{TEU}——运输每个TEU箱的成本；

$K_{单固}$——往返航次单箱固定费用；

$K_{单燃}$——往返航次单箱燃料费用；

$K_{单使}$——往返航次单箱港口使费；

$K_{单陆}$——往返航次单箱滞留码头和内陆费用；

$K_{单装}$——往返航次单箱平均装卸费用；

μ——货流方向不平衡系数；

$\alpha_{发}$——正向发航负载率。

多港挂靠航线形式单位运输成本可按上式计算。

干/支线航线形式单位运输成本计算分为两部分，即 $S = S_1 + S_2$。其中 S_1 是干线单位运输成本；S_2 是支线单位运输成本。在 S_2 的计算中，一是要注意扣除以主干港为目的港的集装箱，二是要注意内陆滞留费不要重复计算。

应用上述计算方法，可分别计算多港挂靠和干线/支线两种航线形式的单位运输成本，并加以比较。在其他条件相同情况下，一般选择单位运输成本最低的航线形式。在通常情况下，两种航线形式的单位运输成本均随船舶吨位增大、挂港数的减少及载货量的增加而降低。两种航线形式的优劣取决于航线上所配备的船舶吨位大小、载货数量和挂港数。在具体分析评价时，需结合具体的航线参数进行计算。

二、班轮挂靠港口及其挂靠顺序的确定

班轮挂靠港口的多少及其挂靠顺序直接影响班轮航线的运输成本及运输效率与效益，必须慎重选择。在班轮营运中，港间货运量会随着经济发展的变化而改变，因此，经过一定时

间的营运后，船公司会根据货流变化的情况对航线挂靠港口及其挂靠顺序作出适当的调整。

不同的班轮航线挂靠港口及其挂靠顺序,其经济效果是不同的。班轮最佳的挂靠港口及其挂靠顺序定义为能够获得最大的运费收入或利润的挂靠港口及其挂靠顺序方案。由于在一般情况下可组成挂靠港口及其挂靠顺序方案很多,加之班轮有着需要满足运量、船舶装载能力及班期等条件的限制,计算工作量大,因此,有必要建立数学模型,并通过计算机对其进行求解。

设 E 和 W 分别为班轮航线两端所有可能的挂靠港口的集合,其中 E 代表始发港群,W 代表目的港群。H 和 G 分别是 E 和 W 的子集,并且是按进港时间先后排序的有序港口集合,H 和 G 共同构成了班轮航线挂靠港口及其挂靠顺序方案 R,$R = G + H$,运算符合"+"表示按 G 的排序先于 H 的排序规则对两集合相加。实际上 R 是由 G 和 H 共同决定了一个有序港口的排列,即航线。

挂靠港口及其挂靠顺序的选择问题可表达为:在发船间隔及航线配备船舶数已知的条件下,在满足运量、船舶载重能力和计划往返航次时间的前提下,找出能够获得最大运费收入或利润的港口有序排列 R。

目标函数

$$F = \sum_i \sum_j f_{ij} x_{ij} \to \max \tag{6-8}$$

约束条件:

(1)承运量约束

$$\begin{cases} x_{ij} \geqslant 0 \\ x_{ij} \leqslant \begin{cases} Q_{ij} & t_{ij} \leqslant T_{ij} \\ Q_{ij} - E_{ij}(t_{ij} - T_{ij}) & T_{ij} \leqslant t_{ij} \leqslant T_{ij} + Q_{ij}/E_{ij} \\ 0 & t_{ij} \geqslant T_{ij} + Q_{ij}/E_{ij} \end{cases} \end{cases} \tag{6-9}$$

(2)船舶装载能力约束

$$\begin{cases} \sum\limits_{i \in H_j \in G_k} \sum x_{ij} + \sum\limits_{i \in G_k j \in H} \sum x_{ij} \leqslant N & \forall k \in G \\ \sum\limits_{i \in G_j j \in H_k} \sum x_{ij} + \sum\limits_{i \in H_k j \in G} \sum x_{ij} \leqslant N & \forall k \in H \end{cases} \tag{6-10}$$

(3)往返航次时间约束

$$t_{ij} = \begin{cases} t_j - t_i & t_j > t_i \\ t_{间} \times m - t_i & t_j < t_i \end{cases} \tag{6-11}$$

$$t_j - t_i = L_{间ij}/v + t_{港i} + \Big\{ \sum_{\substack{k \in G, \forall i \in H或 \\ k \in H, \forall i \in G}} (x_{ij} + x_{ki}) \Big\} / M_i \tag{6-12}$$

$$t_n + L_{间ij}/v + t_{港n} + \{(x_{nk} + x_{kn})\}/M_n \leqslant m \times t_{间} \tag{6-13}$$

式中:x_{ij}——船舶在一个往返航次内承运的 i 港至 j 港的货物数量,是模型的决策变量,TEU 或 t;

i,j——分别为航线两端点港口的下标;

f_{ij}——两港间货物的平均运费率,元/TEU 或元/t;

F——总运费收入,元;

Q_{ij}——两港间所具有的最大货运量,TEU 或 t;

T_{ij}——两港间货流的临界允许送达时间,h;

E_{ij}——两港间货流因晚到而减小比例,TEU/h 或 t/h;

t_{ij}——两港间船舶运行时间,h;

t_i, t_j——分别为抵达 i 港、j 港的时间,h;

N——船舶装载能力,TEU 或 t;

$t_{间}$——发船间隔,d;

m——航线上配船数,艘;

G, H——分别为航线两端挂靠港口的有序子集;

G_k——是 G 中 k 港前的港口子集;

$\overline{G}_k = G - G_k$

H_k——是 H 中 k 港前的子集;

$\overline{H}_k = H - H_k$

$L_{间ij}$——两港间的航行距离,n mile 或 km;

v——船舶航速,n mile/h 或 km/h;

$t_{港i}$——i 港的进出时间,h;

M_i——港口的装卸效率,TEU/船·h 或 t/艘·h;

1, n ——分别表示航线上的第一始发港和最后一个目的港。

公式(6-9)表示在一定的发船间隔内,船舶所能承运的最大货运量,在 Q_{ij}、T_{ij}、E_{ij}已知的条件下,它随 t_{ij}的大小而变化。式中 T_{ij}数值反映了托运人对货物运送时间的具体要求,能在 T_{ij}时间内送到,船公司可以承运全部货运量 Q_{ij};当送达时间超过 T_{ij},船公司能够承运的货运量 Q_{ij}将减少,其降低速率为 E_{ij},即每晚送到一小时,货运量将减少的 TEU 或吨数。T_{ij}的引入反映了班轮服务质量对船公司揽货能力的影响程度。

公式(6-10)是船舶装载能力约束,它保证了船舶在航线上任一港口船上所装货物数量不超过船舶载货能力。船舶在航线上任一港口 k 进港时,船上承运的到 k 港和 k 港后续港口的货物,加上与 k 港同属一端点港群的 k 港前已挂靠的港口装船到另一端点港群的总货运量必须小于船舶载货能力。

公式(6-11)和(6-12)是计算船舶在两港之间的运行时间。计算时,设航线第一个始发港的船舶到港时间为零,运用公式(6-12)可顺序计算出航线上各港的船舶到港时间,然后利用公式(6-11)可计算航线上任意两港的船舶到港时间差值 t_{ij}。公式(6-13)则保证船舶的实际往返航次时间小于或等于计划的往返航次时间。

由于班轮挂靠港口选择的优化模型中含有时间的约束条件,线性规划的单纯形法难以求解此类问题,需要采用探试法,这是一种近似的优化算法,求解时需借助计算机辅助计算。首先,在航线两端港群 E 和 W 中各自选取一个港口作为航线两端初始挂靠港口,构成最简单的班轮航线,根据约束条件和目标函数公式可计算相应的运费收入。在此基础上,从 E 和 W 中再选取一个港口,顺序地加入到初始港后面,构成新的班轮航线。重新计算运费收入,如新的运费收入比上一方案大,说明此港口挂靠方案较前一方案好,保留此方案,然后再重复上述计算过程,直至实际往返航次时间等于计划往返航次为止。有些装卸量大的港口可能会出现两次挂靠，即第一次挂靠只卸不装，第二次挂靠只装不卸。通过上述计算，即可选出最佳班轮挂靠港口方案。

第四节 班轮运输航线配船

不同类型的船舶在同一航线上营运，其经济效益是不同的，同一类型的船舶在不同的航线上营运，其经济效益同样也是不同的。船舶运行组织就应该根据这些差异，合理地调度船舶。随着航线条件的变化，及时地对航线配船进行调整，可以使班轮公司获得最大的经济效益。

班轮航线配船的主要内容包括：制订航线规划，为航线选配合适的船舶，制定船舶运行时刻表等，主要是解决不同船舶在不同航线上的合理配置问题。其目的在于充分利用现有的条件和资源，合理地使用船舶，以最少的投入或消耗，使船舶运营的经济效益达到最大。

班轮运输公司主要承运高价值货物，其竞争的手段通常是以提高服务质量为主，向货主承诺提供能满足其要求的、可靠的、有规则的运输服务而不仅是降低运价，因此，航线设计、航线配船与船舶运行的准班率显得尤为重要。此外，班轮航线必须具有一定的稳定性，一旦开辟，不宜经常变更。因此，在开辟航线时，应进行全面、系统、科学的分析与论证，并且随着货运任务和航线条件的变化，恰当地选择时机重新进行船舶配置。然而在一般情况下，航线配船工作是靠船舶经营者的经验或主观判断力完成的，或是采用方案法计算。虽然已开发出一些优化模型，但其实用性受到一定的限制，需要进一步改进，这是当前各国航运界学者非常关注的一个研究领域。

一、航线配船的原则

航线配船一般遵循“大船大线”理论，即航速高、吨位大的船舶优先配备在长航线、航线挂靠港口装卸效率高的航线上。

在航线配船时，首先应考虑船舶技术营运性能与航线条件、货运任务等是否相适应，主要有：

(1)船舶的尺度性能要能适应航道水深、泊位水深、船闸尺度、回转区水域面积及桥梁或过河电缆的净空高度等。

(2)船舶的结构性能、装卸性能及船舶设备等应满足航线货物与港口装卸条件等要求，如大型单甲板船不适应运输件杂货；船舱通风设备不好的船舶，不宜长途运输散粮；舱口及舱内尺度过小的船舶，不宜用来运送长大件货物；无装卸设备的船舶不宜挂靠装卸设备不能满足装卸货物要求的港口等。

(3)船舶的航行性能要适应航线的营运条件。如续航力低、航速低、抗风浪差的船舶不宜配在航程长、水流速大、风浪大的航线上。

其次在确定班轮航线船舶吨位、船舶数量配置时，应既考虑货主的需求，也考虑船公司的效益。

二、航线配船应准备的资料

应充分收集以下资料：

(1)各类船舶构造、载重吨位、货舱容积、航速、燃料种类及消耗量、续航力、舱口尺度、装卸设备的起重能力、各种证书的有效起止日期等；

(2)航线两端以及中途挂靠港的水文气象、港口码头、装卸设备、库场、驳运、工人、修船、燃料、淡水供应、锚位等情况，海关、边防、卫检、港口使费等法令规章及费收；

(3)航线沿途经过港口的燃料供应、燃料价格、进出口港费用等；

(4)货物的性质、包装、积载因数、亏舱率以及贸易条件、合同内双方的权利和义务等条件。

三、航线配船

由于航线配船情况较为复杂和多变，不存在一个万能的方法以适合所有情况，一般是根据具体情况具体分析而提出解决问题的具体方法。

1.航线配船的评价标准

船公司精心组织航线配船的目的是为了最大地获取利润。由于班轮航线一经开辟，不会轻易退出。开辟航线的目的就是要承运此航线上的货运量，在班轮航线货运量、运价及揽货能力基本确定的情况下，航线上的收入也就明确，只要营运成本最低，船公司即可获得最大的经济效益，因此，总成本最低指标往往作为班轮配船的评价标准。

2.航线配船的常用方法

航线配船常用两种方法，一是计算比较法，二是线性规划法。

1)计算比较法

计算比较法就是在具体配船中，根据货源、航线、船舶的具体情况，逐船进行营运总成本的计算，并进行分析对比，从而选择经济效益最佳的船舶。该方法的优点是可行性强，而且针对具体问题进行分析和计算，符合实际情况；缺点是计算量大。

2)数学模型法

数学模型法是把所要解决的问题，尽可能地定量化，根据实际情况做出数学模型，然后对模型分析计算，求出问题的解。在运输问题上比较有效的数学方法是线性规划、动态规划等。此法自第二次世界大战后，迅速发展并普及，至今仍具优越性。但这种方法也有其致命的缺点，即所做的数学模型不一定能完全反映复杂的现实情况。如果所做出的数学模型完全反映复杂的现实问题，将导致模型复杂以致不能求出解来。因此，这种方法一般应用在配船计划时，根据对未来情况的预测，建造数学模型并进行求解，从而对未来的配船动向，做到心中有数。

应用线性规划进行航线配船的基本思路是：首先明确可供使用的船型、船舶吨位及其数量、各航线及其预测运量，再根据一定的目标及约束条件对船舶进行合理分配。其基本步骤如下：

(1)收集、整理、分析有关资料并计算各船型在不同航线上的运输能力和营运费用。

(2)建立航线配船的线性规划模型。

线性规划模型分运力大于运量和运力小于运量两种情况。

①当运力大于运量时，取营运费用最小为目标，其数学模型为：

目标函数：

$$\min C = \sum_{i=1}^{m}\sum_{j=1}^{n} C_{ij}x_{ij} \tag{6-14}$$

约束条件：

$$\sum_{i=1}^{n} p_{ij}x_{ij} = Q_{\mathrm{j}} \qquad j = 1, \cdots, n \tag{6-15}$$

$$\sum_{j=1}^{n} x_{ij} \leqslant 1 \qquad i = 1, \cdots, m \tag{6-16}$$

$$x_{ij} > 0 \qquad i = 1, \cdots, m; j = 1, \cdots, n \tag{6-17}$$

式中：i——船型编号，$i=1,\cdots,m$；

j——航线编号，$j=1,\cdots,n$；

p_{ij}——第 i 型船在整个历期内全部安排在 j 航线上的运输能力；

c_{ij}——第 i 型船在整个历期内全部安排在 j 航线上的营运费用；

Q_j——j 航线上历期内的货运任务；

x_{ij}——第 i 型船安排在 j 航线上的艘天比例，决策变量。

第一个约束条件表示投入 j 航线上的运力能完成 j 航线上的货运量；第二个约束条件表示 i 型船在各航线上的工作艘天之和小于该型船总的营运艘天；第三个约束条件表示 i 型船在 j 航线上的工作艘天占总营运艘天的比例不应该是负值。

②当运力小于运量，可取货运量最大为目标，其数学模型为：

目标函数：
$$\max Q=\sum_{i=1}^{m}\sum_{j=1}^{n}x_{ij}p_{ij} \tag{6-18}$$

约束条件：
$$\sum_{i=1}^{m}p_{ij}x_{ij}\leqslant Q_j \qquad j=1,\cdots,n \tag{6-19}$$
$$\sum_{j=1}^{n}x_{ij}=1 \qquad i=1,\cdots,m; \tag{6-20}$$
$$x_{ij}\geqslant 0 \quad i=1,\cdots,m;j=1,\cdots,n \tag{6-21}$$

式中参数及变量含义同前。

③如果事先不能确定运输能力的多寡，当运力大于运量时，可在模型中增加船型 $i=m+1$，并假定运输能力足够大；当运力小于运量时，可在模型中增加航线 $j=n+1$，并假定其运量足够大，以保证解的存在。

(3)模型求解：

在一般情况下，上述模型可采用单纯形法求解。

(4)根据实际情况，对求解的结果作适当的调整并确定具体的安排。

上述模型是同类模型中最简单、最基本的模型，实践中使用的模型一般均是在此模型的基础上演变发展而成的。

例：在两条运量已定的航线上，有三类船舶可以采用。每一航线上的运量、不同类型船舶在各航线上的运输能力及营运费用如表 6-1 所示，在保证完成运输任务前提下，试编制使营运费用最小的航线配船方案。

船舶在各航线上的运输能力及营运费用表 表 6-1

	船舶运输能力 (10^6t·n mile/d)		船舶营运费用 (千元/d)		营运期 (d)
	航线 1	航线 2	航线 1	航线 2	
船型 1	10	15	4	8	300
船型 2	5	10	3	4	300
船型 3	12	10	5	4	300
运量(10^6t·n mile)	3 600	4 800			

解:取 x_{ij}为决策变量,表示 i 型船分配到 j 航线上运输的营运期份额($0 \leqslant x_{ij} \leqslant 1$)。此时,目标函数为:

$$\min c_1 = 300 \times (4x_{11} + 8x_{12} + 3x_{21} + 4x_{22} + 5x_{31} + 4x_{32}) \tag{6-22}$$

约束条件有以下 3 项:

第一项为每一条航线上的运量必须保证完成,其约束条件为:

$$300 \times (10x_{11} + 5x_{21} + 12x_{31}) = 3600$$

$$300 \times (15x_{12} + 10x_{22} + 10x_{32}) = 4800$$

第二项为各船型在两条航线上工作的营运期份额的总和不可超过 1,约束条件为:

$$\begin{cases} x_{11} + x_{12} \leqslant 1 \\ x_{21} + x_{22} \leqslant 1 \\ x_{31} + x_{32} \leqslant 1 \end{cases} \tag{6-23}$$

第三项为非负约束,即

$$x_{ij} \geqslant 0 \qquad i = 1,2,3; j = 1,2$$

显然,可以取函数 $C = \frac{c_1}{300}$的最小值取代 c_1 而最终将得到同样的解。对第一项约束条件进行类似的简化,可得问题的模型如下:

目标函数:

$$\min C = 4x_{11} + 8x_{12} + 3x_{21} + 4x_{22} + 5x_{31} + 4x_{32} \tag{6-24}$$

约束条件:

$$\begin{cases} 10x_{11} + 5x_{21} + 12x_{31} = 12 \\ 15x_{12} + 10x_{22} + 10x_{32} = 16 \\ x_{11} + x_{12} \leqslant 1 \\ x_{21} + x_{22} \leqslant 1 \\ x_{31} + x_{32} \leqslant 1 \\ x_{ij} \geqslant 0 \qquad i = 1,2,3; j = 1,2 \end{cases} \tag{6-25}$$

求得:

$$x_{11} = 1, x_{12} = 0,$$

$$x_{21} = 0, x_{22} = 1,$$

$$x_{31} = 1/6, x_{32} = 3/5$$

最小的营运费用 $C_1 = 300 \times C_{\min} = 300 \times 337/30 = 3370$(千元)

具体配船为:船型 1 全部安排在航线 1 上;船型 2 全部安排在航线 2;船型 3 在航线 1 上安排 1/6 的运力,在航线 2 上安排 3/5 的运力,余下的运力可安排完成其他运输任务。

第五节　班轮航线船期表的编制

一、班轮船期表及其作用

班轮船期表是以表格的形式反映班轮在运营的时间和路线上运行的计划文件。主要内容有航线、船名、航次编号、中途挂靠港、终到港的港名、各港的到离时间等。船期表的具体形式如表6-2所示。

华东北/美西周班航线船期表 表6-2

船名	航次	新港	大连	青岛	釜山	温哥华	长滩	新港
晶河	115E/W	30–01/10	02–02/10	03–04/10	05–05/10	18–19/10	22–24/10	11–12/10
枫河	102 E/W	07–07/10	09–09/10	10–11/10	12–12/10	25–26/10	29–31/10	18–19/11
普河	200 E/W	14–15/10	16–16/10	17–18/10	19–19/10	01–02/11	05–07/11	25–26/11
东河	202 E/W	—	24–24/10	24–25/10	26–26/10	08–09/11	12–14/11	02–02/12
泰河	210 E/W	—	31–31/10	31–01/11	02–02/11	15–16/11	19–21/11	09–10/12

制订班轮船期表是班轮营运组织管理工作的一项重要内容。公司颁布班轮船期表有多方面的作用:首先是为了招揽航线途经港口的货载,既满足了货主的需要,又体现了服务的质量;其次是有利于船舶、港口和货物及时衔接,使船舶有可能在挂靠港口的短暂时间内取得尽可能高的工作效率;再次是有利于提高船公司航线经营管理的质量。

二、编制班轮船期表应注意的问题

各班轮公司根据具体情况,编制公布的船期表是有所差异的。通常,近洋班轮航线因航程短且挂靠港少,船公司能较好地掌握航区和挂靠港的条件,以及港口装卸效率等实际状况,可以编制出较为准确的船期表,船舶基本上可按船期表上规定的时间运行。远洋班轮线由于航程长、挂靠港多、航区气象海况复杂,船公司难以把握航区、挂靠港以及船舶在航线上运行可能发生的各种情况,在编制船期表时对船舶运行的时间必须留有余地。集装箱船舶具有运输速度快、装卸效率高、码头作业基本上不受天气影响等优点,所以,编制的集装箱班轮航线的船期表可以比较精确。

制定班轮船期表时,需详细地了解有关船舶、港口、货源、航线等相关资料,以便使制定的船期表符合实际,便于执行。

在一般情况下制定班轮船期表应满足下列要求:

1.船舶的往返航次时间必须是发船间隔的整倍数

由于船舶往返航次时间 $t_{往返}$、发船间隔 $t_{间}$、航线配船数 m 之间存在着一定的关系,见公式(6-28),航线上投入的船舶艘数应为整数。因此,船舶的往返航次时间必须是发船间隔的整倍数。

在实际中,按航线参数及船舶技术参数计算得到的往返航次时间往往不能满足这一要求,必须对其进行调整,多数情况下采取延长实际往返航次时间的方法,人为地使其与 $t_{间}$ 成为整倍数关系。

2.船舶在各段的运行或作业时间均要留有一定的余地

船期表制定的船舶各项运行或作业时间应留有余地,以适应航运外界条件变化所带来的影响。如近海班轮航线航程短、挂靠港少,船舶能较为准确地按船期表规定的时间运行,富余时间可少留些,而远洋班轮航线航程长、挂靠港多,航区气象海况复杂,船公司很难掌握班轮运行途中可能发生的各种情况,富余时间可多留些。所以,在船期表制定过程中,需根据统计资料或经验数据,对航行时间加以修正。港口停泊时间的计算也应根据各港具体情况,预先留有一定的富余时间,以避免经常出现"脱班"现象。

3.船舶到达和驶离港口的时间要恰当

船舶到达港口的时间应便于靠泊后立即开始装卸作业。由于有些港口工作班制和非作业时间各不相同,尽量避免安排船舶在非工作日到达港口,且船舶到港时间应尽可能安排在港口作业开始之前,以便于及时开工,此外应尽量避免与其他使用同一泊位的班轮同时到港。

船舶出港尽可能避免在非工作时间、节假日出港,以减少船舶在港口的非工作停泊时间和有关费用的支出。港口白天工班雇佣装卸工人容易,且人工费用相对比较便宜,所以船舶应尽可能在当地时间早晨6:00左右抵达港口,靠上码头后即可进行装卸作业,减少等工人时间和夜间工作的加班费用。船舶驶离港口的时间也应根据具体的实际情况加以考虑。以船舶出日本港为例,出港口的时间不同,所负担的港口使费大不相同,详见表6-3。

不同时间离港的综合港口使费比较表 表6-3

离港时间	23:00离港	06:00离港	09:00离港
引航费	460 000日元	460 000日元	330 000日元
拖轮费	390 000日元	300 000日元	190 000日元
系解缆费	69 000日元	52 000日元	37 000日元
码头靠泊费	140 000日元	235 000日元(超12h)	235 000日元
合计	1 059 000日元	1 047 000日元	792 000日元

从表6-3可看出,23:00离港与06:00离港合计费用相差不大,但23:00离港可减少8h的班期时间。如班期时间允许,选择09:00离港可节省267 000日元,近2万元人民币,与此同时,船员可得到充分休息,保障船舶的航行安全。

4.留出等潮的时间

在船舶吃水受限的航段或港口,如需利用潮高进出港口,应留出等潮的时间。

三、船期表的编制

1.班轮往返航次时间的计算

班轮往返航次时间的计算是以航线里程、船舶平均航速、港口装卸效率和在港装卸货物的数量以及其他可能发生的耗时,并以较大的货运量作为计算依据。其计算公式为:

$$t_{往返} = \frac{L}{v} + \sum\left(\frac{Q_{装} + Q_{卸}}{M}\right) \tag{6-26}$$

式中:$t_{往返}$——船舶往返航次时间,d;

L——航线往返里程,n mile;

v——航行速度,n mile/d;

$Q_{装}$、$Q_{卸}$——航线上各港装货量与卸货量,t;

M——航线上各港装卸总定额,t/d。

2.航线配船数的确定

在通常情况下,维持一条班轮航线的正常运转往往需要配置多艘船舶,船舶数的多少主要与往返航次时间、航线货运需求量、船舶载重量、竞争实力和服务水平等因素有关。具体计算公式如下:

$$n = \frac{t_{往返} \cdot Q_{正}}{\alpha \cdot D_{定} \cdot 365} \tag{6-27}$$

式中:n——航线配船数,艘;

$t_{往返}$——船舶往返航次时间，d；

$Q_{正}$——航线的正向年货物发运量，t；

α——船舶载重量利用率，%；

$D_{定}$——船舶定额载重量，t。

3.航线发船间隔的确定

航线发船间隔时间可按公式(6-1)计算，也可根据船舶往返航次时间及航线配船数计算，即：

$$t_{间} = \frac{t_{往返}}{n} \tag{6-28}$$

班轮的发船间隔必须具有一定的规律性，常以旬、周、日为班次。因此，计算所得的发船间隔时间必须按规律预以调整。如计算的发船间隔为5.4d，取整为5d，即每5d发一次船。在班轮运输中，船舶营运保持连续均衡的节奏是十分重要的，所以妥善控制发船间隔并非可以忽视的小事。如果班轮发船间隔不规则，就会引起运行上的混乱，对货主和港口都有所不便，并影响船舶揽货和在港作业的效率，使船公司遭受不必要的经济损失。

在充分考虑富余时间、各挂靠港口的条件和规章制度及收费标准、安排最恰当的进出港口的时间等后，即可确定船舶到离各港口的具体时间，编制船期表。

思考题

1. 为什么说开辟集装箱航线的船公司具有较强的经济实力？
2. 班轮运输航线结构有几种？各有何特点？
3. 班轮航线参数主要包括哪些？
4. 制定班轮船期表需考虑哪些因素？
5. 已知某班轮航线年货运量为180万t，拟采用载重量为5 000t船进行运输，该航线年运营天为200d，发航负载率为90%。试求此航线的发船间隔和发船密度。

第七章　不定期船运输组织

第一节　不定期船运输的主要特征

不定期船运输也称租船运输，是根据租船合同组织船舶运输，其基本租船方式是程租、期租和光租。不定期船运输的最大特点是有极大的灵活性和主动性。不定期船运输的主要运输对象是本身价格较低、占世界海运量的80%左右的大宗散货，这些货物难以负担较高的运输费用，但对运送速度和运输的规律性要求不高，而不定期船运输能以较低的运输成本满足其对低运价的要求。

不定期船运输经营的主要特征是：

1.参与经营不需要有较强的经济实力

与班轮相比，不定期船运输对航速要求不高，燃料费用低，船舶造价也相对较低；且随着船舶大型化发展，不定期船具有规模经济性，因此，不定期船单位运输成本较低。任一船东只要拥有适航的船舶均可随时进入不定船市场而成为不定期船经营者。所以不定期船市场有众多经营者,不仅小企业多,而且也有拥有数百万载重吨的大公司。

2.不定期船运输的货物流量流向波动性较大

不定期船运输的有些货物是要满足进口国家或地区的暂时过渡需求,例如,由于某国某一商品在国内减产或者需求量突然增加,要求从另一国增加海运进口量。通常,这种突增的运输需求就进入不定期船市场。一旦该国生产正常,这种需求就会消失,或者当这种随机增量需求转变为正常的长期需求时,它也将会随之转向其他较稳定的长期合同形式。这种需求波动性是导致不定期船市场运价总是剧烈波动的主要原因。因此,不定期船的经营者要时刻注视市场上的动态,准确预测市场的发展趋势,选择正确的经营策略。

3.不定期船市场具有国际性,代理人是经营交易的中介

由于不定期船市场是世界性的,需求变化频繁,使船舶出租人或不定期船经营者在市场上直接揽货很不容易,船舶出租人与承租人之间的直接谈判也非常困难,因此,不定期船公司一般均委托代理来承揽货载。船公司与船舶承租人之间的谈判也通常是通过双方的代理机构。

4.租船形式不同,经营风险也不同

从成本分摊上分析,船舶租赁合同与货物运输合同相比,船舶出租人的风险较小。例如,根据船舶期租租赁合同,在租期内航次费用包括燃料费、港口使费、装卸费(根据合同确定)、运河费等均由承租人负担,船舶在港或航行中由于不可测因素引起的延迟所造成的损失由承租人承担,船舶出租人也不必担心燃料价格的上涨;从货源与盈利的稳定性上看,合同期越长,船舶经营者能保证获得稳定货源的时期也越长,由于合同期内运费率或租金率是固定的,不管市场如何变化,船舶经营者总能获得稳定的收入。反之,如果合同期很短,船舶经营者必须不断地寻找货源,当一个合同完成后,船舶经营者能否揽到货载而使船舶马上投入新的航次是没有保障的,以致在两个合同之间常会发生船舶闲置待货的现象。此外,一个航次完成后经营者很难保证新合同的装货港就是上一航次的最后卸货港,或者靠近上一航次的最后卸货港,因此船舶空载航行也就往往难以避免。这些均说明不定期船经营的不稳定性,经营风险大。

长期合同对船舶经营者来说,风险固然较小,但同时经营的灵活性也较差。经营者因合同限制,在合同期内只能按合同规定的条款从事船舶运输,这就有可能失去许多更为有利的盈利机会。另外,一般规定长期合同在合同期内运费或租金率保持不变,当市场行情由差转好时,船舶经营者很难要求调整运价或租金率。

就经营风险来说,短期合同较长期合同大;但短期合同有利于灵活经营,有利于抓住市场机会,取得满意的盈利。反之,合同期长,货方向船方提供了稳定货源或承租者长期租赁了船舶,船方就必须在运价或租金费率水平上向对方作出让步。相比之下,虽然短期合同的收益一般较高,但收益的波动性大。短期合同与长期合同均存在着风险与期望收益同步增减关系。

第二节　不定期船揽货

在一般情况下,航运市场上不定期船运力过剩,形成了买方市场,即经营不定期船运输必须在航运市场上到处寻找货源,称为程租船揽货。

一、程租船揽货

不定期船揽货与班轮揽货略有不同,前者可以在航运市场承揽适合自己运输的货物,而后者一般是在固定航线上组织货源。船公司承揽不定期船货载,可到国内市场和国际航运市场揽货。这两个市场有共同点，即市场内流行的运价或运费率的信息一方面通过航运经纪人传播，另一方面可在各种航运交易市场内获得，其目的是引导供需双方签订运输合同。不定期船的长期包运合同或租船合同的洽谈一般是直接在船东和租船人之间进行，而短期、中期的合同一般是通过经纪人洽谈的。在正常运作的航运市场内，船东应了解可能揽取货物的情况；而对租船人来说，应有选择合适船舶运输货物的机会，并且寻求最低的运费率。而国内与国际航运市场在承揽货运的方式上有所不同。

1.国内揽货

在国内航运市场上，船公司需主动揽取货物。揽货方式主要有以下几种：

(1)向进出口大宗货物的公司进行洽谈和登门服务，如发电厂、钢铁厂和粮食进出口公司等。

(2)参加大宗货物的进出口运价报价投标。

2.国外揽货

在国际航运市场上，船公司揽取货物过程大致如下：

(1)根据航运经纪人定期发布的航运市场报告或租船情况，了解航运活动以及成交情况，根据自身船舶业务的需要考虑承揽。

(2)经纪人根据市场需要船舶的情况，向船东询问有无船舶吨位可供出租或者船东委托经纪人或代理代为试揽。一般过程为：

①询租：经纪人根据航运市场船舶需要情况，向船东探询有无船舶吨位可供租赁；或就某一具体货运，开出主要条件以供船东参考开价；或船东为预揽下一次航次任务，委托经纪人或代理人代为试揽，如果有货运，再开价以期成交。在询租阶段，表明租船人有意租船而船东有意出租。不论成交可能性如何，仅属于初步试探性质，相互间没有任何约束，此举也称为问价。例如情况一：经纪人或代理人向船东询租：有无适合船只在6月上旬装运玉米从曼谷到琉球1 000t，托运人希望每吨运费7.5美元，包括装卸费在内；情况二：最近一周内菲律宾货主需要租船装运到日本的原木，电请船东酌情开价；船东向经纪人或代理人询租：拟为某轮下航次任务预揽菲—日原木有无希望及航运市况；情况三：将某船主要性能条件及船期电告经纪人或代理人请其试洽程租船或期租船。

当经纪人或代理人接到船东电报传真后，开始与租船人或货主接洽从事撮合工作。如有可能即可开价或将洽谈情形电请船东开价。如撮合工作一时尚无结果，可先电告船东，如“某日电悉某船在洽谈中，下周答复”。如果最后仍找不到货主，可电告船东表示无能为力，如“当时无木材开价”、或“船期不合，运价下跌该船无法利用”。

②报价：报价是以订约为目的，称为正式开价。可由船货任一方先提出报价，一旦对方接受，此项交易即告成立。开价首先须有特定对象，合同双方必须取得一致，法律上才有效，所以只能对一个对象开价，而不能同时向其他对象开价。尤其当两个对象均作承诺时，因顾此失彼而不能履行所签合同，势必将引起争执和赔偿问题。开价的一方可以在开价中提出并附带任何条件，同时规定接受期限。在期限内无人接受，可以撤回开价。如开价被对方接受，则不能擅自撤回。如果对方未按照开价所列条件接受，该项接受不能成立。

③报实盘：为节省时间，直接以最肯定方式报出，表示希望迅速成交的意愿。报实盘和一般报价没有多大差别，它也规定接受期限，只是在形式上更为正式。报实盘条件开出后，其本身不可变更和撤回，但对方可以还价。现代航运租船业务常直接采用这种开价方式，以便迅速成交。

④反开价:在租船业务中,当经纪人或代理人接到船东的开价或报实盘后,即与租船人商洽。如果租船人对船东所开的条件认为有商量的余地,可以提出意见,由经纪人或代理人在限期内电告船东,船东应再予考虑,作出是否接受的反应;反之,船东也可以在接到租船人的开价和肯定开价后,认为有若干不合理或有不利于自己之处,也可提出反开价。反开价被对方完全接受,即自行成交,否则也可再还价,直至成交为止。

⑤成交:对于任何一方的开价或反开价,对方完全接受,即算成交,构成合同,即使合同仍没有正式签订,也产生法律效果。此时,需要再经过经纪人将细节进一步谈妥,再由代理人签订合同。只要双方发出成交传真或电报,无论是否出现有利于自己的情况均不能反悔。当然,也有在成交后,发现不利于自己,在租船合同未签订前寻找漏洞,推翻成交承诺的。但此种行为毕竟有损信誉,且往往容易引起诉讼,且胜诉可能性极小。

在上述揽货过程中,船公司在询租的过程中,或货主在询租的过程中,船公司应迅速报出自己的价格,以争取主动。因为此时货主可以向许多船公司询租,船公司快速作出反应,主动提出报价,货主会优先考虑。而提出合理的反开价后,船公司基本上就可以将此货物承揽到手。

第三节　不定期船航次估算

由于不定期船每一个航次所装的货物不同,始发、终到港不同,航线的具体航行条件不同,产生的成本和收入也不相同。作为船公司必须对船舶可能营运的航次有清楚、全面的了解,以便做出是否承揽或承揽哪一航次的货载经济效益最好的正确决策。

一、航次估算

(一)航次估算的含义

航次估算是船公司根据估计的数据或资料,对船舶未来航次的盈利性进行的计算。通过航次估算,船公司可以预知未来航次是否能盈利。当有多个航次可供选择时,对各航次盈利性进行比较,船公司即可选出盈利性最好、最合适的航次。因此,航次估算是船公司进行程租决策的基础,在不定期船经营管理中被广泛运用。

在一般情况下,航次估算的起止时间规定为:自上一航次船舶卸完货驶离引水站起到本航次卸完货驶离引水站止。简言之,从卸空货至卸空货。

(二)航次估算的步骤

1.收集航次估算所需资料

航次估算所需的资料有:船舶资料、货载信息资料、港口资料、航线资料等。

1)船舶资料

船舶资料包括:船名、建造时间、船级、舱室结构和数目、机舱位置、夏季和冬季载重线的总载重量、船舶载重标尺、散装或包装舱容、船舶重载或压载速度、航行和停泊燃油消耗、船舶常数、船舶营运天费用(包括船员工资、船舶保险费、修理和维持费、船舶物料和杂项费用等)、船舶每天资本成本及企业管理费分摊。其中有些资料是提供给客户的,有些是航次估算所必需的。

2)货载信息资料

货载信息资料是租船人在谈判过程中提供给船东的,事实上也是租船合同中的主要内容,包括航次的货物数量、允许船方选择的货物数量变化范围、货物种类、积载因数、装货港和卸货港、货物装卸时间和除外条件、货物装卸费用分担条款、运费率、佣金、租船合同范本。

3)港口资料

它包括港名、限制水深、港口使费、装卸效率、港口拥挤情况、燃油价格等。

4)航线资料

需要收集的航线资料是港间距离、所经航区及允许使用的载重线、所经运河及运河费用。

2.航次时间的计算

一般航次时间是由航行和停泊时间组成。航行时间又可分为空驶时间和重载时间,停泊时间也可分为装卸时间和其他停泊时间。航次时间的计算公式为:

$$t_{次} = \frac{L_{空}}{24V_{压}} + \frac{L_{重}}{24V_{重}} + t_{装} + t_{卸} + t_{其他} \tag{7-1}$$

式中:$L_{空}$——空航距离,km 或 n mile;

$V_{压}$——压载速度,km/h 或 kn;

$L_{重}$——重航距离,km 或 n mile;

$V_{重}$——重载速度,km/h 或 kn;

$t_{装}$、$t_{卸}$——装货、卸货时间,h;

$t_{其他}$——其他时间,如加油、等待泊位、节假日等,h。

3.航次加油量计算

航次加油量的计算依据是航次燃料消耗量和航次燃料安全储备量,同时需考虑上航次所剩燃料数量和预估下一航次挂靠港可能的油价,最后确定本航次的加油量。

航次燃料消耗量包括主机的燃油消耗量和辅机的柴油消耗量,主机的燃油消耗量(foc)可按下式计算:

$$\text{foc} = t_{航} M_{主航} + t_{停} M_{主停} \tag{7-2}$$

式中:$t_{航}$——航行时间,d;

$M_{主航}$——主机航行燃料消耗定额,t/d;

$t_{停}$——加油前停泊时间,d;

$M_{主停}$——主机停泊燃料消耗定额,t/d。

辅机的柴油消耗量(doc)可按下式计算:

$$\text{doc} = t_{航} M_{辅航} + t_{停} M_{辅停} \tag{7-3}$$

式中:$M_{辅航}$——辅机航行燃料消耗定额,t/d;

$M_{辅停}$——辅机停泊燃料消耗定额,t/d。

航次燃料安全储备量有两种计算方法:

一是根据航次距离的长短,确定燃油和柴油的航行储备天数。有的船公司规定,从上海及其附近或上海以北港口至韩国、日本各港口;由广州及其附近或广州以南港口至东南亚各国等短航线,航行储备天数一般取 3d;其他较长航线可取 5 ~ 7d。

二是仅考虑航次最后一个航段所需的安全储备,因途中如遇风浪,其消耗的油量可在后续挂靠港补足。而最后一个航段如遇风浪则较难加油,需带足安全储备油量以防万一,安全储备油量一般为该段正常消耗量的 25%左右。

由于在每一个航次中，船公司总是希望能充分利用船舶装载能力多装货，以尽可能获得较多的利润。但由于世界各地的油价差异较大，有时甚至会出现多加油比多装货更有利的现象，即油差价比货物运费率更大。因此，在某些情况下，如上航次卸货港或本航次装货港油价过高，甚至不能加油，或船舶续航力低，需要途中加油。后两种情况只需根据实际情况处理，第一种情况就需判断选择。此时，船公司就需首先考虑选择某一合适的加油港，然后再计算加油量。判断是否停靠该港加油可依下式进行：

$$(P_1 - P_2)J > K_{港} + K_{绕} \tag{7-4}$$

式中：P_1——本航次装货港油价或上航次卸货港油价，元/t；

P_2——加油港的油价，元/t；

J——需加油的数量，t；

$K_{港}$——加油港的港口使费，元；

$K_{绕}$——船舶绕航去加油港所需的航行费用，元。

4.航次载货量的计算

如果租船人所提供的货物数量小于船舶的航次的净载重量，一般有多少货就承运多少。若本航次加油港的油价便宜，可考虑多装燃油以充分利用船舶的装载能力，此时，需计算该船在本航次的净载重量，减去载货量和其他重量，即可得本航次的可装的油量。

如果租船人提供货物运量与船舶的净载重量大致相同，并给船公司一定的上下浮动范围，由其选择，船东必须认真考虑影响船舶载货量的各种因素，尽可能多装货物。为此，首先要查清所挂港口吃水是否有限，接着确定本航次所允许使用的载重线及其相应的总载重量，取其中小者为本航次的总载重量，然后再计算船舶携带燃料油数量。如果中途加油港的油价太高或下航次加油困难，船东也可以考虑多带一些燃油。对于船员行李、备品、润滑油、淡水和船舶污水、隔舱等重量，估算时可作为常定重量。值得注意的是，当船舶由海水港装货，至淡水港卸货时，船舶吃水会增加。吃水增加的量可按下式近似计算：

$$\Delta d = d_{海} \cdot \frac{\rho_{海} - \rho_{淡}}{\rho_{淡}} \tag{7-5}$$

式中：Δd——吃水变化量；

$d_{海}$——船舶海水中吃水；

$\rho_{海}$——海水的密度；

$\rho_{淡}$——淡水的密度。

最后还需考虑货物积载因数对载货量的影响，即根据船舶舱容系数、货物积载因数计算相应载货量。再与预定载货量比较，取小者为本航次可装载的最大载货量。

5.航次收入的计算

航次载货量 Q 一经确定，航次收入 F 很容易根据下式确定。

$$F = QR \tag{7-6}$$

式中：R ——预估的运费率，元/t。

6.航次变动成本的计算

航次变动成本主要计算航次消耗的燃料费用和港口使费。

1)航次燃料费用

航次燃料消耗量包括航行和停泊时消耗的燃油和柴油。当上一航次所剩燃料数量多于本航次实际所需数量时，船舶在本航次无需加油，只要根据上一航次燃油价格，即可算出本航次所需燃油费用。如上一航次所剩燃料数量少于本航次实际所需数量时，就需计算船舶在本航次的加油量，根据上一航次燃油价格及本航次加油地点的油价，可算出本航次所需燃油费用。

2)港口使费

港口使费在航次费用中占较大比例，与燃料费构成了航次费用中最主要两项费用。港口使费的估算较麻烦，因为世界各港的收费标准不同。通常可以采用3种方法估计，其一是公司保存的该港过去的港口使费记录；其二是可以采用BIMCO(The Baltic and International Mari time Conference)提供的港口使费资料；其三是可以通过代理或者国际航运组织来提供港口收费的各项标准，然后加以估算。由于前两个提供的资料及时性和可靠性较差，费用也较多，以第三种方法估算的最为准确，但仍要花费一定的代价。

3)运河费

运河费是按船舶运河吨位征收的。多数运河对重载和压载船舶分别收取费用。有时，运河当局还对货物征收费用，在这种情况下，船公司需充分了解租船合同的条款，弄清由谁负责该项费用。

4)额外附加保险费

船舶保险费是船舶营业费用的组成部分，属固定费用。然而，在下述情况下，由于航次的特殊性，船公司必须加保，支付额外附加保险费。否则，一旦出现问题，保险人不承担由此引起的损失。

(1)船舶本航次挂靠的港口或行驶的区域超出了保险的地理区域；

(2)船舶驶往战争险规定船舶不允许到达的地区；

(3)货物保险人对15年以上的老龄船收取的额外费用，在航运市场不景气时，租船人一般在合同中加进一项条款，让船公司承担此项费用。

5)货物装卸费

货物装卸费包括交货、装货、平舱、积载、卸货等项费用。这些费用是否由船公司承担，取决于租船合同。在多数情况下，船公司不承担此项费用，但有时租船人要求船公司承担一定比例或全部装卸费用。

6)其他费用

其他变动成本，如理货费、货损货差费、代理费、速遣费、洗舱费以及船舶行驶到非常寒冷的地区，需购买保暖服装等额外费用。

以上几项费用的和即为航次变动成本。

7.航次盈亏估算与分析

通过上述计算，已经确定出航次时间、载货量和航次变动成本，再加上航次营运费、折旧费即船舶固定费用，即可进行航次的盈亏分析。

航次估算盈利的评价指标是每天净收益。其计算按下列公式进行：

航次总收入 = 预计运费率 × 航次货运量 + 滞期费 + 亏舱费

航次净收入 = 航次总收入 - 佣金

航次毛收益 = 航次净收入 - 航次变动成本

每天毛收益 = 航次毛收益/航次时间

每天净收益 = 每天毛收益 - 每天营运成本

每天净利润 = 每天净收益 - 每天折旧

如果航次运费按一次总付方式支付，计算航次总收入时，直接代入该值即可。佣金包括支付给租船人的委托佣金和支付给经纪人的拥金。在一般情况下，此项费用是按运费收入的一定比例支付。

采用此种方法进行航次估算时，每天净收益指标实质上仅反映航次运输结果对船舶资本的贡献程度，并不能反映是否真正赢利，而每天净利润指标则能较好地反映是否盈利。

由于航次估算是在租船成交之前进行的，其运费率并没有确定，在谈判过程中，其数值可以上下浮动。为了能及时反映运费率变化对每天净收益的影响，引入了每 10 美分费率指标。即当运费率每增加或减少 10 美分时，每天净收益增加或减少的数量。具体计算公式如下：

$$\text{每 10 美分费率} = \frac{0.1\text{美元} \times \text{航次货运量}}{\text{航次天数}} \tag{7-7}$$

在不定期租船市场上，船公司除航次租船外，还可期租。为了比较航次租船和期租哪一个对船公司更为有利，需要计算航次租船的相当期租租金费率与期租进行比较，即计算采用航次租船方式船舶每载重吨每月可获得的收入。具体计算公式如下：

$$\text{相当期租租金费率} = \frac{\text{航次总收入} - \text{航次变动成本}}{\text{船舶夏季总载重吨} \times \text{航次天数}} \times 30 \tag{7-8}$$

将计算得出的相当期租租金费率与市场上的期租租金率比较，如果相当期租租金费率低于市场上的期租租金率，表明采取航次租船方式所获得的收益不如期租方式好，还是应将船期租出去较为有利。

目前国际航运市场上，船公司在选择租船合同时，一般采用计算机进行航次估算。有些船东的估算准则是及时算出相应保本运费率，所需资料和有关数据与航次估算一样。所采用的基本运算公式是：

$$f = \frac{K_{\text{固}} \cdot T + K_{\text{港}} + K_{\text{燃}} + X \pm D}{(1 - t)Q} \tag{7-9}$$

式中：f——保本运费率；

$K_{\text{固}}$——每天固定成本；

T——航次时间；

$K_{\text{港}}$——港口使费；

$K_{\text{燃}}$——航次燃料费用；

X——航次其他费用；

D——速遣费（+）或滞期费（-）；

t——佣金所占运费的百分比；

Q——货运量。

在此基础上，还可以测算船舶在不同航速时的相应的保本运费率。

上述计算结果可以作为航次租船决策的重要参考依据，真正做决策时还需考虑一些其他因素。例如：

(1)考虑下一航次的装货港。如本航次的卸货港离下一航次的装货港距离很远，即使本航次每天净收益较高，但两个航次平均以后有可能发生亏损。

(2)在本航次结束后，船舶要回某港修理、更换船员、补给等，船公司有可能选择盈利小但能够回该港的航次。

(3)如果船公司有两个租约可供选择，一个是航次租船，另一个是期租，它们的盈利水平相当,甚至期租比程租略低一些,船公司很可能选择期租。因为在期租条件下,船公司不负担航次费用,不承担与航次费用有关的风险,如燃油费、港口使费涨价的风险。

(4)租船人的信誉。如有两个航次租船合同,一个是有信誉的租船人,每天净收益600美元;另一个是信誉较差的租船人,每天净收益800美元。船公司往往会选择信誉较好的租船人。

(5)货种。船公司可能会有各种原因不喜欢装运某些货物,例如船公司喜欢装运散粮胜于装运煤炭。

(6)租船合同条款。租船合同中的某些条款如果定得比较苛刻,可能会使船公司处于承担较大亏损风险的地位。

值得注意的是,在不定期船市场中,船公司不会将运费率锁定在某一水平上,而是与租船人进行洽谈,讨论航运刊物或市场行情通报上所发布的流行市价,认真考虑那些影响利润水平的船舶合同条款,认为市场正处于坚挺状况的船公司往往可能会坚持较高的运费率。

二、航次估算实例

下面通过航次估算实例说明如何利用航次估算盈亏分析来决定选择租船合同。

(一)船舶基本数据

某散货船主要技术参数:

船舶吨位:冬季载重线 8 850t

夏季载重线 9 200t

热带载重线 9 560t

包装容积:520 000ft^3

散装容积:575 000ft^3

满载吃水:26.5ft

燃料舱容:燃油 900t

航行速度:12kn(n mile/h)

每日耗油:满载航行:12t

压载航行:10t

停 港: 4t

每日淡水:10t

(二)租船合同

该船收到两个托运人开价运输合同:

(1)从北美诺福克(NORFOLK)至日本横滨(YOKOHAMA)的整船煤炭(经巴拿马运河),运价40美元/t,F.O.条款,装货费2美元/t,2.5%的佣金。

(2)从南美阿根廷的布兰卡(BLANCA)至日本横滨的整船小麦(经夏威夷)。运价60美元/t,F.O.条款,装货费2美元/t,2.5%的佣金。

试问该轮选择哪一运输合同?

1.合同一估算

1)上一航次和本航次情况

上航次卸货港:鹿特丹(夏季);

本航次航行距离:鹿特丹—诺福克(夏季):3 490n mile;

诺福克—巴拿马(热带):1 812n mile;

巴拿马—横 滨(夏季):7 702n mile。

本航次航行时间:鹿特丹—诺福克:3 490 ÷ (12 × 24) = 12(d);

诺福克—巴拿马:1 812 ÷ (12 × 24) = 7(d);

巴拿马—横 滨:7 702 ÷ (12 × 24) = 27(d)。

本航次停港时间:诺福克装货:2d;

横滨卸货:4d;保养、修理、检验等延滞天数 7d。

本航次航次时间:59d。

2)估算与选择

鹿特丹—诺福克—巴拿马运河—日本横滨的整船煤炭盈利估算:

(1)无法补给燃料航段:巴拿马—横滨,计 27d。

(2)油和水的最低备用量 6d。

(3)载重量计算基准:夏季载重线。

(4)按舱容计算煤炭最大装载量:煤炭的积载因数:42;

可最多装载煤炭: 575 000 ÷ 42 = 13 700(t)

(5)每吨燃料价格:

鹿特丹:185 美元;诺福克:175 美元

巴拿马:160 美元;横 滨:190 美元

(6)货物载重量计算和加油安排计划:

诺福克开航,使用夏季载重线:9 200t

诺福克—巴拿马运河,需要燃料(航行 7d,备用 6d):

12 × (7 + 6) = 156(t)

淡水: 10 × (7 + 6) = 130(t)

巴拿马运河—日本横滨所需燃料:12 × (27 + 6) = 396(t)

淡水: 10 × (27 + 6) = 330(t)

粮食物料及装货物料:55t

船舶常数:70t;

①途中不加油:从诺福克出发,船舶实际可装货量:

9 200 - (396 + 330 + 84 + 70 + 55 + 70) = 8 195(t)

②在巴拿马加油:

从诺福克出发,船舶实际可装货量:

9 200 - (156 + 130 + 55 + 70) = 8 789(t)

从巴拿马出发,船舶实际可装货量:

9 560 - (396 + 330 + 55 + 70) = 8 709(t)

综上所述,选择在巴拿马港加油方案,实际装煤量为 8 709t。

(7)航次盈亏估算

①运费收入:运费每吨 40 美元,按装船吨损失 2%计算

运费收入 = 40 × (8 709 - 8 709 × 2%) = 341 392(美元)

②燃料费用:

从鹿特丹开航存油 280t,航行到诺福克为 12d,消耗燃油 120t,到诺福克存油为 160t。

从诺福克到巴拿马运河,航行7d,停泊2d,共耗油 $12\times7+4\times2=92(t)$,所以,到巴拿马时存油为68t。

从巴拿马到横滨,航行27d,停泊4d,共耗油 $27\times12+4\times4=340(t)$,需6d的储备油72t,在巴拿马加油为328t,开航时存油为396t,最后到横滨卸货后剩用燃油56t,检修保养7d,耗油 $4\times7=28(t)$,实际耗油量580t,最后存油28t。

航次总燃料费用如下:

鹿特丹: $185\times280=51\ 800$(美元)

巴拿马: $160\times328=52\ 480$(美元)

实际燃料费 $=51\ 800+52\ 480-28\times160=99\ 800$(美元)

③其他变动费用:

装货费: $2\times8709=17\ 418$(2美元/t)

港口费: $10\ 000+5\ 000=15\ 000$(美元)(诺福克港10 000美元,横滨港5 000美元)

运河费: $1.367\times9\ 560=13\ 068$(美元)(1.367美元/t)

代理费: $2\ 000\times1=2\ 000$(美元)

货损费: $0.1\times8\ 709=871$(美元)(0.1美元/t)

上缴税: $341\ 392\times1\%=3\ 414$(美元)(按运费1%)

佣　金: $341\ 392\times2.5\%=8\ 534$(美元)

船员补贴: $600\times59=35\ 400$(美元)(600美元/d)

合　计:198 505美元

航次固定成本: $2\ 000\times59=118\ 000$(美元)

航次纯利润: $341\ 392-(198\ 505+118\ 000)=21\ 887$(美元)

每天净利润: $21\ 887\div59=422$(美元/d)

2.合同二估算

1)上一航次和本航次情况

上航次卸货港:鹿特丹(夏季);

本航次航行距离:鹿特丹—布兰卡(夏季):3 820n mile;

布兰卡—夏威夷(夏季):7 370n mile;

夏威夷—横 滨(夏季):3 380n mile。

本航次航行时间:鹿特丹—布兰卡: $3\ 820\div(12\times24)=13(d)$;

布兰卡—夏威夷: $7\ 370\div(12\times24)=26(d)$;

夏威夷—横 滨: $3\ 380\div(12\times24)=12(d)$。

本航次停港时间:布兰卡装货:27d;

夏威夷停港:1d;

横 滨卸货:6d;保养、修理、检验等延滞天数6d。

本航次航次时间:91d。

2)估算与选择

鹿特丹—布兰卡—夏威夷—横滨的整船小麦盈利估算:

(1)无法补给燃料航段:布兰卡—夏威夷,计26d。

(2)油和水的最低备用量6d。

(3)载重量计算标准:布兰卡开航使用夏季载重线。

(4)按舱容计算小麦最大装载量:小麦的积载因数:48。

可最多装载小麦:$575\ 000 \div 48 = 11\ 979(\text{t})$

(5)每吨燃料价格:

布兰卡:185 美元;

夏威夷:170 美元;

横 滨:190 美元。

(6)货物载重量计算和加油安排计划:

布兰卡开航,使用夏季载重线:总载重量 9 200t

鹿特丹—布兰卡,需要燃料(航行 16d,备用 6d):

$$10 \times (13 + 6) = 190(\text{t})$$

淡水: $10 \times (13 + 6) = 190(\text{t})$

布兰卡—夏威夷所需燃料:$12 \times (26 + 6) = 384(\text{t})$

淡水: $10 \times (26 + 6) = 320(\text{t})$

夏威夷—横滨所需燃料:$12 \times (12 + 6) = 216(\text{t})$

淡水: $10 \times (12 + 6) = 180(\text{t})$

粮食物料及装货物料:55t

船舶常数:70t

①途中不加油:从布兰卡出发,船舶实际可装货量:

$$9\ 200 - (384 + 320 + 144 + 120 + 55 + 70) = 8\ 107(\text{t})$$

②在夏威夷加油:

从布兰卡出发,船舶实际可装货量:

$$9\ 200 - (384 + 320 + 55 + 70) = 8\ 371(\text{t})$$

从夏威夷出发,船舶实际可装货量:

$$9\ 200 - (216 + 180 + 55 + 70) = 8\ 689(\text{t})$$

综上所述,选择在夏威夷港加油方案,实际装粮量为 8371t。

(7)航次盈亏估算:

①运费收入:运费每吨 60 美元,按装船吨损失 2%计算。

$$\text{运费收入} = 60 \times (8\ 371 - 8\ 371 \times 2\%) = 385\ 568(\text{美元})$$

②燃料费用:

从鹿特丹开航存油 280t,航行到布兰卡为 13d,消耗燃油 130t,布兰卡到港存油为 150t,停港 27d,耗油 $27 \times 4 = 108(\text{t})$,开航时仅存油 42t,故需加油 342t。

从布兰卡到夏威夷,航行 26d,耗油 $26 \times 12 = 312(\text{t})$,夏威夷停港 1d,耗油 4t,共耗油 316t。所以,到夏威夷时存油为 68t,需加油 148t。

从夏威夷到横滨,航行 12d,停泊 6d,共耗油 $12 \times 12 + 6 \times 4 = 168(\text{t})$,最后到横滨卸货后剩用燃油 48t,检修保养 6d,耗油 $4 \times 6 = 24(\text{t})$,实际耗油量 192t,最后存油 24t。

航次总燃料费用如下:

鹿特丹: $280 \times 185 = 51\ 800(\text{美元})$

布兰卡：　　　　$342 \times 185 = 63\ 270$(美元)

夏威夷：　　　　$(148 - 24) \times 170 = 21\ 080$(美元)

实际总燃料费 = 51 800 + 63 270 + 21 080 = 136 150(美元)

③其他变动费用：

装货费：　　　　$2 \times 8\ 371 = 16\ 742$(2 美元/t)

港口费：$10\ 000 + 5\ 000 = 15\ 000$(美元)(布兰卡港 10 000 美元，横滨港 5 000 美元)

运河费：　　　　$1.367 \times 9\ 200 = 12\ 576$(美元)(1.367 美元/t)

代理费：　　　　$2\ 000 \times 1 = 2\ 000$(美元)

货损费：　　　　$0.1 \times 8\ 371 = 837$(美元)(0.1 美元/t)

隔垫舱费：　　　　1 000(美元)

上缴税：　　　　$502\ 214 \times 1\% = 5\ 022$(美元)(按运费 1%)

佣　金：　　　　$502\ 214 \times 2.5\% = 12\ 555$(美元)

船员补贴：　　　　$600 \times 91 = 54\ 600$(美元)(600 美元/d)

合　计:246 482 美元

航次固定成本：　　　　$2\ 000 \times 91 = 182\ 000$(美元)

航次纯利润：　　　　$502\ 214 - (246\ 482 + 182\ 000) = 73\ 732$(美元)

每天净利润：　　　　$73\ 732 \div 91 = 810$(美元/d)

比较以上两项估算可知，选择合同二较为有利。

第四节　不定期船航线配船

不定期船经营者往往是拥有船舶不多的小型船公司，经营方式比较单一，一般是选出合适的船型投入运营即可。但对于从事大宗货物运输的定线运输船队，其船舶运输组织具有较强的规律性和相对的稳定性，具有许多与班轮运输组织相似的特征，需要科学地配置船舶才有可能获得较大的经济效益。

大宗货物的运输通常采用长期包运方式，即航线组织形式，始发港和终到港相对固定，往往为某一个货主服务。其经营方式有两种：由货主自己的船队经营，或者以长期包运方式转给航运公司经营。由于其运量大、货源稳定，非常有必要对此种运输问题进行研究，以取得较好的经济效益。

航线配船方法主要有方案法和线性规划法等。方案法简单、易行，但受计算工作量的限制；线性规划法是对所要解决的问题列出数学模型，按照特定的运算程序求出最优解。计算速度快，使用方便。下面针对大宗物资运输介绍不定期运输船队航线配船数学模型的建模原理及其解法。

在给出航线配船的线性规划模型之前，首先对原问题做如下描述和假设：

(1)船队承担运输任务的航区是由若干装船港和若干卸船港组成，共形成了 G 条有货运任务的航线，货运量较大。在一般情况下，船舶在装船港一次装满货物出发，航行到卸船港，货物全部卸空，然后空载返回装船港再次准备装货。也就是说，船舶以简单航次形式运输货物。

(2)船队现有 K 种类型的船舶。即在 G 条航线上考虑 K 种船的调配使用。

(3)各航线上的货运量确定，要求船队必须完成各条航线上的货运任务。

在此问题中，船队的运输任务确定，运输收入也就随之确定，追求营运利润最大与追求营运成本最低是等同的。在此选取船队营运总费用最低为目标函数。

船队年营运总成本 C 与分配在各条航线上运行的船舶数量和各型船的闲置数量 x_{jh} 和各船型的闲置数量 Q_j 之间的关系为：

$$C=\sum_{j=1}^{K}\sum_{h=1}^{G}x_{jh}\cdot R_{jh}+\sum_{i=1}^{K}Q_j\cdot F_j \tag{7-10}$$

进行航线配船的目的是求出使 C 达到最小的航线配船方案，即：

$$\min C=\sum_{j=1}^{K}\sum_{h=1}^{G}x_{jh}\cdot R_{jh}+\sum_{j=1}^{K}Q_j\cdot F_j \tag{7-11}$$

且要满足以下条件：

①保证完成各航线货运任务 W_h

$$\sum_{J=1}^{k}x_{jh}\times V_{jh}=W_h \qquad h=1,2,\cdots,G \tag{7-12}$$

②保证分配在各航线上的某型船数量之和与船队中拥有对该船种的数量 A_j 相等

$$\sum x_{jh}\times Q_j=A_j \qquad j=1,2,\cdots,K \tag{7-13}$$

③变量非负约束

$$x_{ij}\geqslant 0,Q_j\geqslant 0 \qquad j=1,2,\cdots,K;h=1,2,\cdots,G \tag{7-14}$$

其中：C——目标函数，年度船队总费用；

x_{jh}——决策变量，在 h 航线上配置的 j 型船数量；

Q_j——决策变量，J 型船闲置的数量；

R_{jh}——J 型船在 h 航线上的单船年营运费用；

F_j——J 型船闲置一年的年度闲置费用；

V_{jh}——J 型船配在 h 航线上运营时的单船年运量；

W_h——h 航线上应完成的年运量；

A_j——船队中拥有的 j 型船数量；

K——船型总数；

G——航线总数。

应用上述数学模型解决航线配船问题时存在下述两种情况：

①当运力大于运输量时，有可行解和最优解存在，且可确定完成预定运量后还剩有多少富裕运力，闲置哪种船最佳。

②当运力小于运输需求时，问题无可行解存在。这种情况虽然符合实际，但得不到可行解，就无法得知还需多少运力以及现有船如何分配在各条航线上才能使船队总的经济效益最佳。此时，可以有两种方法解决这一问题：一是增设一种船型，并允许有足够多数量的船，使其保证各航线上的运量均能完成；二是当运力无法增加时，修改目标函数和约束条件。

第五节　不定期船的期租和光租

在不定期船中，期租与光租均不是船公司自己营运，而是在一定时间内租给其他船公司。期租租船者支付变动成本，船东支付固定成本；光船租船人支付变动成本和营运成本，船东支付资本成本。两者租船的报酬均按天数或按月预收。

一、期租租金计算

期租船船东收取的租船费一般以每月每吨租船费乘船舶夏季载重吨位计，也可按每天租船费乘租船天数计。对船公司而言，期租分两种情况：在运力多余时，将船出租给其他船公司；在运力不足时将其他船公司的船租入。因此，按两种情况分别计算期租租金。

现以每月每吨租船费为例说明。

1.出租船舶时保本租金的(保本租金)的确定

租期总收入：

$$F_{出} = F_{单} \times DW_{夏} \times t_{期}/30 \quad (7\text{-}15)$$

式中：$F_{出}$——出租租期总收入，元；

$F_{单}$——每一载重吨位租金收入，元/(t·月)；

$DW_{夏}$——船舶夏季载重吨位，t；

$t_{期}$——出租天数，d。

租期总支出：

$$C_{支} = K_{固} \times t_{期} \quad (7\text{-}16)$$

式中：$C_{支}$——租期总收入，元；

$K_{固}$——船天固定费用，元。

保本租金 $F_{保}$：

$$F = C_{支}$$

$$F_{单} \times DW_{夏} \times t_{期}/30 = K_{固} \times t_{期} \quad (7\text{-}17)$$

$$F_{保} = K_{固}/DW_{夏} \times 30[元/(t \cdot 月)]$$

$F_{保}$ 国际航运界称为 H/B(Hire Base)，也称租金基价，其含义是指一艘船在一个月内每一载重吨位所需的平均固定费用，这是船东出租船舶的最低租金费率，若出租的租金费率低于此费用，意味着船东将入不敷出。

2.租入船舶时保本租金的确定

租期内营运收入：

租期内支出：①租金支出：

$$C_{租} = C_{单} \times DW_{夏} \times t_{期}/30 \quad (7\text{-}18)$$

式中：$C_{租}$——租金支出，元；

$C_{单}$——每一载重吨位租金支出，元/(t·月)。

②可变费用总支出：$C_{变}$

③租期内总支出 $C = C_{租} + C_{变}$

保本租金：

$$F_{入} = C$$

$$F_{入} = C_{单} \times DW_{夏} \times t_{期}/30 + C_{变}$$

$$C_{保} = (F_{入} - C_{变}) \times 30/DW_{夏}/t_{期} \quad (7\text{-}19)$$

式中：$C_{保}$——保本租金费率，元/(t·月)。

$C_{保}$ 国际航运界称之为 C/B(Charter Base)，也称租金费率，其含义是指一艘船在一个月内每一载重吨位出租所获得的平均收益，这是船东租入船舶时的最高租金费率，若租入船舶的租金费率高于此费率，意味着船东将会出现亏损。

第六节　船舶的经济航速

在相同的经营环境下，船舶采用不同的航行速度，其运营效果是不一样的。航速过低，航次时间延长而可能会失去效益;航速过高,会使燃料费用急剧上升而产生亏损。因此,国际航运界通常作法是船公司在给远洋运输船舶下达航次任务的同时,指示船舶的航行速度。虽然船舶在建造时,已经充分考虑其营运的经济性。但是国际航运市场情况和燃油价格经常变化,船舶的营运条件也会发生变化,因此,在实际营运过程中,结合当时的环境条件,研究其实际应该采用的速度,以提高船舶的营运效果。

经济航速的定义是在具体营运环境和经济条件下,航行 1n mile 或 1km 航行费用最低的航速。

一、按定义推导和确定经济航速

船舶航行一天的费用 $K_{航}$:

$$K_{航} = K_{固} + K_{航燃} \tag{7-20}$$

式中:$K_{固}$——船舶每天的固定费用,元;

$K_{航燃}$——船舶航行一天的燃料费用。

$$K_{航燃} = 24 \times 10^{-6} \times g' \times P_b \times C_{燃} \tag{7-21}$$

式中:g'——船舶主机单位燃油消耗定额,g/(kW·h);

P_b——船舶主机功率(kW),$P_b = \Delta^{2/3} v^3 / C_{海}$;

$\Delta^{2/3}$——船舶排水量,t;

v——船舶技术速度,kn 或 km/h;

$C_{海}$——船舶海军常数;

$C_{燃}$——燃油单价,元/t。

将 $P_b = \Delta^{2/3} v^3 / C_{海}$ 代入公式(7-21)得

$$K_{航燃} = 24 \times 10^{-6} \times g' \times C_{燃} \times \Delta^{2/3} v^3 / C_{海} \tag{7-22}$$

令

$$k = 24 \times 10^{-6} \times g' \times C_{燃} \times \Delta^{2/3} / C_{海} \tag{7-23}$$

式中:k——船舶机能系数。

利用公式(7-23),$K_{机}$ 可表示为:

$$K_{机} = K_{固} + kv^3$$

如不考虑船舶速度的增减值,船舶航行 1n mile 或 1km 所需航行费用为:

$$S_{里} = (K_{固} + kv^3)/24v \tag{7-24}$$

将(7-24)对 v 求导,并令 $\mathrm{d}S_{里}/\mathrm{d}v = 0$,得经济航速 $v_{经}$,即

$$v_{经} = \sqrt[3]{K_{固} / 2k} \tag{7-25}$$

二、间接推导和确定经济速度

经济速度的含义是要求采用某一航速所节省的燃油费应大于因延长航次时间而增加的航次固定费用,且能使两者之差达到最大。

(1)采用经济速度增加的航次时间 $\Delta t_{航}$

$$\Delta t_{航} = \frac{L}{24v} - \frac{L}{24v_0} \tag{7-26}$$

(2)采用经济速度节约的燃料费 $E_{燃}$

$$E_{燃}=kv_0^3\times\frac{L}{24v_0}-kv^3\times\frac{L}{24v}$$

$$=\frac{Lk}{24}(v_0^2-v^2) \tag{7-27}$$

(3)增加的航次固定费用 $E_{固}$

$$E_{固}=K_{固}\times\frac{L}{24v}-K_{固}\times\frac{L}{24v_0}$$

$$=K_{固}\frac{L}{24}\left(\frac{1}{v}-\frac{1}{v_0}\right) \tag{7-28}$$

记 $$E=E_{燃}-E_{固}$$

则 $$E=\frac{Lk}{24}(v_0^2-v^2)-K_{固}\frac{L}{24}\left(\frac{1}{v}-\frac{1}{v_0}\right) \tag{7-29}$$

令 $$\mathrm{d}E/\mathrm{d}v=-\frac{Lk}{24}\times 2v+K_{固}\frac{L}{24}\frac{1}{v^2}=0$$

得 $$v_{经}=\sqrt[3]{K_{固}/2k}$$

从公式(7-25)可知经济速度主要取决于船舶的机能系数和船天固定费用。而船舶的机能系数又取决于燃料价格、船舶排水量、主机单位油耗、主机功率等,其中变化较大的是燃油价格。船天固定费用取决于船舶造价、折旧年限、修理费用和船员工资等。

根据经济速度计算公式可以得出:采用经济速度时,每航行天的燃料费用 $kv^3=K_{固}/2$,即每航行天的燃料费用等于船天固定费用之半。如果油价提高,每航行天的燃料费用超过船天固定费用,经济速度就要降低;反之,则要提高。因此,经济速度的经济意义在于:在一定油价和一定的固定费用条件下,存在一个每里航行费用最低的经济速度,而不是速度越低越经济。

三、经济速度的修正

在间接推导经济速度时,只考虑采用经济速度后延长航次时间影响航次固定费用的增加,实际上航次时间的延长还意味着市场机会的损失直接导致船公司营运收入的降低和货主因货物在途时间延长引起的资金积压损失。为此,必须对经济速度进行修正。

1.船公司营运收入的减少

设船舶每营运天平均盈利为 r,因此采用经济速度后航次时间延长而减少盈利额为 $L/24\left(\frac{1}{v_{经}}-\frac{1}{v}\right)r$。

2.货主因货物在途时间延长引起的资金积压损失

前面仅从航运部门的角度出发,研究了船舶的经济航速。在一般情况下,船舶的经济航速较技术速度低,即船舶在大部分情况下可减速航行。但是,降低航速对货主而言将延长货物的在途时间,即延长了在途货物那部分流动资金的积压时间。在商品经济条件下,占有资金是要偿付利息的,因此,延长货物的在途时间相当于增加了货主的负担。为了将降低航速而蕴含的丧失货源的风险考虑进去,有必要对前述的经济速度作进一步的修正。

修正的方法是将在途货物资金积压所造成的损失计入船舶营运成本,即将该损失假定为船公司的一笔固定的额外开支。

为此,首先要计算积压所载货物一天对货主的经济损失有多大。

记 Q 为航次装载量，J 为平均每吨货物价格。设和本航次有关的各货主单位的加权平均资金收益率为 $i\%$。则每积压货物一天对货主的经济损失为：

$$p = Q \times J \times I/365 \tag{7-30}$$

由于减速航行而延长的航次时间为：

$$\Delta t_{航} = \frac{L}{24v} - \frac{L}{24v_0}$$

造成总的经济损失为：

$$\Delta t_{航} \times p = \left(\frac{L}{24v} - \frac{L}{24v_0}\right) \times p \tag{7-31}$$

引起的盈利损失为：

$$\left(\frac{L}{24v} - \frac{L}{24v_0}\right) \times r$$

增加的固定费用为：

$$\left(\frac{L}{24v} - \frac{L}{24v_0}\right) \times K_{固}$$

类似于经济航速确定方法二的推导过程，可得修正经济航速为：

$$v_{经修} = \sqrt[3]{\frac{r + K_{固} + p}{2k}} \tag{7-32}$$

由公式(7-32)可知，考虑了在途货物资金积压的影响，经济速度必然有提高的趋势。

第七节　不定期船其他营运决策问题

一、具体航次选船决策

当船公司拥有一定数量的船舶，在不定期船运输生产实际中就有可能出现对所承揽的某航次货载选派船舶的问题。

从定性的角度出发，所选派的船舶必须和航线途经海区吃水限制及有关港口条件、所揽货载相适应，既保证船舶技术上的可行性，又能使船舶的载货能力得到充分发挥，并尽量减少船舶的空航时间和非生产性停泊时间，就近选择船舶。然而，除了技术上的可行性外，不同船舶对不同的货流及航线也存在经济上的合理性。所以当存在多种派船方案时，有必要根据航线的参数及货流资料对拟派船舶进行定量分析，从中选择最优船舶。

在进行具体航次选船时，应先对不同船舶完成该航次货载的效益进行航次估算。设货运量确定且不同的备选船舶均能一个航次完成，仅装载率不同。决策模型描述如下：

在一般情况下，应就近选用吨位接近载货量的船舶。当发生距离接近与吨位接近矛盾时，就需借助于定量分析。

首先，分别就两艘船舶对完成该航次货载进行航次估算，分别算出航次利润。

值得指出的是，虽然假定航次货运量相同，但由于选用不同的船舶，其性能不完全一样，实际完成该货载的时间及货运量产生的差异在洽谈运费或租金时将会出现差别，从而导致航次收入有所不同。

第二步，计算船舶吨天利润。由于船舶吨位不同，故应采用船吨天利润指标，并应选用船吨天利润高的船舶来完成该航次货运，算式如下：

$$r_{吨天} = W_{次} / D_{定} / t_{次} \tag{7-33}$$

由于吨位较大的船舶完成同样货载量的航次任务其装载率较低，在货源充足时就存在较高的市场机会损失，故在实际进行决策时，还应考虑机会损失的影响。具体可采用如下方法处理。

假定小吨位船若不承运上述航次货载而在市场上另找机会出租，其期望吨天利润为 $r_{小}$，大吨位船在市场上找机会出租的期望吨天利润为 $r_{大}$。小船承运的航次时间为 $t_{小}$，大船承运的航次时间为 $t_{大}$，则大、小船的平均利润为：

(1)小船承运、大船出租：

$$r_1 = \frac{W_{小} + D_{大} \times t_{小} \times r_{大}}{D_{小} \times t_{小} + D_{大} \times t_{小}} \tag{7-34}$$

式中：r_1——小船承运、大船出租的平均吨天利润，元；

$W_{小}$——小船的航次利润，元；

$W_{大}$——大船的航次利润，元；

$D_{小}$——小船的定额载重量，t；

$D_{大}$——大船的定额载重量，t；

$t_{小}$——小船的航次时间，d；

$t_{大}$——大船的航次时间，d。

(2)大船承运、小船出租：

$$r_2 = \frac{W_{大} + D_{小} \times t_{大} \times r_{小}}{D_{小} \times t_{大} + D_{大} \times t_{大}} \tag{7-35}$$

式中：r_2——大船承运、小船出租的平均吨天利润，元。

通过 r_1 和 r_2 的比较，可作出具体的选船决策。

严格地讲，当 $t_{小}$ 和 $t_{大}$ 相差较大时，上述方法还存在一定的缺陷，但当船舶性能相差不是太大，$t_{小}$ 和 $t_{大}$ 就比较接近，上述方法基本上能满足日常决策的要求。

二、具体航次船舶航行路线决策

海上航线往往会在两个港口之间，存在着多条航行路线可供选择。当然，不同的航线存在着航行距离和吃水限制等差别。假定自然条件相似，在不同的可行航线中存在航行距离短、水深条件好的航线，这无疑的就是最佳选择。但事情往往难以两全其美，更多的情况是：距离短的航线，其吃水限制也大，而吃水不受限制的航线，其航行距离就长。

例 1：某船冬季航行于北太平洋航线，装货港处于可使用夏季载重线的地区，该船在运用载重线方面有两种不同的选择：其一，选择最短航线。此时船舶应使用冬季载重线，货载数量相对减少。其二，将航路南移，使船以按夏季载重线装载，增加载货量，但航程较长。

例 2：某船从哥本哈根装运散货到不来梅。有两条航行线路可选择：其一，走基尔运河，航行距离较短，但由于运河吃水有限，只能减载通过。其二，过卡特加特海峡和斯卡格拉克海峡入北海到不来梅，航行距离较长，但可满载。

此外，内河河网发达地区也存在减载走捷径还是满载走干流的问题。

此类问题的决策可取平均每营运天利润作为评价标准。

三、船舶停航决策

由于航运市场的不稳定,投放的运力和实际运输需求之间出现不平衡的现象时有发生,当运力大于需求,就会产生船舶吨位过剩,此时就要考虑船舶是否停航的问题。虽然船舶停航决策在更大程度上取决于船舶经营者对市场前景的预测,但仍存在着对基本经济数据的测算问题。

如不考虑船公司经营者对市场前景的预测,当船舶营运出现了亏损时,就会考虑停航问题,但并不是一出现亏损就必须停航。因为船舶停航需要支付一定的维持费用,如留守人员工资、机器定期运转的燃润料消耗、租用停泊锚地的费用等,即存在一个停航成本。当船舶营运的亏损额小于船舶停航成本,则应继续营运;当船舶营运的亏损额等于船舶停航成本,从理论上讲,船舶营运的亏损额等于船舶停航成本,是停航还是继续营运,在经济上没有多少区别,但考虑到营运的社会效益及影响,通常继续营运更为有利,只有当船舶的营运亏损额大于船舶的停航成本,才应停止营运。

具体计算方法如下:

设船舶航次总成本为 $K_{次}$,航次运量为 Q,运费率为 f,停船期间船天维持费为 $K_{维}$,航次时间为 $t_{次}$,则停船时的运费率可由下式计算。

$$K_{维} - f \times Q = t_{次} \times K_{维}$$

$$f = \frac{K_{次} - t_{次} \times K_{维}}{Q} \tag{7-36}$$

当运费率等于 f 时是一个经济分界点,又称为"停船点"。当运费率大于 f 时,船舶营运有利;当运费率小于 f 时,则应该考虑是否有可能采取其他措施而不考虑停航的问题。例如,可争取开辟其他新的航线,或船舶进行适当技术改装去装运其他种类的货物,或把船暂时以期租形式出租给其他船公司等。在不得已的情况下,才实施船舶停航。

对于以期租形式出租船舶,计算原理与方法类似,在此不再赘述。

思考题

1. 计算相当期租租金率有何作用?

2. 在同一种船型、同一种油价下,不同的船公司之间经济速度有可能不一样,可能的原因是什么?

3. 计算租金基价和租金费率有何作用?

4. 某船夏季满载排水量为 29 000t,冬季满载排水量为 27 000t,空船排水量为 7 100t,舱容为 24 500m^3,航行燃料消耗每天 27t,停泊燃料消耗每天 2t,船舶常数为 400t。船天营运费用 2 600美元,航速 14kn,燃油安全储备量按正常航行油耗的 25%计。该船现承运甲港至乙港的散货,已知两港运距 3 200n mile,该航线全程使用冬季载重线,运费率为 10.5 美元/t,佣金 5%,货物积载因数为 1.26m^3/t,航次费用共计 65 800 美元。该船在甲、乙两港停泊时间共计 20d,试求:①航次运量;②每天净收益;③每 10 美分费率;④相当期租租金率。

5. 某船技术速度为 14kn,船天航行费用 8 000 元,船天固定费用为 4 800 元,航次里程 2 000n mile,如不考虑速度增减,试求该船的经济速度及采用经济速度后每航次能节约多少营运费用?

6. 某船公司获得一批运费率为 70 元/t 的较为稳定的货源,拟采用两种方案供决策:一是购入总载重量为 9 000t 的船舶,船天固定费用为 1 万元,船天航行可变费用为 0.3 万元;二是租入与购入完全相同的船,租金费率为 32 元/(月·t)。如航次时间为 45d,且船公司不考虑其他因素,问船公司应购船还是租船?如购船,该船的租金基价是多少?

第八章 内河船舶运输组织

第一节 驳船队运输的特点及航线系统规划

在我国内河运输中,主要是利用天然航道进行水上运输。与海上运输相比,内河航道的特点是狭窄、弯曲、水浅、流急、风浪小;有的航段设有船闸、桥梁、过江电缆等碍航设施;洪枯水位差大;不同航段的水深、宽窄、曲率半径和流速均不相同。驳船队运输就是为适应内河航道的特点而发展起来的。与机动货船相比,驳船队运输有其独特的技术经济特征。

一、驳船队运输的特点

驳船队运输与机动货船运输相比,具有以下主要特点:

(1)吃水小、运送速度快、运输质量高。在相同载货量情况下,驳船的吃水可比机动货船小得多,这对于水深受限的航线上实现大载量运输具有很大的意义;对开展干支直达,减少中转环节,加快运送速度和提高货运质量也是十分有利的。

(2)经济性和灵活性好。驳船队运输是将驳船编队运行,可根据内河航线沿线分布港点多和货源较为分散的特点沿途编解,货物装卸也可分散到各个码头泊位进行,既具有大吨位船的经济性,又拥有小吨位船的灵活性。

(3)动力装置的利用率高。驳船队运输是把动力部分和载货部分分开。驳船队到港进行装卸作业时,拖(推)船可不必等待,随时与已装好货的驳船编队航行,大大提高了动力装置的利用率。

(4)抗风浪能力较机动货船差。驳船队是由多艘驳船编组而成,其抗风浪能力较机动货船差。

(5)航速较低。在同样载量和航速情况下,驳船队阻力大。所以,若主机功率相同,驳船队航速较机动货船低。

综上所述,驳船队非常适宜在内河运输,它是内河货运的主要形式。

目前,无论在国内还是在国外,内河运输主要有 3 种方式:拖带运输、顶推运输和机动驳运输。

在内河运输中,最早采用的是拖带运输,而且在很长时间里,拖带运输一直是内河主要的运输方式之一。顶推运输在 19 世纪中期出现于美国密西西比河,第二次世界大战后在各国得到了发展。实践证明,顶推运输是一种先进的运输方式。特别是出现分节驳顶推运输后,许多技术先进国家都相继广泛采用,成为内河航区的主要运输方式。顶推运输方式与拖带运输相比,具有如下优越性:

(1)阻力小、航速高。拖带运输是拖船在前,驳船在后,通过拖纤拖带航行。拖船螺旋桨打出的水流干扰后面的驳船,使驳船运行阻力增加。而顶推运输是推船在驳船之后,处于驳船的伴流中,不受上述水流干扰,推船阻力降低。同时推船螺旋桨在驳队的伴流中工作,伴流速度大,进速低,螺旋桨推进效率高。而且驳船不处于螺旋桨的尾流中,不受螺旋桨诱导速度的影响,阻力比吊拖驳船小;再者驳船队与推船组成整体,不会产生吊拖时的偏转摆动。因此,顶推运输运行阻力低,推进效率高。

(2)操纵性能好。顶推船队操纵性能好主要体现在3个方面:一是由于推船与驳船队系结成整体,只要在推船上操舵,整个船队便跟随回转。所以,驳船队的航行便于控制,舵效高,同时避免了吊拖时发生的偏摆现象;二是顶推船队可由推船驾驶员集中操纵,从而避免了吊拖船队中拖船与驳船队之间操纵不协调的现象;三是顶推船队的倒车制动性好,在船队有搁浅或碰撞危险时,推船可以开倒车制动船队前进,甚至使船队后退,从而可避免或减少事故的发生。而吊拖船队碰到上述危险时,拖船不仅不能开倒车制动驳船队后退,甚至还可能发生驳船冲撞拖船的危险。

(3)可改善驳船船员工作和生活条件。由于驳船与推船系结在一起，一般只需在推船上操舵，驳船船员无须操舵，而且驳船船员能利用推船上的绞关绞收系缆，也可利用推船上的电力机械绞锚，大大减轻了驳船船员的劳动强度。另外，驳船可使用推船电源、装置航行灯、信号灯和照明灯，驳船船员也可在休息时间到推船上看电视，改善文化生活条件，丰富业余生活。

(4)加强技术管理。轮驳结为一体,便于加强轮驳间的联系。遇有紧急情况时,轮驳间便于沟通,及时联系,互通情况,协调配合,以确保安全航行。

当然,拖带运输也有顶推运输无法替代的优点。如拖带运输对驳船的强度要求较低;船队的系结、编队简单方便;抗风浪能力强;在狭窄、弯曲及浅水急流的航段上,无论是操纵性能还是过滩能力都较顶推运输强。因此,在我国的大运河、长三角地区以及风浪大、狭窄弯曲的航段上仍少不了拖带运输。

目前,世界上分节驳船队主要有两种类型:全分节驳船队和半分节驳船队。

全分节驳船队是一种很理想的船队。它是由一艘首驳、一艘尾驳和若干艘箱形中间驳组成,从而使整个驳船队具有一艘船样的光顺线型,不仅降低运行阻力,而且中间箱驳载货量大、结构简单、造价低。但是箱形的中间驳必须有首尾驳配合,不宜单独航行,否则阻力太大。因此只适用于途中不需要编解的直达运输。

半分节驳船队是由外形酷似全分节首尾驳的半分节驳组成,前后驳可以紧密系结。但由于前后驳首尾连结处下部有空档,接缝阻力较大,适用于中途需挂靠的非直达运输。

分节驳运输主要特点是:

(1)载货量大。在同样船队尺度下,载货量较普通驳船增加8%~14%。

(2)阻力小、航速高、节能。在相同功率和队形的情况下,可比普通顶推船队提高船速6%~15%,千吨千米油耗下降20%左右。

(3)投资省。分节驳结构简单,建造周期短、造价低。与同吨位普通驳船相比造价可降低20%~25%。

(4)运输成本低。由于分节驳大部分都是无人、无舵、无锚,可降低各种费用,劳动生产率也可大大提高。一般情况下运输成本比普通顶推运输降低20%~30%。

(5)分节驳编队整齐、操纵灵活,可以整队通过船闸、桥梁。

(6)易于标准化和系列化。尺度、线型、系结装置、编队形式等的标准化和系列化利于调度和编队。

近几年来,世界各国对内河机动驳运输的研究和发展较快,在我国内河运输发达的省份,机动驳也相继增多。机动驳因其吃水较浅,对码头条件要求不高,抗风浪性能较好,对航道条件适应能力强,具有机动灵活、周转快、效率高的特点,适于运输价高和需运送速度快的件杂货。尤其在货源不足、批量小、分布港点多和水深有限的航线上,机动驳可做到随装、随运、随卸和沿途受载。此外,在机动驳运输的基础上又发展了机动驳顶推运输,其主要运输形式为一顶一。它不仅具有机动驳运输的优点,而且扩大了机动驳的载货量,并可以不需要港口作业船辅助编队,运输成本较机动驳运输低得多,经济效益十分显著,是一种很有发展前景的运输方式。

根据交通部水运规划大纲确定，到 2010 年，我国内河航运船队构成将是多层次、多种运输方式共存的总格局，它们互为补充，共同发展。在主要水系的大宗散货航线上，以发展分节驳顶推运输方式为主，有条件地保留一部分拖带运输，以适应山区弯曲狭窄河流和水网地区的运输需要。对于杂货运输，则主要采用机动驳和机动驳顶推船组运输方式；当批量较大、货流稳定时，亦可采用分节驳顶推运输方式。对于外贸和高档商品运输，应采用集装箱组织运输。

二、内河航线分类

内河航线的种类很多,常见的分类方法如下:按驳船队运行状况,分为定期航线和一般航线;按航线有效期,分为全年有效航线和季节性有效航线;按所运货种划分,有油运航线、煤运航线、杂货航线等;按航线上停靠的港口数,分为船舶只在两港间运行的简单航线和船舶需在中途港停靠装卸货物或上下旅客的复杂航线;按推(拖)船运行组织划分,有推(拖)船从航线的始发港至航线的终点港途中不更换推(拖)船的直通航线和需在中途更换推(拖)船的区段牵引航线;按驳船运输组织划分,又有从航线的始发港至航线的终点港,在途中不加减载或不加减驳的直达航线和需在途中加减载或加减驳的集解航线。

不同的航线,有其不同的优缺点及适用条件。

直达航线运行组织工作单纯,途中无需编解队,配船、编队也较方便,推(拖)船与驳船的工作配合简单,可提高货运速度,加速船舶周转。但是,当货运量不大时,开辟直达航线有可能减小发船密度,不利于推(拖)船与驳船的工作配合,导致非生产性停泊时间增加,从而影响货物的送达速度。或者当航线上水深不一致时,驳船的载货量会受到浅水航道的限制,驳船的载重量不能得到充分利用;或者根据水深采用小吨位驳船,这些都会使运输的经济性受到影响。因此,直达航线一般适于运送运量大或较贵重的货物;也适于运距不太长,水深、风浪等航行条件差别不很悬殊以及中途港作业条件较差的航线。

集解航线与直达航线相反,它克服了因货流批量小、分散而产生组织直达航线的弊病。它可根据货流分布情况,沿途增减驳船或装卸货物。但其缺点是途中编解作业增多,使推(拖)船与驳船和港口的工作配合更趋复杂,也可能导致船舶非生产性停泊时间增加,航次时间延长,货物送达速度降低,船舶周转减慢。因此,集解航线适用于货流量小且分散,航行条件变化大,中途港作业条件好的航线。

直通航线的优点是推(拖)船运行组织工作简单,不存在换推(拖)港的换推(拖)船的作业和推(拖)船与驳船的衔接配合问题,推(拖)船的航行率较高。但当航线上水流速度变化较大时,推(拖)船的功率不能被充分利用,造成功率天产量较低;而区段牵引航线的优缺点正好与其相反。因此,直通航线适用于航线上航道条件变化不大的直达航线和航线上各区段货运密度相差不多的集解航线。区段牵引则适用于航道条件变化大的直达航线和航线上各区段货运密度变化多的集解航线。

三、内河航线规划

我国有众多的江河湖泽,形成了以长江三角洲、珠江三角洲为代表的网络状和以长江、珠江、黑龙江为首的树枝状水路运输体系。如何经济合理地、以最少的消耗完成更多的运输任务,这是航线规划的重要任务。

内河航线的拟定可用货流图表示。货流图的横轴表示各港之间的距离,应按一定比例绘制,一般将下游港排列在横轴的右端。纵轴表示货流量,也应按一定比例绘制,上水货流列在纵轴的上方,下水货流则安排在纵轴的下方,且流向不同的货物之间应紧密排列,不留空隙。此外,不同货种应用不同标记表示。

图 8-1 为某轮船公司某年货运任务的货流图。货流图的纵轴表示每个港的发运量及各航段的货运密度,横轴上反映了货物运输距离的长短;图的面积表示货物周转量,从货流图上也可直接了解货物在运输方向上的不平衡性和各货种之间在流量上的差别。

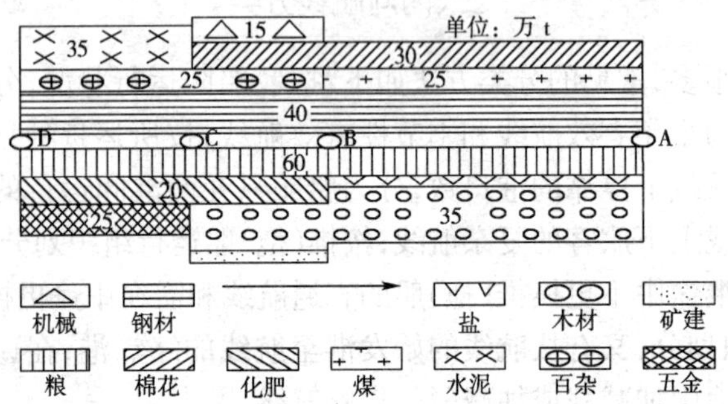

图 8-1 货流图

内河驳船运输航线拟定的基本原则是:

(1)航线的开辟应有足够的运量;

(2)尽可能组织简单往返航线;

(3)正反向货流对驳船类型的要求应当一致,大宗特殊货种应开辟专运航线;

(4)尽量保持正反向货流的平衡。为寻求最佳运输方案,应根据货运任务、航道条件和有关港口的情况,参考不同航线的特点拟制各种航线方案,以便鉴别比较。图 8-2 ~ 图 8-5 为某轮船公司根据货运任务拟定的几种驳船运输航线方案。

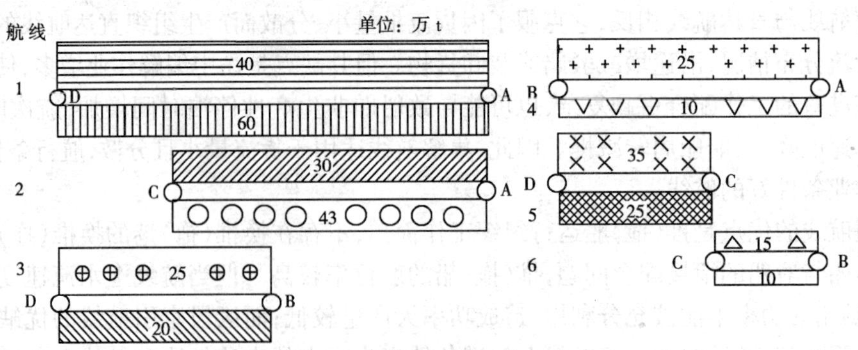

图 8-2 航线方案一

当然还可组成其他航线方案,但是究竟哪一种方案较优,要待下一步配驳船、配推(拖)船和确定运行组织方式,并经过各项指标计算和分析之后才能作出选择。

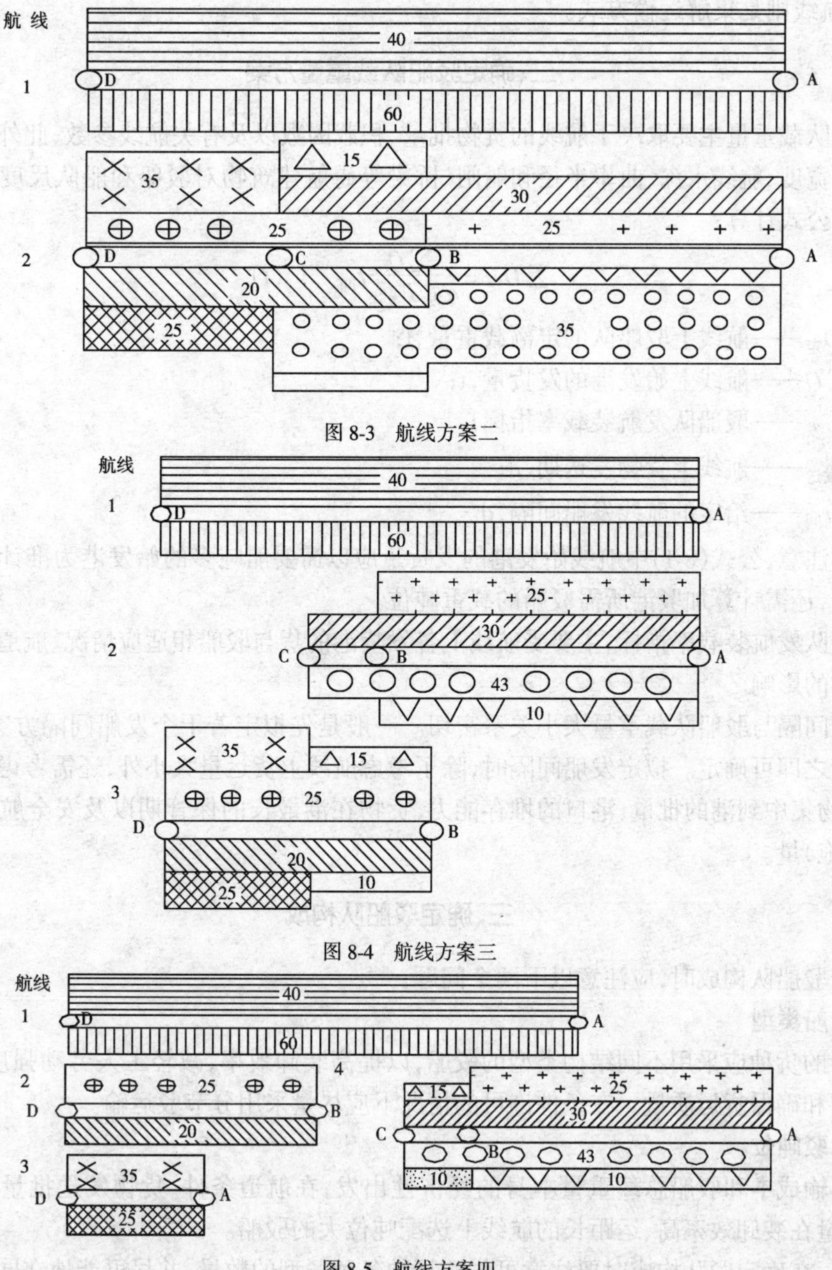

图 8-3　航线方案二

图 8-4　航线方案三

图 8-5　航线方案四

第二节　驳船队构成及其优化组合

航线方案拟定后,应随之确定每一航线的不同驳船队载重吨位,选配不同主机功率的推(拖)船以及确定驳船队的运行组织方式,从而组成各种航线的船队运行组织方案。具体步骤如下:

一、确定驳船运输组织方式

驳船运输组织方式在航线方案拟定后即可确定。一般来说,简单航线为驳船直达运输方式,复杂航线则是集解运输方式。

二、确定驳船队载重量方案

驳船队载重量主要取决于航线的货物批量、积载因数以及有关航线参数,此外还需考虑航线上航道宽度、航线水深、曲率半径和船闸、桥梁等碍航建筑物对驳船和船队尺度的限制。具体按下列公式计算:

$$\sum D_{定} = \frac{\sum Q}{\alpha_{发} T_{发送}} t_{间} \quad (t) \tag{8-1}$$

式中:$\sum D_{定}$——航线上驳船队的定额载重量,t;

$\sum Q$——航线上始发港的发货量,t;

$\alpha_{发}$——驳船队发航装载率指标;

$T_{发送}$——航线上货物发送期,d;

$t_{间}$——给定的航线发船间隔,d。

必须注意,公式(8-1)中航线始发港的发货量应以需要船吨多的始发港为准计算。如果是集解航线,还需计算加驳港所需驳船的载重吨位。

驳船队发航装载率指标,主要受航线上各发货港的货与驳船相适应情况、航道条件和货物批量大小的影响。

发船间隔与驳船队载重量大小关系密切。一般是先拟定若干个发船间隔方案,驳船队吨位方案随之即可确定。拟定发船间隔时,除了考虑航线上货运量大小外,还需考虑货主的运输需求,货物集中到港的批量,港口的堆存能力,货物在港最长的保管期以及安全航行所规定的最大推(拖)量。

三、确定驳船队构成

确定驳船队构成时,应注意以下两个问题:

1.驳船类型

不同的货种应采用不同结构类型的驳船,以提高装卸效率,减轻工人劳动强度,缩短驳船在港时间和确保货运质量。在条件许可的情况下应尽量采用分节驳运输。

2.单驳吨位

从运输成本和驳船总载重量本身的经济性出发,在航道条件、货物发送批量允许的情况下,应尽量在装卸效率高、运距长的航线上选配吨位大的驳船。

此外,在确定驳队构成时要注意可供选择的各种驳型的数量,并尽可能地在同一驳船队中驳型一致。

四、确定驳船队队形

驳船编队是一项很重要的组织工作。正确地编组船队,在很大程度上能减少驳船队的运行阻力,改善船队的操纵性能,缩短航次时间。驳船队的队形不同,阻力就不一样。驳船队运行阻力的大小可用编队系数 $K_{编}$ 表示,它等于驳船队总阻力与各驳船阻力总和之比。即

$$K_{编} = \frac{R_{队}}{\sum R_{驳}} \tag{8-2}$$

式中:$K_{编}$——驳船队编队系数;

$R_{队}$——驳船队的总阻力；

$R_{驳}$——每艘驳船的阻力。

编队系数受驳船队组合的队形、驳船数、各驳的尺度和吃水、驳船间相互位置、船队行驶速度、航道条件和顶拖方式等的影响。其中，以驳船队形、船型和驳船数影响较大。表8-1和表8-2分别为顶推船队和拖带船队的编队系数。

顶推船队的编队系数 $K_{编}$ 表8-1

顶推船队的编队形式	各种船型的编队系数		
	艜型船	杓型船	首为杓型船 尾为艜型船
良好的船队(由2~8艘驳船组成)			
1+1	0.78~0.79	0.91~0.92	0.92~0.94
1+1+1	0.74~0.75	0.88~0.92	0.94~0.95
1+1+1+1	0.67~0.68	0.95~0.99	0.89~0.91
1+2+2	0.79~0.81	1.05~1.07	0.94~0.95
2+2+2	0.76~0.80	—	—
1+2+2+2	0.75~0.76	—	—
2+2+2+2	0.75~0.77	—	—
编队方案			
2	0.97~0.99	1.15~1.17	1.01~1.02
3	1.06~1.09	1.28~1.32	1.10~1.11
2+2	0.83~0.86	1.18~1.20	0.96~0.98
1+1+2	0.77~0.79	0.99~1.03	0.96~0.98
1+2+1	0.78~0.80	0.97~1.01	0.99~1.00
1+1+1+2	0.74~0.76	1.01~1.03	0.94~0.96
2+1+1+1	0.80~0.82	—	—
3+3	0.88~0.91	—	—
1+2+2+1	0.77~0.79	—	—
2+3+2	0.81~0.82	—	—
2+2+3	0.83~0.84	—	—
2+3+3	0.80~0.82	—	—

拖驳船队的编队系数 $K_{编}$ 表8-2

拖驳船队的编队形式	各种船型的编队系数	
	楔形船	艜形船
1+1	0.80~0.88	0.83~0.90
1+1+1	0.76~0.81	0.78~0.85
1+1+1+1	0.68~0.74	0.70~0.80
2	1.05~1.10	0.95~1.00
2+2	0.86~0.90	0.85~0.88
1+2	0.80~0.88	0.80~0.87
1+2+1	0.70~0.75	0.80~0.86
2+2+2	0.80~0.86	0.78~0.84

表8-1和表8-2中船型是指如图8-6所示的常用驳船形式。

表中编队形式1+1表示两驳纵向排列；2表示两驳横向并排；2+2表示横向排两艘，纵向排两列。

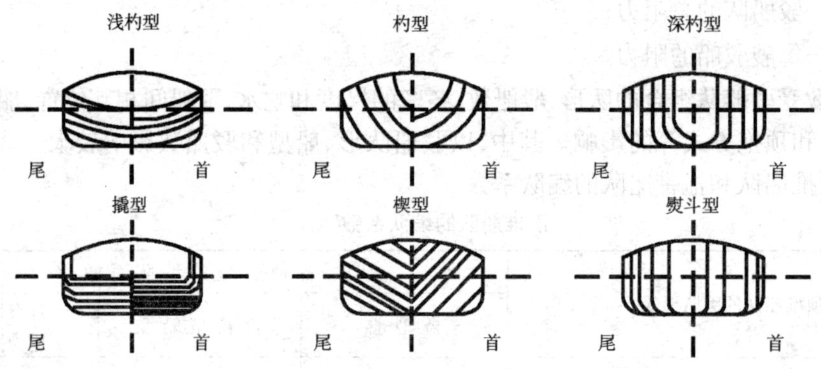

图 8-6　常用驳船类型

当船队航速增加时，编队系数将有所增大。表 8-1 和表 8-2 所列驳船均为紧接。如驳船间隙增大，则编队系数也要增大。在驳船队总排水量一定时，应将排水量大的驳船置于前面。

对编队形式的选择，应根据航行方向（上水或下水）、水位、航道曲率、流速、水流断面狭窄程度和船舶吃水、类型、技术状况等因素综合考虑而定。总的原则是航行安全、便于操纵，力求减少驳船队的总运行阻力。

五、推（拖）船选择

比较表 8-1 和表 8-2 的数据可知，在相同编队形式下，顶推船队的编队系数均小于拖带船队，即顶推船队阻力小于同队形的拖带船队。因此，在航道条件许可情况下，应尽量选择推船组成顶推船队，而在弯曲、狭窄，有急流浅滩及流速大的航道下，则往往仍采用拖带运输。

推（拖）船功率的大小应根据方案中驳船载重量大小、驳船艘数及上下水、货船送达期限和航线上安全航行所要求的航速及船队的长度而定。选择推（拖）船应尽可能使其在给定的航速下充分发挥其额定功率，以保证主机在良好的工况下正常运转。

六、推（拖）船与驳船配合方式的确定

由于推（拖）船与驳船在港作业的内容各不相同，所需在港时间也不一样，这就需要解决推（拖）船与驳船运输的配合问题。推（拖）船与驳船的配合方式有 3 种：固定配合、往返航次配合和单航次配合。确定推（拖）船与驳船配合方式时必须根据航线上发船密度、航线距离、驳船载重量、港口装卸效率、推（拖）船和驳船的在港停泊时间及其航行时间综合而定。

七、优化论证组合

综上所述，为完成相同的运输任务，可以有众多的航线方案。每一航线方案又有不同的航线组成；每一条航线可用不同的驳队构成，不同功率的推船或拖船，不同的运行组织等方案来完成。究竟选用哪一个方案，必须经过营运指标、经济指标的计算，并结合其他评价标准进行各项指标的分析、比较之后，才能筛选决定。

现以航线规划中第一航线方案的第一航线为例，说明各方案的拟制方法。

已知第一航线方案的第一航线的货运任务是：上水钢材 40 万 t，下水粮食 60 万 t，航线的有效期（货物发送期）为 92d。设有两种可供选择的驳船：A 型驳载重量 $D_{定}=2\ 000$t，B 型驳载重量 $D_{定}=1\ 100$t。航道水深对驳船吃水不限，但粮食发航装载率 $\alpha_{发}=0.94$，钢材发航装载率

$\alpha_{发} = 1.00$。推船有 3 种类型：甲型 1 470kW，乙型 882kW，丙型 1 911kW，均不受航道限制。航线里程为 1 350km，航线中 A—B 段水流较缓，B—D 段水流速较大。

据已知资料，按照公式(8-1)，给定 3 个发船间隔，便可得到 3 个驳船队载重量方案，见表 8-3。载重量方案应以需要船吨多的下水粮食为准计算。

内河船队运行组织拟制表 表 8-3

<table>
<tr><td colspan="2">方　案</td><td>(1)</td><td colspan="12"></td></tr>
<tr><td colspan="2">航　线</td><td>(2)</td><td colspan="12">1</td></tr>
<tr><td colspan="2">航 线 货 流</td><td>(3)</td><td colspan="12">上水 D←A 钢材 40 万 t；下水 D→A 粮食 60 万 t</td></tr>
<tr><td colspan="2">发 航 装 载 率</td><td>(4)</td><td colspan="6">1.00</td><td colspan="6">0.94</td></tr>
<tr><td colspan="2">发传间隔(d)</td><td>(5)</td><td colspan="4">1</td><td colspan="4">1.5</td><td colspan="4">2</td></tr>
<tr><td colspan="2">年往返航次数(次)</td><td>(6) = 发送期/(5)</td><td colspan="4">92</td><td colspan="4">62</td><td colspan="4">46</td></tr>
<tr><td rowspan="2">航次运量</td><td>上　水</td><td rowspan="2">(7) = (3)/(6)</td><td colspan="4">4 348</td><td colspan="4">6 452</td><td colspan="4">8 696</td></tr>
<tr><td>下　水</td><td colspan="4">6 522</td><td colspan="4">9 677</td><td colspan="4">13 044</td></tr>
<tr><td rowspan="6">驳船队构成</td><td>计算驳船队载重量(t)</td><td>(8) = (7)/(4)</td><td colspan="4">6 938</td><td colspan="4">10 295</td><td colspan="4">13 876</td></tr>
<tr><td>驳　型</td><td>(9)</td><td colspan="4">A　B</td><td colspan="4">A　B</td><td colspan="4">A</td></tr>
<tr><td>单 驳 吨 位</td><td>(10)</td><td colspan="4">2 000　1 100</td><td colspan="4">2 000　1 100</td><td colspan="4">2 000</td></tr>
<tr><td>艘　数</td><td>(11)</td><td colspan="4">3　1</td><td colspan="4">5　1</td><td colspan="4">7</td></tr>
<tr><td>队　形</td><td>(12)</td><td colspan="4">2 + 2</td><td colspan="4">2 + 2 + 2</td><td colspan="4">1 + 2 + 2 + 2</td></tr>
<tr><td>实际驳船队载重量(t)</td><td>(13)</td><td colspan="4">7 100</td><td colspan="4">11 100</td><td colspan="4">14 000</td></tr>
<tr><td rowspan="4">推(拖)船选择</td><td>推(拖)船运行方式</td><td>(14)</td><td colspan="2">直通</td><td colspan="2">区段</td><td colspan="2">直通</td><td colspan="2">区段</td><td colspan="2">直通</td><td colspan="2">区段</td></tr>
<tr><td>航　段</td><td>(15)</td><td colspan="2">A—D</td><td colspan="2">A—B/
B—D</td><td colspan="2">A—D</td><td colspan="2">A—B/
B—D</td><td colspan="2">A—D</td><td colspan="2">A—B/
B—D</td></tr>
<tr><td>船　型</td><td>(16)</td><td colspan="2">推</td><td colspan="2">推</td><td colspan="2">推</td><td colspan="2">推</td><td colspan="2">推</td><td colspan="2">推</td></tr>
<tr><td>额定功率(kW)</td><td>(17)</td><td colspan="2">1470</td><td colspan="2">882/
1470</td><td colspan="2">1470</td><td colspan="2">1470/
1911</td><td colspan="2">1911</td><td colspan="2">1470/
1911</td></tr>
<tr><td colspan="2">推(拖)船与
驳船队配合方式</td><td>(18)</td><td>固定配合</td><td>往返航次配合</td><td>固定配合</td><td>往返航次配合</td><td>固定配合</td><td>往返航次配合</td><td>固定配合</td><td>往返航次配合</td><td>往返航次配合</td><td>单航次配合</td><td>往返航次配合</td><td>单航次配合</td></tr>
</table>

根据驳队载重量方案和已知驳型，选择驳队的构成。然后根据航道条件和推船功率，分别组成直通直达和区段牵引直达两种组织方案。

最后，根据航线参数及具体营运管理水平确定推(拖)船与驳船队的配合方式。

全部方案拟制完后，便可进行各项指标的计算。然后，根据指标计算结果，结合其他评价方案的标准，分析比较，选出最佳方案。

第三节　内河船队航行速度的确定

一、关于牵引计算的概念

船舶牵引性能和速度性能的确定取决于主机、船体、螺旋桨和舵之间的相互作用，在很大程度上也取决于航道条件和船队中驳船的组合、排列和系结方式。改善船舶牵引性能和速度性能是增加船队运载能力的关键。

所谓船舶的牵引性能和速度性能是指在不同主机工况和不同航速下的螺旋桨的推力、牵引力、功率、船舶和船队的效率,它是解决一系列营运问题不可缺少的数据,是根据计算结果和实船试验资料编制的。

船舶或船队运行速度的确定借助于牵引计算。在进行牵引计算的过程中,建立了船舶推进系统所发出的有效推力与船舶运行阻力之间的关系,得以计算单船、拖带船队、顶推船队的运行速度和牵引力,提供了改善船舶牵引性能和速度性能的途径。

二、推船或拖船的牵引力

首先研究船舶运动的基本方程。推船或拖船单船运动时力的相互作用如图 8-7 所示;作直线等速运动时,船在前进方向上水平运动的有效推力等于其运动所受到的阻力。即

$$Z_{桨} \cdot T_{有效} = R_{推(拖)} \tag{8-3}$$

式中:$Z_{桨}(Z_p)$——螺旋桨数量;

$T_{有效}$——每个螺旋桨发出的有效推力;

$R_{推(拖)}$——推船或拖船运动的阻力。

在顶推运输和拖带运输方式下,推船或拖船螺旋桨所发出的总有效推力 $Z_{桨}\ T_{有效}$,除了克服推船或拖船本身的运动阻力 $R_{推(拖)}$之外,还要克服被顶推或拖带的驳船队所受到的运动阻力 $R_{队}$。

分析这些力的相互作用,可列出以下方程:

$$Z_{桨} \cdot T_{有效} = R_{推(拖)} + R_{队} \tag{8-4}$$

若令牵引力为 F,则有

$$F = Z_{桨} \cdot T_{有效} - R_{推(拖)} \tag{8-5}$$

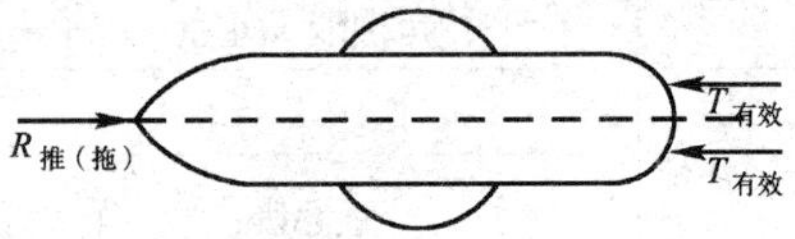

对于推船,此牵引力 F 为顶推架上的推力;对于拖船,则为拖钩上的拖力。

图 8-7 推(拖)船单船运动时力的相互作用

图 8-8 以双桨推船或拖船与两艘驳船组成的船队为例,分析了在顶推和拖带两种运输方式下这些力的相互作用。

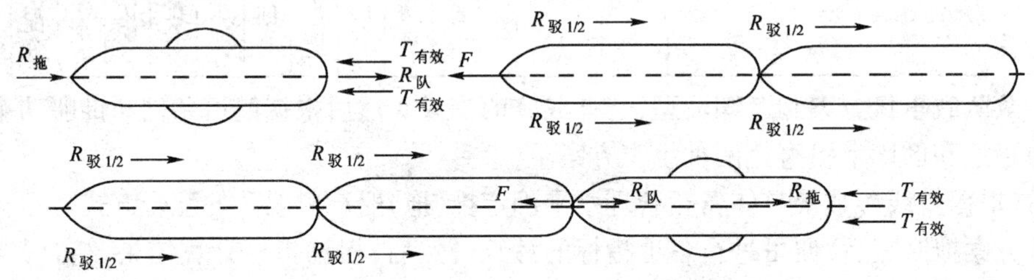

图 8-8 推带和顶推船队运动时力的相互作用

在上述关于推(拖)船运动基本方程的基础上,即可理解其牵引力曲线 $F = F(v)$的形成。

根据基本方程 $F = Z_{桨} \cdot T_{有效} - R_{推(拖)}$ 可知,牵引力曲线即为推(拖)船的有效推力曲线与其本身阻力曲线的差值曲线。

由牵引力曲线可知,当速度 $v = 0$ 时,即系泊状态时,牵引力取得最大值 F_{max}。在这种工况下,推(拖)船的阻力为零,即 $F = Z_{桨} \cdot T_{有效} - R_{推(拖)}$。随着航速的增大,推(拖)船的阻力逐渐增大,牵引力则逐渐减小。当 $F = 0$ 时,即 $Z_{桨} \cdot T_{有效} = R_{推(拖)}$ 时,表示推(拖)船的有效推力 $Z_{桨} \cdot T_{有效}$完全用以克服推(拖)船本身的阻力,此时推(拖)船的航速为最大值 v_{max}。该 v_{max} 称为推(拖)船的自由航速或单放速度。

三、顶推(拖带)船队静水速度的确定

推(拖)船单船及船队静水航速的确定可使用图解法或表格法。

1.图解法

用图解法确定船队静水航速,可按下述步骤进行:

(1)首先计算推(拖)船和驳船的阻力曲线 $R_{推(拖)}=f(v)$和 $R_{驳}=f(v)$。

推(拖)船和驳船阻力近似计算方法有多种,其中以兹万科夫法较为简单。

①推(拖)船阻力的兹万科夫计算法。

$$R_{推(拖)} = 1.67Sv^{1.83} + \xi C_B A_M v^{1.74+4Fn} \tag{8-6}$$

式中:S——推(拖)船的浸水面积,m^2;

v——船速,m/s;

C_B——方形系数;

A_M——浸水部分中横剖面面积,m^2;

Fn——傅汝德数;

ξ——剩余阻力系数;

$$\xi = \frac{17.36mC_B2.5}{\left(\frac{L}{6B}\right)^8 + 2} \tag{8-7}$$

其中:m——考虑隧道影响的修正因子,对无隧道螺旋桨船,$m=1$;有隧道者,$m=1.2$。

②我国长江钢质货驳阻力计算法。

$$R_{驳} = fSv^{1.83} + \xi C_B A_M v^{1.7+0.03v} \tag{8-8}$$

式中:f——傅汝德摩擦阻力系数,

$$f = \gamma\left(0.1392 + \frac{0.258}{2.68 + L}\right)[1 + 0.0043(15 - t)] \tag{8-9}$$

其中:γ——水的重度,淡水取 9.8kN/m^3,海水取 10.06kN/m^3;

L——驳船水线长,m;

t——水温,℃;

ξ——剩余阻力系数,取 $\xi=6$。

公式(8-8)是根据实船和船模试验结果将兹万科夫公式修改而成的。另外,船舶阻力近似计算方法也可列表计算。

(2)计算推(拖)船的牵引力曲线 $F=f(v)$。

应该强调,推(拖)船的牵引力曲线实质是其有效推力曲线与本身单船阻力曲线的差值曲线,它表达了在不同航速下螺旋桨所能提供的牵引力数值,航速范围一般从 $v=0$ 的系泊状态到 $v=v_{max}$的自由航行状态,如图 8-9 所示。

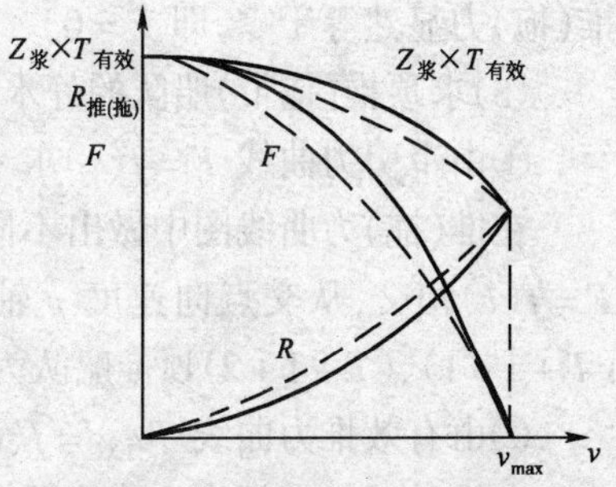

图 8-9 推船和拖船牵引力曲线的形成

计算牵引力曲线应具备的已知条件有:

①推(拖)船的阻力曲线 $R_{推(拖)}=f(v)$。

②主机的额定功率 $P_额$、额定转速 $N_额$、轴系效率 $\eta_轴$(η_s)、相对旋转效率 $\eta_相$(η_R)、伴流分数 W 和推力减额分数 T。

相应的敞水收到功率 $P_{敞}(P_D)$和敞水转矩 Q 则分别为：

$$P_{敞} = P_{额} \cdot \eta_{轴} \cdot \eta_{相} \quad (kW) \tag{8-10}$$

$$Q = P_{敞} / 2\pi\left(\frac{N}{60}\right) \quad (N \cdot m) \tag{8-11}$$

式中：N——螺旋桨转速，r/min。

③螺旋桨要素：系列形式、叶数 Z、盘面比 A/A_0、螺距比 P/D、直径 D 及相应的敞水性征曲线 K_T、K_Q、$\eta_0 = f(J)$。

螺旋桨的敞水性征曲线表达了孤立螺旋桨在均匀来流下的水动力性能，即推力系数 K_T、转矩系数 K_Q、效率系数 η_0 与进速系数 J 之间的关系。

$$K_T = \frac{T}{\rho n^2 D^4} \tag{8-12}$$

$$K_Q = \frac{Q}{\rho n^2 D^5} \tag{8-13}$$

$$J = \frac{v_a}{nD} \tag{8-14}$$

$$\eta_0 = \frac{K_T}{K_Q} \cdot \frac{J}{2\pi} \tag{8-15}$$

式中：n——螺旋桨转速，r/s；

ρ——水密度，$N \cdot s^2/m^4$；

D——螺旋桨直径，m；

T——螺旋桨推力，N；

Q——螺旋桨敞水转矩，N·m；

v_a——进速，m/s。

K_T、K_Q 数值可直接从相应螺旋桨的敞水性征曲线上查到。

计算牵引力曲线分低于设计航速和高于设计航速两种工况进行。当船速大于设计航速时，按负载过轻、转速保持额定转速的条件进行计算；当船速小于设计航速时，按负载过重、转矩保持额定转矩的条件进行计算。

在综合考虑这两种工况的基础上即可绘制出推(拖)船的有效推力曲线 $T_{有效} = f(v)$。牵引力曲线 $F = f(v)$亦可绘出。只要将图中每一航速 v 下的 $T_{有效}$的坐标值减去 $R_{推(拖)}$的坐标值，即可得到 F 的坐标值。$T_{有效}$曲线与 $R_{推(拖)}$曲线的交点所对应的航速为自由航速，该点的推(拖)力显然等于零，即 $F = 0$。

(3)求顶推(拖带)船队的静水航速 $v_{静}$。

①由牵引力曲线 $F = f(v)$求 $v_{静}$。

在推(拖)力曲线图中做出不同顶推(拖带)驳船队的阻力曲线 $R_{队} = f(v)$，与牵引力曲线 $F = f(v)$相交，从交点向速度 v 轴做垂线，垂足即为顶推(拖带)船队的静水航速 $v_{静}$。现以($T+1+1$)、($T+1+2$)顶推船队为例示于图 8-10 中。

②由有效推力曲线 $T_{有效} = f(v)$求 $v_{静}$。

在推(拖)船有效推力曲线图中做出不同顶推(拖带)驳船队的总阻力曲线 $R_{推(拖)} + R_{队} = f(v)$，与有效推力曲线 $T_{有效} = f(v)$相交，从交点向速度 $v_{轴}$ 做垂线，垂足即为顶推(拖带)船队的静水速度 $v_{静}$。现仍以($T+1+1$)、($T+2+2$)顶推船队为例示于图 8-11 中。

两种方法得到的结果是一致的。它们均建立在基本方程 $Z_{桨} \cdot T_{有效} = R_{推} + R_{队}$ 的基础之上，只不过①法是先求出 $Z_{桨} \cdot T_{有效} - R_{推(拖)} = F$，然后再令 $F = R_{队}$；②法是直接令 $Z_{桨} \cdot T_{有效} = R_{推(拖)} + R_{队}$ 而求得顶推（拖带）船队静水速度 $v_{静}$ 的。

上述的驳船队阻力曲线 $R_{队} = f(v)$ 可以是不同驳船数，不同编队的驳船阻力，也可以是不同载货量（不同吃水）的驳船队阻力。船舶的阻力曲线可通过近似计算方法或船模试验换算得到，也可直接由实船的阻力试验得到。

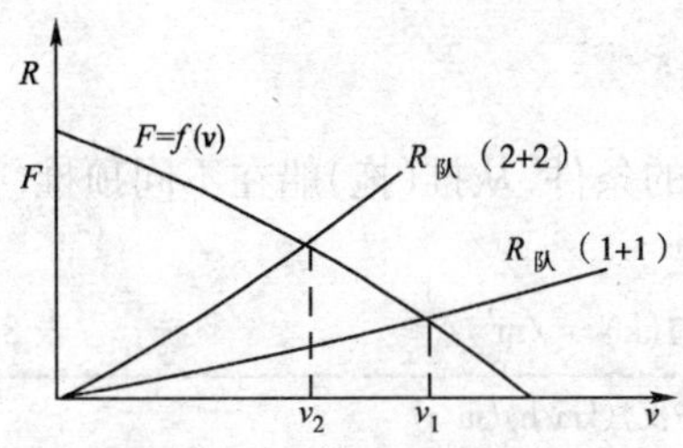

图 8-10 由牵引力曲线求 $v_{静}$

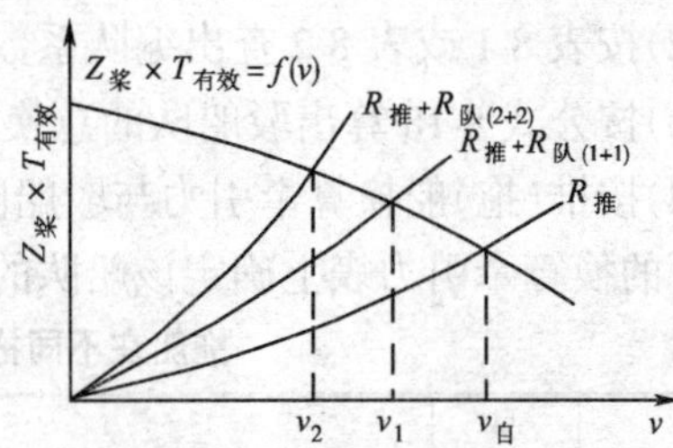

图 8-11 由有效推力曲线求 $v_{静}$

应该看到，由于驳船队的阻力与船队的构成、给定的队形和每一驳船载货量（吃水）的大小有关，其中任一因素变化时驳船队阻力曲线也随之而变。因此，无论是应用推（拖）船的有效推力曲线还是用牵引力曲线与驳船队阻力曲线求静水航速的图解法都是较为复杂的，需要做大量的曲线。但是，在引出换算阻力和换算牵引力的概念后，将使求解船队静水航速的问题大为简化。

2.表格法

驳船的换算阻力定义为航速等于 1m/s 的驳船阻力。

如果将驳船阻力 R 驳的一般表达式写为：

$$R_{驳} = (f + \xi)\frac{1}{2}\rho S v^2 \tag{8-16}$$

则其换算阻力 $R'_{驳}$ 可写为：

$$R'_{驳} = \frac{R_{驳}}{v^2}(f + \xi)\frac{1}{2}\rho S \tag{8-17}$$

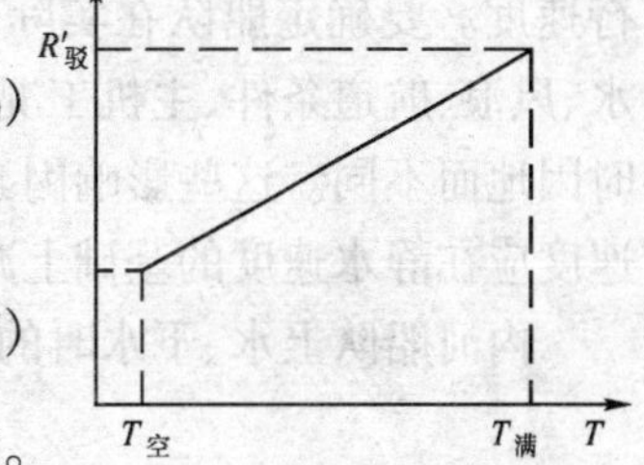

图 8-12 驳船换算阻力曲线图

显然，驳船的阻力一般随其吃水及航速的平方成正比增大。而其换算阻力仅正比于其吃水，或说驳船的换算阻力是吃水的一次函数，如图 8-12 所示。这使得能以更简便的表格形式列出换算阻力的数据，如表 8-4 所示。

驳船在不同吃水下的换算阻力 表 8-4

船舶名	载货量(t)	吃水(m)		在不同吃水下的换算阻力($kN \cdot s^2/m^2$)													
		满载	空载	满载	空载	0.6	0.9	1.2	1.5	1.8	2.1	2.4	2.7	3.0	3.3	3.6
617	3000	3.20	0.42	5.78	2.38	2.62	3.06	3.45	3.83	4.20	4.58	4.96	5.33	5.67	5.90	—
461	3000	3.20	0.40	4.40	1.94	2.09	2.33	2.57	2.83	3.09	3.37	3.64	3.93	4.22	4.49	—
581	2100	3.50	0.50	1.86	0.89	0.92	1.01	1.10	1.20	1.29	1.39	1.49	1.58	1.67	1.78	1.89
462	1800	2.51	0.38	3.11	1.45	1.60	1.81	2.05	2.26	2.47	2.47	3.02	—	—	—	—

由若干个驳船组成驳船队的换算阻力 $R'_{队}$ 可按下式计算：

$$R'_{队} = K_{编} \sum R'_{驳} \tag{8-18}$$

相应地引出推(拖)船换算牵引力 F'的概念,即:

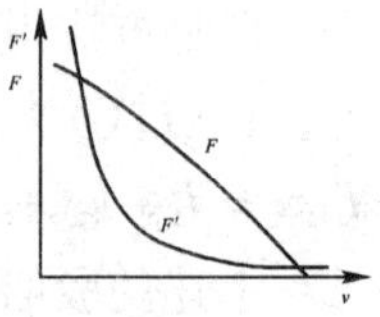

$$F' = \frac{F}{v^2} = R'_{队} = K_{编} \sum R'_{驳} \tag{8-19}$$

换算牵引力以 $N \cdot s^2/m^2$ 表示。推(拖)船换算牵引力曲线如图 8-13。表 8-5 则是拖船在不同拖速下的换算牵引力。

图 8-13 推(拖)船换算牵引力曲线图

对于已给定推(拖)船和驳船队,求航速的问题,可按下列步骤求解:

(1)按表 8-4 的数据求出每艘驳船的换算阻力;

(2)按表 8-1 或表 8-2 查出编队系数;

(3)按公式 8-18 算出驳船队的总换算阻力;

(4)按推(拖)船换算牵引力与驳船队换算阻力相等的条件,从推(拖)船在不同顶推(拖带)速度下的换算牵引力表上确定该船队的顶推或拖带速度。

拖船在不同拖带速度下的牵引力($kN \cdot s^2/m^2$) 表 8-5

拖船名	功率(kW)	自由航速(km/h)	拖带速度(km/昼夜)(km/h)(m/s)													
			160	180	200	220	240	260	280	300	320	340	360	380	400	420
			6.67	7.5	8.32	9.16	10.0	10.84	11.66	12.5	13.33	14.15	15.0	15.8	16.65	17.5
			1.85	2.09	2.33	2.55	2.78	3.01	3.25	3.48	3.71	3.93	4.17	4.39	4.62	4.86
947	2948	28.0	160	132	105	85.0	60.7	54.0	43.0	35.0	29.0	25.0	21.0	17.5	16.0	15.0
428	1475	23.0	62.0	56.0	49.0	41.5	34.0	27.0	21.5	18.0	14.5	11.5	8.35	7.10	5.50	3.00
749	885	20.0	41.0	30.15	24.3	19.3	15.7	12.8	10.8	8.50	7.10	5.76	4.75	3.40	2.25	1.25
758	590	19.5	32.23	22.5	17.12	13.74	11.1	8.66	7.20	5.70	4.57	3.60	2.70	2.00	1.30	0.70

以上计算得出的静水速度只适合于宽阔、无风、浪静、深水航道上作直线航行时的船队运行速度。要确定船队在实际营运中的航行速度尚要考虑影响速度的因素,诸如船舶污底、流水、风浪、航道条件、主机工况、船舶会让及船员驾驶技术等,每一因素对船队航速的影响均因时因地而不同。这些影响因素的综合效应,总称为速度的损失值或增加值。船队实际的航行速度应在静水速度的基础上减去速度的损失值或加上速度的增加值。

内河船队上水、下水时的速度分别为:

$$v_{上} = v_{静} - C_{上} \tag{8-20}$$

$$v_{下} = v_{静} + C_{下} \tag{8-21}$$

式中:$C_{上}$——上水速度损失值;

$C_{下}$——下水速度增加值。

影响船队航速的因素非常复杂,有一些可以通过计算或试验确定,有一些则要根据实船测试或统计资料确定。

第四节 轮驳运输作业配合的确定

拖带(顶推)船队,是由拖(推)轮与驳船组合成一个整体,共同完成运输任务的一种运行组织方式。拖带(顶推)船队主要特点是动力部分与载货部分可以分开,又可以自由组合。这就给船舶运行组织带来很大的灵活性和机动性,会出现多种轮驳组合方案,供经营管理人员进行决策,以便充分发挥拖(推)轮与驳船的各自作用,优化船舶营运效率与经济效益。它的内容包括两个主要方面:

首先,表现在拖(推)轮的牵引力与驳船队阻力的结合。在确定拖(推)轮和驳船队(即牵引力与阻力一定)的情况下,计算其速度;在确定拖(推)轮和速度情况下,选配驳船队构成;在确定驳船队和速度情况下,选择拖(推)轮等。这些已在前面一节进行了论述。

其次,表现在拖(推)轮与驳船队作业时间上的配合(即轮驳作业时间配合,简称轮驳配合)。由于拖(推)轮与驳船在航行时是组合成一体,不可分离,而在港口作业时,可以各自分开进行,但所需时间却相差很多。如果组织得好,有些作业可同时平行进行,能节约大量时间。如果安排不当,时间上不能相互配合,就必然会发生互相等待,增加非生产性停泊,甚至影响拖带(顶推)船队的正常运行,使港航运输难以继续再生产。因此,研究轮驳作业时间配合,是组织拖带(顶推)船队运行生产的重大课题之一,具有十分重要的意义。

一、轮驳配合的基本类型及其适用条件

拖带(顶推)船队的轮驳作业时间上的配合,在不同的运行组织方式中,有其各种不同的表现形式。但根据船舶运行生产周期的规律性,可归纳为 3 种基本类型。现就其含义和适用条件,分别论述如下:

1.单航次配合

单航次配合即拖(推)轮每个单航次更换拖(推)一个新驳队。也就是说,拖(推)轮在两端点港都要更换被拖(推)的驳队。当然,在航线形式的运行组织中,拖(推)轮经过若干航次后,将重复拖(推)以前的驳队,不断循环,周期运转。

单航次配合,充分体现了拖带(顶推)船队的动力与载货可分离又可组合的特点,能灵活机动的发挥轮驳各自的作用。一般适用货源充足、发运均衡、批量大、发船间隔小、运距短、周转快、拖(推)轮与驳船在港作业时间相差悬殊的航线上。在组织管理上要求严密,核算分配上比较繁杂。

单航次配合,在通信可靠、调度灵活、组织完善、条件允许的情况下,是一种最理想的轮驳配合方式。如果外界环境变化大,内部条件难以适应,特别在发船间隔较大的情况下,会出现轮驳难以配合,互相等待的现象,从而引起连锁反应,严重影响运输生产秩序。另外,在生产实践中,由于拖(推)轮在营运中的作用大、费用高、效益显著,是矛盾的主要方面,容易得到重视与充分利用,因而有可能忽视驳船,增加其待拖(推)时间。为此,在实际应用中,要掌握适度,采取正确合理的措施。单航次配合,在理论上分析,最为优越,已被大、中型航运企业所采用,如矿建、钢铁航线上应用更为广泛。

2.往返航次配合

往返航次配合即拖(推)轮每个往返航次更换拖(推)一个新驳队。也就是说,拖(推)轮只在一个端点港更换被拖(推)的驳队。当然,在航线形式的运行组织中,拖(推)轮经过若干个往返航次后,也会出现重复拖(推)以前驳队的周期现象。

往返航次配合,拖带(顶推)船队的动力部分与载货部分处于半分离状态。一般适用于单程货源,或有一端点港装卸效率特高、轮驳在港作业时间相近、外港组织管理困难的航线上。

这种配合方式,使拖(推)轮与驳队的停泊时间在一个端点港相等,两者固定配合。但这往往是用延长拖(推)轮在港的停泊时间来换取的。为此,必须要求利用这部分时间来安排拖(推)轮的预防检修、物资供应等生产活动。使拖(推)轮等待驳船的非生产性时间转化为生产性时间。

往返航次配合,简化了一个端点港(一般为外港)的配合关系,增长了轮驳固定在一起的时间,有利于组织管理,核算分配。为此,它受到航运企业经营管理者与从事拖(推)运输船员的欢迎,一般应用于煤炭等大宗货物单程运输的专线上。

3. 固定配合

固定配合即拖带(顶推)船队的轮驳配合关系固定。

轮驳固定配合方式运作模式类似于机动货船,主要适用于特种货源、货运量小、发船间隔大、运距长、港口装卸效率高、拖(推)轮与驳队作业时间相近的航线和管理基础比较薄弱的船队。

驳队采用固定配合方式,不能充分发挥轮驳各自的优势,还往往以牺牲拖(推)轮的效益,用延长它在两端点港的停泊时间与驳队的停泊时间相等,使之与驳船配合。但其优点是大大简化了轮驳之间的配合关系,使轮驳长期固定同行,组织管理方便,有利于安全生产。它一般在石油等特种货物航线和中、小型航运企业得到广泛的采用。

驳队采用固定配合方式,驳队中各驳船仍能分散在不同的码头上,同时进行装卸作业;在航行中,还能根据航道、水深、水流等情况,变更队和拖推方式,发挥驳队吃水浅、营运费用低、拖带(顶推)量大等优势。

在国外,一些沿海顶推或拖带船队也采用固定配合,如美国的大湖自矿运输船队,就是由10 290kW(14000 马力)的推船与 50 000t 驳船固定配合组成。其主要原因是驳船自卸效率高达每小时万吨,轮驳在港作业停留时间很相近。

以上讨论的仅是拖(推)船与驳队在时间上配合的基本类型。下面将对定期形式运行组织的轮驳配合进行分析计算,探讨其一般规律。

二、轮驳配合时间的计算

对定期拖带(顶推)船队运行组织,要使轮驳工作协调,时间上配合,有节奏地均衡地生产,必须符合下述条件:

(1)航线发船间隔为昼夜整数或非整数部分是昼夜 24h 的约数:

$$\frac{t_{间}}{24} = n \tag{8-22}$$

$$\frac{24}{t_{非间}} = n \tag{8-23}$$

式中:$t_{间}$——航线发船间隔时间,h;

n——正整数;

$t_{非间}$——小于 24h 的航线发船间隔时间,h。

(2)拖(推)轮与驳队的往返航次时间应为航线发船间隔时间的整倍数:

$$\frac{T_{往返}}{t_{间}} = n \tag{8-24}$$

或

$$\frac{T'_{往返}}{t_{间}} = n \tag{8-25}$$

式中:$T_{往返}$——拖(推)轮往返航次时间,为拖(推)轮各作业时间之和$\sum T$,h;

$T'_{往返}$——驳队往返航次时间,为驳队各项作业时间之和$\sum T'$,h。

(3)驳队在港停泊时间应为拖(推)轮在港停泊时间,或者再加上若干倍发船时间。

$$t'_{港} = t_{港} + \alpha t_{间} \tag{8-26}$$

式中:$t'_{港}$——驳船在港停泊时间,h;

$t_{港}$——拖(推)轮在港停泊时间,h;

α——配合系数,其值为零或整数。

下面,根据运行组织形式不同,分别阐述拖(推)轮与驳队在端点港、换拖港、中途港的时间配合与计算。

①直通直达航线轮驳配合

直通直达航线由于拖带(顶推)船队不在中途更换拖(推)轮,也不在中途集解驳船或装卸货物,因此,只在始发港与终点港存在配合问题。

$$t'_{始} = t_{始} + \alpha_{始} t_{间} \tag{8-27}$$

$$t'_{终} = t_{终} + \alpha_{终} t_{间} \tag{8-28}$$

式中:$t'_{始}$、$t'_{终}$—— 驳队在始发港、终点港的停泊时间,h;

$t_{始}$、$t_{终}$——拖(推)轮在始发港、终点港的停泊时间,h;

$\alpha_{始}$、$\alpha_{终}$——轮驳在始发港、终点港的配合系数,其值为零或正整数。它表示港口为拖(推)轮准备的驳队数。

当 $\alpha_{始} > 0, \alpha_{终} > 0$,则为单航次配合;

当 $\alpha_{始} > 0, \alpha_{终} = 0$ 或 $\alpha_{始} = 0, \alpha_{终} > 0$,则为往返航次配合;

当 $\alpha_{始} = 0, \alpha_{终} = 0$,则为固定配合。

在实际工作中,根据定额计算出来的拖(推)轮和驳队的在港作业时间及往返航次时间,往往不能满足上述要求。在此情况下,必须适当调整有关作业时间,使其符合以上条件。其调整方法,应根据具体情况,在保证安全质量的前提下,尽可能将各项作业时间同时平行进行,或采取积极措施压缩作业时间。否则,只能用延长轮驳作业时间的办法来满足上述要求。但对这部分时间,要充分加以利用。如用于预防检修、物资供应、港内拖带(顶推)与港内驳运等作业。甚至还可以采用长短航线相结合的运行组织方式等。

例如,在甲乙两港间组织直通直达矿建、钢铁航线运输,按定额计算轮驳各作业时间数值,分别列入表中,见表8-6。

直通直达航线轮驳配合表(单位:h) 表8-6

航线	发船间隔(昼夜)	船型	航行		甲港		乙港		丙港		往返航行时间
			下水	上水	停泊时间	配合系数	停泊时间	配合系数	停泊时间	配合系数	
甲乙单航次配合	1	计算数值									
		拖轮	26	48	14		11				99
		驳队			52		34				160
		调整结果									
		拖轮	26	48	12		10				96
		驳队			60	2	34	1			168
乙丙往返航次配合	2	计算数值									
		拖轮	45	72			5		10		132
		驳队					50		20		187
		调整结果									
		拖轮	45	72			7		20		144
		驳队					55	1	20		192

续上表

航线	发船间隔（昼夜）	船型	航行		甲港		乙港		丙港		往返
			下水	上水	停泊时间	配合系数	停泊时间	配合系数	停泊时间	配合系数	航行时间
甲丙固定配合	3	计算数值									
		拖轮	70	116	12				12		210
		驳队			20				20		226
		调整结果									
		拖轮	72	120	20				20		232
		驳队			20	0			20	0	232

在此基础上，调整拖轮往返航次时间由99h压缩为96h；驳队往返航次时间由160h延至168h；再调整在甲港的拖轮停泊时间，由14h压缩为12h；驳队停泊时间由52h延至60h，以及调整在乙港的拖轮停泊时间由11h压缩为10h；驳队停泊时间维持34h不变。本航线共需拖轮4艘（编号为Ⅰ、Ⅱ、Ⅲ、Ⅳ），驳队7队（编号为1,2,3,4,5,6,7）。当然，有可能也可以调整航行时间（如甲丙固定配合航线）。

②区段牵引航线轮驳配合

区段牵引航线与直通直达航线的不同，仅增加了换拖（推）港作业。为此，轮驳配合除要符合直通直达航线所应满足的全部外部条件外，还要研究换拖（推）港停泊时间的相互关系问题，必须满足下述条件，

$$t'^{上水}_{换} + t'^{下水}_{换} = t^{上段}_{换} + t^{下段}_{换} + \alpha_{换} t_{间} \tag{8-29}$$

式中：$t'^{上水}_{换}$、$t'^{下水}_{换}$——上、下水驳队在换拖（推）港的水域停泊时间，h；

$t^{上段}_{换}$、$t^{下段}_{换}$——上、下段拖（推）轮在换拖（推）港的停泊时间，h；

$\alpha_{换}$——轮驳在换拖（推）港的配合系数。其值为零或正整数，表示在换拖（推）港为拖（推）轮准备的驳队数。

例如：在甲丙两港之间，组织区段牵引直通直达航线。乙港为换拖（推）港，上段水流急，航道窄，选用大功率推轮，下段选用小功率推轮；上水采用一列或顶推队形，下水采用梭形顶推队形，以适应航道特点，减少阻力，利用水流，提高航速和缩短队形，便于操纵，保证安全。

具体计算与调整，详见表8-7。

区段牵引航线轮驳配合表（单位：h）　　表8-7

航线	发船间隔（昼夜）	船型	航行		甲港		乙港		丙港		往返
			下水	上水	停泊时间	配合系数	停泊时间	配合系数	停泊时间	配合系数	航次时间
甲丙线上端下端全段	1	计算数值									
		推轮	26	48	14		11				99
		推轮	45	72			5		10		132
		驳轮	71	120	25		28		20		264
甲丙线上端下端全段	1	调整结果									
		推轮	26	48	12		10				96
		推轮	45	72			7		20		144
		驳轮	71	120	36	1	41	1	20	0	288

③中途集解航线轮驳配合

中途集解航线与直通直达航线的不同,仅增加了中途集解港加减驳作业。为此,轮驳配合除要符合直通直达航线所应满足的全部条件外,还要研究中途集结港停泊时间的相互关系问题,必须满足下述条件:

$$t'^{上段}_{集} = t^{下段}_{经} + \alpha^{上段}_{集} t_{间} \tag{8-30}$$

$$t'^{下段}_{集} = t^{上段}_{经} + \alpha^{下段}_{集} t_{间} \tag{8-31}$$

式中:$t'^{上段}_{集}$、$t'^{下段}_{集}$——在中途集解港所加减上下段驳队的停泊时间;

$t^{下段}_{经}$、$t^{上段}_{经}$——从上、下段拖(推)轮到达中途集解港减驳起,至反向转回该港加驳完后离港时为止所经历的全部作业时间;

$\alpha^{上段}_{集}$、$\alpha^{下段}_{集}$——上段、下段轮驳在中途集解港的配合系数。其值为零、正整数或负整数。正值表示在中途集解港为拖(推)轮准备的驳队数;零或负整数表示在中途集解港无须为拖(推)轮准备驳队数。

一般情况下,驳队在中途集解港的作业时间,常少于从拖轮到达中途集解港减驳起,至反向转回该港加驳完后离港时为止所经历的全部作业时间。故途中集解港配合系数往往出现负整数。

例如:在甲丙两港之间,亦可组织中途集结航线,乙港为中途集解港。船队下水时在此减驳后,再加驳,牵引方式由顶推改为拖带。船队上水时在此减驳后,再加驳,牵引方式则由拖带改为顶推。

具体轮驳作业时间的计算与调整与前面所述方法基本相同。不仅可以调停泊时间,亦可调航行时间,详见附表 8-8。

途中集解航线轮驳配合表(单位:h) 表 8-8

航线	发船间隔(昼夜)	船型	航行		甲港		乙港		丙港		往返
			下水	上水	停泊时间	配合系数	停泊时间	配合系数	停泊时间	配合系数	航次时间
甲丙线						计算数值					
上段		推轮	23	41	10		5				213
下段		拖轮	48	65			5		16		
全段	5	驳队	23 + 48	41 + 63	22		10		20		230
上段		驳队	23	41	20		10				94
下段		驳队	48	65			10		22		145
甲丙线						计算数值					
上段		推轮	24	41	24		7				240
下段		推轮	48	65			7		24		
全段	5	驳队			24	0	14	0	24	0	240
上段		驳队	24	41	24		31	−1			120
下段		驳队	48	65			103	0	24	0	240

第五节 航道通过能力的确定

内河船舶运行组织与航道条件密切相关。特别是拖带(顶推)船队,由于队形长,横断面大、航速慢，在内河航道困难区段运行，问题更为突出。为此，为了保证完成航道各区段不断增长的客货运输任务，充分利用船舶运输能力，周密编制船舶运行组织方案，计算航道的通过能力，研究内河航道困难区段拖带（顶推）船队运行组织，提高航道通过能力的方法，在理论探讨和生产实际工作中，都是非常需要和很有意义的。

一、航道通过能力

航道通过能力，是指在一定的船舶技术性能和运行组织条件下，航道区段单位时间（昼夜、月、年或航期）内通过的货物吨数和船舶吨位数。它受航段内困难区段的限制，也就是说，航道通过能力取决于困难区段的通过能力及其相互影响。

影响航道通过能力的因素很多，主要有航道的技术性能、船舶的技术性能、社会经济因素、自然气候因素以及运行组织4个方面。

(1)航道技术性能：包括天然航道区段的通航尺度（深度、宽度、弯曲半径）和人工运河及船闸的尺度与设备；航道通航期及洪、中、枯水位期限及其水深和流速；航标设置；绞滩设备能力；困难区段的数量、位置及其特征等。

(2)船舶技术性能：包括船舶与拖带（顶推）船队的尺度（长度、宽、吃水、干舷高度）、功率、主机型号、推进类型、航速等。

(3)社会经济因素：包括工农业生产规模及水平，重点厂矿的布局，客货流的流量、流向、构成及其特征等。

(4)自然气候因素：包括风、雨、雪、雾等。

运行组织，包括航线的规划、船舶和拖带（顶推）轮的配置、发船密度、发船方式、船舶载量、通信手段、港口布局、吞吐能力、装卸定额以及管理水平等。

二、自由航道的通过能力确定

内河航道包括自由行驶区段和困难区段（受限制区段）。

自由行驶区段，是指船舶、拖带（顶推）船队可以自由对驶和超越的航段。只要计算每昼夜能通过船舶的对数及船舶的平均吨位，即可计算出航道通过能力。

三、困难航道通过能力的确定

困难区段，是指航道狭窄、弯曲半径小、水流急、有险滩暗礁、水浅沙洲变迁、船闸等航段。船舶或拖带（顶推）船队通过这些航段会受到一定的限制，其中拖带（顶推）船队更为显著。例如，有的航段只能单船（船队）行驶，不能对驶或追越，船舶（船队）要在统一指挥下，顺序地通过；有的航段无灯标，不能夜航；有的要绞滩；船队通过船闸，要进行解队作业才能通过。

如果船舶航行在几个困难区段的航道上，各个困难区段的限制条件还可能相互制约。因此，必须在全面分析各困难区段通过能力的基础上，才能确定某航道区段的通过能力。

确定航道通过能力的方法，有计算分析法和图解分析法。通常，图解法形象醒目，较为方便，其内容如下：

(1)收集掌握资料：包括影响航道通过能力的诸因素资料。

(2)确定运行组织方式：包括航线设置、船舶、拖带（顶推）轮配置、发船密度等。

(3)计算区段内困难地段的通过能力。

(4)全面分析区段内务困难航段的相互制约关系，确定整个区段能力。

现以船闸的通过能力计算为例说明困难航道通过能力的计算方法。

船闸有单闸线、双闸线及多闸线；又有一级船闸与多级船闸之分。

一般来说过闸时每批连发船舶艘数越多，通过能力就越大。但是，它也有一定限度，如果增加过多，有可能造成船舶成批到港和成批离港，使港口工作很不平衡，因此，采用成批连发船时，必须充分考虑这种不均衡性对港口工作及其他方面的影响。要计算人工航道的通过能力，首先要了解船舶通过船闸的作业程序和各项作业所需的时间。

船舶通过单闸室的作业及其程序，如表 8-9 所示。

船舶过闸作业程序表 表 8-9

单向通过单闸室	双向通过单闸室
1 船舶驶进闸室	1′甲船驶进船闸
2 关闭闸室	2′关闭闸门
3 调整闸室水位	3′调整闸室水位
4 开放闸门	4′开放闸门
5 船舶驶离闸室	5′甲船舶驶离闸室
6 关闭闸门	6′对驶乙船驶进闸室
7 调整闸室水位	7′关闭闸门
8 开放闸门	8′调整闸室水位
	9′开放闸门
	10′乙船驶离闸室

各项作业所用的时间，由船闸尺度、牵引方法、过闸船舶类型与数量以及闸门启闭的速度等决定。可根据定额计算出这些作业所需的时间。各项作业时间的总和，即船舶通过船闸的时间。

要确定船闸的通过能力，除了应先计算出通过船闸的作业时间外，还要计算出同向过船闸的间隔时间。而同向过闸的间隔时间，与船舶(船队)通过船闸的方法有关，为此，还必须先研究船舶(船队)通过船闸的方法。

船舶(船队)通过船闸的方法，有单向、双向；单发、连发通过单闸室或多闸室多种形式。

船舶(船队)通过单闸室情况，如图 8-14 和图 8-15 所示。

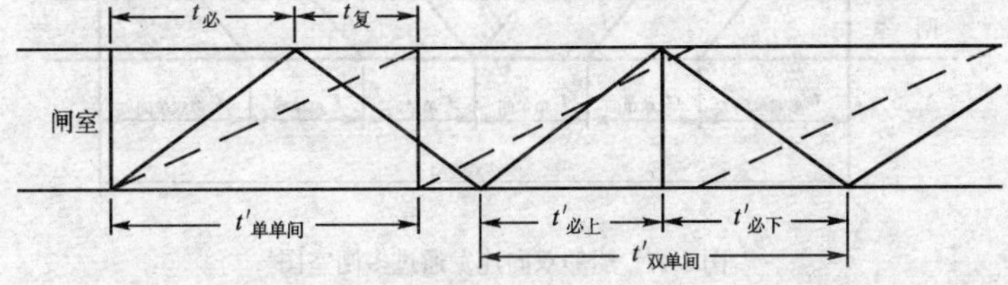

图 8-14 船舶双向连发通过单闸室图

单向单发船通过单闸室发船间隔时间为单向单发通过单闸室各作业时间之和。

$$t'_{单单间} = \sum t_i = t_{必} + t_{复} = t_1 + t_2 + t_3 + t_4 + t_5 + t_6 + t_7 + t_8 \tag{8-32}$$

双向单发船通过单闸室发船间隔时间为上行和下行必要作业时间之和。

$$t'_{双单间} = \sum t'_i = t'_{必上} + t'_{必下} = t'_1 + t'_2 + t'_3 + t'_4 + t'_5 + t'_6 + t'_7 + t'_8 + t'_9 - t'_{10} \tag{8-33}$$

双向连发船通过单闸室发船间隔时间，对照图表中可知：

$$t'_{双连间} = t'_{双单间} + 2(n' - 1)t'_{单单间} \tag{8-34}$$

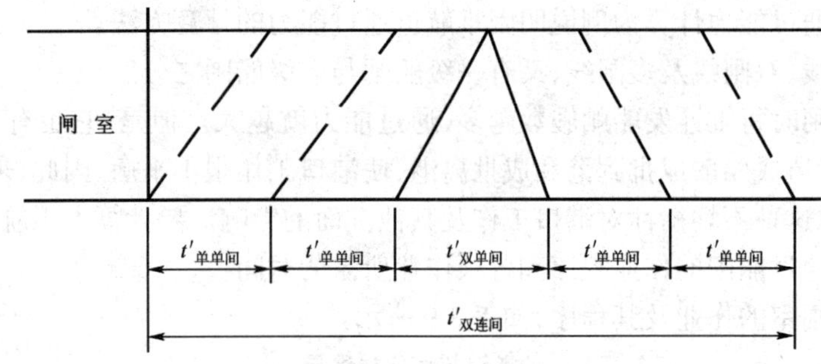

图 8-15 船舶双向连发通过单闸室图

式中：$t_{必}$——为过闸必需时间，单向通过单闸室的前五项表 8-9 作业时间 $t_1 + t_2 + t_3 + t_4 + t_5$；

$t_{复}$——为过闸恢复原来状态所需时间，单向通过的后三项表 8-9 作业时间 $t_6 + t_7 + t_8$；

$t'_{必上}$、$t'_{必下}$——为双向过闸的上行、下行所需时间，一般 $t'_{必上} = t'_{必下}$，$t'_{双单间} = \alpha t'_{必} = 2t_{必}$；

n'——同向同批连发船次数。

船舶（船队）通过多闸室情况，如图 8-16 和图 8-17 所示。

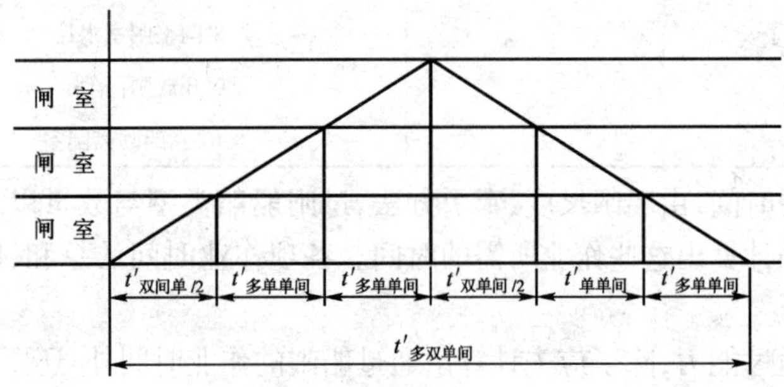

图 8-16 船舶双向单发通过多闸室图

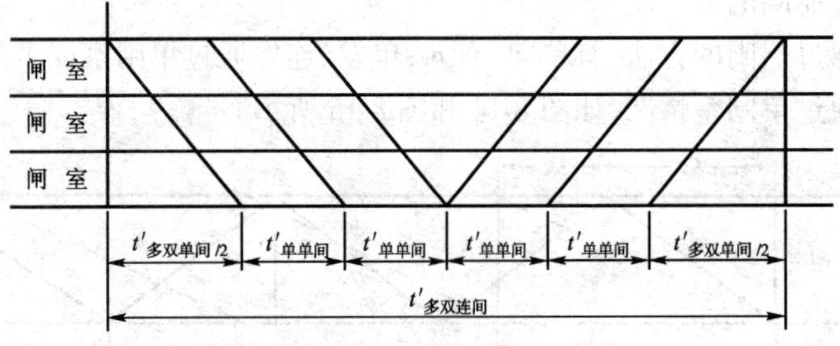

图 8-17 船舶双向连发通过多闸室图

双向单发船通过多闸室发船间隔时间：

$$t'^{多}_{双单间} = t'_{双单间} + 2(K-1)t'^{多}_{单单间} \tag{8-35}$$

$$t'^{多}_{单单间} = \sum_{2}^{n} ti = t_2 + t_3 + \cdots + t_n \tag{8-36}$$

式中：K——为闸室数；

$t'^{多}_{单单间}$——为单向单发船通过第一个闸室以后，每个闸室所需作业时间。

如果把船舶（船队）通过每个闸室的作业时间，粗略地视为一样，则可近似地看作是 $t'_{双单间}$ 的一半，则双向单发船通过多闸室发船间隔时间的计算，可以简化成如下式：

$$t'^{多}_{双单间} = Kt'_{双单间} \tag{8-37}$$

双向连发船通过多闸室发船间隔时间：

$$\begin{aligned} t'^{多}_{双连间} &= t'^{多}_{双单间} + 2(n' - 1)t'_{单单间} \\ &= t'_{双单间} + 2(K - 1)t'^{多}_{单单间} + 2(n' - 1)t'_{单单间} \end{aligned} \tag{8-38}$$

一昼夜内双向连发船通过多闸室的船队数为：

$$\begin{aligned} m'^{多}_{双连对} &= \frac{24}{t'^{多}_{双连间}} \times 2n' \\ &= \frac{48n'}{t'^{多}_{双单间} + 2(n' - 1)t'_{单单间}} \\ &= \frac{48n'}{t'_{双单间} + 2(K - 1)t'^{多}_{单单间} + 2(n' - 1)t'_{单单间}} \end{aligned} \tag{8-39}$$

从以上图解和公式可知：

单闸室船闸：即当 $K = 1$ 时，昼夜通过船舶数随连发船次数的增大而递减，表明单闸室船闸采用双向单发船有利。

多闸室船闸：即当 $K \geqslant 2$ 时，昼夜通过船舶数随连发船次数的增大而递增。表明多闸室船闸采用双向连发船有利。

提高船闸通过能力的方法，除采取合理的运行组织，采用不同的发船方式，通过方法以外，采用缩短闸门开闭时间和调节水位时间，加强闸室设备的维修保养，提高船舶进出闸室的速度，合理组织船闸管理人员的工作，严格执行有关过闸规定，维持好船舶进出船闸和闸内停靠的秩序等方法，都有利于缩短船舶过闸时间，提高船闸的通过能力。另外，加强货源的组织工作，尽量减少船舶回空和提高船舶的装载率，也是提高船闸通过能力的有效方法。

在某些特殊地段的船闸，船舶过闸作业和通过方法，应灵活处理。如处在潮汐影响地区的船闸，有时可能会出现两个水级水位相同的情况。这时可打开上、下闸门，让船舶自由通过。既节约时间、劳务支出，又能提高通过能力。

最后应当注意，计算船闸通过能力需考虑到航道的综合利用。因为船舶过闸频繁，就要大量放水，这对于水量不够充沛的水道，就可能使农用灌溉和水力发电等方面受到影响。

总之，提高困难航道通过能力的方法，一是研究船舶通过困难航道的发船方法；二是提高船舶的航速，缩短通过困难地段的时间，如增加推(拖)船协助通过的办法。增加船舶载重量和减少回空行驶等，也是提高航道通过能力的有效途径。

但是，在影响困难航道通过能力的诸因素中，改善通航条件是最主要和最基本的。在合理安排运行以及采取各种方法还不能满足运输任务的要求时，就必须整治航道。如炸礁、筑坝、打捞、挖泥、设置灯标等。或者结合水资源的综合利用，根本性的改造天然困难河段，或者进行渠化。这不仅可以提高航道通过能力，而且对船舶航行安全有重要意义。

思考题

1. 通过查找资料结合实际情况，简述对长江上驳船队运输的特点的认识。
2. 如何确定内河驳船队的载重量和队形的方案，并指出影响这些方案的因素有哪些？
3. 顶推(拖带)船队静水速度是如何确定的？
4. 影响轮驳时间配合优化的因素有哪些？

5. 某简单顶推船队航线距离为722km,船队静水速度为13km/h,速度增减值下水为2.4km/h,上水为2km/h。推轮在两端点港停泊时间均为10h,上下水途中作业时间均为4h;驳船在始发港停泊作业时间为54h,在终点港停泊作业时间为62h。该航线发船间隔为2d,试调整轮驳在港作业时间并确定轮驳搭配方式。

6. 已知某船闸是单闸室,采用单向单发的发船方式,每批次通过时间为0.6h,采用双向单发的发船方式通过时间为0.8h。如每批次过闸的船舶平均吨位是5 000t,试求分别采用单向单发、双向单发、双向连发(一次连发3批次)的发船方式每昼夜的船闸通过能力。

第九章　计划与调度

第一节　船舶营运计划

一、船舶营运计划体系

我国航运公司,其生产计划过去主要是指根据国家指令性计划、指导性计划来编制的公司生产计划。随着我国社会主义市场经济的不断发展,公司的生产计划主要是根据市场需求的预测以及营运合同而制定出的具有适应性和灵活性的各种计划。为了达到航运公司经营目标,航运公司必须作出船舶营运计划。这其中包括对本期营运市场需求的预测,结合各种营运合同制定的各种执行计划,也包括中、长期营运计划。

航运公司生产计划按时间可以分为:

(1)长期计划:长期生产计划即公司的长远规划,一般都按5年或5年以上的年限进行编制。公司的长远规划是指公司根据国家计划与社会需要,针对本公司在较长一段时间内(5年或10年)的生产、技术、经济发展而编制的纲领性计划。其主要内容有:生产发展方向、生产发展规模、技术发展水平等。

(2)中期计划:中期生产计划是按两年或3年的期限进行编制。公司的中期计划是公司长远规划的具体实施步骤中的一个环节,是长远规划在不同时间段的分解结果。

(3)短期计划:短期生产计划即为年度生产计划及季度生产计划,公司的年度生产计划历来是公司的生产技术财务计划的主体,是编制其他计划的重要依据。在市场经济条件下,年度生产计划在公司的计划体系中仍然占有重要的地位。公司年度生产计划不仅是实现公司经营目标的重要手段和组织公司生产经营活动有计划地均衡进行的主要根据,而且也是国家经济发展计划的有机组成部分。公司年度生产计划编制和执行得如何,既关系到本公司生产经营的经济效益和今后的发展,同时又影响到其他公司的生产经营活动和整个国民经济的发展。

航运公司年度生产计划的主要内容有:营运计划(营运量、周转量、主要货种运量)、财务计划(收入、成本、利润)、船舶修理与更新计划等。

季度生产计划是年度计划的一部分。季度计划是根据前一季度的工作成果并考虑下一季度的工作任务编制的。对于年度计划来说,季度计划既是保证措施,又是调节措施。

(4)近期计划:近期生产计划有月度营运计划、旬度(日)作业计划及船舶航次计划等。近期计划是生产执行计划。月度营运计划规定了当月的货运任务及运力安排;旬度(日)作业计划则是本旬度内船舶运行组织的具体安排;船舶航次计划是以航次命令的形式下达到船舶,是指挥船舶航次生产活动的具体指示。

图 9-1 给出了航运公司的生产计划体系图。

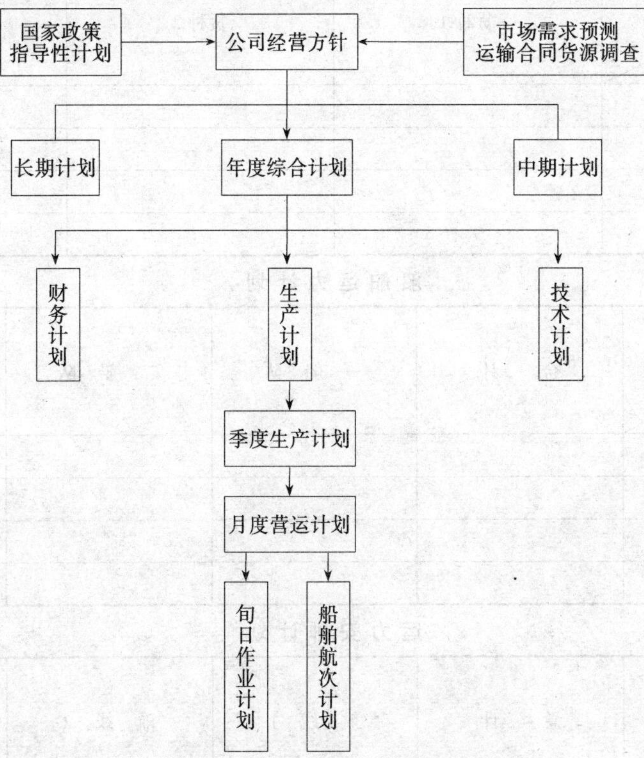

图 9-1　航运公司生产计划体系图

二、船舶营运计划

1.船舶月度营运计划

船舶月度营运计划是航运公司生产计划的组成部分，它是在航运公司已定的年、季度营运计划的基础上根据本月的货源、运力等具体情况所作出的近期计划。

1)船舶月度营运计划的内容

船舶月度营运计划主要由以下内容组成：客货营运量、周转量计划，重点物资营运计划、外贸营运计划、船舶运力计划、运力安排计划及其相应的要求和措施等。不同的航运公司有不同的计划内容，也会出现不同的计划表格形式，但其基本形式分别见表 9-1 ~ 表 9-4：

客货营运量、周转量计划　　表 9-1

项目 单位	货运量 （万 t）	货运周转量 （亿 t·km）	客运量 （万人）	客运周转量 （万人·n mile）
全公司				
一船队				
二船队				
……				

重点物资营运计划 表 9-2

货种 \ 航线	货种 1	货种 2	……
总计			
航线 1			
航线 2			
……			

船舶运力计划 表 9-3

单位 \ 项目	合计	一船队	二船队	……
艘数				
载重吨				
营运千吨天				
营运率%				

运力安排计划 表 9-4

航线 \ 项目	总计	航线 1	航线 2	……
艘数				
载重吨				
营运千吨天				
比重				

船舶月度营运计划除上述内容外,还有其相应的要求和措施,包括:计划月的形势及对营运的要求,货源、船舶及港口的基本情况、目前存在的问题,计划月的总客、货运量和周转量占年、季度的百分比,具体执行计划的措施,为保证计划任务的完成与有关部门达成的协议以及应注意的事项等。

2)月度营运计划的编制依据

编制月度营运计划所需要的原始资料和有关动态信息包括:

(1)公司生产会议关于月度营运计划及运行组织编制的原则和决议,上级营运主管部门和有关省(市)领导对公司营运的要求。

(2)年度、季度计划任务及月度货物托运计划,货源调查及联运方面的有关资料、季度计划的执行进度、上月计划执行情况的基本总结,特别注意上月遗留未完成的运量和未完成计划的原因。

(3)有关船舶、港口、航道的技术资料,港口间距离、港口通过能力、船时定额、船舶效率指标等。

(4)船舶月度修理计划、月度燃料品种、供应点变更资料等。

(5)计划期的航行条件及水文气象情况等。

货源状况是编制营运计划的主要根据，月度计划要保证季度计划的完成，季度计划要保证年度计划的完成。

港口的技术资料包括：港口的泊位数、码头前沿长度、吃水限制、装卸设备及效率、吞吐能力及适应货种等内容。它主要用于决定船舶对港口技术上的适应性、各港口之间组成航线的合理性，及决定船舶在港口的装卸时间、控制在港船舶数等。港口间距离是计算船舶航行时间及完成吨海里的主要依据。

船舶技术资料包括：船舶类型、吨位、容积、船长、吃水、航速等。船舶类型决定对货种的适应性；吨位、容积决定载货能力；船长、吃水用于确定可达港口；航速确定各航段的航行时间。平均吨天产量用于测算营运能力。另外，船舶类型、舱容及其舱口尺度会影响港口装卸效率，从而影响船舶在港停时。

航道技术资料包括：各航段水深、流速、浅滩最浅水深等。

船舶月度修理计划是测算该月实际运力的主要文件，也是船舶生产安排必须考虑的重要因素。船舶修理计划包括船名、修理种类、修理起讫日期、修理厂家等主要内容。对编有修理计划的船舶进行生产安排必须考虑修理的起讫日期和修理地点。

计划期的航行条件及水文气象情况将影响船舶的生产效率(停泊时间、航行时间、载重量利用率等)。

2.船舶旬度作业计划

月度计划编制完毕，只是月度生产管理的开始，为了保证计划的完成，调整在营运生产活动中出现新的不平衡，还必须相继分旬编制旬度作业计划。旬度作业计划不是简单的重复月度营运计划，而是在月度营运计划及船舶运行图的基础上，为每一环节规定更具体的旬度工作计划。

1)编制旬度计划的原则

(1)“三先三后”原则：先计划内，后计划外；先重点，后一般；先到先运，后到后运。

(2)“均衡营运”原则：要努力组织均衡营运，尽量做到日保旬，旬保月，防止出现上、中、下旬生产的不均衡现象。

(3)“保证效率”原则：经济合理地使用船舶，努力缩短船舶在港停留时间，提高船舶生产效率。

2)旬度作业计划的内容

旬度作业计划的内容主要是旬度货流计划与旬度船舶运行计划。

(1)旬度货流计划：旬度货流计划是月度货运计划在具体旬度的分解与落实。

(2)旬度船舶运行计划：旬度船舶运行计划则是指挥船舶生产的详细文件，它确定了船舶在本旬度内的具体安排，涉及分航线、货种、运量、船舶密度、船名、船期及主要措施等。它包括：旬度装(卸)船计划、旬度船舶编组及到发船计划、旬度拖(顶)轮调拨及驳船交接计划、旬度计划总表、附表(旬度货主托运与核准营运计划表、旬度船舶交修交用计划表)。除旬度计划外，根据船舶所驶航线的距离及航次时间的长短，有的航运公司还编制5日或日作业计划，其目的也是为了掌握生产进度，及时预测影响计划完成的各种因素，调整营运中出现的不平衡，保证船舶正常生产。

3)旬度计划的编制依据

编制船舶旬度(日)运行计划所需的信息除了编制月度营运计划所需要的那些信息以外，还应掌握计划期初的船舶动态(船舶初始状态)、船舶在各港的等泊时间等。对船舶技术性能和经济性能资料、有关港口技术资料、气象情况和海况等要求更为具体详细。

通常,作业计划编制工作量较大,而且时间越长,航次越多,越复杂。目前的航运公司1~2般只编制一到个航次每条船的作业计划而不编制更长时间、更多航次数的作业计划。计划的时间越长,计划的实际兑现率就越低,以致失去应有的指导作用。

3.昼夜到发船作业计划

昼夜到发船作业计划更具体地规定了每昼夜船舶、港口生产活动事项。它根据当天面临的实际条件、具体情况和变化,既执行旬计划,又会根据实际情况对旬计划作出相应调整和修改,它是保证完成月度计划的可靠手段。

1)昼夜到发船作业计划的编制依据

(1)旬调度作业计划的各项规定;

(2)货物集中及中转货物待转情况;

(3)港口船时定额;

(4)船舶航行动态及在港装卸进度;

(5)船舶交修、出厂、检洗、验证、洗舱等资料;

(6)各航段水位及气象报告。

2)昼夜到发船作业计划的编制程序

(1)每天15时由公司调度室提出下昼夜计划预告,列出到发船预告,到达发出的时间,船队则需初步提出发出船舶编组计划。它是当天下午对第二天18时至第三天18时的预告。

(2)每天9时公司调度室根据计划预告,正式确定到船时间,其发船部分再次联系港口调度室确定编组发船计划。它是当天上午对当天18时至第二天18时的确报及安排。

4.船舶航次计划

调度部门在编制完旬、月作业计划后,应根据船舶生产周期、航次编制船舶航次计划下达给各船,要求各船保证完成。船舶航次计划(又称“航次命令”)是根据船舶作业计划对具体船舶提出的一个航次的具体任务。它是在航次开始之前由公司调度部门发给船舶的必须执行的正式文件。

每一航次的质量都关系到营运计划完成的好坏及经济效果。尤其是远洋营运船舶,一个航次的时间较长,在一年中完成的航次数不多,组织好航次生产(如正确选定停靠港口、充分利用船舶的装载能力、合理选择燃油补给地点等),显得更为重要。

1)航次计划的主要内容

远洋及沿海船舶航次计划的主要内容有:

(1)本航次的营运航线及航线上挂靠港口的顺序;

(2)航次起迄时间及各挂靠港口的到发时间;

(3)航次装载的货类和货运量;

(4)各挂靠港口装卸货物的数量;

(5)船舶的有关技术定额和消耗定额;

(6)船舶燃油淡水补给计划;

(7)有关货运业务方面的事项(程租合同中有关内容、货物装载与保管上的具体要求等);

(8)航次安全生产方面的注意事项及某些具体指示;

(9)船舶在各挂靠港口的代理机构;

(10)航次中可能存在的其他问题的具体指示等。

内河推(拖)船航次计划的内容主要有:推(拖)船舶名、航线、航次编号、航次起迄时间、航次中的航行和停泊时间、驳队组成、装运货物名称和数量,航次运量(吨、吨千米)以及航次中的特殊任务和注意事项等。驳船航次计划的内容有:驳船名称、航次编号、开航时间、装运货物的名称和数量、起迄港口和完成的货吨千米数、推(拖)船舶名以及特殊任务和注意事项等。无人驳不需编制航次计划。

2)航次计划的格式

航次计划的格式,各航运公司和不同的船舶类型略有不同。例如,某远洋公司的"船舶航次计划书"格式见表9-5,某海运局的机动货船和客货船的"航次计划命令书"格式见表9-6。

船舶航次计划书 表9-5

__________轮船长,你轮第__________航次计划如下:

航线__________,港序__________,航次时间__________天。

计划货运量__________吨,其中:

__________港/__________港共__________吨,主要货种(包括特殊货载,下同)(吨)

__________港/__________港共__________吨,主要货种__________吨

__________港/__________港共__________吨,主要货种__________吨

载重线及吨位利用情况:

__________港/__________港__________载重线;

__________港/__________港__________载重线;

__________港/__________港__________载重线;

__________港/__________港__________载重线;

__________港使用(大或小)吨位;__________港使用(小或大)吨位。

平均航速__________海里/小时,航行每天耗油__________吨,停泊每天耗油__________吨

港名	抵/离港时间	装/卸货吨数	添加油/水	标准里程	航行天数

其他事项:(包括港口代理,特殊货载处理,客运情况及其他安排等)

调度室主任: 年 月 日

航次计划命令书 表 9-6

____

________船船长________________同志：

你船第________________________航次任务希按下列指示执行

航次开始：________月________日________时在________________

航次结束：________月________日________时在________________共计____小时

(1) 航次计划任务及时间消耗计划

港名		距离	入港		出港		工作时间(小时)								货运任务			客运任务	
出发港	到达港		日	时	日	时	航行	停泊							货名	吨数	吨海里	人数	人海里
								装货	卸货	补给	检查	移泊	其他	合计					
航次合计																			

(2) 航次财务成果：

支出：________元　　收入：________元　　盈或亏________元

(3) 特别指示：

调度室主任________________

________年________月________日

航次计划必须在航次开始前按规定的时间书面下达到船舶，若此时船舶不在本公司所在的港口，应通过已有的通信方式将航次计划下达给船舶。在接到航次计划后，船长应组织船员讨论，并提出保证航次计划完成的组织技术措施计划。在航次结束以后，船长应按规定填写“航次总结报告”送交或寄给调度室。若船舶在外港结束航次，船长应按规定格式向调度室报告航次结束。

第二节　船舶营运调度

营运船舶的生产活动有点多、线长、面广、流动分散、环节众多，受自然因素影响大，时间性、涉外性、军事性强等特点，而且时间上有连续性。要使各有关部门、各环节间能够在如此复杂的条件下协调而有节奏地进行生产，达到合理地使用各种技术工具设备，完成营运任务，提高经济效益，就必须有一个集中统一的、有效的组织指挥机构来安排指挥生产，连续不间断地监督生产和随时调整生产中出现的不平衡。这个机构就是水运生产中的调度部门。

一、调度的任务与原则

水运生产调度部门的基本任务：

(1)以客货营运为中心,掌握市场信息,编制和执行水运生产计划。

(2)以经济效益为中心,坚持合理营运,科学调度,经济合理地利用船舶、港口设备能力。

(3)组织均衡生产,充分发挥营运效能,努力与有关各部门协作。

(4)加速车、船、货周转,全心全意为用户服务,保质保量地完成客货营运任务,努力为国民经济、对外贸易、人民生活及国防建设服务。

水运生产调度工作的原则是:

(1)严格执行国家营运政策、法令,贯彻"安全质量第一"方针的原则。

(2)加强计划管理,组织均衡生产的原则。

(3)执行客货并重、正点运行、确保重点、兼顾一般,按经济规律办事的原则。

作为生产调度工作人员必须牢固树立政策观点、服务观点、全局观点、协作观点,不断学习先进科学技术和管理知识,精通本职业务。要坚持一切从实际出发,经常深入基层调查研究,掌握生产一线的最新动态,为基层生产服务;密切加强内外协作;工作热情、主动、耐心、细致,做到情况明、判断准、决心强、办事快、指挥灵,养成谦虚谨慎、坚决果断的工作作风。

二、航运公司调度职责

(1)根据航运公司的月度计划,编制船舶月度、旬度运行计划和下达航次任务,并组织全面完成;

(2)准确掌握船舶航行动态、装卸进度和货物集中疏运情况,及时调整船舶密度,保持航区正常的航运秩序;

(3)与有关单位加强联系,做好技术、辅助作业安排,消除营运中的脱节现象,大力压缩非生产性停泊时间,加速船舶周转,督促船舶充分利用载重量和载货容积;

(4)掌握气象变化情况,会同安全监督部门对灾害性气象采取防范措施;

(5)对船舶海事、人身事故采取救护措施;

(6)经常深入现场,访查了解安全、生产、客货营运质量、客轮正点营运情况,分析存在问题,提出改进措施;

(7)制定成组、集装、特运、成套设备和重大件技术装载方案并组织实施;

(8)向调度会议汇报安全、生产、客货营运质量情况和存在问题,督促检查有关营运生产各项决议的执行情况;

(9)负责营运生产日报和营运统计的编制工作;

(10)分析营运形势,研究改进船舶运行组织。按旬、月做出调度工作小结,推广调度先进工作经验,不断提高调度工作水平;

(11)参加货源调查,组织合理营运,搞好货物集疏运工作。

三、调度工作制度

1.值班制度

(1)为确保调度工作能不间断地组织指挥营运生产,各级调度部门必须实行昼夜24h连续值班制。

(2)调度实行主任轮流值班,负责全面调度工作。

(3)公司调度值班人员职责:

①切实掌握船舶动态及港口作业计划安排,组织监督船舶安全、正点运行。

②按照船舶在港作业与到发船计划，组织船舶装卸与技术辅助作业。

③及时处理港口作业、船舶航行中所发生的问题，并采取紧急处置措施。遇重大问题立即报告有关部门，及时向有关人员传达上级领导的有关指示。

④正确统计上报当日营运生产各项指标完成情况。

⑤负责电报的收发、记录、登记并迅速处理。

⑥及时正确填写本班工作日志及各项文件报表。

(4)交接班：

①每日上午交接班会由调度部门负责人主持。检查和小结上昼夜生产完成情况，船舶运行和港口装卸情况，针对当日工作重点，采取具体措施。

②接班人在交接班前15min到达值班室，查阅有关资料，做好接班准备。

③交班人在交接前认真综合本班生产完成情况，提出下班计划的关键问题及措施建议，向接班人详细介绍营运生产进度，船舶运行和在港作业情况，有无海事及船舶施救情况、气象及航标变化等。

2.日调度会议制度

(1)日调度会议，是组织指挥航运生产的重要会议，必须每日定时召开。

(2)日调度会议由各级分管船舶营运的主管主持，调度、客运、货运、商务、机务、海监、船队、机电、供应、计划、人事、通信、航道等部门负责人参加，必要时指定其他有关负责人出席。

(3)会议内容：主要检查上昼夜营运生产任务执行情况，审定当日计划，落实安全生产措施，最后由会议主持人综合作出决议。各有关部门必须贯彻执行会议决议，并须在下一次会议上报告执行情况。会议时间一般不超过1h，并有专人记录。

3.记录制度

调度部门必须建立调度工作日志，上级的指示、命令和通知，对下级发布指示决定，发生海事、敌情、涉外及生产中的重大问题与有关单位联系的重要事项，航道、气象、码头水深等情况，均应及时详细记录，定期保管备查。

4.汇报制度

调度部门在凡遇下列问题均须请示报告：

(1)变更月度计划中所规定的定线船舶的航线；

(2)违反合理流向的货物的装运；

(3)变更月度计划规定的任务或接受计划外的营运，地方船舶临时参加干线营运；

(4)跨航区或联系中央有关部门解决的问题；

(5)凡发生重大海损、涉外、灾害性气象，特种货物的货损、货差、重大伤亡事故，应在事故发生后不超过30min内逐级上报，并续报施救处置情况；

(6)航道泊位水深及港口通过能力临时发生变化，影响船舶安全与港口作业的正常进行。

航运调度每日应按照规定时间汇报当日营运装卸生产各项指标及生产进度，重点船舶动态。

5.调度命令

(1)调度命令内容包括编号、签发人、发话人、受话人、发布时间及命令内容；

(2)调度在组织指挥营运生产过程中，对重点船舶与特殊货物抢装，抢卸及其他生产重大问题等有权发布调度命令；

(3)调度命令必须由主管生产的领导人签发；

(4)船舶对调度命令要严肃认真执行。

6.调度纪律

调度人员应坚决执行有关纪律规定,严格遵守调度纪律。

(1)坚守岗位,遵守纪律,奉公守法。

(2)调度部门的指示决定,必须坚决执行;对船舶提出的问题和意见,必须准确记录,及时处理和答复。

(3)对上汇报工作,对下答复问题,必须严肃认真,实事求是。

(4)内外有别,严守国家机密。

对模范遵守纪律,做好工作者给予表扬、奖励;对违反调度纪律,给工作造成损失的,要按情节轻重给予批评教育或处分。

7.调度文件

正确地记录船舶营运情况是建立健全调度文件的基础,调度部门一定要做好以下9个主要文件:

(1)调度工作日志;

(2)气象水文记录;

(3)船舶技术资料;

(4)港口技术资料;

(5)生产计划完成情况报表;

(6)有关营运装卸规章制度和请示报告;

(7)船舶动态和能力变化;

(8)调度命令及通知;

(9)海图、潮汐、航道水位、气象等资料。

8.调度通信

随着科技的不断发展,通信方式也呈多样化,目前的通信方式主要有:甚高频、3G系统等,传统电报方式已逐步在淘汰,船舶上已不在配备专职电报员。因此,各港航单位和船舶必须建立健全各项通信规章制度,严格执行水上调度通信规程的各项规定,保证船岸通信工作的畅通。

四、船舶调度

1.调度作业调整

调度作业调整是对已编制好的船舶运行组织方案和航次计划在执行过程中所发生的客观条件变化,或对原来的客观实际认识发生偏差的情况下所作出的及时调整的过程。调度人员在面临此问题时必须考虑:是否需要对原来的计划安排作出调整;如何进行调整。这种作业调整是调度工作中所常遇到的,也是调度工作的重要组成部分。

调度作业调整主要有两个方面的内容:

(1)总体上保证船舶按原定计划运行。具体而言,主要有:保证按时发船,保证按时到港;保证按计划装载等。当出现不能按照原定计划运行情况时,则必须马上采取措施。若影响因素来自港口或货主,则应加强联系和协调。

在一般情况下,船舶在上航次已经迟到,或在港口因某种原因发生了延误,为了保证下一航次能够按计划航行,必须采取相应的措施,加强与港口的联系,争取港口的配合。例如:希望港口采取组织多路作业等措施。假若早已预料船舶误点，且不能在下一航次按时发船在可能的情况下，可考虑调换另外的船舶来顶替，争取按时发船；而调用船舶原来要执行的计划任务由误点船舶承担。

如果船舶或顶推(拖带)驳船队已经延迟发船，或在航行途中，由于某原因预计需采取措施才能准点到达目的港，一般可采用提高船舶航速、变更换拖地点，在航行中加减驳船，另派推(拖)船至途中接送驳船等方法。

(2)减少船舶非生产性停泊时间。船舶在港非生产性停泊时间受诸多因素的影响，有的属于港航部门主观因素，如运行组织安排不当、调度不当、港口装卸效率降低等；也有客观因素，如大风、雨、雾等气象影响。必须经常了解和掌握船舶在港的装卸进度、港口库场堆存量、劳动力与装卸机械的情况和其他营运工具情况以及气象变化趋势等，及时调整船舶在港密度。

2.调度作业决策

当计划和实际将发生或已发生偏差时必须通过调度进行作业调整，并解决如何采取补救措施的问题，即作业调整；而调度作业决策是解决当发生特殊情况需要处理，但又存在多个解决办法时，如何选择最佳调度方案的问题。

例如，当船舶出现了某种故障或有异常情况时，船舶会立即向调度汇报并要求给于处理意见；又如当船舶在航行途中有船员生急病要马上送医院，则也要调度马上采取必要的措施。诸如此类问题，只能结合当时的具体条件，凭经验直接处理，决策质量的好坏与调度人员的经验等有着密切的关系。

有些调度作业决策问题是可以定量化的。例如某船在某港由于货源中断，或装卸机械故障，或气象原因不能按计划时间装满货物。这时有两个方案等待调度员及时选择，一是船舶等待装货满载开航；一是不必等待而按计划时间或提前开航。假定此船为“航次航行”的船舶(决策不影响别的船和港)，可根据已有数据进行定量分析。

如以船舶生产率为判断标准，则

$$u_1=\frac{Q\cdot L}{(t_{次}+t_1)\cdot D_{净}}=\frac{L}{t_{次}+t_1} \tag{9-1}$$

$$u_2=\frac{(Q-q)\cdot L}{(t_{次}-t')\cdot D_{净}}=\frac{(D_{净}-q)\cdot L}{(t_{次}-t')\cdot D_{净}} \tag{9-2}$$

如以航次每吨成本为判断标准，则

$$S_1=\frac{K_{次}+t_1\cdot K_{停}}{Q}=\frac{K_{次}+t_1\cdot K_{停}}{D_{净}} \tag{9-3}$$

$$S_2=\frac{K_{次}-t'\cdot K_{停}}{Q-q}=\frac{K_{次}-t'\cdot K_{停}}{D_{净}-q} \tag{9-4}$$

式中：u_1、u_2——船舶等待满载、不等待货物及时开航的航次船舶生产率，t·n mile/t·d；

S_1、S_2——船舶等待满载，不等待货物及时开航的航次每吨成本，元/t；

Q——船舶满载货物吨数，t；

$D_{净}$——船舶净载重量，t($D_{净}=Q$)；

L——航线距离，n mile；

q——装卸中断时应装而未装的货物吨数，t；

$t_{次}$——计划航次天数，d；

t_1——如果满载须等待天数，d；

t——如不等待，可能节省的装卸时间，d；

$$t' = \frac{q}{M_1} + \frac{q}{M_2} \tag{9-5}$$

式中：M_1、M_2——本港昼夜装货定额、卸货港昼夜卸货定额，t/d；

$K_{次}$——船舶计划航次费用，元；

$K_{停}$——船舶停泊每天费用，元/d。

如 $u_1 > u_2$ 或 $S_1 < S_2$，则船舶应等待满载后开航；反之，则不应等待，须及时开航。必须注意，有些参数的确定存在一定的困难，若无法确定，则无法或无法准确地进行定量分析。

第三节　船舶营运统计与业务分析

统计工作是对国民经济发展和公司实行科学管理的成果反映。调度营运统计与业务分析既是对船舶日常生产进行科学管理的一项必不可少的基础工作，也是对船舶生产成果的反映。它不间断地、及时地反映生产任务、生产进度，以及生产活动状况，是我们制订生产计划、控制协调生产环节、研究解决生产中的问题的可靠依据，是指导生产、监督生产、检查计划执行情况的重要手段。

由于快速统计与业务分析是对船舶生产活动进行不间断的审核与计算，便于及时向业务计划人员、调度人员及公司负责人汇报营运生产成果以及存在的问题。

一、营运统计的内容

根据规定，各局（航）调度部门于每日 18 时后分别向部调报告当日生产完成情况和生产动态（日报）。每月逢 1 日、11 日、21 日逐级将日报内容综合累计核对上报（旬报）。全国营运统计必须在次月 2 日报出（月报）。

航运公司生产日报的内容有：客运量、旅客周转量、货运量、货物周转量、分货类货运量、远洋营运船舶动态和长江驳船动态等。

有关报表格式见表 9-7 ~ 表 9-9。

航运公司营运生产日报　　表 9-7

日期	客运量		货运量		其中：远洋货运量														统计员
	人	kt·n mile	t	kt·n mile	t	kt·n mile	煤炭	石油	其中：原油	矿石	钢铁	矿建	水泥	木材	非矿	化肥	盐	粮食	
	1	2	3	4	5	6	7	8	9	10	11	12	13	14	15	16	17	18	19

长航集团生产日报　　表 9-8

日期	客运量		货运量		进川(t)				长江港口外贸物资发生量(t)						全线港口吞吐量		
	人	kt·n mile	t	kt·n mile	合计	汉发	申发	其他	合计	重庆	城陵矶	武汉	芜湖	九江	南通	南京	
	1	2	3	4	5	6	7	8	9	10	11	12	13	14	15	16	17

长江驳船动态 表 9-9

日期	全线						上海					
	在港	作业	待装	待卸	待拖	其他	在港	作业	待装	待卸	待拖	
	1	2	3	4	5	6	7	8	9	10	11	

由于船舶生产统计是以 18 时为分界点,因此当日船舶的客货运量,是指前一天 18 时到当日 18 时装船完毕离港的客货发生量。报告日的船舶客货运量是指上月末日 18 时至报告日 18 时的船舶客货运量的累计数。

除上述统计内容外,航运公司还按日对船舶营运工作的效率指标进行核算与分析。核算内容为各种船型的营运指标。业务指标核算人员每个月按核算结果提出本公司"船舶工作效率月报"。核算的原始资料为本月内船舶完成每一航次生产过程所填写的"航次总结报告"。根据汇报制度规定,船舶在每一航次结束后,即应在期限内向运务部门或调度室送交"航次总结报告"。

核算人员接到航次总结以后,首先对总结进行审核,从中获取必要的数量指标,然后按同一船型或航线对报告月内完成的航次进行累积、汇总。计算营运船吨(功率、客位)天、航行率、航行速度、载重量利用率(单位功率工作效率、客位利用率)等指标。将这些指标的实绩与计划、与上期、与去年同期进行比较,一方面核算船舶营运指标完成计划的水平和进展,同时也可以从营运指标角度分析营运任务完成情况的原因。

长航集团生产日报 表 9-10

日期	合计	货物分类完成情况																			
		煤炭			石油					矿石	钢铁		矿建	水泥	木材	非矿	化肥	盐	粮食	棉花	其他
		计	汉申	浦申	裕申	计	汉发	宁发原油	皖发		计	汉申									
	1	2	3	4	5	6	7	8	9	10	11	12	13	14	15	16	17	18	19	20	21

远洋营运船舶动态 表 9-11

编号	船名	航线	开航时间	抵港时间	货种	吨数	船舶动态	下航次任务
		始发港	到达港					

机动船航次总结报告形式见表 表 9-12

船名______航次______航线______航次开始______航次终止______

航次	港名	进港日、分、时	出港日、分、时	航程 km	客运				货运				航次时间							
					人			人·km	t			t·km	合计	航行	停泊				修理	
															小计	等待	作业	供应	气象	
合计																				
通讯代号				①	②			③	④		⑤		⑥							⑦

情况说明: 船长______填表______年______月______日

二、业务分析的方法

业务分析最常用的方法是比较法与累计法。

比较法包括相对比较法与差额比较法。常用的相对比较法有:实绩与计划比、本期与前期比、本期与去年同期比、本期实绩与历史上最高水平比、本公司与其他公司比等。相对比较法得出的数字称为统计相对数,一般用百分数来表示,当对比数值很小时,可用千分数表示。当数值很大,超过100%很多时,则可用倍数来表示,相对数很小时常称之为系数或乘数。

航运业务分析中常用的统计相对数举例。

(1)计划执行情况相对数:为了检查计划执行情况,必须将实际指标(实绩)和计划指标进行相比,这样求得的相对数就是说明计划完成程度的相对数。其计算公式如下:

$$计划执行情况相对数=\frac{本期实际完成数}{本期计划数}\times 100\% \tag{9-6}$$

(2)结构相对数:在总体中按照某种标志(如货类)分成若干组,计算各组在总体中所占的比重,这就是结构相对数,又称比重指标。它说明各组或各类在总体中所占的比重,比重的变化就反映了总体结构的变化,说明总体性质的变化。通常用百分数表示。其公式如下:

$$结构相对数=\frac{各组总量}{总体总量}\times 100\% \tag{9-7}$$

对不同时期的结构相对数予以比较,就可以从比重的变化中看出在本质上的演变及其规律性来。结构相对数还经常用于对成本构成的分析。

(3)动态相对数:这是两个同类指标在不同时间上的对比。用来说明现象的发展变化的过程和趋势,通常称速度指标。其计算公式如下:

$$动态相对数=\frac{报告期水平}{基期水平}\times 100\% \tag{9-8}$$

另外还有比较相对数、强度相对数等,就不一一举例了。

和相对数对应的是绝对数。用于分析比较的绝对数就是差额,如实绩与计划的差额、一个时期对另一个时期的差额等。用差额进行比较就称为差额比较法。

由于审核营运任务完成情况是以月计划为基础;每天不仅应当审核"本日完成的运量",还应检查"从本月1日开始累计完成的运量"以及"累计完成占月计划的百分比"。这样的方法称为"累计法"。当整个计划时期的实际完成总量(累计数)等于或大于计划规定的总数,就是完成或超额完成计划,否则就没有完成计划。在计算提前多少时间完成计划时,多用累计方法计算。

三、影响完成营运计划的因素与分析

调度统计与业务分析人员除每天发出"生产日报",向各部门提供信息外,还应注意并经常研究营运计划完成的情况,分析影响完成营运计划的因素,提出促进生产的措施与意见。

1.影响营运计划完成的基本原因分析及改善措施

影响营运计划完成的原因是多方面的,有外部因素的影响,如货主交货不及时、联运物资未能按期到达、港口装卸延误、船厂对修理船舶延期交船使运力不够、气象原因等;也有内部因素的影响,如推(拖)驳船队编队不当导致航速降低而未能及时进港,调度不当使船舶非生产性停时增加,海事影响使运力减少等。当然也不能完全排除计划本身制订的不切实际的情况。

无论是外部原因,还是内部原因,其结果总可以从船舶的利用情况上得到反映。如结合船舶利用情况的分析，可提出几点具体的措施。

1)保证足够的运力投入，提高船舶的装载率

计划期投入运力的多少与能否完成或超额完成营运计划有直接的关系。就整个公司来说，在一定的时期内所拥有的船舶数虽然是基本固定的，但运务部门在具体计划期所掌握的营运船舶数却受该计划期修理船舶数的影响。业务统计与分析人员应根据修船计划经常与机务或船舶管理部门保持联系，作好修船进出厂记录，关心修理进度，或在生产日报中注明当天各船型的“在修船舶数”，以引起重视。运力的投入不仅要保证营运天数，更要注意装载率的提高，尽量避免亏载或空航。

2)缩短船舶的泊港时间，提高船舶的航行率

船舶泊港时间超过计划的原因是多方面的，可能是港口工作出现问题，也可能是气象原因或由于等待货物。船舶迟到或由于发船、发货不均衡也很可能给到港船的港口工作造成困难或延长船舶的泊港时间。船舶泊港时间的长短直接影响船舶航行率的高低。如果经常处在所谓“跑在中间，窝在两头”的现象，船舶的生产率必然很低，势必影响营运计划的完成。船舶泊港时间，有的是根据运行时刻表的规定，有的是经港航协商的结果，更多的是根据实际作业情况而定。船舶业务统计与分析人员对每艘船，包括驳船的作业都要进行不间断地记录，随时掌握进度，每日对 18 时的船舶作业状况进行全面清查。在生产日报中可就重点港口的船舶待装、待卸情况作出反映。

3)重视港航协作，发挥港口作用

要动员船员重视港航协作，到港前做好装卸的准备工作，并保证准点到港，为港口工作创造条件。业务统计与分析人员从值班调度员处及时掌握船舶动态，核算航速并预测到港时间。不论可能提前或延迟进港，应随时通知港口，使港口掌握主动权。必须明白，要使船舶得到充分利用，合理经济地使用营运工具，完成与超额完成营运任务，港口可起到很大的作用，加强现场指挥，调动广大工人积极性，发挥装卸设备能力，提高配积载技术等，都是合理使用船舶的有效途径。

2.货运周转量完成的综合分析

货运周转量完成情况的综合分析是结合船舶营运指标完成计划程度的核算而进行的。分析各项营运指标对货运周转量完成情况的影响，一般按月或季度进行。

综合分析的原始资料是历期内发出船舶所完成航次的“航次总结报告”或“航次总结电报”。报告的基本内容是：完成的客货运量、周转量、航次起迄时间、经过某港、进出某港的时间，在港装卸时间或等装卸时间，在某港装或卸货运吨数等。分析人员对“航次总结报告”进行审核以后，即可从中计算出一系列必要的数量指标；然后对照相应的计划就同一船型或某航线进行汇总，计算“营运船吨(或千瓦)天”、“航行率”、“航行速度”及“载重量利用率”等营运指标实绩，并与计划指标进行对比。

根据货运周转量的计算公式：

$$\sum Ql = \sum D_{净} \cdot T_{营} \cdot u_{营} = \sum D_{惊} \cdot T_{营} \cdot \alpha \cdot v \cdot \varepsilon_{航} \tag{9-9}$$

运用连环替代法即可分析货运周转量完成计划的程度，它受到营运船吨天及 3 个单元营运指标完成计划情况的影响。连环替代法在具体计算时用差额比较法或相对比较法皆可。

1)差额比较法

记：营运船吨天

航行率

航行速度

载重量利用率的计划值分别为:$(\sum D_{净} T_{营})_0, \varepsilon_{航0}, v_0, \alpha_0$;上述指标的实绩为$(\sum D_{净} T_{营})_1$,$\varepsilon_{航1}, v_1, \alpha_1$。则

$$\begin{aligned}
&(\sum D_{净} T_{营})_1 \cdot \varepsilon_{航1} \cdot v_1 \cdot \alpha_1 - (\sum D_{净} T_{营})_0 \cdot \varepsilon_{航0} \cdot v_0 \cdot \alpha_0 \\
&= [(\sum D_{净} T_{营})_1 \cdot \varepsilon_{航0} \cdot v_0 \cdot \alpha_0 - (\sum D_{净} T_{营})_0 \cdot \varepsilon_{航0} \cdot v_0 \cdot \alpha_0] \\
&\quad + [(\sum D_{净} T_{营})_1 \cdot \varepsilon_{航1} \cdot v_0 \cdot \alpha_0 - (\sum D_{净} T_{营})_1 \cdot \varepsilon_{航0} \cdot v_0 \cdot \alpha_0] \\
&\quad + [(\sum D_{净} T_{营})_1 \cdot \varepsilon_{航1} \cdot v_1 \cdot \alpha_0 - (\sum D_{净} T_{总})_1 \cdot \varepsilon_{航1} \cdot v_0 \cdot \alpha_0] \\
&= [(\sum D_{净} T_{营})_1 \cdot \varepsilon_{航1} \cdot v_1 \cdot \alpha_1 - (\sum D_{净} T_{营})_1 \cdot \varepsilon_{航1} \cdot v_1 \cdot \alpha_0] \\
&= A + B + C + D
\end{aligned} \tag{9-10}$$

A、B、C、D 分别表示$\sum D_{净} T_{营}, \varepsilon_{航}, v, \alpha$ 这 4 个指标对完成周转量计划的影响的绝对值。

2)相对比较法

各符号与上述符号含义相同。

则

$$\begin{aligned}
\frac{(\sum D_{净} T_{营})_1 \cdot \varepsilon_{航1} \cdot v_1 \cdot \alpha_1}{(\sum D_{净} T_{营})_0 \cdot \varepsilon_{航0} \cdot v_0 \cdot \alpha_0} &= \frac{(\sum D_{净} T_{营})_1 \cdot \varepsilon_{航0} \cdot v_0 \cdot \alpha_0}{(\sum D_{净} T_{营})_0 \cdot \varepsilon_{航0} \cdot v_0 \cdot \alpha_0} \\
&\quad \times \frac{(\sum D_{净} T_{营})_1 \cdot \varepsilon_{航1} \cdot v_0 \cdot \alpha_0}{(\sum D_{净} T_{营})_1 \cdot \varepsilon_{航0} \cdot v_0 \cdot \alpha_0} \times \frac{(\sum D_{净} T_{营})_1 \cdot \varepsilon_{航1} \cdot v_1 \cdot \alpha_0}{(\sum D_{净} T_{营})_1 \cdot \varepsilon_{航1} \cdot v_0 \cdot \alpha_0} \\
&\quad \times \frac{(\sum D_{净} T_{营})_1 \cdot \varepsilon_{航1} \cdot v_1 \cdot \alpha_1}{(\sum D_{净} T_{营})_1 \cdot \varepsilon_{航1} \cdot v_1 \cdot \alpha_0} = A \cdot B \cdot C \cdot D
\end{aligned} \tag{9-11}$$

类似地,A、B、C、D 分别表示$\sum D_{净} T_{营}, \varepsilon_{航}, v, \alpha$ 这 4 个指标对完成周转量计划的影响的相对值。

思考题

1. 船舶营运计划有哪些?各有什么作用?
2. 什么是航次计划?它有何作用?
3. 航运公司调度职责是什么?其工作制度有哪些?
4. 船舶调度工作主要有哪些?
5. 船舶营运统计与业务分析的内容是什么?

第三篇　船舶运营环境篇

第十章　水路运输行政管理

第一节　水路运输行政管理概述

水路运输行政管理包括水路运政、航道行政、港口行政、海事监督、船舶检验、消防、治安、通信导航等管理。

一、水路运输行政管理法律依据

1.水路运政管理的法律依据

水路运政管理的法律依据是国务院颁发的《中华人民共和国水路运输管理条例》;交通部颁发的《水路运输管理条例实施细则》、《水路运输服务业管理规定》;国务院颁发的《国际海运管理条例》及有关规章。

2.航道行政管理的法律依据

航道行政管理的法律依据是国务院颁发的《中华人民共和国航道管理条例》;交通部颁发的《航道管理条例实施细则》、《中华人民共和国航标条例》和《内河航标管理办法》。

3.港口行政管理的法律依据

港口行政管理的法律依据是《中华人民共和国港口法》。

4.海事管理的法律依据

海事管理的法律依据是《中华人民共和国海上交通安全法》、《中华人民共和国内河安全管理条例》、《中华人民共和国水上安全监督行政处罚规定》和《中华人民共和国船舶安全检查规则》。

5.船舶检验行政管理的法律依据

船舶检验行政管理的法律依据是《中华人民共和国船舶和海上设施检验条例》。

6.水上通信导航行政管理的法律依据

水上通信导航行政管理的法律依据是《交通部水上无线电管理法规》和《交通部水上通信行政管理法规》。

二、水路交通行政管理机构

(1)国务院交通主管部门负责全国水路交通行政管理;

(2)交通部水系派驻机构负责水系水路交通行政管理。水系派驻机构分设海事、船检、航道、通信、公安等分支机构,具体负责水系干线水路交通行政管理;

(3)省、自治区、直辖市交通主管部门负责本辖区内水路交通行政管理。在水运发达的省、自治区、直辖市设置了港航管理机构(或单设港口管理、航道管理机构),由交通主管部门授权履行本辖区水路交通行政管理职能,依法设立的地方海事机构、船检机构负责地方海事、船检行政管理工作。

第二节　水路运政管理

一、水路运政管理概念、机构及职责

1.水路运政管理概念

水路运政管理是指各级交通行政管理机关依据国家有关水路运输管理法律法规，培育和规范水运市场，对水运市场秩序实施监督管理的行政行为。

2.水路运政管理体制和机构

依据国务院《中华人民共和国水路运输管理条例》及交通部《水路运输管理条例实施细则》的规定：

(1)国务院交通主管部门主管全国水路运输事业；

(2)交通部在长江、珠江水系分别派驻航务(运)管理局，统一负责干线的航运行政管理工作，在业务上指导水系沿线各省、市、自治区的航运管理工作；

(3)各地人民政府交通主管部门主管本地区的水路运输事业；

(4)各地人民政府交通主管部门可以根据水路运输管理业务的实际情况，设置航运管理机构，负责水路运政管理工作。

3.水路运政管理范围、对象

在中华人民共和国沿海、江河、湖泊及其他通航水域内从事水路货物和旅客运输经营活动和水路运输辅助性经营活动。

水路运输辅助性经营活动(也称水运服务业)包括国内船舶代理、货物运输代理、客运代理、船舶管理、推拖船业务。

4.水路运政管理主要职责

(1)贯彻执行国家关于水路运输的方针、政策、法规；

(2)定期编制国内水路运输发展规划和发展战略；

(3)负责对水路客货运输业、辅助业开业、审批、经营活动的检查和奖惩；

(4)检查国家、省级人民政府下达的救灾抢险、军事、联运、外贸进出口物资运输计划的执行情况；

(5)对水运情况进行调查研究，定期发布水运情况分析报告，督促汇总运输统计报表；

(6)汇集、发布水运技术、经济信息，为水运经营者提供咨询服务，组织培训水路运政管理人员；

(7)维护水运市场秩序，处置纠纷，督促提高运输、服务质量，查处重大客货运输事故，组织交流经验，提高水运管理水平；

(8)负责对水路运输管理费的计收和使用管理。

5.管理职责分工

1)以交通部为主管理的事项

(1)“三资”航运企业的筹建，设立及相关事项的管理；

(2)经营跨省运输航运企业的筹建，设立及相关事项的管理；

(3)跨省液货危险品船运输及重点区域跨省客船运输的管理。重点区域包括：渤海湾、杭州湾、琼州海峡、长江干线、珠江干线。液货危险品船运输包括油船、化学品船、液化气船运输。

客船运输包括:普通客船、高速客船、客滚船(含载货汽车滚装船)、涉外旅游船运输,但不包括各类客渡船、库区以及封闭水域客货运输;

(4)集装箱班轮内支线航线的管理;

(5)国外进口运输船舶、国际海运船舶转入国内市场的管理。

2)以交通部派出机构为主管理的事项

在以交通部为主管理的事项(2)、(3)中涉及长江、珠江干线省际间运输的事项,交通部分别委托长江、珠江航务管理局进行管理。

各有关交通主管部门应按规定程序向长江或珠江航务管理局转报申请材料,由长江或珠江航务管理局分别进行审核、审批。

长江、珠江航务管理局每半年将批准、发证情况汇总报送交通部备案,在办理完毕后应向有关省级交通主管部门通报情况。部派出机构要加强对长江、珠江干线航运市场的监督管理。

3)以地方交通主管部门为主管理的事项

(1)经营省内普通货船运输和本行政区域内水路运输的航运企业("三资"企业除外)的筹建、设立及相关事项的管理。

(2)在本行政区域内注册的航运经营人从事省内运输的各类船舶的管理;在本行政区域内的航运经营人从事跨省普通货物运输船舶的管理。

有关省级交通主管部门每半年将跨省运输的发证情况汇总报送交通部;属于长江、珠江干线运输的,还应向交通部长江、珠江航务管理局备案。

(3)本行政区域内各类客(渡)船运输以及库区、湖泊、陆岛运输及封闭水域水上运输的管理。此类运输涉及两个以上行政区域的,由经营人所在地省级交通管理部门及相关省(自治区、直辖市)交通主管部门进行管理。有关运输管理部门各自对本行政区域内企业及船舶的资质、技术状况等审批把关并按职责进行管理。

有关地方交通主管部门,要在协助地方人民政府落实好国务院关于乡镇船舶安全责任制的同时,加强对上述船舶的管理。

6.管理方式

为推进航运业结构调整,充分发挥市场机制对资源配置的作用,交通部对现行的国内水路运输管理方式进行改革,全面废止根据航运市场供求关系制定运力额度计划的管理方式。根据航运经营人资质、管理制度、人员条件、船舶技术状况等技术标准进行准人管理。国内航运管理方式调整如下:

1)采取审批方式管理的事项

(1)设立航运企业,申请经营国内航运业务或调整水路运输经营范围,须事先得到相应交通主管部门批准。

(2)建造、购买或光租水路客运船舶(包括普通客船、高速客船、客滚船、载货汽车滚装船、旅游船等)和液货危险品运输船舶(包括油船、化学品船、液化气船等),须事先得到相应交通部门批准。

2)采取登记方式管理的事项

(1)开辟或调整集装箱班轮内支线航线,客运航线;

(2)在国内外建造、购买或光租除客船、液货危险品船以外的运输船舶;

(3)航行国际航线船舶(客船、液货危险品船除外)转入国内运输。

第三节　水路运输市场准入管理

一、设立水路运输企业基本条件

根据《中华人民共和国水路运输管理条例》,设立水路运输企业必须具备下列条件:

(1)具有与经营范围相适应的运输船舶;

(2)有较稳定的客源或货源;

(3)经营旅客运输的,应当落实客船沿线停靠港(站)点,并具有相应的服务设施;

(4)有经营管理的组织机构和负责人;

(5)有与运输业务相适应的自有流动资金。

水路运输企拥以外的单位和个人从事营业性运输,必须具备上述(1)、(2)(3)、(5)项条件,并有确定的负责人,个体(联户)船舶必须具备船舶保险证明。

二、资质条件

为了规范船舶运输市场,加强监督管理,维护船舶运输经营者、旅客、货主的合法权益,保障人民生命财产的安全,优化运力结构,促进水路运输事业健康发展,交通部以 2001 年 1 号令发布了《国内船舶运输经营资质管理规定》,对船舶运输经营资质条件及审批作出了更加具体的规定:

1.船舶运输分类

船舶运输经营范围按航行区域分为沿海船舶运输和内河船舶运输;按行政区域分省际船舶运输和省内船舶运输;按经营船舶种类分为货船运输和客船运输。

货船运输分为:

(1)普通货船运输,包括散装水泥船、商品汽车运输船、重大件船、驳船、集装箱船运输;

(2)散装液体危险品船运输,包括液化气船、散装化学品船、油船运输。

客船运输分为:

(1)普通客船(客渡船)运输;

(2)客滚船(车客渡船、汽车滚装船)运输;

(3)高速客船运输;

(4)涉外旅游客船运输。

2.经营资质条件

(1)除内河普通货船允许个体经营外,经营其他类别船舶运输应取得企业法人资格。

(2)设立客运,液货危险品船运输企业,至少一名持股 25% 以上的股东具有 3 年以上相应船舶种类的海船、河船运输经历。

申请经营沿海、内河客船运输的,应具有 3 年以上相应海上、内河货船运输经历;申请经营沿海、内河客滚船运输的,应具有 3 年以上相应沿海、内河客船运输经历;申请经营液货危险品船运输的,应具有 3 年以上相应海上、内河普通货船、客船运输经历。

(3)应有满足经营需要和安全管理要求的组织机构、固定办公场所,按国家有关规定建立、实施并保持安全管理体系。

(4)有关从业人员应符合下列条件:

①企业船舶运输管理人员中半数以上的人员应取得交通部认可机构颁发的从业资格证书或取得航运、航海、船舶、船机等专业中等专业(内河运输:职高)以上学历;

②个体经营者应取得省级交通主管部门认可机构颁发的培训证书;

③企业海务、机务管理人员持有与所经营船舶种类的海船、河船相对应的不低于大副、大管轮的适任证书;

④企业应有4名以上专职管理人员,且管理人员与企业签订劳动合同在2年以上;

⑤经营客运、液货危险品船运输的,最高管理层中至少有一人取得相应客船、危险品船船长或轮机长适任证书;海务、机务主管还应持有与所经营船舶种类的海船、河船相对应的船长或轮机长适任证书。

(5)应拥有与经营区域范围、船舶种类相适应的船舶。船舶运输企业拥有的相应总运力应当分别满足下列最低要求(不含省内的封闭通航水域经营客船运输的企业):

①经营沿海普通货船运输的:普通货船2 000载重吨;

②经营沿海液货危险品运输的:危险品船2 000载重吨,其中经营液化气船运输的:舱容2 000m^3;

③经营沿海客运的:海上普通客船400客位,高速客船200客位,客渡船3 000载重吨/400客位;

④经营内河液货危险品运输的:危险品船300载重吨,其中经营内河液化气船运输的:舱容300m^3;

⑤经营内河客运的:内河普通客船、高速客船50客位;经营内河客滚运输(车客渡船)的:客滚船(车客渡船)1 500载重吨/50客位;

⑥经营运输的船舶应按规定取得“船舶检验证书”、“船舶国籍证书”、“船舶最低安全配员证书”、“船舶营运证”;

⑦经营船舶运输,应有符合国家规定的注册资本;

⑧经营客运航线的,应落实船舶靠泊、旅客上下船所必须的服务设施。

3.申报材料

申请经营船舶运输,应提交下列相应的申报材料:

(1)申请书;

(2)可行性研究报告(包括组织机构设置、管理人员配备、企业基本管理制度);

(3)企业名称预先核准通知书及其复印件;

(4)“企业法人营业执照副本”、“营业执照副本”及其复印件;

(5)“船舶检验证书”、“船舶所有权登记证书”、“船舶国籍证书”或“光船租赁登记证明书”、“临时船舶国籍证书”及其复印件;

(6)主要管理人员身份证、资历、学历、培训证书、从业资格证书、劳动合同(筹建的、提供意向协议)、“船舶最低安全配员证书”(申请开业提供)及其复印件;

(7)申请企业主要股东资历,银行或资产评估机构出具的资信证明文件或其他说明股东投资情况的文件;

(8)国家规定需要建立安全管理体系的,应提供“符合证明”或“临时符合证明”证书及其复印件;

(9)经营客运的,船舶靠泊、旅客上下船所必须的服务设施的证明文件。申请筹建应提交上述(1)、(2)、(3)、(6)、(7)、(9)项规定的申报材料。

申请开业应提交上述(1)、(2)、(3)、(6)、(7)、(9)项规定的申报材料及筹建批准文件。

4.审批程序

1)省际运输企业筹建、开业审批程序

申请人向所在地县级交通主管部门提交申报材料,受理申请的交通主管部门应当核实申报材料,按国家有关规定全面审查经营资质条件,逐级转报市、省交通主管部门审核,由省交通主管部门转报国务院交通主管部门审批。

其中申请经营客运、客滚、高速客运、液货危险品船运输的,市(设区市)交通主管部门应在收到申报材料30d内,根据申报材料和实地调查情况,对申请人是否符合船舶运输经营资质条件进行全面评估。对认为符合条件的,写出评估报告,并转报省级交通主管部门审核,对认为不符合条件的,应书面通知申请人,并说明理由。属于申请筹建的,应当根据船舶运输资质条件对申请事项的可行性进行评估。

省级交通主管部门应当根据实际情况,对申请经营高速客船、客滚船、液货危险品船运输的进行复评。交通部水系派出机构对有异议的申请事项,应会同有关省级交通主管部门进行复评。

申请筹建,审批机关应于接到申请书的次日起40d内给予批复。

筹建完毕,申请开业,审批机关应于接到开业申请书的次日起15d内对经审核符合条件,决定批准的发给长期或临时的"水路运输许可证";对不予批准的,给予答复。

2)省内运输企业的筹建、开业审批程序

申请人向所在地县级交通主管部门提交申报材料,受理申请的交通主管部门应当核实申报材料,全面审查资质条件,逐级转报上级交通主管部门审核,由省级交通主管部门审批。审批机关在接到申请书的次日起40d内,对符合条件的决定批准的发给长期或临时"水路运输许可证书",对不予批准的,给予答复。

从事省际和省内运输的个体经营人只能从事国内的普通货物运输及12km以内的短途渡运。

个体经营人申请从事省际、省内普通货物运输的应向所在地县级交通主管部门提交申报材料,经核实、审查后,逐级上报交通主管部门审核,最后由省级交通主管部门审批。

个体经营人申请从事市内普通货物运输的,应向所在地县级交通主管部门提交申报材料,经核实、审查后,转报市级交通主管部门审批。

第四节 水路运输服务业市场准入管理

一、水运服务业市场准入

1.资质条件

水运服务业分为船舶代理业和客货运输代理业。其资质条件如下:

(1)有稳定的水路运输客源、货源和船舶业务来源;

(2)有与经营范围相适应的组织机构和专业人员;

(3)有固定经营场所和必要的营业设施;

(4)有符合下列规定的最低限额的注册资本:经营船舶代理业务的,为20万元人民币;经营客货代理业务的,为30万元人民币;同时经营船舶代理业务和客货运输代理业务的,为50

万元人民币。

2.申请、审批程序

1)报送文件

申请设立水路运输服务企业,应当报送下列文件:

(1)水路运输服务企业开业申请书;

(2)可行性研究报告;

(3)企业章程草案;

(4)拟注册地方工商行政管理机关签发的“企业名称预先核准通知书”;

(5)资信证明;

(6)办公经营场所产权证明(或租赁证明、协议等);

(7)主要出资单位同意设立企业的文件(董事会决议协议、联营协议或经济担保人证明);

(8)企业负责人和主要业务人员姓名、职务和身份证明;

(9)国务院交通主管部门规定的其他文件。

2)审批程序

申请设立水路运输服务企业,申请人应当向拟设立水路运输服务企业所在地的县级交通主管部门提出申请,由该部门审核后转市级交通主管部门审查批准,并报省级交通主管部门备案。

其中申请设立经营水路运输服务业务的“三资企业”申请人应当向所在地的县级交通主管部门提出申请,经各级交通主管部门逐级审核后,由省级交通主管部门转报国务院交通主管部门审查批准。

县级交通主管部门应当自收到水路运输服务企业开业的申请书和其他文件之日起 10d 内提出审核意见并转报市级交通主管部门,或逐级转报国务院交通主管部门。

国务院交通主管部门和市(包括直辖市)交通主管部门,应当自收到水路运输服务企业申请书和其他文件之日起 30d 内决定批准或者不批准。对批准设立的,颁发水路运输服务许可证书。

二、船舶管理业准入

1.船舶管理业的含义

船舶管理业是指船舶管理经营人根据约定,为船舶所有人或者船舶承租人、船舶经营人提供船舶管理服务。

2.服务内容

其服务内容如下:

(1)船舶机务管理;

(2)船舶海务管理;

(3)船舶检修、保养;

(4)船员配给、管理;

(5)船舶买卖、租赁、营运及资产管理;

(6)其他船舶管理服务。

3.经营船舶管理业的资质条件

(1)有符合国家规定的注册资本;

(2)有符合《国内船舶管理业规定》的管理人员：

①经营国内沿海船舶管理业的，经营管理人员应取得航运或航海、船舶、船机及其他专业大学专科以上学历，或中级以上相关专业技术职称、交通部认可的从业资格证书。

海务、机务管理人员中至少有一人持有与管理船舶种类和航区相适应的丙类船长、轮机长以上的职务的适任证书；其他海务、机务管理人员应持有与所管理船舶种类和航区相适应的丙类二副、二管轮以上的职务的适任证书。

②经营内河船舶管理业的，经营管理人员应取得航运或航海、船舶、船机及其他相关专业中等专业以上学历，或初级以上相关专业技术职称、交通部认可的从业资格证书；

海务、机务管理人员中至少有一人持有与管理船舶种类和航区相适应的二等船长、轮机长以上的职务的适任证书；其他海务、机务管理人员应持有与所管理船舶种类和航区相适应的二等船二副、二管轮以上的职务的适任证书。

(3)有与经营业务相适应的设备、设施；

(4)有符合国家规定的船舶安全管理和防止污染管理体系；

(5)法律、行政法规和交通部规章规定的其他条件。

4.申请、审批程序

(1)申请经营船舶管理业应提交下列文件和证件：

①筹建或开业申请书(一式3份)；

②可行性研究报告；

③组织章程；

④名称登记证书；

⑤验资证明；

⑥管理人员的身份证件、学历证明或专业技术证书，从业资格证书；

⑦符合国家船舶安全管理和防止污染管理规定的证书；

⑧经营场所使用证明。

提交以上有关证件原件和复印件各一份。

(2)申请人可直接向所在地县级的上一级人民政府交通主管部门提交申请书和有关证件，也可提交县级人民政府交通主管部门，由其转送上一级人民政府交通主管部门。

(3)县级的上一级人民政府交通主管部门应在收到申请书和有关证件之日起15d内，核实有关证件的有效性后，将证件的原件退给申请人，将申请书和有关证件的复印件报省级交通主管部门审批。

(4)省级交通主管部门应在收到船舶管理业经营筹建申请书和有关证件之日起30d内完成审核，并作出批准或不批准的决定。对批准筹建的，发给水路运输服务筹建批准文件，对不批准的，书面通知申请人并说明理由。

(5)省级交通主管部门应在收到船舶管理业经营开业申请书和有关证件之日起20d内完成审核，并作出批准或不批准的决定。对批准开业的发给“水路运输服务许可证”，并报交通部备案；对不批准的，书面通知申请人并说明理由。

(6)申请人应当持“水路运输服务许可证”，依法办理企业法人登记或变更登记及其他法定手续后，方可从事船舶管理业经营活动。

(7)船舶管理经营人领取“水路运输服务许可证”后，应当在开业前15d内将“水路运输服务许可证”复印件送所在地和船籍港海事管理机构备案。

第五节 水路运输船舶准入管理

交通部已取消新增运力额度计划管理方式,而采取根据航运经营人资质、管理制度、人员条件、船舶技术状况等进行准入管理。

建造、购买或光租水路运输船舶(包括普通客船、高速客船、客滚船、载货汽车滚装船、旅游船)和液货危险品运输船舶(包括油船、化学品船、液化气船等)须事先得到相应交通主管部门批准。其管理仍适用《中华人民共和国水路运输管理条例》及其实施细则,交通部2001年第1、2、3号部令的规定。

新增普货船不再调控总量,对在国外建造、购买或光租普通货物运输船舶,航行国际航线船舶转入国内普通货物运输,内支线航线集装箱班轮运输,采取登记方式管理。

一、登记条件

(1)经营人应符合《中华人民共和国水路运输管理条例》及其实施细则和交通部2001年1号令公布的《国内船舶运输经营资质管理规定》等有关规定,取得合法经营资格,其经营范围符合"水路运输许可证"注明的经营范围;

(2)建造、购买、光租或期租的船舶应符合交通部2001年2号令公布的《老旧运输船舶管理规定》有关船龄的要求和技术条件,投入营运的船舶应具备有效船舶资料和证书;

申请材料齐备,申请程序符合交通部有关规定。

二、申请登记提交材料

申请登记应提交下列文件:

(1)国内水路运输登记事项申请表一式4份;

(2)申请人的"水路运输许可证"复印件;

(3)建造、购买、光租,或开辟客运、集装箱班轮内支线航线可行性论证报告;

(4)拟建造、购买或光租、期租船舶的主要技术参数,或拟投入运营船舶的有效船舶资料;

(5)申请开辟客运航线、集装箱班轮内支线的,应提供运输经营人与停靠港口签订的:"港口服务协定意向书";

(6)经营期租或光租船舶的需提供租船合同,光船租赁时,还应提供海事部门出具的"光船租赁登记证明书"复印件。

三、登记程序和登记证明文件

(1)申请人应按要求填写的"国内水路运输登记事项申请表"连同有关申请材料报申请人所在地交通主管部门;

(2)受理申请的交通主管部门对材料审核并盖章后,转报上一级登记受理机关;

(3)初次受理登记的部门,应核对有关申请材料复印件与原件是否相符,并在复印件上加盖"复印件与原件相符"章;

(4)对符合登记条件的登记受理机关应在20个工作日内出具"国内水路运输登记事项证明书",对不符合登记条件的,登记受理机关应在10个工作日内给予书面答复;

(5)申请开辟集装箱内支线或客运航线的申请人,可持"登记事项证明书"向海关、海事、运管等部门办理核实手续；

(6)申请建造、购买，光租运输船舶的申请人，可持“登记事项证明书”向船舶检验、海关、海事等部门办理有关手续。

第六节　国际航运及其辅助业市场准入管理

依据《中华人民共和国国际海运条例》(以下简称《海运条例》)及其实施细则，对从事国际船舶运输业务、国际船舶代理业务、无船承运业务、国际船舶管理业务等市场准入管理作了具体规定。

一、经营国际船舶运输业

在中国境内设立企业经营国际船舶运输业，或者中国企业法人申请经营国际船舶运输业务的市场准入。

1.经营条件

经营国际船舶运输业务应当具备下列条件：

(1)有与经营国际海上运输业务相适应的船舶，中国籍船舶；

(2)投入运营的船舶符合国家规定的海上交通安全技术标准；

(3)有提单、客票或者联运单证；

(4)有具备国务院交通主管部门规定的从业资格的高级业务管理人员。

2.申请、审批程序

申请人应向交通部提出申请，报送相关材料，并同时将申请材料抄报企业所在地的省、自治区、直辖市交通主管部门。

申请材料应当包括：

(1)申请书；

(2)可行性分析报告、投资协议；

(3)申请人的企业商业登记文件(拟设立企业的主要投资人的商业登记文件或者身份证明)；

(4)船舶所有权证书、国籍证书和法定检验证书的副本或者复印件；

(5)提单、客票或者多式联运单证样本；

(6)符合交通部规定的高级业务管理人员的从业资格证明。

有关省、自治区、直辖市交通主管部门自收到上述抄报材料后，应当就有关材料进行审核，提出意见，并应当自收到有关材料之日起10个工作日内将有关意见报送交通部。

交通部收到申请人的申请材料后，应当在申请材料完整齐备之日起30个工作日内按照《海运条例》有关规定进行审核，作出许可或者不许可的决定。决定许可的，向申请人颁发“国际船舶运输经营许可证”；决定不许可的，应当书面通知申请人并告知理由。

3.申请材料

中国国际船舶运输经营者在中国境内设立分支机构的，适用上述决定的程序。申请材料包括：

(1)申请书；

(2)可行性分析报告；

(3)母公司的商业登记文件;
(4)母公司的“国际船舶运输经营许可证”副本;
(5)母公司对该分支机构经营范围的确认文件;
(6)符合交通部要求的高级业务管理人员的从业资格证明。

二、经营国际船舶代理业

在中国境内设立企业法人经营国际船舶代理业务,或者中国企业申请经营国际船舶代理业务的市场准入。

1.经营条件

经营国际船舶代理业务,应当具备下列条件:

(1)高级业务管理人员中至少2人具有3年以上从事国际海上运输经营活动的经历;
(2)有固定的营业场所和必要的营业设施。

2.申请、审批程序

申请人应向交通部提出申请,报送相关材料,并应当同时将申请材料抄报企业所在地的省、自治区、直辖市交通主管部门。

3.申请材料

申请材料应当包括:

(1)申请书;
(2)可行性分析报告、投资协议;
(3)申请人的商业登记文件(拟设立企业的,主要投资人的商业登记文件或者身份证明);
(4)固定营业场所的证明文件;
(5)《海运条例》第九条第(一)项规定的高级业务管理人员的从业资历证明文件;
(6)关于同港口和海关等口岸部门进行电子数据交换的协议。不具备电子数据交换条件的,应当提供有关港口或者海关的相应证明文件。

有关省、自治区、直辖市交通主管部门收到上述报送材料后,应当就有关材料进行审核,提出意见,并应当自收到有关材料之日起7个工作日内将有关意见报送交通部。

交通部收到申请人的申请材料后,应当在申请材料完整齐备之日起15个工作日内按照《海运条例》第九条规定进行审核。审核合格的,予以登记,并发给“国际船舶代理经营资格登记证”;不合格的,应当书面通知当事人并告知理由。

申请人持交通部发给的“国际船舶代理经营资格登记证”向企业登记机关办理企业登记或者变更登记,向海关、税务、外汇等部门办理相关手续。

三、经营国际船舶管理业

中国企业法人申请经营国际船舶管理业务或者在中国境内设立经营国际船舶管理业务的市场准入。

1.经营条件

经营国际船舶管理业务,应当具备下列条件:

(1)高级业务管理人员中至少2人具有3年以上从事高级海上运输经营活动的经历;
(2)有持有与所管理船舶种类和航区相适应的船长、轮机长适任证书的人员;
(3)有与国际船舶管理业务相适应的设备、设施。

2. 申请、审批程序

申请人应当向拟经营业务所在地的省、自治区、直辖市交通主管部门提出申请，申请材料应当包括：

(1)申请书；

(2)可行性分析报告、投资协议；

(3)申请人的商业登记文件(拟设立企业的主要投资人的商业登记文件或者身份证明)；

(4)固定营业场所的证明文件；

(5)《海运条例》规定的高级业务管理人员的从业资历证明文件；

(6)《海运条例》规定的船长、轮机长适任证书复印件。

有关省、自治区、直辖市交通主管部门收到申请人的申请材料后，应当在申请材料完整齐备之日起 15 个工作日内进行审核。材料真实且符合《海运条例》规定条件的，予以资格登记，并颁发"国际海运辅助业经营资格登记证"；材料不真实或者不符合"海运条例"规定条件的，不予登记，书面通知申请人并告知理由。

申请人持"国际海运辅助业经营资格登记证"向企业登记机关办理企业登记，向税务部门和外汇管理部门指定的银行办理相关手续。

国际船舶代理经营者和国际船舶管理经营者在中国境内的分支机构经营相关业务的，应当符合《海运条例》有关规定，并按照实施细则的有关规定进行登记。登记申请材料应当包括：

(1)申请书；

(2)可行性分析报告；

(3)母公司的商业登记文件；

(4)母公司的"国际船舶代理经营资格登记证"或者"国际海运辅助业经营资格登记证"副本；

(5)母公司确定该分支机构经营范围确认文件；

(6)营业场所的证明文件；

(7)《海运条例》规定的人员的从业资历或资格的证明文件；

(8)国际船舶代理经营者设立、分支机构的，有关该分支机构同港口和海关等口岸部门进行电子数据交换的协议。不具备电子数据交换条件的，应当提供有关港口或者海关的相应证明文件。

四、经营无船承运业

申请办理无船承运业务经营者提单登记的，应当向交通部提出提单登记申请，报送相关材料并应当同时将申请材料抄报企业所在地的省、自治区、直辖市交通主管部门。申请材料应当包括：

(1)申请书；

(2)可行性分析报告；

(3)企业商业登记文件；

(4)提单格式样本；

(5)保证金已交存的银行凭证复印件。

申请人为外国无船承运业务经营者的，还应提交下列文件：

(1)联络机构说明书，载明联络机构名称、住所、联系方式及联系人；

(2)委托书副本或者复印件；

(3)委托人与联络机构的协议副本；

(4)联络机构的工商登记文件复印件。

有关省、自治区、直辖市交通主管部门自收到上述抄报材料后，应当就有关材料进行审核，提出意见，并应当自收到抄报的申请材料之日起 7 个工作日内将有关意见报送交通部。

交通部收到申请人的材料后，应当在申请材料完整齐备之日起 15 个工作日内按照《海运条例》有关规定进行审核。审核合格的，予以提单登记，并颁发“无船承运业务经营资格登记证”；不合格的，应当书面通知当事人并告知理由。

中国的无船承运业经营者在中国境内的分支机构，应当按《海运条例》规定交纳保证金，并按实施细则的有关规定进行登记，取得“无船承运业务经营资格登记证”。申请登记应提交下列材料：

(1)申请书；

(2)母公司的企业商业登记文件；

(3)母公司的(无船承运业务经营资格登记证)副本；

(4)母公司确认该分支机构经营范围的确认文件；

(5)保证金已交付的银行凭证复印件。

五、国际船舶经营中国国际班轮业务

国际船舶运输经营者申请经营进出中国港口国际班轮运输业务的准入，申请人应当向交通部提出申请，并报送下列材料：

(1)国际船舶运输经营者的名称、注册地、营业执照副本、主要出资人；

(2)经营者的主要管理人员的姓名及其身份证明；

(3)运营船舶资料；

(4)拟开航的航线、班期及沿途停泊港口；

(5)运价本；

(6)提单、客票或者多式联运单证。

交通部按《海运条例》有关规定进行审核。予以登记的，颁发“国际班轮运输经营资格登记证”；申请材料不真实、不齐备的，不予登记，应当书面通知申请人并告知理由。

国际船舶运输经营者依法取得经营进出中国港口国际班轮运输业务资格的，交通部在其政府网站公布国际班轮运输经营者名称及其提单式样本。

六、中国国际船舶运输经营者新增运力管理

经营者增加运营船舶，包括以光船租赁方式租用船舶增加运营船舶的，应当于投入运营前 15d，向交通部备案。备案材料应当载明公司名称、注册地、船名、船舶国籍、船舶类型、船舶吨位、拟运航线。

交通部收到备案材料后，应当在 3 个工作日内出具备案证明文件。

七、外商投资经营国际海运及其辅助业准入管理

(1)设立中外合资、合作经营企业经营国际船舶运输业务，通过拟设立企业所在地省、自治区、直辖市交通主管部门向交通部提出申请。申请材料应当包括：

①申请书；

②可行性分析报告；

③合资或者合作协议；

④投资者的企业商业登记文件或者身份证件；

⑤符合交通部规定的高级业务管理人员的从业资格证明。

经交通部审核后，决定批准的发给批准文件。获批准的申请人持批准文件，到相关部门办理相应的设立外商投资企业的审批手续后，再按《海运条例》实施细则规定的程序向交通部领取相应的“国际船舶运输经营许可证”。

(2)设立外商投资企业经营国际船舶代理业务、国际船舶管理业的，应分别提交《海运条例》实施细则第七、第八条规定的申请材料，按《海运条例》实施细则第七、第八条规定的申报、审批程序办理，还需到相关部门办理相应的设立外商投资企业的审批手续。

(3)经营国际海运货物仓储业务，应当具备下列条件：

①有固定的营业场所；

②有与经营范围相适应的仓库设施；

③高级业务管理人员中至少2人具有3年以上从事相关业务的经历；

④法律、法规规定的其他条件。

(4)经营国际海运集装箱站及堆场业务，应当具备下列条件：

①有固定的营业场所；

②有与经营范围相适应的车辆、装卸机械、堆场、集装箱检查设备、设施；

③高级业务管理人员中至少2人具有3年以上从事相关业务的经历；

④法律、法规规定的其他条件。

(5)设立外商投资企业经营国际海运仓储业务，或者中外合资、合作企业经营国际集装箱站与堆场业务，应通过拟设立企业所在地的省、自治区、直辖市交通主管部门向交通部提出申请。申请材料应包括：

①申请书；

②可行性分析报告；

③合资或者合营协议；

④投资者的企业商业登记文件或者身份证件。

由交通部审核、批准的，予以登记，并发给相应的批准文件。

(6)国际海运货物仓储业务经营者、国际集装箱站与堆场经营者，须持交通部颁发的资格登记证明文件，向监管地海关办理登记手续后，方可存放海关监管货物或者集装箱。

八、国际海运市场监管

(1)国际船公司和无船承运人、货主可以订立协议运价，但不能和国际货代订立协议运价。

(2)国际船公司不能接受没有办理提单登记并交纳了保证金的、不具备无船承运人资格的经营者提供的货物或者集装箱。

以上规定把无船承运人的监管部分落实到船公司身上。

(3)调查制度。不同于《行政处罚法》实施程序的调查，对国际海运是否违规暂不能确定，存在争议，特别是在理论上有争议，要通过专家认真论证才能确定是否违规的行为的调查。《海运条例》实施细则对调查机关的组成、责任和权利，被调查对象的权利和义务进行了明确规定。

(4)国际海运、国际船代经营者以及国际集装箱运输港口经营人应于每年3月15日前向所在地省级交通主管部门报送有关信息表,由省级交通主管部门将上述信息表及其汇总信息转报交通部。

第七节　水路运输市场监督管理

按照建立统一、开放、竞争、有序的水路运输市场的原则,为规范市场行为,保护公平竞争,取缔非法经营,维护旅客和货主的合法权益而进行监督管理是十分必要的,也是水路运政管理的重要内容和职责。

一、旅客运输监督管理

(1)经营人必须按照"五定"(即定船、定线、定班期、定时间、定码头泊位)原则,从事旅客运输业务。如需取消或变更,必须向原批准机关申请批准,从批准之日起一个月后,方可取消或变更。开设临时客运航线,按规定报交通部备案。

(2)必须使用交通主管部门规定的水路客运票据。

(3)水路客运票价实行市场调节价,由企业自行确定,向物价、交通主管部门备案;但不得违反国家有关价格管理的法律、法规规定。

(4)必须执行水路客运服务质量标准。

二、货物运输监督管理

(1)经营人必须按批准的经营范围从事货物运输。

(2)必须使用交通主管部门规定的货物运输票据。

第八节　港口行政管理

一、港政管理

港口管理应当遵循政企分开、鼓励竞争、促进发展的原则。在国民经济和社会发展计划中应当体现港口的发展和规划要求,依法保护和合理利用港口资源。国家鼓励国内外经济组织和个人依法投资建设、经营港口,保护投资者的合法权益。

1.港口行政管理体系

(1)国务院交通主管部门主管全国的港口工作。

(2)地方人民政府对本行政区域内港口的管理,按照国务院关于港口管理体制的规定确定。

(3)由港口所在地的市、县人民政府管理的港口,由市、县人民政府确定一个部门具体实施对港口的行政管理;由省、自治区人民政府管理的港口,省、自治区、直辖市人民政府确定一个部门具体实施对港口的行政管理。

2.港口行政管理内容

(1)贯彻执行有关国家法律、法规和规章,制定港章和有关管理规定。

(2)编制港口总体规划,对港口的岸线、陆线、水域实施统一的行政管理。

(3)负责对港口公用基础设施(指公用的进出港航道、防波堤、锚地等)的建设、维护和管理工作。

(4)对港口建设市场秩序进行监管,对港口建设项目的工程质量实施监督。

(5)对港口的经营秩序、安全生产、环境保护等实施监督和管理。

(6)划定港区内危险货物作业泊位、库场的区域范围,并实施监督。

(7)征收和代征国家行政性收费。对企业经营性收费项目和价格,按有关法规的规定实施监督和管理。

(8)负责协调国家重点物资、军事及抢险救灾等物资的运输。

(9)负责港口信息的汇总、统计和管理工作。

10)负责对港口从业人员的技术、业务培训、考核和发证的管理工作。

3.港口经营市场管理

(1)从事港口经营,应当向港口行政管理部门书面申请取得港口经营许可,并依法办理工商登记。

港口行政管理部门实施港口经营许可,应当遵循公开、公正、公平的原则。

取得港口经营许可,应当有固定的经营场所,有与经营业务相适应的设施、设备、专业技术人员和管理人员,并应当具备法律、法规规定的其他条件。

港口行政管理部门应当自收到港口经营申请人的书面申请之日起30d内依法作出许可或者不予许可的决定。予以许可的,颁发港口经营许可证;不予许可的,应当书面通知申请人并告知理由。

(2)经营港口理货业务,应当按照规定取得许可,具体办法由国务院交通主管部门规定。港口理货业务经营人应当公正、准确地办理理货业务;不得兼营货物装卸、仓储经营业务。

(3)港口经营监督管理:

①港口经营人从事经营活动,必须遵守有关法律、法规,遵守国务院交通主管部门有关港口作业规则的规定,依法履行合同约定的义务,为客户提供公平、良好的服务。

②从事港口旅客运输服务的经营人,应当采取保证旅客安全的有效措施,向旅客提供快捷、便利的服务,保持良好的候船环境。

③港口经营人应当依照有关环境保护的法律、法规的规定,采取有效措施,防治对环境的污染和危害。

④港口经营人应当优先安排抢险物资、救灾物资和国防建设急需物资的作业。

⑤港口经营人应当在其经营场所公布经营服务的收费项目和收费标准,未公布的,不得实施。港口经营性收费依法实行政府指导价或者政府定价的,港口经营人应当按照规定执行。

⑥国家鼓励和保护港口经营活动的公平竞争。港口经营人不得实施垄断行为和不正当竞争行为;不得以任何手段强迫他人接受其提供的港口服务。

⑦港口行政管理部门依照《中华人民共和国统计法》和有关行政法规的规定要求港口经营人提供的统计资料,港口经营人应当如实提供。港口行政管理部门应当按照国家有关规定将港口经营人报送的统计资料及时上报,并为港口经营人保守商业秘密。

4.港口安全与保护

(1)港口经营人必须依照《中华人民共和国安全生产法》等关法律、法规,加强安全生产管理,建立健全安全生产规章制度,完善安全生产条件,采取有效措施,确保安全生产。

港口经营人应当依法制订单位的危险货物事故应急预案、重大生产安全事故的旅客紧急疏散和救援预案以及预防自然灾害预案,保障组织实施。

(2)港口行政管理部门应当依法制订可能危及社会公共利益的港口危险货物事故应急预案、重大生产安全事故的旅客紧急疏散和救援预案以及预防自然灾害预案,建立港口重大生产安全事故的应急救援体系。

(3)船舶进出港口,应当依照有关水上交通安全的法律、行政法规的规定向海事管理机构报告。海事管理机构接到报告后,应当及时通报港口行政管理部门。

船舶载运危险货物进出港口,应当按照国务院交通主管部门的规定将危险货物的名称、特性、包装和进出港口的时间报告海事管理机构。海事管理机构接到报告后,应当在国务院交通主管部门规定的时间内做出是否同意的决定,通知报告人,并通报港口行政管理部门。但是,定船舶、定航线、定货种的船舶可以定期报告。

(4)在港口内进行危脸货物的装卸、过驳作业,应当按照国务院交通主管部门的规定将危险货物的名称、特性、包装和作业的时间、地点报告港口行政管理部门。港口行政管理部门接到报告后,应当在国务院交通主管部门规定的时间内作出是否同意的决定,通知报告人,并通报海事管理机构。

(5)港口行政管理部门应当依法对港口安全生产情况实施监督检查,对旅客上下集中、货物装卸量较大或者有特殊用途的码头进行重点巡查;检查中发现安全隐患的,应当责令被检查人立即排除或者限期排除。

负责安全生产监督管理的部门和其他有关部门依照法律、法规的规定,在各自职责范围内对港口安全生产实施监督检查。

(6)禁止在港口水域内从事养殖、种植活动。

不得在港口进行可能危及港口安全的采掘、爆破等活动;因工程建设等确需进行的,必须采取相应的安全保护措施,并报经港口行政管理部门批准;依照有关水上交通安全的法律、行政法规的规定须经海事管理机构批准的,还应当报经海事管理机构批准。

禁止向港口水域倾倒泥土、砂石以及违反有关环境保护的法律、法规的规定排放超过规定标准的有毒、有害物质。

(7)建设桥梁、水底隧道、水电站等可能影响港口水文变化的工程项目,负责审批该项目的部门在审批前应当征求港口行政管理部门的意见。

(8)依照有关水上交通安全的法律、行政法规的规定,进出港口须经引航的船舶,应当向引航机构申请引航。

二、港口规划与建设

1.港口规划涵义与分类

规划是一项全局性、整体性、宏观性和前瞻性的工作。由于事物总是处于运动和发展中,因此,规划又具有阶段性、时限性特点。港口规划就规划范围和层次而言,有全国性和区域性港口规划以及具体一个港口的规划之分。

在层次范围系列内可分为:港口布局规划、港口总体规划和港口港区规划。在时间系列内可分为:远景规划、中期规划和近期实施规划。另外,根据我国的实际情况,还有专业货种的布局规划。

港口布局规划,是指港口的分布规划,包括全国港口布局规划和省、自治区、直辖市港口布局规划。它是根据国家生产力布局、运输资源的前景，确定港口的数量、位置、性质、功能和发展方向的规划。

港口总体规划，是指一个港口在一定时期的具体规划，包括港口的水域和陆域范围、港区划分、吞吐量和到港船型、港口的性质和功能、水域和陆域使用、港口设施建设岸线使用、建设用地配置以及分期建设序列等内容。

港口总体规划应当符合港口布局规划。专业货种的布局规划，是对港口布局规划的具体补充和完善，也是对港口总体规划起指导性作用的规划。如原油、金属矿石、散装水泥、集装箱、液体化工制品等大宗货物，作为一个运输系统，从全国性或区域布局上进行全面规划。从这个意义上讲，此类规划，也可纳入港口布局规划范畴。

2.港口规划与其他规划关系

与港口规划有关的，主要有地区经济发展规划、城市总体规划、国土利用规划、城乡总体规划、水资源综合利用规划、防洪规划、港口所在地河道(河口)整治规划、航道规划、综合运输网规划等。港口规划与上述各项规划间的关系，是相互衔接协调的关系。

对港口城市而言，港口规划、国土规划水资源利用规划、综合运输网规划，均是城市规划的组成部分。港口规划能使港口建设得以顺利与健康的发展，对城市的发展与繁荣至关重要。港口与城市是一个共生、共存和协同发展的关系，城市发展离不开港口的发展，港口发展同样离不开城市的发展。只有港口与城市相互协调、和谐，才能使港口资源和城市得到充分的配置，使港口城市得到快速发展。

随着经济的发展、城市的繁荣、航运事业的进步，有的港口布局和功能就不能适应，势必要求港口发展扩大。港口建设，包括港区与集疏运通道，涉及城市土地利用规划，这就需要通过城市规划协调解决，这也是港口规划与城市规划需要进行协调的首要问题。对港口规划而言，用地问题实际上就是岸线和近岸水、陆域的布局问题。在制订城市总体规划时，为了城市自身发展的需要，在协调各专业规划的时候，需要尽量满足港口专业规划用地的要求，并给港口发展留有充分的余地，因为岸线是一种不可再生的特殊资源。一般情况下，凡适于建港(码头)的岸线应规划或预留为港口用地，深水深用、浅水浅用。在港口规划中，则应体现节约用地的方针，合理布局，发挥岸线资源的最佳经济效益。

3.港口规划的作用与意义

港口规划是在国家生产力布局和经济发展及港口腹地经济发展预测基础上，根据港口工程技术规范进行编制的，应具有前瞻性和可操作性，是指导港口建设的纲领性文件。港口规划的作用在于：

(1)明确港口的性质功能和发展方向，避免乱建和重复建设，造成投资浪费。国家级的港口布局规划，通过对每一类货物的平衡计划，确定港口的数量及其分工和位置。

(2)港口规划可使港口建设走上有序的轨道，促进港口健康发展，既要避免超前投资、积压资金，也要避免建设滞后，影响地区经济发展；

(3)港口建设有据可循，有较强的约束力，避免急功近利和破坏布局合理性。

(4)港口规划可使国家的宝贵资源——岸线发挥其最佳的经济效益。

(5)港口规划为其他运输系统的发展提供了依据。

(6)港口规划有利于落实战备措施。

4.港口规划的编制

港口规划应当根据国民经济和社会发展的要求以及国防建设的需要编制，体现合理利用岸线资源的原则,符合城镇体系规划,并与土地利用总体规划、城市总体规划、江河流域规划、防洪规划、海洋功能规划水路运输发展规划和其他运输方式发展规划以及法律、行政法规规定的其他有关规划相衔接、协调。编制港口规划应当组织专家论证,并依法进行环境影响评价。

1)港口布局规划的编制

(1)编制港口布局规划的依据是国家生产力布局、国家社会经济发展中长期规划、国内外贸易增长的趋势、国家综合运输网规划、海运规划和流域规划,大宗运输矿产资源储藏、开采及产、销地位置,港口城市的发展规划以及国家对港口建设的政策等。

(2)编制港口布局规划的原则:

①控制港口规模的合理结构,体现大中小港口并举的方针。

我国现有的大港,几乎都是经历几十年发展逐渐形成的,有其内在的发展规律。适当地发展这些骨干大港,为其开辟新港区,以利更好地发挥其运输枢纽骨干作用,正确处理好集中与分散的关系,适度地布点中小港口,也是港口合理布局和经济发展的需要。中小港口有投资省、见效快和营运比较灵活的特点,在条件适宜的中小港口,还可以为大港开展水上集疏运和过驳作业服务,有利于组织合理运输。同时,可直接与所在中小城市经济发展相衔接,促进区域经济发展。对于区域内已形成的港口群体,要从参与国际竞争角度进行资源优化配置,科学定位,合理分工,形成地区特色的港口群体,尽快形成较强国际竞争能力。

②与综合运输的其他系统规划相协调。

港口是综合运输系统组成部分之一,如果脱离其他综合运输系统,就难有发展,反之如果其他运输方式不能与之相衔接,也会制约港口功能的发挥。

③协调好与港口城市间的关系。

港口建设实践说明,港口是城市发展的动力,城市是港口建设的依托,港口与城市相互依存,结合成有机的整体。因此,协调处理两者近远期发展的关系,对促进港口与城市发展均是重要的。

(3)港口布局规划的编制方法:

港口布局规划,可分为全国性的、区域性的两种。随着系统论、控制论、信息理论的引入和发展,以及计算机技术的应用,为定量和定性相结合的规划编制方法提供了广泛的应用条件。首先,根据国民经济发展规划预测每一货种的运输量,然后作出产、运、销的平衡计划,确定运输线路,选择出口港和目的港,根据运输量测算港口数量及港口规模,根据货种确定港口性质,如品种单一的即为专业性港口,多货种的,则根据各货种的组成比例确定港口性质,或为综合性港口。选择港口时,应从国家经济利益出发,注意港口的规模效益,没有必要因为要照顾邻近港口的利益而将可以集中于一个港吞吐的任务进行分解,这样做国家就不能取得应有的经济效益,港口所建的码头也得不到充分利用。

目前,在实际规划工作中,大量现代理论和技术应用于规划实践,极大地丰富了规划理论,提高了规划工作水平。总结这些年现代规划理论的实践,可以发现,在4个主要的技术步骤(调查、预测、设计、评价)中,惟有“规划方案设计”一环没有定量的、规范的技术方法,规划人员多是凭感性和经验提出规划方案。而恰恰方案设计是规划工作的最终着眼点和最关键的一步。能比较准确地把握此点,直接影响整个规划的科学性。在规划方法上可运用网络设计的数学优化模型和算法,广泛采用模型技术和计算机技术。

2)港口总体规划的编制

编制港口总体规划的依据,主要有:

①全国性或区域性港口布局规划；

②根据本地区国民经济发展预测的港口吞吐量；

③城市总体规划、流域规划、防洪规划、河道整治规划、航道发展规划、海洋功能规划以及综合交通运输发展规划等；

④港口主管部门的有关文件。

对于一个港口而言，由于所处的地理位置、经济发展水平和水深资源条件等方面存在差异，因而不同的港口在城市和区域经济、社会发展中，所处的地位和发挥的作用也不尽相同，客观上就存在大小之别和主次之分。因此，在编制港口总体规划时，首先要下大力气，论证港口在规划期的性质和地位。尽管全国性或区域性港口布局规划已有相应明确的说法，但就具体编制规划时，还是有必要依据各方面的规划和预测，进一步分析论证，为编制好规划奠定好的基础。

(1)编制港口总体规划的原则：

①与城市总体规划相协调：港口总体规划是港口城市规划的重要组成部分，也是城市规划的补充和完善。如前所述，港口总体规划与城市规划之间的关系是协调的关系。把协调工作贯穿于规划编制过程之中，使港口总体规划真正成为城市规划的一个组成部分。

②一城一港，统筹规划，合理布局：港口总体规划按一城一港的原则进行编制，这样，就可以将同类或相近的货种集中组成港区，在规划范围(一般而言即为城市所辖岸线范围)内，根据自然条件进行合理布局，一城一港的原则，是进行合理布局的前提。

③大中小结合，远近结合，分期实施：港口是为船舶服务的。运输航线不同，经济合理性船型大小不同；货种、批量大小的不同，采用船型大小也不相同，因此，港口规划中应根据货种流量、流向及其相应采用的船型，根据自然条件(这里主要指水深条件)布置大中小泊位，做到远近结合，分期实施。

④深水深用、浅水浅用，充分发挥岸线资源的最佳经济效益：岸线资源最佳经济效益充分体现在深水区布置大型船舶泊位；浅水区布置小型船舶泊位，或必要时可规划其他用水部分使用。

⑤节约用地，不占或少占农田：我国国土虽然辽阔，但人口众多，可耕地人均占有量很少，特别是在经济发达地区，人均占有量更少，土地显得尤为宝贵。规划应该从大局出发，考虑节约用地，不占或少占农田，尽量利用滩地或回填造地。

⑥根据国情、港情，从实际出发：港口建设投资大、周期长，一般情况下，改造老港区要比新建港区投资少得多。因此，在规划中，特别要根据港口实际情况，避免大拆大迁，而应该立足于利用原有设施，进行改造、挖潜，提高通过能力，以适应吞吐量增长的需要。

⑦客货分开、散杂分开。

⑧集疏运系统畅通，提高综合通过能力。

(2)编制港口总体规划的程序：

先进行现状分析，对港口的地位、功能和作用进行评估，然后进行吞吐量(客货源)分析，对方案进行论证，选出最佳方案，最后按照规定程序经批准后公布实施。

5.港口规划实施与管理

港口规划的实施与管理，首先要确立规划的权威性，并有专门机构进行管理。

全国港口布局规划，由国务院交通主管部门经征求国务院有关部门和有关军事机关的意见编制，报国务院批准后公布实施。

省、自治区、直辖市港口布局规划，由省、自治区、直辖市人民政府根据全国港口布局规划组织编制，并送国务院交通主管部门征求意见。国务院交通主管部门自收到征求意见的材料之日起满30d未提出修改意见的，该港口布局规划由有关省、自治区、直辖市人民政府公布实施；国务院交通主管部门认为不符合全国港口布局规划的，应当自收到征求意见的材料之日起30d内提出修改意见；有关省、自治区、直辖市人民政府对修改意见有异议的，报国务院决定。

港口总体规划由港口行政管理部门征求有关部门和有关军事机关的意见编制。

地理位置重要、吞吐量较大、对经济发展影响较广的主要港口的总体规划，由国务院交通主管部门征求国务院有关部门和有关军事机关的意见后，会同有关省、自治区、直辖市人民政府批准，并公布实施。主要港口名录由国务院交通主管部门征求国务院有关部门意见后确定并公布。

省、自治区、直辖市人民政府征求国务院交通主管部门的意见后确定本地区的重要港口。重要港口的总体规划由省、自治区、直辖市人民政府征求国务院交通主管部门意见后批准，公布实施。

前两款以外的港口的总体规划，由港口所在地的市、县人民政府批准后公布实施，并报省、自治区、直辖市人民政府备案。

市、县人民政府港口行政管理部门编制的港口的总体规划，在报送审批前应当经本级人民政府审核同意。

港口规划的修改，按照港口规划制定程序办理。

6.港口建设

在港口总体规划区内建设港口设施，使用港口深水岸线的，由国务院交通主管部门会同国务院经济综合宏观调控部门批准；建设港口设施，使用非深水岸线的，由港口行政管理部门批准。但是，由国务院或者国务院经济综合宏观调控部门批准建设的项目使用港口岸线，不再另行办理使用港口岸线的审批手续。

港口深水岸线的标准由国务院交通主管部门制定。

港口建设应当符合港口规划，不得违反港口规划建设任何港口设施。按照国家规定须经有关机关批推的港口建设项目，应当按照国家有关规定办理审批手续，并符合国家有关标准和技术规范。

建设港口工程项目，应当依法进行环境影响评价。港口建设项目的安全设施和环境保护设施，必须与主体工程同时设计、同时施工、同时投入使用。

港口建设使用土地和水域，应当依照有关土地管理、海域使用管理、河道管理、航道管理、军事设施保护管理的法律、行政法规以及其他有关法律、行政法规的规定办理。

港口的危险货物作业场所、实施卫生除害处理的专用场所，应当符合港口总体规划和国家有关安全生产、消防、检验检疫和环境保护的要求，其与人口密集区和港口客运设施的距离应当符合国务院有关部门的规定；经依法办理有关手续，并经港口行政管理部门批准后，方可建设。

航标设施以及其他辅助性设施，应当与港口同步建设，并保证按期投入使用。

港口内有关行政管理机构办公设施的建设应当符合港口总体规划，建设费用不得向港口经营人摊派。

港口设施建设项目竣工后，应当按照国家有关规定经验收合格，方可投入使用。港口设施的所有权，依照有关法律规定确定。

县级以上有关人民政府应当保证必要的资金投入，用于港口公用的航道、防波堤、锚地等基础设施的建设和维护。具体办法由国务院规定。

县级以上有关人民政府应当采取措施，组织建设与港口相配套的航道、铁路、公路、给排水、供电、通信等设施。

思考题

1. 简述水路交通行政管理机构的构成。
2. 水路运政管理的内容有哪些？
3. 简述港口行政管理内容。
4. 简述水路运输服务业市场准入管理的内容。

第十一章　国际航运组织

由于远洋运输的国际性及船舶运输的多环节性，航运企业要从事国际航运业务除了需要具备船舶营运基本条件及货源条件以外，还必须将自己置身于国际航运系统中，遵守各种国际公约和接受有关规则的约束。在具体的业务活动中，还要与众多的相关企业及政府有关部门进行联系、协调，以保证船舶运输过程的顺利进行。

当今世界，企业经营及其各种业务关系已日趋国际化，特别是在海运经济与海运贸易方面，这种国际间的互相依存、互相渗透、互相补充、互利互助，既合作又竞争的局面尤为明显，其中协调海运关系的各种团体和组织是主要的联系纽带。

世界上现有数千个海运相关组织或团体，它们涉及业务的范围覆盖海上运输安全、海上环境保护、海事法律、保险、船员的配备标准，以及便利海上交通运输等方面。这些组织从性质上分有民间的和官方的海运组织；从工作范围来分有全球性和区域性的海运组织；从成立的目的和职能上分有海上生命安全和环境保护、海上运输便利、海运经济贸易发展、劳工保障等。其中国际海事组织是惟一涉及海运领域各个方面的世界综合性官方组织。

第一节　非官方的国际航运组织

最著名的非官方航运组织有：代表船东利益的国际航运公会（International Chamber of Shipping, ICS）、波罗的海和国际海事协会（Baltic and International Maritime Council, BIMCO）；代表航运方面利益处理的有关海事的国际海事委员会（Committee Maritime International, CMI）。

一、国际航运公会

国际航运公会成立于1921年，总部设在伦敦。它主要是由英、美、日等23个国家有影响力的私人船东组成的协会，协会成员大约拥有50%的世界商船总吨位，任何政府机构均不被接受为会员。其成立的主要宗旨是交换航运情报，制定共同的航运政策，保护成员的利益，就互相关心的技术、工业或商业等问题交流思想，通过协商达成一致意见，共同合作。该机构设有集装箱、运输文件、保险、安全、防污、海上法律、油船等各小组委员会，广泛从事航运技术、法律和经济等方面的活动。它在联合国经济及社会理事会中拥有席位，参与并协助各分组委员会工作。

国际航运公会的主要业务：

(1)油船、化学品船的运输问题和国际航运事务；

(2)贸易程序的简化；

(3)集装箱和多式联运；

(4)海上保险；

(5)海上安全；

(6)制定一些技术和法律方面的政策，便于船舶进行运输。

国际航运公会制定的各种决议可通过它的成员，即来自各国的船东带回各自的国家，影响他们国家的法规，从而达到国际航运公会的决议与各国的法规相和谐，使国际航运公会的意愿在各国有所体现，使各国使用统一的航运法规，便于海上交通运输的发展。

二、波罗的海国际海事协会

波罗的海国际海事协会成立于1905年，总部设在哥本哈根，原名波罗的海和白海公会，后来因其成员变为世界性的，于1927年改名为BIMCO。协会成员有航运公司、经纪人公司以及保赔协会等组织。BIMCO向本组织成员提供全世界港口和海运条件方面的免费情报服务、免费咨询服务、专题讲座及短期培训。该协会的宗旨是：保护会员的利益，为会员提供情报咨询服务；防止运价投机和不合理的费收与索赔；拟订和修改标准租船合同和其他货运单证；出版航运业务情报资料等。情报咨询是协会的基本活动，其服务项目有：解释租船合同条款或在发生争议时提供建议；提供港口及航线情况；提供港口费用和使费账单等具体资料。它共出版9种协会刊物，如协会每周通知、专门通告、双月通讯等。它拥有丰富的资料供会员索取并有大量资料发表在刊物上，该协会在联合国贸发会议及海协组织中享有咨询地位。

BIMCO在1927年时只有20个成员国，占当时商船队总吨位的14%。目前，BIMCO有110个成员国，950个船东，约有11 800条船接受它的服务。BIMCO吸收的人员和组织包括船东、船舶买卖代理人、船东和船舶买卖协会、船舶代理商和承租商、延期停泊和防卫协会及航运联合会。

BIMCO的服务范围非常广泛，主要有：

(1)预防和解决争端。在现实中，许多本不必要的争端源于错误地使用一些单证，或单证本身不健全、不准确。如果使用BIMCO的标准单证就可以防止争端的发生。BIMCO经常发表一些文章，免费送给成员一些信息。当其成员由于某些原因出差错时，可以通过其在航运业的地位来提供保护。

(2)信息服务。作为BIMCO的成员，能免费从BIMCO的信息库得到港口和航运市场的信息。BIMCO已建立了24h服务制，有港口情况、冰冻情况、运费率、航运市场报告、燃料、BIMCO修改过的某些条款。BIMCO平均每天收到来自世界各地的150多个咨询。

(3)出版物。BIMCO周刊刊登最新加入该组织的成员名单和航运市场信息；BIMCO公告出六期，主要是介绍海运业的发展趋势和一些海事案例的判决。

BIMCO与其他的海运组织联系非常密切。BIMCO的许多成员国也是IMO的成员。BIMCO是联合国经济及社会理事会和国际气象组织的咨询机构，与联合国贸易和发展会议观察国际商社等有合作关系。

三、国际海事委员会

国际海事委员会1897年成立于比利时的布鲁塞尔。它的主要目的是促进海商法、海运关税和各种海运惯例的统一。它的主要工作是草拟各种海上公约、有关责任制、海上避碰、救捞等。国际上第一个海上货物运输公约——著名的“海牙规则”就是由该委员会1921年起草,并在1924年布鲁塞尔会议上讨论通过的。1968年又对“海牙规则”进行了修正,正式修订为“海牙—维斯比规则”,即“1968年布鲁塞尔议定书”。此外,还制定了国家所有船舶豁免规定国际公约、船舶所有人责任公约、海船扣押公约、统一海上救助打捞公约、统一船舶碰撞责任规定公约等。

四、国际海运联合会

国际海运联合会(International Shipping Federation, ISF)总部设在伦敦,是一个船东组织,在有关海员雇用和安全的所有问题上代表船东的利益。国际海运联合会是最老的国际船东组织,成立于1909年,当时是欧洲的船东组织,到1919年才成为世界性的船东组织。国际海运联合会有3个主要目标:

(1)为会员提供和交流最新的海员雇用情报;

(2)根据海员的雇用发展情况,提出和协调各国船东的意见;

(3)在讨论处理海员问题的国际论坛上,代表会员的利益与各国政府和工会商洽。

国际海运联合会有28个会员国,拥有船舶的吨位超过世界总吨位的一半,拥有船员超过50万人。ISF的工作重点放在劳动标准方面,经常与工会打交道。在许多问题的解决上,雇主与工会的看法难免不同,因此,国际海运联合会的主要任务是协调和提出雇主的观点。

国际海运联合会还为IMO、联合国贸易和发展会议、联合国经社理事会担任咨询工作。在IMO里,国际海运联合会主要关心船员的、配备和培训工作,积极参与制定了1978年《关于海员培训、发证和值班标准国际公约》。

国际海运联合会的活动还包括船员工资、建立并协调与工会的关系、船员配备与组织等。ISF主要为船东谋福利,但它与国际劳工组织、海事组织合作,积极参加拟定与海员雇用条件、健康培训和福利有关的重要的国际劳工组织公约和决议,对航运业的发展起着重要的作用。

五、国际独立油船船东协会

国际独立油船船东协会(International Association of Independent Tanker Owners, INTERTANKO, ITOA)成立于1934年,总部设在挪威奥斯陆,由来自各海运国家的独立油船船东组成。当时正处在石油危机时期,它成功地将闲置油船集中起来管理(被称为Schierwater plan),以便有关船东在竞争中紧密合作。20世纪30年代末,随着油运市场的改善,这一组织的活动慢慢地减少,直到1954年正式解散。20世纪50年代中期,该组织在伦敦重新成立,由于没有足够的能力来维护其成员的利益,处于一种半休眠状态。1970年,一些独立油船船东集聚在奥斯陆,由10个海运国家的代表再次组成了国际独立油船船东协会,于1971年1月开始工作。目前国际独立油船船东协会由270多个油船船东作为它的会员,拥有世界油船80%的总吨位。石油公司和政府所拥有的油船船队不准许加入协会成为会员。

国际独立油船船东协会是非营利性机构,它成立的宗旨是为会员之间交换意见提供场所,促进自由竞争,维护独立油船船东利益,加强技术和商业之间的交流。国际独立油船船东协会特别强调于它所提供的服务对它的成员具有实际价值。其业务主要包括：

(1)港口信息方面。成员每月收到包括最新港口状况和费用的公告。当发现某港滥收费时，代表其成员做出快速反应；在港口费、代理机构安排、运费税等方面给出专家建议。

(2)运费和滞期费问题。该机构帮助油船船东对付租船方、石油交易商拖延支付或不支付运费的问题。仅此项服务开设的头两年，就成功地帮助船东处理和收回了150万美元的资金。

(3)租船合同。国际独立油船船东协会提供了各种标准的租船合同条款和文本，专家们给其成员各种切实可行的关于租船方面的建议。

(4)市场研究。国际独立油船船东协会提供关于油船市场供需方面独到的见解，出版了《油船市场展望》、《油船经营风险和机遇》等书。

(5)关于船舶动态、海上安全、市场趋势、油船费用、港口使费等各方面的最新消息。INTERTANKO凭借着优质的服务，给各独立油船业主创造了更多获利的机会，同时也促进了自身的发展，对海运业经济贸易发展起了一定的推动作用。

六、国际油船船东防污染联合会

国际油船船东防污染联合会(The International Tanker Owners Pollution Federation, LTOPF)是一个处理解决海上石油漏溢问题的专业性组织，每个加入《油船船东自愿承担油污责任协定》(TOVALOP)的油船船东或光船承租人都自动成为国际油船船东防污染联合会的成员。

国际油船船东防污染联合会是为管理TOVALOP而于1968年建立的，它的任务不仅限于管理TOVALCP，还包括对清除海上油污提供专业性的帮助，进行损失程度的估计，索赔分析，制定应急方案，提供咨询、培训和情报服务等。TOVALOP是世界油船船东为赔偿海上油污清除费用和赔偿油污染所造成的任何损失而签订的协定，尽管已经有了关于海上油污染索赔公约(IMO制定的)，但TOVALOP仍有很重要的作用。国际油船船东防污染联合会的作用是确保其成员有足够的经济担保，并给该组织成员的船舶颁发证书。目前，国际油船船东防污染联合会的赔偿能力已达7 000万美元，共有3 200个成员，加入国际油船船东防污染联合会的油船多达6 000艘，占世界油船总吨数的97%。国际油船船东防污染联合会总部设在伦敦，有一个由5名高水平技术人员组成的技术小组专门处理世界各地有关的油污事件，评估污染的严重程度，提出清除办法并协助清除，调查油污染造成的损害。国际油船船东防污染联合会直接训练一批技术人员帮助多国政府和其他组织制定漏溢事故的应急处理方案，并对事故处理提供咨询。国际油船船东防污染联合会还出版海上油污情况和处理技术资料，现已出版12种有关技术信息资料，并制作了5部20min的清除海上油污的录像系列片。虽然国际油船船东防污染联合会被认为是TOVALOP的一个管理机构，但是从ITOPF取得的成就来看，它已超出于管理范畴，目前已被公认为清除海上油污染的专门技术中心，为保护海洋环境做了积极的努力。

七、欧洲和日本国家船东协会委员会

欧洲和日本国家船东协会委员会(Council of European and Japanese National Shipowners' Associations, CENSA)于1974年1月1日成立，总部设在伦敦，该组织由比利时、丹麦、芬兰、法国、德国、希腊、意大利、日本、荷兰、挪威、葡萄牙、瑞典、英国13个主要海运国家的船东协会组成。其工作范围涉及航运政策和海运领域的各方面。成立欧洲和日本国家船东协会委员会的主要目的是通过发展合理的航运政策保护和促进其成员的利益。它包括：

(1)通过完善海运法规，维护其成员利益，消除海上运输和贸易方面的限制；

(2)建立市场自由机制,尽量避免政府歧视,减轻海运法规对托运人的影响,使托运人可以自由选择承运船舶;

(3)在海运供需双方之间建立自由贸易体系,使该体系尽可能自我调节。

欧洲和日本国家船东协会委员会每年召开4~5次会议,委员会设1名主席、2名副主席,均从成员国的主要船东中选出。每个国家在委员会里有2名代表。委员会以下设4个部门,分别涉及下列问题:

①研究联合国航运政策;

②美国航运政策进展;

③欧洲班轮公会和欧洲船东协会之间的会议进展情况;

④世界上其他地区有可能影响委员会成员的立法、政策的变更;

⑤散货、油船运输政策的发展。

欧洲和日本国家船东协会委员会是联合国贸易和发展会议的咨询机构,与全欧班轮公会联系密切,是欧洲货主委员会的伙伴。日本和欧洲一些国家组织起来,可以互相交流信息,促进世界海运业的发展,也促进了这些国家经济和贸易的发展。

八、救助协会

1856年一些劳埃德保险公司的保险商及伦敦海运保险公司的代表成立了求助该协会(Salvage Association, SA),1971年10月被英国女皇命名为“救助协会”。协会成立的目标是在船舶海事及财产损失方面保护商人和船东的利益。

协会的主要作用是处理船舶及货物受损事件,以及进行调查。该协会是非营利性的,为任何船东或货主服务,根据服务时间和难度收取费用。它不仅是一个保险机构,也为保险商、船东、保赔协会、政府及制造商提供服务。如果船舶遇难需要拖曳,协会就会联系拖船,并安排拖曳方式;如果船舶沉没或搁浅,协会就派去救助官员提出建议。船舶修理是协会十分重要且占很大比例的工作。救助协会的船舶调查人不仅要注意船舶的损坏程度,协商修理成本,还要明确船舶受损原因,在船方和受损方之间合理划分修理费。协会的船舶调查人员对受损货的善后处理提出建议,对货物的贬值情况进行评估,在适当的地点安排货物的修复或出售。

救助协会每年大约处理1 500个案例,帮助政府、船东、商人等解决一些实际问题。该协会正在不断发展壮大,以参加更多船舶海难救助,解决更多的海事纠纷。

九、波罗的海贸易海运交易所

波罗的海贸易海运交易所(The Baltic Exchange, BE)是世界上惟一的一家世界性的航运交易所。1823年,波罗的海俱乐部成立。1900年,波罗的海俱乐部与伦敦航运交易所合并,成为波罗的海贸易海运交易所。现在波罗的海贸易海运交易所有600多家公司,2000多名代表在交易所工作。波罗的海贸易海运交易所是一家私人公司,它的成员必须持有它的股份。

在波罗的海贸易海运交易所内,服务人员为需要船舶的人及拥有船舶或经营船舶的人提供服务,货物可以找到船舶,船舶可以找到货物,大大地方便了货主和船东,促进了海运经济贸易的发展。交易所的业务在各类市场口头进行,谈判成功后就签订运输合同或买卖合同。航运交易是交易所的主要活动,全世界不定期货船市场上大约3/4的干散货运输量由交易所的成员经手。交易所的另一项主要业务是商品及期货贸易。期货交易者主要从事谷物、马铃薯、大豆及肉类的期货贸易。波罗的海贸易海运交易所每年可为英国赚取的纯收入达3 000万英镑左右。

十、国际货物装卸协调协会

国际货物装卸协调协会(International Cargo Handling Coordination Association, ICHC)于1952年成立,总部设在伦敦。在协会成立的头4年里,受到各地成员的有力支持,在西欧国家成立了8个国家委员会。这些国家委员会主要处理专属本国的问题,如组织讨论会等。到20世纪80年代末,国际货物装卸协调协会与各国的联系进一步加强了,已有大约21个国家委员会,会员遍及90多个国家。每两年在不同国家和地点召开大会,为世界范围内的成员提供了惟一的机会进行聚会和交流经验、观点和思想。

国际货物装卸协调协会的主要工作是对联运的协调。20世纪50年代中期讨论了木材包装与大宗散糖处理问题;1957年在每两年一次的汉堡会议上首次讨论了滚装作业问题,集装箱也是50年代一次会议的主题。国际货物装卸协调协会在60年代继续发展这种单元装载技术。1969年和1970年研究了在货物处理中的载驳运输船和计算机管理。

1973年,由成员国代表组建了技术咨询分委员会(Technical Advisory Sub - Committee, TASC),以便监视与海国际货物装卸协调协会有关的技术事务和考虑对协会成员的特殊利益。TASC的主要工作是形成一系列的与货物运输作业技术有关的研究报告和出版物,一般每年集会4次,但它的主要工作是利用通信完成的。它做了大量的工作去协调不同运输方式之间的联运,包括海空联运,公路、铁路、船舶联运及散货自动化装卸系统。国际货物装卸协调协会认为,转运技能是个核心问题,因此它研究、制定、组织、公布对发展中国家的经营、监督人员的培训规划,也为其他一些国家创造培训机会,国际货物装卸协调协会对于从制造厂到消费者的以任何运输方式进行的货物搬运的各个方面都感兴趣,并给予可能的协助。

国际货物装卸协调协会对许多政府间组织具有咨询资格,如国际海事组织、国际劳工组织、联合国工业发展组织、联合国贸易和发展会议、经社理事会等。在这些国际论坛上,国际货物装卸协调协会注意那些与货物有关的会议和研究团体,并且凡是有聚会讨论货物装卸的地方都能听到国际货物装卸协调协会会员的意见。国际货物装卸协调协会在主持国际研究项目,出版其研究报告和技术文件,办理技术查询等方面也起了重要作用。

国际货物装卸协调协会发表的大量重要文献包括:

(1)《集装箱概要》(1974年)。这本书很快被认为是这方面的权威著作,国际海运保险协会推荐这本书为必读书,并于1986年再版。

(2)《运输系统中的货物安全》(1976年)。该书由两部分组成,第一部分概述货物在运输过程中的偷窃损失问题;第二部分分析重大盗窃案件的发生及预防措施。这些报告构成伦敦及阿姆斯特丹货物安全会议的基本条件。

(3)《滚装运输码头及跳板性能》(1978年)。它第一次提供了全世界港口与船舶的1 000多个滚装跳板的详细资料,这些数据最初是为了协调国际标准化组织、协调滚装运输中的船舶与港口关系而收集的。这本书对船舶经营人、船舶设计师、设备制造商、货物装卸人及货物托运人都有重要的参考价值。

(4)《国际标准集装箱的安全性:理论与实践》(1981年)。这本书是研究集装箱安全的专著,是在对船舶经营者、货物装卸人及其他有关人士大量采访及广泛调查的基础上写成的。

(5)《国际标准集装箱挂钩吊装时的安全处理与集装箱安全公约总则》(1987年)。它指出利用吊钩吊集装箱应注意的一些基本原则。调查表明集装箱经常用链吊、挂钩,有时甚至用多种铲车或起重杠杆来吊装,以便于集装箱装卸运输。

国际货物装卸协调协会正处于货物装卸技术革命的开端,它强调运输作业中货物装卸的重要经济意义,并且寻求更先进的装卸方法。今后,国际货物装卸协调协会在货物处理领域仍将起重要的作用。

十一、国际海事卫星组织

1976年9月,42个国家的代表签署了《国际海事卫星组织公约》,公约于1979年7月生效。公约的主要内容是制定促进海事通信必需的空间部分条款,从而帮助提高遇难通信和海上人命安全通信、船舶的效率和管理、海上公共通信服务及无线电测定的能力。国际海事卫星组织(International Maritime Satellite Organization,INMARSAT)于1979年7月在英国伦敦成立,1982年2月开始工作。它的用户包括油船、液化天然气船、沿海石油钻井平台、地震测量船、渔船、干货船、客运班轮、破冰船等。到1987年底,已有6 200个船舶地面站和其他移动站被授权使用国际海事卫星系统。

国际海事卫星组织由53个缔约的成员国资助,每一个缔约国根据其使用系统的强度投资购买股份。INMARSAT的组织包括两个部分:大会和委员会。大会是由所有成员国的代表组成,全体大会每两年举行一次,检查国际海事卫星组织的活动,并向委员会提出建议。委员会相当于公司的董事会,由18个投资份额大的签约国代表组成,并适当考虑发展中国家的利益,每年至少召开3次会议。

国际海事卫星组织发展到今天,成员国已增加到64个,但受益国却有130个之多。国际海事卫星组织将全球分为4个区域,有9颗卫星在工作中覆盖全球。卫星通信不受环境、天气的影响,随时随地都可以进行通信。国际海事卫星组织的建立方便了船岸之间、船舶之间的联系,如果船舶遇难,可立即通过通信卫星求援。1989年,中国远洋远输集团总公司某船意外发生火灾,总公司需要随时了解现场情况,但通过海岸电台保持联系比较困难,幸好该公司装有卫星通信设施的“明城”轮在附近,于是通过“明城”轮的卫星通信设备,向总公司汇报了当时的情况,这样营救措施及时通知到有关搜救机关,使火灾得到了控制,保证了船舶和船员的安全。1990年5月,中远总公司的某船航行在南印度洋,遇到温带气旋连续袭击,船体严重受损,船舶及船员生命受到威胁,但由于该船装有卫星通信设备,遇险时及时发出报警信号,搜救协调机构立刻采取了有效的搜救措施,使全船38名船员无一遇难。

国际海事卫星组织利用同步卫星向航海、航空和海上工业提供遇险和安全通信服务及电话、电传、数据和传真。其覆盖面大,受地面无线电干扰小,接受速度快,自动化程度高,通信质量好,利用海事卫星系统可以有效地解决海上搜救机关的通信问题。无论从可靠性、经济性及实用性看,它都具有无可比拟的优越性。国际海事卫星组织正不断地更新改进现有的通信卫星,以便为用户提供更多、更好的服务。随着国际海事卫星组织业务的发展,目前它已成为世界上惟一的为海、陆、空用户提供通信服务的国际组织。

与国际海事卫星组织相关的一个重要进展是1987年IMO决定用“全球海上遇险和安全系统”(GMDSS)替代现用的海上遇险和安全系统。这一改进很大程度上依赖自动化的提高和IN—MARSAT的卫星。设计GMDSS是为了确保安全与效率相结合,只要求船上携带一种操作简单的设备,就具有船对岸、岸对船、船对船一般通信功能和遇险、搜救信号发射、定位等功能。

第二节　国际海事组织

联合国经济和社会理事会于1948年3月6日在日内瓦召开的国际海运会议上，通过一项关于成立政府间海事协商组织的公约。这一公约反映了航运国家希望统一国际航运合作中出现的越来越多的业务形式和差别。公约规定其生效的条件是必须要有21个以上的国家接受（承认）该公约，其中包括7个至少拥有100万GT船舶的国家。这一要求直到1958年3月17日才得到满足，1959年1月6日至19日，第一届大会在伦敦召开，该组织正式成立，当时称之为政府间海事协商组织（Intergovernmental Maritime Consultative Organization，IMCO），总部设在伦敦。1982年5月22日改为现名国际海事组织（International Maritime Organization，IMO），到1994年5月，IMO已有149个成员国。

根据公约规定，国际海事组织的宗旨是促进各国之间的航运技术合作和情报交流，鼓励采用切实可行的统一标准，促进海上安全，提高海运效率，防止船舶对海洋的污染，鼓励消除国际贸易中对海运的歧视行为，取消政府施加的不必要限制。国际海事组织的主要活动是制定和修改有关公约、规划，缔结国际协议，交流实践经验和事故记录及科技报告和研究情报，向发展中国家提供技术援助。

国际海事组织设立大会，由所有成员国组成，每两年召开一次大会，大会选举出一个理事会和航运安全委员会，批准选举的秘书长，决定工作程序，审批各项建议，对成员国按协议提供的费用做预算并表决，批准财务管理结算。大会一般在伦敦举行。

理事会由32个会员国组成，任期两年，通常每年召开两次会议，选举出秘书长。理事会是IMO大会休会期间的管理机构，理事会下设航运安全委员会、海洋环境保护委员会、法律委员会、便利运输委员会和技术合作委员会。

航运安全委员会是其中最重要的一个委员会，它负责处理助航设备、船舶建造和设备、海上避碰、危险品货物运输、救生设备、船舶无线电通信、船员培训的标准化、值班制与船员证书、海上搜救等各方面事务。它也涉及有关船舶稳性、载重线、渔船安全设计、船舶自动化、船舶吨位等大量问题。海洋环境保护委员会主要研究防止和控制船舶对海洋的污染，下设12个专业小组委员会从事各项具体工作。例如，法律委员会和技术合作委员会是理事会的辅助工作机构，前者负责有关IMO的法律问题，并为成员国提供咨询服务；后者主要负责向发展中国家提供技术援助和咨询工作。便利运输委员会的主要工作是减少和简化政府规定的有关船舶抵达、停留及驶离港口的手续和文件，并负责制定、修改加速海上交通运输的各种方法，以防止不必要的延误。

IMO通过它的理事会、委员会开展工作，同时与其他专门机构的代表们合作。它与许多政府间组织有合作协议，有40多家代表航运、法律和环境利益的非政府国际组织以咨询者的身份参加IMO的活动。实际上，IMO是一个论坛。它的成员能够在这个论坛上交换航运、技术和法律等方面的信息，并致力于解决这些方面的各种问题。

自1959年以来，IMO已经主持制定了一系列指导国际航运的法律和技术文件。这些文件大体分为3种类型，即：各种国际公约（Conventions），如海上人命安全公约、防污染公约等，各种规则（Codes），如危险品运输规则、散装化学品船舶设备和结构规则等，以及各种建议（Recommendations）。这3种类型常统称为公约，目前已通过了40多个公约，主要有：

1.防止油污染

1954年5月12日通过了《防止海洋污染国际公约》,规定禁止向海中特定区域排放原油、燃油、柴油、润滑油;1969年11月10日至29日召开的政府间海事协商组织会议通过了《关于干预公海油污染事件的国际公约》,规定了在公海发生油污染并有可能损害沿海国的利益时,沿海国有权保护其权益;1973年通过了《防止船舶造成污染的国际公约》(MARPOL73),79个国家和许多国际组织参加了会议,公约的条款旨在消除船舶在工作中可能排出的油和其他有害物质对海洋的污染,最大限度地减少任何类型船只因碰撞或搁浅事件流失的油量。

2.海上人命安全

1960年有40个国家的代表在《海上人命安全公约》上签字,公约对航行安全、危险品的运输和核动力船舶作了规定,1965年5月生效:1974年11月通过的《海上人命安全国际公约》(SOLAS74)取代了这个公约,新的公约规定了对客船和油船的防火条款,以及载运散装粮食的条款;1978年2月通过了关于对1974年《海上人命安全国际公约》修改的议定书,该议定书对油船安全和防止海洋污染两方面进行了补充和修改,此议定书于1981年5月生效。

3.便利海上交通运输

1965年通过的《便利海上交通公约》规定要简化船舶在港口手续,提高港口的吞吐量,公约于1967年生效,到1994年,已被71个签约国接受。

4.海上搜索与救援

1979年通过了《海上搜索和救援的国际公约》,1985年6月22日生效,现已有49个国家批准了这一公约,公约通过建立合法的搜索与救援国际计划,促进有关组织与相邻国间的合作。

5.海员标准

1978年通过了《关于海员培训、发证和值班标准国际公约》(STCW),1984年4月生效。到1994年已有103个签约国批准了这一公约,现已包含了世界上近2/3的船队。

6.国际安全管理规则

1993年11月国际海事组织第十八届大会通过了《国际船舶安全营运和防止污染管理规则》(简称《国际安全管理规则》,即ISM规则),并同时号召各国在自愿的基础上采纳、实施这一规则。鉴于原有的海上安全、防污方面的公约、规则、标准和决议虽然起了重要的作用,但它们主要是从航运技术及设备方面提出各种要求,这对船舶安全和防污只能起到一部分作用,实施效果不十分理想;考虑到绝大多数海上事故源于人为因素及人们对海上安全要求的提高,1994年7月,《海上人命安全国际公约》的缔约国大会通过了在该公约中增加"船舶安全管理"的内容(第IX章),要求对客船、高速艇和500GT以上的油船、化学品船、液化气船、散货船从1998年7月起以及对500GT以上的其他货船和移动式近海钻井平台从2002年7月起,强制实施ISM规则。ISM规则在航运公司安全管理体系的建立、船岸管理人员的责权、船舶操作使用等方面提出了明确的要求。对符合要求的航运公司经审核后发证。预计ISM的强制实施,将对航运公司,特别是船舶管理公司,提高管理质量产生重要影响。交通部作为我国实施ISM规则的主管机关,授权中国船级社为ISM的审核、评估和发证机构。

公约正式通过,只标志着公约成立进程的第一步。即使是第一步,往往也是比较困难的。对于重要的技术公约,必须能被航运界广泛地接受和应用,对尽可能多的航运国家具有适用性,否则会因为其中的条款不能对众多国家、众多船应用而趋于把航运实践复杂化。每一个公约内都注明其生效必须满足的条件,不同的公约,这些条件的具体内容也不相同。一般地讲,公约越重要、越复杂,公约生效的条件就越严格。例如,1974年《海上人命安全国际公约》要求有25个国家承认这一公约,且这25个国家拥有不少于50%的世界商船总吨位;对于1969年《船舶吨位丈量国际公约》,其要求是25个国家承认,且这25个国家拥有不少于65%的世界商船总吨位。

任何国家政府批准接受或承认某一公约,就要采取公约要求的有关措施,对公约负责。有时还涉及到修改本国法律以实施公约条款,建立专门机构执行相关业务。当公约生效条件满足时,公约对于接受国生效,并产生约束力。一般是在一个能使所有国家采取必要措施的宽限期之后正式执行。

各成员国应保证本国船舶满足公约的要求,有关公约实施的效果也是令人鼓舞的。1992年海上人命损失是近13年中最低的;20世纪80年代由船舶排泄入海洋的油量降低了60%,简化了政府对船舶的管理,使船舶到达、停留、离开港口更加快捷,减少了在港口内船舶不必要的延误。IMO为了使其制定的公约得到更好地实施,并且使发展中国家的航海技术水平得到提高,在世界各地建立了海运培训机构,其中最突出的是1983年成立的世界海事大学,它每年招收100名左右的学员,主要来自不发达国家,学习两年后回到各自的国家从事海运行政管理、海运研究、海关检查、海难事故调查等。我国大连海事大学建有世界海事大学的分校。

尽管IMO在过去的几十年里取得了很大的成绩,但是现在这些成绩正在受到威胁,海事记录较差的船队正在增加,记录较好的船队则在减少,同时世界船队正趋向老化,如果任其继续发展下去,就可能导致海运事故的急剧增加,将失去更多的船舶,并导致污染的增加。IMO已注意到这一点,认为只有履行IMO的协定才能解决这些问题。IMO已经从反应型转变成预防型,即重点不在于对事故的反应,而是在于预防事故的发生。为此,IMO在1993年7月26日召开的第18次大会上讨论并形成了至2000年的长期工作计划。此次大会要求海上安全委员会、海洋环境保护委员会、技术合作委员会等对其各自的委员会工作项目进行修改。海上安全委员会的目标是在较大范围内促进与海运安全有关的最可行标准的通过,具体事项包括:助航设施、海员的培训及适任、避碰规则、危险货物处理、海事调查、搜索与救助、水文信息等。海洋环境保护委员会的目标是在较大范围内促使与船舶对海域污染的防止和控制有关的最可行标准的通过,创立履行其义务所必需的机构。同时,还应深化IMO与其他组织机构的联系,坚持联合国环境和发展会议通过的海洋环境保护原则和声明。技术合作委员会的目标是帮助发展中国家批准、实施和履行IMO的公约并达到其标准,使其在海运安全、海上防污染及航运和港口的有关方面形成技术、培训和管理的能力。

IMO多年来的实践活动表明,它在促进航运安全技术的发展和维护国际航运正常秩序方面起了良好的作用。随着国际航运技术的发展,IMO将在国际航运事务中发挥更大的作用。

所有联合国成员国均可成为国际海事组织的会员国。我国在联合国恢复合法席位后,于1973年3月1日正式参加IMO,1975年当选为理事国,1995年11月,我国以最多票数连任A类理事国。

第三节　国际航运行业组织

竞争可促进社会进步,但是过度竞争又会造成同行间相互杀价争抢货源。为减少恶性竞争造成的影响,促进同行间的协调合作、利益均享,出现了各种行业组织,班轮公会就是其中之一。

一、班轮公会

班轮公会(Conference or Shipping Ring)是指两家以上在同一航线上经营班轮运输的船公司,为避免相互间的竞争,维护共同利益,通过在运价和其他经营活动方面签订协议而组成的国际航运垄断组织。

班轮公会是按照特定的航线划分和组织的。参加班轮公会的一些船公司,实际上常常同时经营着几条班轮航线,因而这些船公司也就可能同时是几个班轮公会的会员。所以各班轮公会之间也常有密切的联系。同时,在许多情况下,某一公司也可能同时在几个班轮公会中起着决定性的作用。这种错综复杂的关系,常常引起各班轮公会之间的利害冲突。不仅如此,即使在同一公会内部,各个会员公司之间也常矛盾重重。比如远东班轮公会,不仅在会员之间互有矛盾,就是欧洲大陆的会员与英国会员之间,以及欧洲会员与日本会员之间也存在着地区性的矛盾。这说明班轮公会的建立,表面上是为了缓和矛盾,避免竞争,实际上由于资本主义追求利润的本质,表面上会员公司都遵守公会的规定,但暗中却以明折暗扣的方法来争夺货载获得自己的利益。

从事国际定期船运输的公司,为避免竞争,垄断航线,一般采用分航线用协议方式组成卡特尔同盟,制定运价和运送条件来共同遵守。该同盟多以同一航线上经营相同业务的班轮公司组成,是一种非法人团体。班轮公会有两种形式:其一称为开放同盟,即对希望加入的船东无条件同意参加,如远东至北美大西洋沿岸,及太平洋西岸航线多以美国船为中心组成,其竞争方法有严格限制。其二为关闭公会,它要求必须有一定资格和航运业绩的公司,并经公会讨论才能参加。

班轮公会成立的目的确定了其两个方面的主要业务:一个方面是属于限制和调节班轮公会内部会员相互间竞争的业务活动;另一个方面则是为了防止或对付来自公会外部的竞争,以达到垄断航线货载目的的业务活动。限制或调节班轮公会内部相互竞争的主要业务有:协定费率、统一安排营运;统筹分配收入,统一经营等。防止或对付来自公会外部竞争的措施有:延期回扣制、合同费率制;联运协定,派出“战斗船”等。

从第一家班轮公会在一百多年前成立至今,无论是班轮公会对班轮市场的影响力,还是班轮公会本身的经营活动,都有较大的变化。当前明显的两个趋势是:一方面有规模更大的超级公会的产生;另一方面削弱班轮市场垄断性的力量也在增强。产生后一趋势的主要原因是:发展中国家商船队的兴起,世界范围内在最近20年来有过剩的船吨,货主力量的增强以及班轮集装箱化使服务质量差别缩小等。

班轮公会优点是:有固定可靠的船期服务,可承揽较多货物;消除公会内竞争,对业务前途可以预测;政府对外轮无权干涉,可通过本国船公司参加班轮公会管制外轮。班轮公会缺点是:有垄断性,排斥其他船公司,垄断使货主支付较高运费,增加货物成本。

我国已成为世界航运大国,但不是强国。对班轮公会采取不参加政策,以便以低价促进贸易出口。班轮公会作用正在减弱,目前世界上班轮航线被班轮公会完全控制的不到40%,受影响的达60%。随着第三世界航运力量的兴起和环球航线等新的业务出现,班轮公会力量正在进一步发生变化,分化形成了新的环球航运联盟。

二、船东协会

班轮公会是共同经营同一航线的各轮船公司间的协调本身利害冲突的经营组织,而行业同盟是同一地区的各船公司为办理共同利益而组成的社会团体。世界各国的船舶行业同盟的组织形态大同小异，日本称船主协会，我国则称船东协会，其工作内容有：

(1)联络会员感情，交换意见；

(2)收集编制有关航业的资料及信息；

(3)调查研究有关航业事项；

(4)对政府及地方交通机关提出有关航业政策改善意见；

(5)协调解决行业间的纠纷。

我国的船东协会的工作是向政府交涉进出口物质的配额，补贴航运亏损，造船贷款，及行业间造船、货运、航线、军运的协调工作，建立航运信息网，设立海运研究室以及举办各种与航运有关的学术性、实践性的会议，举办讲演，出版书刊以推广航运经营管理的新方法、新技术。

思考题

1. 非官方的国际航运组织有哪些？它们各起什么作用？
2. 国际海事组织是什么样的组织？其宗旨是什么？
3. 主要的国际航运行业组织有哪些？其宗旨是什么？

第十二章　航运政策和法规

航运保护政策是为了保护本国的航运业，维护本国船队利益而制定的法规和条例。由于航运是关系到国家的政治、经济、国防和交通建设发展的重要行业，又因其具有国际竞争的特性，因此，各国政府都非常重视对航运政策的制订，以鼓励本国的航运发展。日本的例子最为典型：在20世纪50年代，日本政府为了扶植本国航运事业采取了一系列向航运倾斜的政策。首先实行了“计划造船”政策，即凡经政府批准建造的船舶，由国家财政和银行给予一定的资助。实行利息补贴和利息延期征收制度，极大地刺激了日本的航运企业的发展。至20世纪60年代，日本政府为了提高本国航运船队的国际竞争力，又出台了“临时措施法”，提出只对拥有100万载重吨以上的船队公司提供补贴，要求各航运公司实行集团合并。仅在一年时间内，日本组建了六大远洋集团公司，使其航运能力位居世界首位，极大地提高了其船队在国际上的竞争力，一跃而成航运强国。可见航运政策对航运发展的重要性。由于政治、经济、军事的需要，各国都在不同程度上采取了各种有利于航运业的政策。

第一节　航运政策的发展沿革

早在英国之前，西班牙和葡萄牙曾垄断了海洋航线上的世界贸易，长达100年之久。16世纪初期，英国作为海运家，对贸易的重要性认识不足。到了都铎王朝时期(1485～1603年)，英国开始逐步重视海运贸易，将其作为国家发展的重要方面。亨利七世根据经济和商业发展的规律，看到了发展海运贸易的必要性，签署了首批航运法。这些航运法给予英国船在进出口英国货载上具有优先权，从而开始实行船旗歧视原则。至16世纪后期，西班牙和葡萄牙在世界贸易中的作用开始下降。17世纪初的英国—西班牙战争中，英国使西班牙的“无敌舰队”全军覆没。随后，葡萄牙也难以幸免。同期，荷兰的武装舰队驶入大西洋，袭击由美洲返回西班牙、葡萄牙的船只，抢劫了大量财富。到17世纪中叶，荷兰取得了世界海上贸易的霸权地位，其商船拥有量占世界第一位,亨利七世国王首先引入了偏袒英籍船的船旗歧视法。英国海上力量真正的快速成长却始于1651年克伦威尔颁布的《航海条例》(Navigation Acts)及很多补充法令。其主要内容是增加了进出英国殖民地的贸易物资必须由英籍船承运,不允许外国造的船舶运输。各种物资,尤其是战略物资的运输必须进行管理和控制,以使其他人不能窥视。同时对出口物资的运输,如谷物和其他农产品的英国船东给予财政补助的鼓励。条例中双倍关税制也破坏和打击了当时荷兰在贸易中的中介作用。事实上,英国的航海条例起到了对内保护、对外扩张和打击竞争对手的作用,是当时促进英国商船队增长,确立英国船舶在对外贸易中的垄断地位的重要因素。在尝到了初期施行航运保护政策的好处之后,英国又持续、深入地研究了这方面问题,不失时机地予以调整和改进航运政策。其他海运国家也相继效法和推出新的航运政策,使航运保护的内容和形式不断丰富和完善。

一、航运保护政策的发展沿革

从航运保护政策发展历史进程看,可以分为3个阶段:

(一)保护主义阶段

1660年英国王政复辟以后(查理二世复辟时期),这些偏袒英国船舶和运输的法律被进一步强化,例如,殖民地的船,如美国船,航行经过英国时,必须挂靠英国港口,并在英国港口交税。

17世纪和18世纪是一个冲突多发的时期,发生了许多战争。这些战争,特别是英法之间的战争,大多是为了获得新殖民地。因此,海上力量十分重要。在18世纪初时,英国只是世界海上力量之一。到18世纪末时,它已成为海上力量最强大者。这种状况至少一直保持到第一次世界大战(1914~1918年)。

(二)自由放任阶段

从18世纪末到19世纪初,英国保护主义的政策开始发生转变,英国海上力量的持续强盛已不是贸易保护主义政策的结果,而是自由贸易扩张主义政策的结果。导致这种基本观念转变,以及航海条例在1841年部分撤销和1853年最终全部撤销的因素是复杂的和多方面的。

其中3个主要因素是:

(1)在海运领域,英国和英国船东已经具有显赫的位置。他们如此强大,以致于不再需要保护,相反地,他们需要自由。例如,在某些具有风险和危险的贸易运输活动中,希望使用非英籍船舶。

(2)经过若干年冲突及对欧洲的势力范围重新划分之后(1815年),产生了一个较为平静的时期。在这一时期,政府越来越多地管理行政事务,只要商业、海运业继续提供大量的税收,商业、海运业的事情就留给商业、海运业的团体自己去办理。这是不干涉主义哲学的开始。

(3)尽管在政府和政府官员的心目中,商贸、航运具有较低的地位,但它们是英国扩张和繁荣的重要基础。

另外,农业的改进、运河系统和港口的开发、煤作为工业燃料的使用、新纺织品贸易等,导致了对物资运输不断增加的需求。在这样一种情况下,航海条例越来越被看做是对商贸及运输的一种限制和对不干涉主义原则的违背。因而,尽管航海条例对英国乃至世界航运业发展具有很大的作用和影响,还是在1853年被取消。

(三)新保护主义阶段

19世纪后半期,在航运方面各国开始了新的保护主义,主要是政府采取了一些财政补贴的做法，如美国1936年商船法采用的造船补贴和营运补贴。

这些保护主义做法在第一次世界大战后最为盛行，并在1930～1936年达到高峰。除上述保护措施外，其他国家也相继采用了英国所沿用的出口到岸价、进口离岸价的贸易方式。这种保护本国航运业的做法极为盛行，从而引起了相互间的冲突。战后前10年间的销售市场上，一般是以卖方为主，由卖方所属的船队承运成交商品，而买方则无多大的权利提出要由本国船装运的条件。但各国进口商的地位日益提高，到20世纪50年代后期，买方也能在交易谈判时强硬地提出进口货由本国船装运的条款，所以，战后的交易条件一般说来离岸(FOB)价格应由买方使用，否则，如双方僵持不下，卖方就会失去很多的商品销售机会。

从航运史实来看，政府干涉航运业的航运政策形态主要有法规约束和财政资助两类，法规约束是政府通过立法和制定规章等方法来实施管理和控制，政府与企业之间无资金流动，仅有立法关系，财政资助是政府向经营者给予直接的或间接的财政补贴。其中有些做法是明式的，也有些做法是暗式的。

1.法规约束

1)促进作用的法规

为使船东易于得到船舶和取得好的经营效果，放宽各种限制性的规定，如放宽船东造船贷款的担保条件，准许本国船东的船悬挂方便旗，放宽本国船上配置外国船员的限制等。在社会福利方面，船东可以在其船员的培训、船员医疗保健等方面获得好处。对于本国船给予港、航及其他辅助设施的优先使用权。尽管这些做法不是直接给予船东资金补贴，但它们具有与补贴相似的效果。

2)限制作用的法规

这类规定和限制的具体手段、措施花样繁多，包括：货载保留政策，要求所有出口货物以到岸(CIF)价格出售，进口货物以离岸(FOB)价格购入，禁止外国航运企业在本国建立分支机构或代理机构，对运输服务费收、价格、条件方面的限制等。

即使都是采取货载保留和船旗差别政策，各国的具体做法也不尽相同。日本、菲律宾、印度尼西亚、巴西等国以立法的形式规定政府部门控制的货载全部由本国船承运；秘鲁将全部基本日用品留给本国船队承运；美国规定全部军事物资和50%的援助物资必须由美籍船承运，并为本国船队保留10%的班轮货载；韩国要求其全部班轮货载由本国籍船舶承运，只有本国船东无法派船时，才能安排外籍船运输。还有些国家通过签订双边海运协定，规定双方各承运50%，将第三国船舶拒之门外。但是美国与别国签订的双边协议有时采用双方各承运1/3条款，另1/3由第三国承运。这种做法实际上是为其方便旗船保留部分货载。

具有限制作用的法规发挥作用时，其限制的对象有可能不仅是航运业，有时会波及到造船业和与航运业有关的其他产业。如果这种限制影响到外国船东或货主的利益时，往往会受到有关国家的抗议，甚至引起国际纠纷。例如1984年美国国会通过的新航运法公开规定，由于外国船东或外国政府的行为，阻碍美籍船进入第三国航线时，美国有权对在美国航线营运的该国船东采取适当的报复措施。当菲律宾政府采取了全部政府货载和40%非政府货载必须由菲律宾船承运的保护办法后，美国便以禁止菲律宾船舶进港相威胁，迫使菲律宾政府取消了这项规定。

法国政府在1983年的《限定不公平航运的立法》中规定，如果法国船受到别国的歧视待遇，法国港口当局有权拒绝为实行“歧视”国家的船舶进行装卸作业，还要对其船舶征收罚款。

2. 财政资助

1)直接补贴

直接补贴包括造船补贴、营运补贴、投资补贴、船舶更新补贴、减免各种费用等。例如美国采用的造船差额补贴办法是,美国船东在美国造船厂建造的新船与在国外船厂建造相同类型船舶所花费的成本之差额,由美国政府承担,以便鼓励船东在本国船厂造船,发展本国造船行业。美国于1937年开始采用营运补贴办法,对满足一定条件和要求的美国船的营运成本,与外国同类船营运成本的差额部分进行补贴。主要是补贴成本项目中的船员工资、保险费及部分维修费等。在1970年的商船法中又有所发展,将补贴的范围进一步扩大。

2)间接补贴

间接补贴包括税收优惠、低息贷款、快速折旧、建立航运发展基金等。对船东的部分营业利润,只要用于投资,如建造新船或添置新设备,给予缓征税收的优惠,即船东于利润丰厚时,将大笔收入在缓征所得税的前提下,存留为企业发展建设基金。这种间接援助方式与直接补贴最大的区别是政府所给予航运业的援助相当于无息贷款,而不是单纯的资金赠送。

在上述各种保护措施中,限制性法规和发放补助金是加强和维护本国航运业的最直接而有效的实践手段。在航运业初建和扩大阶段,作为扶植政策,而在航运萧条时期,或者衰退时期,则作为维持船队规模的政策。这些做法在世界航运业发展历史上是常见的。

但是,在这些补贴下的任何政府保护主义或限制措施.对运输的供需关系、贸易成交量、竞争的自由程度和公平性都具有不利影响,并会引起市场的扭曲变形。

二、国际上的航运保护政策

目前,各国都对本国航运业以各种不同方式进行保护。在航运发展初期,为保护本国航运业,一般采取排外政策给外国以特别限制;或者以武力侵略方式,侵占他国航运权。如18、19世纪,英国的航海条例中就有限制外轮出入英国和其殖民地口岸的规定。进入20世纪,在国际平等原则的压力下,已不能设特殊限制,于是,各国都对本国航运业另设其他保护政策。这些保护政策可分为两大类,一类是制定有利于本国航运业的各种法规,其主要目的保证本国船队的货运优先权,使其获得充足的货运;第二类是采取经济上扶持的做法,即采取各种补贴政策,如造船补贴、航运补贴等。

1. 保护本国沿海及内河的航行权

各国为保护本国航运业和国防机密,对本国沿海及内河航行采取保护,不准外国航商经营。如不准外轮驶往未开放的港口;不准在沿海及内河间载运客货等。

2. 货载优先政策

保证本国商船优先得到货载,这是各国最为普遍的航运保护政策,其办法是:

(1)对外贸易进口货应采用F.O.B条款,出口货应采用C.I.F条款;即进口货应由本国买方指定本国商船承运,出口货应由本国出口贸易商指定本国商船承运。例如韩国、印尼、缅甸、巴西等均采用此政策。

(2)政府进出口军、公、援助物资一律按一定比例交由本国船装运,如美国政府规定50%及100%交本国船只承运。

(3)在两国双边或多国间贸易协定中,对双方进出口大宗物资以一定比率,交双方商船优先承运。如南美各国贸易协订。联合国"班轮公会守则公约"也规定双方国各运40%,余下的20%由其他国家商船承运。

(4)规定本国贸易商进出口货物的运费,用本国货币支付,即使外国商船承运,也无法取得外汇,日本即采用此法。

(5)对非本国船装运货收高税或特别汇率,或对本国船承运货物以减税,迫使贸易商选用本国船装运,如南美、葡萄牙等国采取此政策。

(6)对非本国船装运货物必须取得本国船无法承运的证明,如韩国、印尼、菲律宾等国。

(7)对租赁外籍船舶装运货物的合同加以规定和审核。

(8)外轮装运货物故意延缓办理签证手续,如南美国家等。

(9)对本国船运送本国货给予运价补贴,如韩国。

3.航运补贴政策

对航运业提供各种补贴和优惠,也是各国广泛采取的航运保护政策。

1)投资补助

有造船补助,如意大利、美国、德国。有对修造船贷款给予低息政策,许多国家均采用此法。

2)营运补助

对某些航线和某类型船的经营给予补助。班轮必须班期准确,运价低廉,性能优良才能立足,但初期经营不免会因货源不足而发生亏损,必须给予补助。如英、美、日、法、德、荷等国都有不同程度的补助定期船的政策。尤其美国,对全国30余条重要航线,都给予营运差额补贴。受益船龄不得超过20年,在规定航线上还须航行一定的航次。国内沿海船虽无补贴,但可提折旧金,以备购新船,若利润超过资本10%,可提亏损准备金。

3)税率优惠政策

对资产税、所得税实行优惠税率,对造船及所需物资免征进口税和降低关税或免征所得税。如法国、意大利、澳大利亚、哥伦比亚等。

4)加速折旧

用极短的折旧年限,使账面成本提高,利润减少,能使投资人很快回收成本。

5)其他补助

如提供船员训练和医疗保健条件,在国内港口优先停泊,燃料和港口费优惠等。

三、国际航运有关法规

由国际航运机构和国际海事组织制定并颁布生效的主要公约是从事国际航运的航运公司必须遵守的法规。除此而外,各个国家均制定了自己的航运法规,约束和规范航运活动。现主要介绍如下。

1.海商法

各国为了规范航运各方的行为,维护当事各方的合法权益,促进航运业发展,都制定了各自的海商法。大致内容如下:

(1)国内港口之间航运活动,只能由本国船队经营,外国籍船舶不得经营(除非由政府交通主管部门批准)。

(2)都声明缔结或者参加的国际条约同该法有不同规定之处,适用于国际条约的规定。特殊声明条款除外。

(3)参照国际公约和国际惯例,对船舶、船员、货运、客运、租船、海上拖航、海难救助、船舶碰撞、共同海损、海上保险、海事赔偿、涉外关系等作了具体规定。

2.交通安全法

为了保障船舶航行、停泊的安全,各国基本上都制定了一部关于航行安全的法规,大约内容如下:

1)船舶登记和检验

从事国际航运的船舶必须持有船舶国际证书,或船舶登记证书,并在船舶登记簿中写明下列各项:

(1)船舶名称、呼号;

(2)船籍港和登记号码、登记标志;

(3)船舶所有人名称、建造日期和地点;

(4)船舶所有权的取得方式和取得日期;

(5)船舶所有权登记日期、船舶建造厂名;

(6)船舶价值、船体材料和船舶主要技术数据;

(7)船舶曾用名、原船籍港、原船注销和中止日期;

(8)船舶共有人的共有情况;

(9)注明光租承租人或船舶经营人的名称、地址、法人代表;

(10)船舶抵押权的设定情况。

检验是指船舶或船上有关航行安全的重要设备必须具有船舶检验部门签发的有效技术证书。

2)船舶设施上的人员

船舶应当按标准定额配备足以保证船舶安全的合格船员。高级船员必须持有合格职务证书。其他船员必须经过相应的专业技术训练,并配备掌握避碰、信号、通信、消防、救生等专业技术的人员。

3)安全法规

这些法规有:对航行、停泊和作业安全保障的规定、对危险货物运输的规定,对海难救助、打捞清除、事故调查、法律责任的具体规定。

3.其他航运法规

1)对外国籍船舶管理规则

对外国籍船舶的进出港和航行、停泊、信号和通信、危险货物、航道保护、防止污染、消防和救助、海难事故、违章处罚等作了规定。

2)安全检查规则

各国船舶安全检查的内容有:船舶文书、船员证书和配员、船体机电设备、消防救生设备、航行操纵设备、无线电设备、应急设备、防污染设备、安全制度等。

3)防止船舶污染海域管理条例

各国都规定所有船舶不得在所管辖海域、海港内排放油类、油性混合物、废弃物和其他有害物质。所有船舶都应具备防污文书和防污设备。

在进行油类作业和油污水排放时,作出了严格规定,同时对船舶装运危险货物、排放其他污水、垃圾和废弃物作了明确规定,最后,都提出了船舶污染事故的损害赔偿要求。政策是政府为了达到一定的政治、经济目的而制定的指导实际行动的准则,集中体现了政府的意志。因此,为了使经济按照预定的轨道健康稳定地发展,世界各国都在为制定各种产业政策予以指导。

航运业是国家产业结构中的一个重要组成部分，关系到国家政治、经济、国防、外贸和交通建设发展的重要行业。因其具有国际竞争的特点，各国政府均十分重视对航运政策的制定，它充分反映了政府对待本国商船队建设、发展的态度、方针和措施。

航运政策主要包括航运建设政策、航运经营政策、航运管制政策以及航运保护政策。在有些国家，航运业由国家承办，运输企业和设备、设施都归国家所有；而在另一些国家，运输企业和设备、设施归私人所有，由私人承办。前者国家比较容易控制船队的规模，而后者由于私人经营航运业的根本目的是获得利润，当经营利润较低时，资本家就会把资金转移到利润丰厚的其他行业。这样就会使本国的航运业萎缩，船队规模减小。考虑到商船队是一个国家海军的后备力量这一特点，各个国家必然要采取一些鼓励和扶持政策来保护本国航运业。这种做法已经成为提高本国商船队国际竞争力的一个重要组成部分。

航运业又具有其他产业所没有的特殊性，即各国的航运业都是国际航运市场的组成部分。国际航运市场的变化会直接影响到各国制定出不同的航运政策，各国实施的新航运政策又引导国际航运市场的走向。充分研究国际航运政策，对于从事国际航运的企业制定经营战略和发展规划是极其重要的。

第二节　主要航运国家的航运政策

由于海洋运输对一个国家的国民经济建设非常重要，近年来不论传统的海运大国，还是发展中的海运同家，都在不断研究和制定符合国情的航运政策，以利于保护和扶值本国的航运业，提高本国商船队的竞争力。下面对一些主要航运国家所采用的航运政策及制定政策的意图做简要介绍。

一、英　国

英国是政府对航运业进行干预、保护比较早的国家。如上节所述，其航运业主要经历了由航运保护主义到航运自由主义，再到新的航运保护主义的各个阶段，在航运历史上较具有代表性。这些变化是与其船队处于不同历史时期在世界航运业中的地位和作用所决定的，目的都是为了维护本国船队的发展和提高竞争能力。这些做法也确实对发展本国航运业起到了十分积极的作用。

早期，当荷兰商船队称雄世界时，英国为了能与荷兰争夺海上控制权，曾对本国商船队采取了公开的、强有力的保护措施。从19世纪后半叶至20世纪初，英国的海上实力一直居于世界霸主地位，因此长期主张最大限度地海运自由竞争的航运政策，而且政策的资助比较少，保护措施由明式转为暗式。总体来看，这一时期英国的航运政策和保护措施不如其他一些国家强硬。实质上这不过是为了保卫其已得的航运地位而形成的新态度。

由于在第二次世界大战中受创较重，使其经济一蹶不振，航运业也失去了优势地位。从20世纪60年代后期开始，由于航运市场竞争日趋激烈，英国才逐步加强对航运业的扶持政策，也采用了投资补贴等措施。

在提倡航运自由主义态度方面，英国在西北欧的传统海运国家中是具有代表性的。

二、日　本

从19世纪70年代开始，日本政府在列强的压力之下对外开港通商，远洋运输皆被英美的航运业所垄断。为了与当时的海运强国对抗,日本政府开始对航运业实施扶持和保护,对私立商船学校进行资助;对某些航线和船舶提供无偿补贴。由于三菱公司和共同运输公司的竞争激烈。到1885年政府介入,使两公司合并。于是,在日本海运中至今占有最强实力地位的“日本邮船会社”便从此诞生了。“日邮”在接受政府补贴的情况下,发展极其迅速,航线从近海扩展到远洋,可以这样认为,日本航运企业进入近代化,即成为资本主义时代的航运企业,就是那些前期由政府保护的垄断性企业。

19世纪80年代到90年代,日本进入了世界帝国主义列强的行列。日本商船队从战争中获得了巨大的利益,从而极大地刺激了日本资本主义者向海外扩张的野心。于1896年,明治政府制定了《航海奖励法》和《造船奖励法》,对1 000GT以上和航速10kn以上的钢船予以补贴。日本邮船、大阪商船、三井物产、东洋汽船等少数大公司均在补贴之列。就此,日本的航运业便以战争利益和航海奖励金为基础,开辟了欧、美、澳等远洋运输航线。因此,在日本的国民经济中,航运业较其他产业更早地完成了产业革命。

综上所述,战前日本的航运业得到了政府优厚的财政资助,从而取得迅速的发展。日本邮船和大阪商船等大企业得到了特别优厚的待遇,所以取得了对其海运业的支配地位。

战后复苏时期(1945~1953年),日本政府采取了支持重点企业以重建工业的政策,特别是发展加工工业以赚取进口粮食所需的美元,加上朝鲜战争爆发,大大地刺激了海运需求的增长。根据这一时期垄断资本的要求,为了解决建造船只需要的资金,日本政府从1947年开始实行“计划造船”,规定建造船只,首先必须由有关部门审查,然后才能从运输省取得固定资产的许可证。船主凭许可证向船厂订造新船。凡经批准建造的船舶,国家财政机构和银行都要协助筹措建造所需的资金,并对建造资金实行利息补贴和利息延期征收制。起初,由运输省审定能利用计划造船的船东,1953年开始由运输省与开发银行协商决定,并逐渐演变成仅由金融机构决定。

实行计划造船是日本政府通过贷款刺激航运企业投资。这种行政干预和法律干预相结合、运用金融的杠杆来实现发展海运的做法,对支持主要航运公司和占领主要航线起了直接作用。这种编制计划的方法,沟通了造船、海运和银行三方面的渠道,调整和确定了国内用船的比例,避免了造船盲目性,保证了造船工业的资金来源,并使船舶的销售有了保证;而利息的补助和延期征收,旨在减轻海运企业的利息负担,提高了企业偿还贷款的能力。在日本政府竭尽全力的扶持下,日本商船队在量方面迅速膨胀,也给造船业带来了繁荣与昌盛。从1956年起,日本造船业已跃居世界首位,自1963年以来,船舶出口一直是日本最重要的产业之一。

1963年以前,日本各航运公司的船队最大也没有超过100万t的,因而国际竞争力落后于西北欧和美国等国的大航运公司。为了扭转这种局面,《临时措施法》以只对拥有100万载重吨以上船队的公司提供补贴为条件,要求各航运公司实行集约合并。

日本的海运集约政策是根据航运公司所拥有的船队规模,分以下3个层次进行合并:

(1)核心公司——船队规模超过50万t以上的公司,若再加上参加集约合并的小公司的船舶,船队整体规模要超过100万t以上;

(2)系列公司——由核心公司持控30%以上股份的公司;

(3)专属公司——本身所拥有的船舶全部以5年以上的期租租给核心公司或系列公司。

参加集约合并的公司,在合并后的5年之内,应按规定向运输大臣提出延期偿还贷款的整备计划,取得政府批准后,可以得到政府的资助。如加大造船贷款比例和降低贷款利率,利息可以缓期支付,并且延缓期间的利息是减免的。实行了税收方面的各种优惠待遇,如特别折旧、准备金制度、减免税收等。到1964年，日本航运界终于完成了合并，组成了“日本邮船”、“大阪三井商船”、“川崎汽船”、“日本海运”、“昭和海运”和“山下新日本”六大航运集团，共有船舶936万t，占全日本远洋船的80%以上。海运企业合并后，形成了大企业对中小企业控制的垄断体制，少数海运大企业在政府和金融界的强有力地指导下分割海运市场，形成了企业纵横向联合。日本航运业的垄断程度跃居世界首位，大大提高了国际竞争力，不仅成功地建造了大量的船舶，而且提高了海运企业的素质，使之能够适应世界范围内在班轮航线上出现的集装箱化和油船的超大型化、专用化等新的海运革命。这纯粹是日本政府介入的结果。

目前，日本经济已经转入了缓慢发展的时期，其航运业也不例外。日本从原来竭力反对悬挂方便旗转而积极起用方便旗的演变过程，就是目前日本经济发展缓慢在航运政策上的一个明显的反映。

出于政治、经济、军事等方面的考虑，各国都在不同程度上扶持航运业，但航运政策的制定是随国情的不同而不同的。从上述战后日本船队的发展过程来看，日本采用的航运政策有着高度的灵活性。日本政府主要采取立法、经济调节及行政督导3种方式对航运业进行全面的干预，这就是日本战后航运政策的基本特征。而立法和经济杠杆都是为加强行政上的督导而设置的，行政督导则是以立法为基础、经济杠杆为手段而展开的。

三、发展中国家

发展中国家的经济实力和技术实力较薄弱，船队规模多数都较其本国对外贸易运输的需求量要求的小。航运业在国民经济中居于中心地位，对本国经济的贡献之大，是其他产业所不及的。为了提高独立自主地进行本国经济建设的能力，免于其外贸运输受制于别国，都把船队建设作为发展国民经济的一个重要手段。

然而，要想在国际航运市场上争得一席之地，与海运发达国家抗衡，没有国家政府的保护和支持是不行的。特别是在船舶投资大、航运资本高度集约、单位运输成本提高、专业技术现代化的今天，更是如此。发展中国家采用的航运保护措施，根据其国家实力特点，大多数为类似于美国的货载保留制。有些国家进出口货物的保留额高达100%，要求某些种类的物资全部采用出口以到岸价格成交，进口以离岸价格成交的交易方式。但多数货载的保留额不超过50%。显然，这种做法会遭到提倡海运自由主义、力图维持航运市场现状的传统海运国家的极力反对。

在航运发达的国家，航运经营的技能已进入较成熟期，船东几乎成了主体，政府大多是间接地插手支持本国航运业。但在发展中国家则不同，政策与法律是主体，航运业经营大多是在国家政策的直接控制下发展，两者具有明显的差别。

我国在发展航运事业方面也曾采取过一些保护和扶持性措施，如国内、国际航线船舶的港口费收价格的差别待遇等，但随着改革开放的深化和进入国际航运市场的不断实践，有关政策和措施在保持稳定的前提下，已逐步取消。

思考题

1. 制定航运政策的目的是什么？
2. 目前国际上有哪些航运保护政策？
3. 制定航运保护政策有哪些缺点？

第十三章　港口国监督

第一节　概　述

一、港口国监督的含义

港口国监督(Port State Control, PSC),亦称港口国管理,近年来日益受到重视。

从主管机关与被管理对象的角度,对船舶的管理一般可分为3种:船旗国(Flagstate)管理、沿岸国(Coastal State)管理和港口国(Port State)管理。

港口国管理是指港口所在国根据有关国际公约规定的标准、本国的规定及区域性协定,对抵港的外国籍船舶所实施的一种监督与控制。港口国监督具体是指世界各港口国家主管当局依照国际公约外国籍船舶实施实际上以确保船舶和人员安全、防止海洋污染为目的,以船员适任、船舶技术状况符合国际公约最低标准为对象的专项检查。通过港口国监督,纠正与消除受检船舶上存在的不符标准的缺陷,以确保船舶航行、人身和财产的安全以及保护海洋环境,促进经济贸易的发展和航运经营水平的提高。从广义上讲,它包括了海关、移民(公安边防)、卫生和动植物检疫检验以及海上安全主管当局按照部门分工对船舶、人员及载运的货物进行的管理;从狭义上讲,它特指港口国政府海上安全主管当局针对船舶安全和防污染方面的监督检查。

二、港口国监督的由来

港口国监督由来已久,是随着有关国际公约的诞生而问世的。有关国际公约的管理条款对缔约方的权利和义务作了明确规定,同时也对如何确保公约的执行作出了规定。因此,任何一个公约缔约方都可按照公约规定实施港口国监督检查。但实际上,在巴黎港口国监督谅解备忘录组织成立之前,只有少数西方发达国家开展了港口国监督检查。检查的内容也仅限于船舶的证书和文件,在国际上影响也不是很大。

1978年3月17日,利比里亚籍油船 Amococadiz 号在法国 Brittany 海岸搁浅,造成溢油23万t的严重污染事故。这是导致巴黎港口国监督谅解备忘录产生的直接原因。由于该溢油事故造成了巨大的经济损失和不良的社会影响,在强大的社会压力下。1980年12月,法国海洋部长邀请西、北欧13个国家的有关部长们召开会议,就对进入本地区的外国籍船舶如何加强实施检查进行了研究讨论,并形成了一致意见,决定对船舶的实际技术状况进行检查。会后起草了港口国监督谅解备忘录。1982年1月,13国部长再次聚会,在巴黎签署了该备忘录。巴黎备忘录于1982年7月1日正式生效实施(正式实施时为14国)。此后,1983年国际海事组织通过了第466号决议,基本采用了巴黎备忘录确定的原则,制定了港口国监督的程序和规则,从而以国际会议决议的形式规定了港口国监督对船舶由单纯的证书的检查转向对船舶设备的安全检查。此后又通过了一系列的决议,从而形成了一整套关于港口国监督检查程序的文件。同时,国际海事组织还修正了有关国际公约,对有关监督条款作了补充和完善。1995年,国际海事组织第十九届大会又通过了第787号合并决议,将前述一系列有关港口国监督的决议归纳合并成一个决议,以使有关内容更有条理性,便于操作执行。

继巴黎港口国监督谅解备忘录组织于1982年成立之后，南美地区和亚太地区分别于1993年和1994年成立了港口国监督区域合作组织。此后，加勒比海地区、地中海地区和印度洋地区也签署了港口国监督谅解备忘录。波斯湾和西非等地区也在酝酿成立类似的地区性合作组织。可以说，港口国监督区域性合作组织发展到今天，已基本覆盖了全球。

港口国监督，自巴黎备忘录组织成立起，不仅在其组织机构方面得到了迅速的发展，而且检查内容和形式也发生了许多新的变化。港口国监督，最初只是对船舶、船员的证书及相关文件进行检查，且很少滞留船舶。巴黎备忘录组织成立之后，港口国监督检查官除了要查阅船舶、船员证书，看其是否符合公约要求之外，还要检查相关设备的实际技术状况，看其是否与证书所载相一致。

针对许多船舶事故反映出船员在船舶应急反应中存在各种问题，近年来港口国监督检查还将船员的应知应会能力纳入了检查内容，即操作性检查，目的是保障船舶不仅按照国际公约配备了有关设备，而且船员还能够熟练使用和操作这些设备。加上国际安全管理规则（ISM-CODE）的生效实施，港口国监督检查项目已经覆盖了船舶硬件（船舶技术状况）和软件（船员实际能力）各个方面。

三、港口国监督的目的和意义

（一）港口国监督的目的

港口国监督目的是限制和消除低标准船舶，保证船舶安全航行和防止船舶对海洋环境污染。

众所周知，有效地执行有关国际公约标准的主要责任在于船旗国海事当局，但由于某些政治、经济、技术等原因，船旗国不能或不能很好地履行自己的责任。因此，为保护本国利益及本地区航运安全和海洋环境，根据有关的国际公约规定，采取必要的措施，以促进船舶达到有关规定标准。港口国监督对船旗国船舶进行有效管理是必不可少的，越来越发挥出其重要的作用。

1.改善国际航运船舶状况

1）世界船队结构发生变化

第二次世界大战后，由于经济恢复和经济建设的需要，航运的需求不断增加。20世纪50年代以前，只有英国、美国、日本、利比里亚、巴拿马和少数传统的海运国家从事海上运输业。到20世纪60年代以后，随着许多殖民地的相继独立，发展中国家开始经营自己的船队，实行开放登记的国家增多，导致世界船队的结构发生了变化。例如，英国船队在19世纪20年代在世界商船总吨位中占45%，1978年却仅占7.6%；1950年开放登记船队总吨位仅占世界船队总吨位的4.2%，1970年为19.3%，1980年达到了28%，1990年增长到33.5%。

2）航运公司经营方式发生变化

在世界船队结构变化的同时，航运公司经营的方式也有了相当大的改变。第二次世界大战前，世界主要航线通常由一些大的航运公司自己经营。现今，虽然一些大的公司仍自己经营船队，但越来越明显的倾向却是船公司将自己的船舶出租给一些管理较差的小船舶所有人，而这些小船舶所有人又将船舶委托给船舶管理公司去经营。最为危险的是，这些小公司允许本公司雇佣的代理再去雇佣船员。

3）船舶的安全技术状态发生变化

自20世纪50年代中期开始，随着船舶的技术革新，出现了船舶大型化、专业化和高速化，但在人员配备和维修保养等方面却没有跟上技术发展的要求,事故发生率相对提高。

船旗国政府有责任督促船舶维持良好的适航状态,但在一般情况下,船旗国政府都将责任委托给了船级社,而船舶所有人往往是在众多的船级社中挑选容易被通过的船级社。与此同时,船舶老龄化是导致海上事故增加的另一个重要因素。根据1993年劳氏船级社的统计,世界船队的平均船龄为18年,有些国家船队的平均船龄还更高,特别是一些方便旗船队。例如,洪都拉斯船队的平均船龄为25年,圣文森特船队为22年。根据同年的统计,船龄在20~24年的船舶的事故损失占该年全损船舶的29.2%,而该船龄段的船舶仅占世界船舶总数的15.7%。换言之,该船龄段的船舶全损值为1.86,几乎是14年船龄以下船舶全损率的3倍、是15~19年船龄船舶全损率的1.5倍。

4)船员配备及其素质发生变化

随着越来越多的国家参与国际航运,以及越来越多的发展中国家将自己的船员输送到国际航运劳务市场,为了降低成本,很多船公司都尽量雇佣低工资船员,并将招聘船员业务委托给代理公司。一些管理水平高的公司能够按有关规定的程序招聘合格船员,而一些管理不善的公司则仅考虑如何降低成本。尽管国际海事组织通过了1978年海员培训、发证与值班标准国际公约(STCW),并于1984年生效,但公约并没有清楚地确定具体标准,各个国家可以自由地解释,其结果是培养出来的船员水平不同、能力有较大差异。1995年国际海事组织对STCW公约进行了修正,新修正的规则将会有助于船员水平与适任能力的提高。

港口国监督的实施,将有助于改善船舶在安全技术和船员工作条件等方面存在的缺陷,使船舶处在一个安全运营的状态中。尽管船舶在航行中或在恶劣的海上环境中还可能出现新的问题,但通过检查纠正了那些潜在的不安全因素,再加上有合格的船员,将会使损失降到最低限度。

2.促进航运安全

20世纪70年代后,世界海难事故逐渐呈上升趋势,到了80年代末开始有所下降,但目前每年全球发生的海难事故仍然令人担忧。

在世界海难事故中,开放登记国家船队所占比例较大。其主要原因是:一方面,开放登记的有关规定较宽松,一些不愿在船舶安全措施等方面投资的船舶所有人便将自己的船舶转籍方便旗船队,以逃避本国严格的船舶检验和管理制度的监督;另一方面,船舶所有人或经营人没能很好地保持船舶安全标准与船员质量,同时船旗国又没有有效地行使管辖和控制。据劳氏船级社1986~1993年的统计,8个主要开放登记国巴拿马、塞浦路斯、洪都拉斯、利比里亚、马耳他、荷属安道尔、巴哈马和圣文森特,其平均船舶全损率是世界船队同期船舶全损率的2.3倍,平均总吨位全损的1.8倍。

海上运输的安全保障在于船舶所有人或船舶经营人、船旗国政府和船级社,他们对船舶安全营运负有最根本的责任,而港口国监督可以促进这一目标的实现,也是避免与减少海难事故必不可少的措施之一。

3.环境保护的需要

近年来,人们越来越认识到海洋环境对人类生存的重要性,对海洋环境保护的意识也在不断加强,然而因海难造成的海上油污事故却达到了相当严重的程度。1989年在美国阿拉斯加发生了埃克森·瓦尔德兹号(Exxon Valdez)油船搁浅事故,大量原油污染了海湾和海滩,对自然环境和海洋生物造成极大的危害。

实施港口国监督,可以减少甚至避免在本国附近海域乃至整个区域内出现重大海上油污事故,以保护本国的海洋资源不受损害和保持海洋生态的平衡。

(二)港口国监督的意义

1.促进统一的国际标准

20世纪70年代以来,经过许多海运国家的努力,通过了一系列有关海上安全与防止船舶污染的国际公约,但是公约的生效,需要具备相应的条件,即一定数量国家的批准或(和)拥有一定的船舶吨位。为此,在这些公约正式生效以前,就应有一个可以接受的共同标准的问题,欧洲一些国家,即巴黎备忘录签约国已认识到这一点,并努力通过区域性的合作来达到在该地区实施某些统一的做法,最终向实现全球性的统一标准迈进。巴黎备忘录的形成,对于一些国际公约的生效起到了积极的推动作用。

2.增进区域性合作

自1982年巴黎备忘录生效以来,港口国监督发展很快,尤其是进入20世纪90年代后,先后形成了拉丁美洲区域性港口国监督协议、亚太地区港口国监督东京备忘录、加勒比海地区区域性合作协议等。此外,地中海东部和南部地区、中东地区、西非和中非地区、东非地区和印度洋地区港口国监督的地区性合作,也正在紧张筹备过程中。

地区性合作是港口国监督的突出特点。通过本地区港口国间的自愿合作,经过共同的努力,遵照一个统一标准,对航行在本地区的外国船舶按一定的比例进行抽查,以保证本地区的海上安全和海洋环境保护。由于各国经济、技术发展的不平衡,区域性合作还存在着一些问题,但这种区域性合作的方式,以及将要逐步形成的各区域间的合作为全球海上安全、航运业的发展起到了一定的积极作用。

第二节　港口国监督的实施

一、实施港口国监督的内容

实施港口国监督,主要包括以下几方面内容:

(1)核验船舶有关证书及文件;

(2)检查船体、机电设备和航海仪器状况;

(3)根据前述的有关国际公约,对船员在船舶安全管理和防止污染方面操作要求熟练程度的检查;

(4)对船上船员工作和生活条件的检查。

如果港口国检查人员在检查中发现有可能影响安全、人身健康和污染海洋环境的船舶缺陷则有权要求该船在开航前消除这些缺陷或滞留船舶。

二、港口国监督检查程序

为了统一地、更准确地执行公约的有关规定,1995年11月,IMO第19届大会通过了《港口国监督程序》决议,并请各国政府在实施PSC时照此执行,同时将有关实施情况提交国际海事组织。该文件成为对港口国监督的指导性文件,同时,也为统一检查标准,尤其是船舶、船舶设备及船员方面存在缺陷的确定和监控指导程序的适用,提供了指导性的文件。按照该决议所确定的港口国监督程序,各个港口国监督备忘录组织或国家也都规定了各自的港口国监督检查程序,但基本上与《港口国监督程序》决议是一致的。

1999 年 11 月,IMO 第 21 届大会对《港口国监督程序》进行了修正,将有关对 ISM 规则的监督内容纳入了监控程序。

港口国监督大致过程是:检查官在登船之前,一般要观察船舶外观的总体状况,获得对船舶的最初印象。首先是证书检查,然后巡视各层甲板及有关舱室、设备等,从而获得对船舶的实际总体印象。如果未发现明显依据,检查结束。如果港口国监督检查官发现明显依据,怀疑船舶可能存在严重缺陷,则进行详细检查。如在详细检查中发现严重缺陷,足以构成滞留的船舶将被滞留。当然,在初步检查过程中有可能发现严重的可滞留缺陷,从而滞留船舶。船舶纠正缺陷后,申请复查,经港口国监督检查官复查合格后,解除船舶滞留。对于一般缺陷,港口国监督检查官提出处理意见,经复查合格后,船舶可以开航。

港口国监督检查官员如果在其港口发现某船舶存在他认为足以严重到使船舶不适航的缺陷时,有权做出延迟船舶开航或滞留船舶的决定。但是,检查官员会经常意识到延迟或滞留船舶可能会引起很多的费用问题,而且一旦在延迟执行或滞留时有任何不当之处,船舶所有人将会进行索赔。因此,检查官员在决定延迟船舶开航和滞留船舶时的标准不尽相同。

1.区域内的差异

在英国被滞留的船舶的数量占整个巴黎备忘录参加国滞留船舶总数的 1/3。这并不是说进入英国港口的船舶多为低于标准船,而是巴黎备忘录参加国在执行标准上存在着较大的差异。尽管港口国监督在欧洲已实施了 10 多年,而且区域性的港口国监督在欧洲实施要比其他地区适合得多,但在掌握检查标准的尺度上,欧洲仍然存在着较大的差异。至于其他地区,特别是在那些港口国监督经验较少、监控体制尚不完善的地区,差异就更大了。

除了标准掌握存在差异外,对不适航船舶缺陷的纠正方面也存在较大差异。例如,1993 年 11 月,一艘 1965 年造的船舶抵达英国南安普敦港。在检查中,发现该船船体多处有裂缝、舱盖不能水密、应急消防泵无法使用,根本不适航。检查官员告诉船长必须彻底修理,否则不能放行。然而令人费解的是,该船在这个地区已航行了两年多,并曾 3 次被滞留,但其缺陷却一直没有得到纠正。

2.检查官员业务水平的差异

能否很好地实施港口国监督,在很大程度上取决于海事当局正式授权的检查官员的业务知识水平、对有关国际公约的理解与执行、及其非英语国家检查官员的英语能力等。

从目前情况来看,在亚太地区、加勒比海地区、拉丁美洲地区,很多国家都明显缺少实施港口国监督的检查官员。尽管区域性合作协议参加国确定了一定的检查目标,但大多数国家都不具备完成这一目标的能力。因此上述区域的国家都比较注意检查官员的培训,并决定在今后一段时间内要培养出足够合格的港口国监督检查官员。

3.市场竞争的影响

发展对外贸易,促进国民经济的增长,始终是一些工业化国家的重要政策之一,而对外贸易的重要途径是港口和海上运输,因此完善港口设施,增加吞吐量,接受更多的商船,就成为一些国家航运政策的重要组成部分。西北欧地区的鹿特丹、阿姆斯特丹、汉堡、不来梅港和不来梅特区港是连接欧洲内陆地区进出口贸易的重要通道,竞争也异常激烈。这种激烈的竞争,必然会对港口国监督产生一定的影响,即如果港口国监督严格,船舶就可能转到其他港口,这也使得该地区的港口国监督相对宽松一些。而在澳大利亚,港口国监督则相当严格,因为那里港口之间没有激烈的竞争,只有一个当局统一管理,更为重要的是澳大利亚有着丰富的资源,船舶所有人对经常进出的港口别无选择。同样,由于美国的港口是世界最重要的市场之一,因此,港口国监督再严格也不会影响国家对外贸易。

三、港口国监督与国际贸易运输发展的关系

港口国为了航行安全与保护海洋环境,依据有关国际公约与国内法律,实施港口国监督的行为有可能对日益国际化和全球化的国际贸易运输产生某种制约作用,因为随着大量的船舶频繁地进出世界各国港口,大量的发展中国家的船员被招募至各种船旗国籍的远洋船舶上服务,港口国监督对船舶和人员的高标准严格要求,必然会对这种国际航运市场发展趋势产生一定的影响。这主要表现在:

1.重复检查

由于港口国监督是区域性合作项目,每个区域都有一个协议,根据协议对本区域的目标船舶进行重点检查,因此,很可能使一艘商船受到重复检查,从而延误船期,增加港口使费,导致营运成本上升,影响船舶的市场竞争力。如欧洲 1993 年对 11 252 艘船舶进行了 17 294 次检查,有的船舶明显接受了重复检查。另外,造成这种重复检查也是因为缺少区域性统一的数据,尤其是近年来实行港口国监督的地区没有实现计算机联网,有些国家自己的港口也没有可靠的数据或计算机网络,因此检查的盲目性较大。

2.船舶所有人蒙受经济损失

通过港口国监督的严格检查,一般均能发现相当多的船舶有这样或那样的缺陷。欧洲地区的检查数据中,有近一半的受检船舶存在至少一种缺陷。有些缺陷可以经过自身努力,在限定的时间内消除或纠正,但一些严重的缺陷则要到港口国进行修理或到有修理能力的港口修理。这就意味着船舶需要增加非生产性停泊时间和修理费用,并无法执行既定和后续合同等,从而使船舶所有人蒙受巨大的经济损失。

3.港口国监督与开放登记船队发展的关系

虽然港口国监督的主要目的是限制和排除低于标准的船,但 10 多年来的结果,并没有达到逐步消除低于标准的船舶、减少事故、促进航运安全与保护海洋环境和资源的初衷。

第二次世界大战后 50 年来,世界方便旗船队迅速增加,详见表 13-1。

世界方便旗船队的变化趋势(单位:百万 t)　　表 13-1

年　份	1970	1980	1990	1999	2000	2001
方便旗船队	70.3	212.5	224.6	384.7	392.2	402.4
世界船队	326.1	682.8	658.4	799.0	808.4	625.7
方便旗船队占世界的比例(%)	21.6	31.1	34.1	48.1	48.5	48.7

注:表中船舶为 100GT 以上的船舶。

尽管一些船旗国努力改变其船舶的安全状况,但开放登记的固有特征使其没有有效地改变一些不安全因素。造成这种状况有 3 个原因:一是有部分船舶所有人不在航运安全方面投资,而只注重扩大经营规模,以增强市场竞争能力;二是由于市场运力过剩而产生的压力,使船舶所有人选择成本更低的开放登记制度;三是船旗国无能力承担其应负的执行安全标准的监督责任。

近年来,在国际舆论的压力下,随着有关公约的生效和履约的加强,港口国监督、国际安全管理规则的实施,尤其是滞留船舶数量的增加,一些方便旗国家已开始考虑改进措施。例如,巴拿马已决心改变其船舶被列入美国海岸警备队必检船舶的黑名单和欧洲巴黎备忘录港口国

检查目标的尴尬处境。最近,该国已向国际海事组织承诺,在实施国际安全管理规则的过程中要履行船旗国职责,严格执行海上安全与防止污染的国际标准。但能否真正履行这些承诺,仍需要时间检验。

四、检查标准

港口国监督检查主要以国际公约作为检查标准。当然,由于各备忘录、地区、国家所加入的国际公约不尽相同,所参照的国际公约也有所区别。一般来说,作为检查标准的主要公约有:

(1)经修正的1974年国际海上人命安全公约(SOLAS 74)及其1978年、1988年议定书(SOLAS PROTOCOLS 1978,1988);

(2)经1978年议定书修正的1973年国际防止船舶造成污染公约(MARPOL 73/78);

(3)1966年国际载重线公约及1988年议定书(LOADLINE);

(4)1978年海员培训、发证和值班标准国际公约1995年修正案(STCW);

(5)国际劳工组织第147号公约

(6)1969年国际吨位丈量公约(TONNAGE);

(7)1976年商船(最低标准)公约(ILO NO.147)。

港口国监督是依据国际公约和国内法律进行的,因此有关检查标准的一个重要原则是:公约的非缔约国不能依据该公约进行港口国监督检查,即:如果某个国家不是某公约的缔约国,则该国家的检查官在检查外轮时,不能以该公约作为检查的依据和标准,即使船舶存在违犯该公约的缺陷。

例如,中国没有加入ILO147公约,中国港口国监督检查官在进行港口国监督检查时,不能检查ILO147公约要求的项目。另外,港口国监督检查官可以依据国内法律进行港口国监督。因为船舶进入外国港口,必须遵守港口国的法律,这是没有选择的,即使该法律与有关国际公约有所出入。比如一些国家关于防止海洋污染的特殊排放规定,就可以作为该国港口国监督检查官进行港口国监督检查的标准。

五、缺陷处理原则

原则上,所有被发现的缺陷都应该在开航前纠正。但是,根据缺陷的性质和严重程度的不同,港口国监督检查官可以给出不同的处理措施。缺陷处理基本措施有:

(1)开航前纠正。港口国监督检查官根据该缺陷的性质和严重程度认为此缺陷在开航前必须纠正。

(2)14d内纠正。一般用于小缺陷,港口国监督检查官运用其专业判断,认为船舶带着该缺陷航行,不会给船舶安全、船员健康、海洋环境构成威胁。

(3)下一港纠正。当缺陷在检查港不能解决时应用,港口国监督检查官可以根据实际情况,限制船舶的航行条件,如载货限制、气象条件限制、航行区域限制等。

(4)3个月纠正。应用于ISM不符合项目。

(5)滞留。当缺陷的严重程度对船舶安全、船员健康、海洋环境构成威胁时应用。

(6)通知船旗国。当船舶被滞留时应用。

(7)通知船级社。当船舶存在与船级社有关的缺陷时应用。

以上所述为缺陷处理的基本措施,各个备忘录还根据需要制定了一些其他措施,应用于不同情况。

六、滞留和低标准船

根据《港口国监督程序》，滞留是指当船舶和船员实质上不符合所适用公约要求，为了保证船舶开航后不对船舶和船上人员构成危险，或对海洋环境造成威胁，而对船舶采取的干预行动。

根据《港口国监督程序》，低标准船的确认如下：

(1)低标准船是指船体、机器、设备或操作安全方面实质上低于有关公约的标准或配员不符合安全配员证书的船舶；

(2)缺少公约要求的主要设备或装置；

(3)设备或装置不符合公约的有关要求；

(4)船舶或其设备的实质性损蚀，如由于维护不良；

(5)船员对主要操作程序的操作不熟练或不熟悉；

(6)配员不足或持证船员不足；

(7)当这些明显因素的全部或个别造成船舶不适航，如果允许该船出海，会对船舶、船上人员的生命造成危险或对海上环境构成不合理损害威胁，该船则被认为是低于标准的船舶；

(8)缺少公约要求的有效证书将成为确认船舶低于标准的初步证据，并成为决定对该船立即滞留和进行检查的依据。

当一艘船舶被确认为低标准船，那么该船就应被滞留，滞留是消灭低标准船有力的强制措施。但有时也会出现不是低标准船被滞留的现象，这主要是因为船舶缺少有效的证书或文件，即虽然船舶实际安全技术状况符合公约要求，但由于缺少公约要求的有效证书、文件，同样也会被滞留。港口国监督检查官认定滞留并没有惟一固定的标准，需要港口国监督检查官运用专业知识能力去判断船舶缺陷是否会对船舶和船上人员构成危险，或对海洋环境造成威胁。《港口国监督程序》的附录1《关于滞留船舶的指南》为检查官如何运用专业判断提供了指导。其基本原则为：

(1)在决定船舶存在的缺陷是否严重到实施滞留时，港口国监督官员应评估：

①该船是否具有有效的相关文件；

②船舶是否配有最低安全配员证书所要求的船员。

(2)在检查期间，港口国监督检查官应进一步评估船舶和(或)船员，在未来的整个航行中是否能够：

①安全航行；

②安全装卸、运输货物及监视货物的状况；

③安全地进行机舱操作；

④维持正常的推进和操舵；

⑤必要时能在船上任何部位进行有效的灭火；

⑥必要时能迅速安全弃船和有效地救助；

⑦防止环境污染；

⑧保持足够的稳性；

⑨保持足够的完整水密；

⑩遇险时进行必要的通信；

⑪在船上提供的安全及健康的条件。

(3)如果对上述任一项目的评估所得出的结论是否定的,应考虑所发现的所有缺陷,对该船实施滞留。某些不太严重的缺陷组合起来也可能构成对船舶的滞留。

第三节 港口国监督的发展趋势

港口国监督已由最初一个国家发展到欧洲、拉美、亚太和加勒比海等多个地区的合作项目。一个全球性的港口国监督体系已经形成,港口国监督将呈如下主要发展趋势:

一、监控内涵逐步扩大

虽然过去国际海事组织有关公约有监控的条款,但实施检查仅限于有关证件的查验。只有在与证件所载不符或有非法排放及装载过限时,才能进行有针对性的检查并采取必要的处理措施。而目前形成的区域性合作体制因采用了协调的程序,故港口国监督检查内涵正在逐步地深化。

1976年国际劳工组织通过的《商船(最低标准)公约》,改变了过去海运法规的权限,使港口国有权登临在港停靠的外国船舶,进行有关船员安全、健康、工作条件等方面的检查。西欧国家还将该公约的适用范围扩大到安全、防污、船员工作和生活等方面的6个公约,并起草"船舶监控程序",促使国际海事组织在第XII届大会上通过了A.466(X11)号决议,从此范围得到了明显的扩大。

该项决议的附录I(船舶监控程序)中指出:"如果港口国检查官员总的印象或船上观察有明显理由认为船舶、船上设备或船员没有达到要求,则应进行更详细的检查。"这就为港口国扩大检查范围与采取行动提供了依据。此后,又有一些决议对所谓"明显理由"不断地作出新的解释,从而使港口国监督的检查范围逐步向深度发展。例如,在A.787(19)决议的附录中,明显理由的解释有了扩展:

(1)缺少公约要求的主要设备;

(2)船舶证书明显无效;

(3)无船舶日志或其他船上要求的文件或记录不真实;

(4)港口国监督检查官总的印象和观察发现严重的船体或结构缺陷或存在可能危及船舶的整体结构的缺陷;

(5)港口国监督检查官总的印象和观察发现严重的危及安全、防污染和航海设备的缺陷;

(6)有关船长或船员不熟悉船上有关船舶安全、防污染有关的基本操作,或没有进行这种操作的训练;

(7)船上主要成员不能相互或与船上的其他人语言沟通;

(8)没有最新应变部署表、防火控制图和客船的破损控制图;

(9)误发遇险报警信号而未作消除;

(10)收到包括某船看上去像低于标准船的情况报告或申诉。

从上可知,在操作要求方面的检查内容正在不断扩大,而且检查官员可运用其专业知识来判断船员的操作熟练程度是否达标,并决定是否滞留船舶。

二、监控区域逐步扩大

目前,港口国正在将监控的范围从港口延伸到该国或区域合作协议缔约国管辖水域。美国加强了港口国监督,并于1995年开始将监控从港口扩大到其管辖海域,开始进行海上登船检查。1995年1月4日,在纽约附近海面上,一艘马耳他籍的32 089载重吨货船"Aurora"轮受到美国海岸警备队停船检查的指示,该船经查被确定为低于标准船。此次行动是根据港口国监督强化措施所进行的海上第一次登船检查,其目的是在得到该船可能是低于标准船的情报后,对已成为目标的船舶进行登船检查,以确认该船对美国港湾水域能否造成损害。

欧洲也正在考虑实施这种扩大监控范围的做法。由于低于标准船在港口相对地要比在海上安全得多,因此,需要在海上加强对那些未进入港口的船舶进行检查,以减少在本国管辖水域造成损害的机会。由此可以预计,今后将监控范围扩大到管辖水域的国家和地区将会不断增加,有些国家在政策上可能会考虑拒绝不安全船舶进港。

三、监控标准逐步提高

鉴于当前世界商船队仍然发生大量的事故和存在着众多的低于标准船,因此,今后港口国监督在安全与技术上的标准将会更加严格,其中欧洲准备采取的一项措施:如某一艘船舶存在严重的缺陷并被滞留,则该船舶所有人的所有船舶(即整个船队)均将受到牵连。这一举措将有力的鞭策船舶所有人更好地履行其职责。

巴黎备忘录参加国采取与前几种检查相配合的一种措施,即先对船舶进行检查,如果没有缺陷则可以进行装卸,若发现船舶存在问题,则要由船旗国主管当局予以解决或纠正。经检查同意后,方可继续进行装卸作业。

四、检查的船舶数量逐步增加

港口国通过地区间的合作协议,根据本地区的航运情况、检查能力等方面,来确定其共同承担的义务,即受检船舶的比例。但是近年来由于被滞留船舶数量的增加,港口国监督受检船舶的数量正呈增长态势,尤其是在欧洲地区,其主要表现为:

1.检查频率增加

根据PSC地区性的合作协议,每一地区都有一个固定的检查配额,但在实际操作过程中发现这种配额的不合理。于是,欧洲地区已着手改变原有的如无特殊理由,6个月内不作重复检查的规定,从而使某些船舶,例如渡船、散货船和客滚船,增加了受检频率。

2.重复检查率增加

随着各区域的合作体制的建立,对航行在世界各区域的船舶检查重复率正在不断增加。

3.年度例行检查明确

欧洲地区正在实行一种通报制度,即如果在12个月内没有受到港口国的监控检查,必须在进入巴黎备忘录参加国的港口前48h通报该港口,以便做好必要的检查准备。

通过上述的各种措施,接受港口国监督的船舶数量正在不断地增长。虽然此举将减少低标准船舶遗漏和逃避检查的机会,但是,也潜藏了使船舶停时过长,造成营运经济损失的可能性,因此,对于港口国监督的某些发展趋势,尚需跟踪观察,做出相应准备。

思考题

1. 什么是港口国监督?为什么要进行港口国监督?

2. 港口国监督大致过程是什么?

3. 如何实施港口国监督?

第十四章　ISO 9000 系列认证

第一节　引　　言

以前人们习惯于用工业化来衡量一个国家的发达程度。事实上,工业的发达代表着经济的进步及生活水平的提高,而在此条件下服务业随之兴起。美国学者克拉克形容经济体制的转型遵循如下规律在运行:由前工业时代到工业时代,然后再发展到后工业时代。他把这3个时代的经济活动区分为初级产业——农业、次级产业——制造业、三级产业——服务业。

据资料显示,工业较发达的国家,包括制造业最典型的日本和德国,在20世纪90年代,国内服务业人口均已超过65%。服务业的迅猛发展使得服务质量的竞争愈加激烈。港航企业作为服务业的一种,其对服务质量的要求有其特殊性,因此改善港航企业服务质量就成为经营港航企业的关键所在。

那么,如何改善港航企业服务质量呢?

服务质量本身看不见摸不着,服务提供者无法估计和预测其服务质量的好坏,服务质量的优劣更是因人而异。因此用一套行之有效的标准来指导港航企业的服务质量是十分必要且重要的。ISO9000族标准是一套完整的质量管理和质量保证系列标准,它对提高港航企业的服务质量有着极强的指导性。

ISO9000质量管理和质量保证系列标准,系统地总结了多年来质量管理的理论研究和实践经验。当前,一大批现代企业在国际市场的竞争中积极贯彻执行这一系列标准,并据此实施质量体系认证,已成为一种国际潮流。企业界有识之士深刻地认识到,此举标志着质量管理和质量保证工作进入了国际化、科学化和规范化的新时代。

第二节　ISO 9000 系列认证

一、ISO 9000 系列

ISO(International Organization for Standardization),即国际标准化组织。它成立于1947年2月23日,它的前身是1928年成立的"国际标准化协会国际联合会"(简称ISA)。其宗旨是在世界上促进标准化及其相关活动的发展,以便于商品和服务的国际交换,在智力、科学、技术和经济领域开展合作。ISO现有117个成员,包括117个国家和地区。

ISO通过它的2856个技术机构开展技术活动。ISO的2856个技术机构技术活动的成果(产品)便是"国际标准"。ISO现已制定出国际标准共10300多个,主要涉及各行各业各种产品(包括服务产品、知识产品等)的技术规范。

我们通常所说的ISO 9000就是国际标准之一。ISO 9000不是指一个标准,而是一族标准的统称。根据ISO 9000-1:1994的定义:"ISO 9000族"是由ISO/TC176制定的所有国际标准。在1994年和2000年,ISO发布了两个版本的ISO 9000,即ISO 9000:1994和ISO 9000:2000(有时也称为1994版ISO 9000和2000版ISO 2000)。1987年3月,ISO正式发布了ISO 9000:1987、ISO 9001:1987、ISO 9002:1987、ISO 9003:1987、ISO 9004:1987共5个国际标准,与ISO 8402:1986一起统称为"ISO 9000系列标准"。此后,TC176又于1990年发布了一个标准,1991年发布了3个标准,1992年发布了一个标准,1993年发布了5个标准;1994年没有另外发布标准,但是对前述"ISO 9000系列标准"统一作了修改,分别改为ISO 8402:1994、ISO 9000-1:1994、ISO 9001:1994、ISO 9002:1994、ISO 9003:1994、ISO 9004-1:1994,并把TC176制定的标准定义为"ISO 9000族"。1995年,TC176又发布了一个标准,编号是ISO 10013:1995。至今,ISO 9000族一共有17个标准。

对于上述标准,作为专家应该通晓,作为企业,只需选用如下3个标准之一:

(1)ISO 9001:1994《品质体系　设计、开发、生产、安装和服务的品质保证模式》;

(2)ISO 9002:1994《品质体系　生产、安装和服务的品质保证模式》;

(3)ISO 9003:1994《品质体系　最终检验和试验的品质保证模式》。

2000版ISO 9000族标准中,ISO 9000标准起着确定理论基础、统一技术概念和明确指导思想的作用,具有很重要的地位。新版ISO 9000标准代替1994版ISO 9000标准在内容上有了很大变化。

这其中新增加的一个非常重要的内容就是8项质量管理原则。它是新标准的理论基础,又是组织领导者进行质量管理的基本原则。8项质量管理原则是2000版ISO 9000标准的灵魂,ISO 9000:2000族标准中的8项原则分别是:

(1)以顾客为关注焦点;

(2)领导作用;

(3)全员参与;

(4)过程方法;

(5)管理的系统方法;

(6)持续改进;

(7)基于事实的决策方法;

(8)与供方互利的关系。

其中,以顾客为关注焦点处于质量管理中首当其冲的地位,因此与服务对象(客户或顾客)有着直接关系的服务活动及服务质量其关键性与重要性不言而喻。对生产"服务"的航运企业而言,ISO 9000:2000族标准无疑有极强的针对性。

二、ISO 9000系列认证

认证认可是国际通行的规范经济、促进发展的重要手段,是企业、事业单位包括政府机关等组织机构提高管理与服务水平、保证产品质量、提高竞争力的有效方式。开展认证认可工作,对从源头上确保产品质量安全,规范市场行为,指导消费,保护环境,保护人民生命健康,促进对外贸易具有重要作用。

"认证"一词的英文原意是一种出具证明文件的行动。ISO/IEC指南2:1986中对"认证"的定义是:"由可以充分信任的第三方证实某一经鉴定的产品或服务符合特定标准或规范性文件的活动。"

第三方的认证活动必须公开、公正、公平,才能有效。这就要求第三方必须有绝对的权力和威信,必须独立于第一方和第二方之外,必须与第一方和第二方没有经济上的利害关系,或者有同等的利害关系,或者有维护双方权益的义务和责任,才能获得双方的充分信任。

第三方的角色非国家或政府莫属。由国家或政府的机关直接担任这个角色,或者由国家或政府认可的组织去担任这个角色,这样的机关或组织就叫做"认证机构"。

现代的第三方产品品质认证制度早在 1903 年发源于英国,是由英国工程标准委员会(BSI的前身)首创的。

1971 年,ISO 成立了"认证委员会"(CERTICO),1985 年,易名为"合格评定委员会"(CASCO),促进了各国产品品质认证制度的发展。

1979 年,ISO 决定在 ISO 的认证委员会的"品质保证工作组"的基础上成立"品质保证委员会";1980 年,ISO 正式批准成立了"品质保证技术委员会"(即 TC176)着手这一工作,从而导致了前述"ISO 9000 族"标准的诞生,健全了单独的品质体系认证的制度,一方面扩大了原有品质认证机构的业务范围,另一方面又导致了一大批新的专门品质体系认证机构的诞生。

自从 1987 年 ISO 9000 系列标准问世以来,为了加强品质管理,适应品质竞争的需要,企业家们纷纷采用 ISO 9000 系列标准在企业内部建立品质管理体系,申请品质体系认证,很快形成了一个世界性的潮流。目前,全世界已有近 100 个国家和地区正在积极推行 ISO 9000 国际标准,约有 40 个品质体系认可机构,认可了约 300 家品质体系认证机构,20 多万家企业拿到了 ISO 9000 品质体系认证证书,第一个国际多边承认协议和区域多边承认协议也于 1998 年 1 月 22 日和 1998 年 1 月 24 日先后在中国广州诞生。

三、推行 ISO 9000 的作用

1.强化品质管理,提高企业效益;增强客户信心,扩大市场份额

负责 ISO 9000 品质体系认证的认证机构都是经过国家认可机构认可的权威机构,对企业的品质体系的审核是非常严格的。这样,对于企业内部来说,可按照经过严格审核的国际标准化的品质体系进行品质管理,真正达到法治化、科学化的要求,极大地提高工作效率和产品合格率,迅速提高企业的经济效益和社会效益。对于企业外部来说,当顾客得知供方按照国际标准实行管理,拿到了 ISO 9000 品质体系认证证书,并且有认证机构的严格审核和定期监督,就可以确信该企业是能够稳定地生产合格产品乃至优秀产品的信得过的企业,从而可放心地与其订立供销合同。可以说,在这两方面都能收到立竿见影的功效。

2.获得国际贸易"通行证",消除国际贸易壁垒

许多国家为了保护自身的利益,设置了种种贸易壁垒,包括关税壁垒和非关税壁垒。其中非关税壁垒主要是技术壁垒,技术壁垒中,又主要是产品品质认证和 ISO 9000 品质体系认证的壁垒。特别是,在世界贸易组织内,各成员国之间相互排除了关税壁垒,只能设置技术壁垒,所以,获得认证是消除贸易壁垒的主要途径。(在我国"入世"以后,失去了区分国内贸易和国际贸易的严格界限,所有贸易都有可能遭遇上述技术壁垒,应该引起企业界的高度重视,及早防范。)

3.节省第二方审核的精力和费用

在现代贸易实践中,第二方审核早已成为惯例,也逐渐暴露其存在的很大弊端:一个供方通常要为许多需方供货,第二方审核无疑会给供方带来沉重的负担;另一方面,需方也需要支付相当的费用,同时还要考虑派出或雇佣人员的经验和水平问题,否则,花了费用也达不到预期的目的。惟有 ISO 9000 认证可以排除这样的弊端。因为作为第一方的生产企业申请了第三方的 ISO 9000 认证并获得了认证证书以后,众多第二方就不必要再对第一方进行审核,这样,

不管是对第一方还是对第二方都可以节省很多精力或费用。另外,如果企业在获得了 ISO 9000 认证之后,再申请 UL、CE 等产品品质认证,还可以免除认证机构对企业的品质保证体系进行重复认证的开支。

4.在产品品质竞争中永远立于不败之地

国际贸易竞争的手段主要是价格竞争和品质竞争。由于低价销售的方法不仅使利润锐减,如果构成倾销,还会受到贸易制裁,所以,价格竞争的手段越来越不可取。20 世纪 70 年代以来,品质竞争已成为国际贸易竞争的主要手段,不少国家把提高进口商品的品质要求作为限入奖出的贸易保护主义的重要措施。实行 ISO 9000 国际标准化的品质管理,可以稳定地提高产品品质,使企业在产品品质竞争中永远立于不败之地。

5.有效地避免产品责任

各国在执行产品品质法的实践中,由于对产品品质的投诉越来越频繁,事故原因越来越复杂,追究责任也就越来越严格。尤其是近几年,发达国家都在把原有的“过失责任”转变为“严格责任”法理,对制造商的安全要求提高很多。例如,工人在操作一台机床时受到伤害,按“严格责任”法理,法院不仅要看该机床机件故障之类的品质问题,还要看其有没有安全装置,有没有向操作者发出警告的装置等。法院可以根据上述任何一个问题判定该机床存在缺陷,厂方便要对其后果负责赔偿。但是,按照各国产品责任法,如果厂方能够提供 ISO 9000 品质体系认证证书,便可免赔,否则,要败诉且要受到重罚(随着我国法治的完善,企业界应该对“产品责任法”高度重视,因此应尽早防范)。

6.有利于国际间的经济合作和技术交流

按照国际间经济合作和技术交流的惯例,合作双方必须在产品(包括服务)品质方面有共同的语言、统一的认识和共守的规范,方能进行合作与交流。ISO 9000 品质体系认证正好提供了这样的信任,有利于双方迅速达成协议。

第三节　航运公司与 ISO 9000 系列标准

航运公司作为流通领域内特殊的物质生产部门,由于大运量决定了航运公司的重要性;多环节导致航运公司的复杂性;高风险影响船舶的安全性以及航运市场竞争的国际性,因此航运公司的一切企业行为必须规范化、标准化、程序化,走国际化道路,应该根据自身的行业特色选用 ISO 9000 系列有关标准来建设企业的质量体系。

一、航运公司质量特性

航运公司是交通运输业的一部分,是处于流通领域内的特殊的物质生产部门。它是物质生产过程和商品消费过程中不可缺少的重要环节。航运公司的产品是实现旅客和货物的有效位移。这种提供劳务的“产品”属 ISO 9000 术语标准中“产品”类别之一,即服务。航运公司的“顾客”是旅客和货主。航运公司劳务产品的质量特性与实物产品的质量特性有明显的区别,其具有特殊表现形式,主要有以下 5 个特性。

1.安全性

航运公司的运输生产的作业环境在海洋、港湾、内河和湖泊中,经常要受到台风、巨浪、雨雾、浅滩、暗礁等恶劣的自然环境威胁,不安全的因素很多。一旦操作失误、机损失控,都将造成海损和污染事故，使国家财产和人民生命遭到重大损失。所以，安全是航运公司产品质量的第一特性，是水运生产的前提和基础。

国际海事组织（IMO）针对航运公司安全的重要性提出了系统的防范要求，并做了一系列强制性的规定，即《ISM 规则》，要求在一定的期限前强制性实施该规则。

ISO 9000 系列标准所提出的全过程、全方位、全员系统质控要求，为解决航运公司的安全问题提出了重要的思想指导和方法。

2.服务性

航运公司存在的宗旨就是为社会主义的市场经济服务。优质服务是社会主义物质文明和精神文明的集中表现，是市场经济日益发展的必然要求。货物从托运到交付的全过程，要求货主提供手续简便、热情周到、满意的服务；旅客从购票、登船以及在船上吃、住、娱乐、休息到最终离船上岸的全过程，都要求提供舒适、满意的服务。

随着市场经济的繁荣及我国改革开放的进一步发展，国内外、境内外的旅客生活质量不断提高，海上客运突破了单纯的“位移”概念，海上旅游对服务提出了更高的要求。

ISO 9004—2 是针对服务行业的特点而制定的加强服务组织内部的质量管理标准，它提供了航运公司的管理水平上一个台阶的方法和途径。

3.完整性

货物在运输过程中不短缺、不变样，化学成分不变质，外包装不变形是旅客和货主的基本所求，维护顾客的利益是航运公司应尽的责任。

ISO 9002 标准强调了生产的全过程处于受控状态。航运公司按标准要求应当保证使货物合理地配载、保持必要的通风条件、严格理货、考虑防污染措施、牢固绑扎、定期巡视、确保执行有关记录等。ISO 9000 标准为航运公司确保货物的完整性提供了规范行为的有效途径。

4.经济性

经济性就是要不断降低运输生产的耗费，减少货物在运输过程中无益追加价值，注重成本的测算和分析，加快船舶周转，提高三率（营运率、航行率、载重量利用率），节制船舶三费（港口使费、修理费、燃物料费），强化经营意识，参与航运市场竞争。

航运公司贯彻 ISO 9000 系列标准，规范企业的行为，可以增强参与航运市场的竞争力，赢得更多的旅客和货主，加大市场占有率，为企业创造更多的经济效益。

5.及时性

航运的及时性是指运输的时效问题。货物运送的快慢是关系到货物流通时间长短和运输成本高低的重要因素，客运速度的快慢关系到旅客正点运行和缩短旅行时间。所以，及时性是评价航运公司社会效益和经济效益的一个重要质量指标。

随着市场经济的发展，多种方便、快捷的交通工具应运而生，加之通信业的高速发展，为人们提供了更多的选择余地。无疑，航运公司要向国际标准看齐，才能满足旅客的要求和维护企业的形象。

综上所述，航运公司广义的产品质量，已突破了产品和服务一般质量特性。它体现在安全性、服务性、完整性、及时性和经济性等 5 个质量特性上，由此形成了航运公司运输质量特性的完整概念。

这 5 个质量特性又不是独立存在的，而是一个相互制约、相互依存、相互渗透的有机整体。

二、港航企业服务质量与 ISO 9000:2000 族标准

1.服务产品

ISO 9000:2000 族标准对“产品”的定义是:产品是过程的结果。港航企业中,港口作为综合运输过程网络上一个实现货物(也包括人,这里只讨论货物)运输方式变换的节点,其产品就是装卸服务。

装卸服务作为一种产品,除了具有服务产品的一般特性之外,还具有特殊性。主要表现在产品的生产与交付是同时发生的,即产品与过程紧密相连,不可分割,过程与产品是融合在一起的。这种产品的特点决定了港口生产对不合格品的纠正不具有可逆性,发现不合格品(如货差、混舱、混跺等)无法返工和返修(纠正一般是赔偿和道歉)。

2.服务对象

ISO 9000:2000 族标准对“顾客”的定义是:接受产品的组织或个人。港航企业中,港口生产的产品既然是装卸服务,那么其顾客就是装卸服务的接受者,或者说是装卸服务的对象。从综合运输体系的整体角度讲,港口作为不同运输方式间货物衔接的提供者,其服务对象应该既包括车(铁路、公路)也包括船(航运),即连接港口间货物运输的上下承运方。片面地强调车或船都不能构成运输系统的连贯性,都是与港口的功能不相符的。港口、航运、陆运三方到底谁为谁提供服务,应该看这种服务谁是主动提供者。因此,港口行业的顾客应包括:港口作业委托人(货主)、在港口为货物运输衔接提供主动服务的对象,即承运方(车、船等),适当时,也可包括最终用户。

由于港航企业工作性质的特殊性,服务的主体是人(顾客),服务的客体是被装卸的货物,装卸作业主要与货物打交道,货物及其承运工具都是顾客的财产,因此顾客财产的控制是评价服务质量的一项重要指标。对港口而言,顾客财产应该包括:运输、装卸、堆存的货物及随货物一起的货票;为装卸需要与路方办理过交接的运输工具;装卸作业中使用的船方吊机、为装卸需要船方提供的配积载图及船方技术资料;作业委托人提供的货物特性资料等。对以上顾客财产的控制应形成程序,做好验证和保护工作。

3.服务产品质量控制

港航企业属于服务业,其“产品”的要求主要取决于顾客对货物运输的要求,国家相关法律、法规要求以及港航企业的附加要求。具体体现在服务产品设计输出的要求,即 3 个规范:服务规范、服务提供规范、质量控制规范。

(1)服务规范主要体现为行业规范,它是服务产品的“技术标准”,是行业范围内企业共同遵守的准则,应体现顾客比较关注的质量指标。对于港航企业来讲,即各货类的货损、货差及赔偿率指标,各类船舶、车辆在港停泊时间指标、综合服务满意率指标等。

(2)服务提供规范是规定服务提供所用的方法与手段。对港口行业来讲,就是货物装卸工艺。一般情况下,在码头设计时均已考虑。投产使用后存在一个不断完善的问题。特殊货种的质量控制(或产品)都可以在现有的质量管理体系范围内通过质量计划来达到。

(3)质量控制规范是服务规范要求在服务提供过程中的具体体现,它能有效地控制每一服务过程的质量,以确保服务满足服务规范的要求。由于服务行业是以过程来保证产品,只有有效地控制了每项服务过程的质量,才能最终确保产品的质量。从这个意义上讲,港口行业的质量控制规范就是作业质量控制程序,是针对每一项作业过程的质量要求,是对从事与装卸作业质量有关的各级人员的工作质量标准。凡不符合以上规范和要求的行为都应属于“不合格

品”。

对服务产品质量控制即对不合格品的控制，就是对“最终产品”的质量特征产生严重影响的不合格品进行严格控制，主要反映在造成货损、货差及其赔偿率和船舶、车辆在港停时指标超过行业规范允许范围的不合格品上，此类不合格品应为严重不合格品，进行重点控制；对于造成以上产品质量特性指标未超标的不合格品应作为一般不合格品进行控制；对装卸作业过程未产生直接影响的不合格品应作为轻微不合格品进行控制。

4.港航企业中的过程控制

ISO 9000:2000 族标准强调“过程方法”，即根据企业的战略方针、经营理念、远景目标（Vision）、商业目标、质量目标，确定企业日常运作中的关键过程，并设定相应的质量目标，重点加以控制和改进，使企业的经营业绩和质量表现得到明显改进。

港口质量管理体系范围是由其产品的实现过程，即货物由进港到出港所经历的各个环节所决定的，主要应包括以下 3 个方面：一是装卸作业过程；二是辅助装卸作业过程，包括船舶进出港引航、拖带、理货等；三是支持性作业过程，包括船舶燃料、淡水供应，为装卸作业提供通信、供水、供电，生产设施、设备的维修与维护，即包括影响货物装卸的所有过程。

在港口生产作业中，其重点过程是装卸作业，装卸服务的特点决定了过程控制的质量。因此，关键、特殊过程的识别显得非常重要。

ISO 9000:2000 族标准明确了服务产品生产存在特殊过程。特殊过程是过程的能力不能为后续工序检测或不能经济检测的过程。在一般港口生产过程中，这样的特殊过程有：船舶水尺公估、装船验舱、卸车对跺、装船对跺、杂货配积载、有毒有害及危险品作业过程等。这些过程的合理与合格与否，当时无法验证与检验，后续过程也不能验证，只有全部过程完结后才能作出评价。

关键、特殊过程的确定，原则上是对装卸质量和运输质量有着重大影响的过程。界定的数量应根据港航企业的控制能力及特殊过程对“产品”的影响程度而定，不能千篇一律。

5.ISO 9000:2000 族标准在港航企业中的实施

在实施 ISO 9000:2000 族标准过程中，应先根据港航企业的经营战略和经营特点、市场和顾客的要求、改进后所带来的效益等因素，确定所有的关键、特殊过程。ISO 9000:2000 族标准曾被一些人士注明：“称之为‘PDCA’的方法可适用于所有过程”，同时还强调“持续改进”；“持续改进总体业绩应当是组织的一个永恒目标”。因此，对每个关键过程，都要按照 P(Plan，策划)、D(Do，实施)、C(Check，检查)、A(Action，处置)，另外再加上 I(Improvement，持续改进)、E(Effectiveness，实际效果)加以控制，并确定与该关键过程相关的质量目标，以便通过测量和分析对该关键过程进行监控，保证其预期目标的实现和持续改进。

港航企业作为服务行业，其对服务质量有较高的要求。通过实施 ISO 9000:2000 族标准，可以使港航生产服务质量得以不断的改进，从而促进港航企业生产效率和效益得以持续提高。

三、与航运公司有关的几个国际标准

ISO 9000 族标准经过 ISO 国际标准化组织的不断修订，现已有 20 多个标准，与航运公司密切相关的主要有以下几个标准。

1.ISO 9002

ISO 9002 是 3 个质量保证模式中的一个，是生产、安装和服务的质量保证模式。它是外部质量保证的质量体系要求的标准，用于供方证明其能力和外部（如顾客、第三方）对其能力进行评定。

该标准有 19 项要求。与 ISO 9001 相比,其没有“设计控制”这一要素,它是用于需要证实供给方针对已有的设计、提供合格产品的能力和场合。

航运公司生产方式是对货物和旅客的有效位移提供的一种劳务,没有一般产品的制造和设计阶段。航运公司在国内、国际贸易业务中处于典型的合同环境。所以,ISO 9002 比较贴近航运公司的行业特点,航运公司贯标和认证选择 ISO 9002 质量保证模式比较适宜。

航运公司生产方式的重点在于对生产过程的控制,每个生产要素、每个环节如市场调研、揽货、合同、船舶处于适航状态、船舶安全营运和服务、交付、访问货主等都必须处于受控状态。执行 ISO 9002 标准恰好能最大限度地满足这一生产特点的要求。

实施 ISO 9002 标准,十分强调运用按标准要求的数据、记录、凭证、台账来控制、验证执行的效果,这是与航运公司传统的经验管理的最大区别。

2. ISO 9004—2

ISO 9004—2 是基于在 ISO 9004 中所描述的内部质量管理的一般原则。针对服务行业的特性,其提供了国际认可的服务标准指南。质量体系包含为提供有效服务所必需的全过程,从市场开发、服务设计到服务提供、服务评价和改进,都可以依据这个标准的要求来运作。

该标准所阐述的各个概念、原则和质量体系要素“适用于所有类型的服务”,因此也适用于海上运输业。航运公司具有鲜明的服务行业特点,水上运输要求对货主提供一流的服务,包括正点、完整(无货损、货差、无污染)、承托运手续简便、价格合理、安全可靠;客船则要求提供正点、舒适、满意和高品位的环境。随着人们生活质量的提高,旅客对服务的期望值越来越高。

航运公司在参与国内外大市场的竞争中,只有贯彻 ISO 9004—2 标准才能使管理水平取得突破性进展,从而提高与其他交通运输(铁路、汽车、航空等)的抗衡能力。

3. ISM 规则

国际安全管理规则(即 ISMCODE)是国际海事组织(IMO)针对频繁发生的海难事故,给旅客和船员生命、公司财产和海洋环境造成巨大损害而制定的加强海上安全和防止污染方面管理的国际规定,并纳入《国际海上人命安全公约》强制实施。它要求,从 1998 年 7 月 1 日起船公司拥有有效运行的按 ISM 规则要求建立的安全管理体系(SMS)的合格证书(DOC),其所属船舶应持有本船的安全管理证书(SMC),逾期未获得认证的船公司和船舶将在航行海域和区域及运输货种等方面受到限制,而且还会在金融、保险等其他方面受到影响。

贯彻实施 ISM 规则是全球性的安全保证措施,航运公司必须严格执行这一国际规定。它是船公司参与国际航运的“通行证”,是航运公司生存发展的必备条件。

ISM 规则是 ISO 9000 国际标准在船舶安全和防污染方面的具体应用。它巧妙地应用了 ISO 9000 原理,它同样强调预防为主、过程控制、系统管理、加强评审和不断改进;强调各环节的数据分析及有关记录;强调专家和权威部门的咨询评审和认证。

ISM 规则与 ISO 9000 标准的不同之处在于:一是 ISM 规则的要素不能“裁剪”,ISO 9000 标准的要素可以适当“剪裁”(采用 3 个质量保证模式、请第三方认证除外);二是 ISM 规则要求强制性实施,ISO 9000 标准是推荐性标准;三是贯彻 ISM 规则一定要认证,贯彻 ISO 9000 不一定要认证;四是 ISM 规则专业性很强,只针对船舶安全营运和防污染的问题,而 ISO 9000 标准是为满足顾客的要求,加强内部质量管理及提供外部的质量保证,其涉及的专业范围十分广,操作执行也有多种选择途径。

四、3个标准之间的关系及其选用

航运公司应针对不同的行业特点和企业自身的实际情况，密切关注国内外航运市场的环境，做出明智的选择。

1.先贯彻ISO 9002，后实施ISM规则

航运公司应首先对ISO 9000系列标准进行宣贯，对系列标准有一个完整的认识。再选择ISO 9002并以其为主线设计企业的质量体系。企业根据内部管理的需要，亦可以增加ISO 9004—2中某些要素，建立健全其体系，并按ISO 9002标准申请认证。认证时可以声明不认证ISO9004—2的某些要素。

航运公司在贯彻实施ISO 9002的基础上，再根据ISM规则要求，建立安全管理体系，通过有关部门的认证，取得(DOC)证书，并把它作为企业质量体系的重要组成部分。

2.先实施ISM规则，后贯彻ISO 9002

航运公司，特别是参与国际航运的企业，根据IMO做出的强制性贯彻ISM规则的时限要求，先行实施ISM规则，并通过认证取得通往国际海域的"通行证"，求得"生存"的资格。企业为求得进一步"发展"，在原有的安全管理体系的基础上扩大到对顾客保证的范围上，把ISM规则延伸到ISO 9000标准，进一步贯彻ISO 9002标准，扩展专业管理范围、要素，从而达到满足顾客需求的最终目的。必要时申请质量体系认证，使企业的安全管理体系逐步形成安全质量管理体系。

3.同时贯彻两个标准(ISM规则，ISO 9002)

为了适时地满足IMO强制规定，同时提高国际航运市场的竞争能力，提高工作效率，从企业的整体出发，可以建立一个大的安全质量体系，使其满足两个标准要求。具体实施时，可以建立一个组织机构和一套工作班子，同时进行两个标准的宣贯和实施，使之有机地结合，人员分工合作：体系文件的编写应强调安全、质量的统一性和协调性，安全手册和质量手册可以合二为一，对具有明显的专业管理和要素差异的，应在程序文件中分别编写。简言之，能合则合，非分不可的，则予以分开。申请认证时尽量选择一个具有两个体系认证资格的机构认证。如果暂时没有具备两个标准认证资格的机构，则从时间上先后提出申请。

另外，需要提及的是航运公司建立健全质量管理体系，在选用ISO 9000标准时，一般选用原则是就低不就高，既要使顾客满意，又要使企业便于操作，要有的放矢、紧贴标准、灵活运用。当确定某一个保证模式标准时，同时还应当参考ISO 9000族的其他有关标准。

思考题

1. 简述ISO 9000的作用。

2. 如何选择合理的ISO 9000标准运用航运公司，并且如何利用这些标准来提高航运公司的服务质量和效益？

3. 试述如何利用ISO 9000标准全面提高航运公司的市场竞争力。

第十五章　ISM 规则

第一节　概　　述

一、ISM 规则产生的背景

长期以来，人们依赖船舶结构及其设备的改进，追求先进技术在航海领域中的应用，但并未能完全实现其预期的效果。当今世界，频繁发生的海难事故，给旅客和船员生命、财产和海洋环境造成巨大损害。海难事故不断发生，其中 80% 以上与人为因素有关，这一严峻现实，引起国际海事界普遍关注并达成了共识。海难事故引起公众和各国政府的极大关注，要求制定更为严格的国际公约和国内法令，推动和督促公司改进管理、消除或减少海难事故的发生。为实现对人为因素的控制，促进海上安全和防止海上污染，在航运管理中引入 ISO 9000 标准的理论，建立一个行之有效的文件化体系，用以加强船公司的管理责任和船舶的安全操作，强调“预防为主”的思想，对安全和防污染活动实行“过程控制”，并以此作为船舶及其设备执行和满足技术规范、技术标准的有力支持，就是在这样的背景中产生。

ISM 规则的问世，是 IMO 旨在促进船舶营运安全和防止环境污染的一个重大举措，是航运安全管理观念上的一次重大变革，对传统的安全管理方法也是一次重大突破。

ISM 规则是指“国际船舶安全营运及防污染管理规则”1994 年 5 月 17 日至 24 日，联合国专门机构——国际海事组织在英国伦敦召开“1974 年国际海上人命安全公约”缔约国大会，决定在此公约内新增第九章“船舶安全营运管理”，ISM 规则是这一章的附件。

二、ISM 规则的主要内容

ISM 规则是在海上安全和防止污染方面加强管理的一项国际标准。它要求公司建立安全管理体系，包括：制定安全和环境保护方针；明确公司人员和船员的责任和权限；指定公司与船舶联系人员；培训公司人员和船员使他们胜任工作；定期演习，做好应急准备；维护保养好船舶和设备；报告和分析不符合安全管理体系的情况和海难事故甚至险情，不断采取改进措施；加强文件控制，保证执行现时有效规定；定期进行内部审核和接受政府主管机关或其认可机构的外部监督。凡是建立和实施符合 ISM 规则的安全管理体系的船公司将得到一份合格证明。同样，船舶将得到一份安全管理证书。

三、ISM 规则的目标

ISM 规则的目标是：保证海上安全，防止人员伤亡，避免对海洋环境和财产的损害。

四、ISM 规则适用范围和实施期限

1. ISM 规则的适用范围

ISM 规则适用于所有船舶。不论是新船还是旧船，也不论是货船还是客船都适用于该规则，但不包括政府营运的非商业用船。

2. ISM 规则的实施期限

ISM 规则对于不同的营运船舶有其具体实施期限。营运不同类型船舶的公司的实施期限是:客船,包括载客高速艇:不迟于 1998 年 7 月 1 日;500GT 以上的油船、化学品运输船、气体运输船、散货船和高速船:不迟于 1998 年 7 月 1 日;500GT 及以上的其他货船:不迟于 2002 年 7 月 1 日。

五、ISM 规则的内涵

ISM 规则采用国际质量管理原理,将公司安全运行活动归纳成一套安全管理体系,实现活动规范化、工作程序化和行为文件化,从而将一切安全和防污染活动置于严格控制之下。

六、ISM 规则中对公司的定义

公司指船舶所有人,或已承担船舶所有人的船舶营运责任,并在承担此种责任时同意承担 ISM 规则规定的所有责任和义务的任何机构或个人,如管理人或光船承租人。

七、ISM 规则与以往国际公约的侧重点

国际海事组织过去注重在船舶技术方面制定国际规定,但是,挪威船级社在统计分析近些年来发生的海难事故时,发现其中 80%左右是可以避免的。ISM 规则的侧重点就在于以加强安全管理,提高公司人员和船员的素质,来防止或减少由于管理不当或操作不慎而引起的海难事故。

第二节　国际船舶安全营运和防止污染管理规则(ISM 规则)

ISM 规则是为了保证海上安全,防止人员受伤或丧失生命,避免对环境(尤其是海上环境)及财产的损害而制定的。该规则共分 16 个部分,其具体表述如下:

前言

A. 部分——实施

1　通则

1.1　定义

1.2　目标

1.3　适用范围

1.4　安全管理体系(SMS)的基本要求

2　安全与环境保护方针

3　公司的责任和权限

4　指定人员

5　船长的责任与权限

6　资源与人员

7　船上操作计划的制定

8　应急部署

9　不合格、事故与险情的报告及分析

10　船舶与设备的维护

11　文件管理

12　公司验证、评审与评估

B.部分——发证与验证

13　发证与定期验证

14　临时审核

15　验证

16　证书格式

前言

1.本规则旨在提供一个船舶安全管理、安全营运和防止污染的国际标准。

2.大会通过的A.443(XI)号决议,敬请各国政府采取必要措施,以便保证船长在海上安全和保护海洋环境方面正当履行其职责。

3.大会通过的A.680(17)号决议,进一步认识到需要建立适当的管理组织,以满足船上为达到和保持安全和环境保护高标准的需要。

4.认识到没有两家航运公司或船舶所有人的情况是相同的,而且船舶在处于差异很大的情况下营运,本规则依据总的原则和目标制定。

5.本规则用概括性术语写成,因而具有广泛的适用性。显然,无论是在岸上还是船上,不同的管理层次对所列条款需要有不同程度的了解和认识。

6.高级领导层的承诺是做好安全管理工作的基础。就安全和防止污染而言,各级人员的责任心、能力、态度和主观能动性将决定其最终结果。

A.部分——实施

1　通则

1.1　定义

1.1.1　国际安全管理(ISM)规则:系指由国际海事组织大会通过的,并可由该组织予以修正的"国际船舶安全营运和防止污染管理规则"。

1.1.2　公司:系指船舶所有人或任何其他机构或个人诸如管理者或光船承租人,他们已从船舶所有人处承担船舶经营的责任,并同意承担本规则规定的所有责任和义务。

1.1.3　"主管机关"系指悬挂该国国旗国家政府部门。

1.1.4　安全管理体系(SMS):系指能使公司人员有效实施公司的安全及环境保护方针所建立并文件化的体系。

1.1.5　符合证明(DOC):系指颁发给符合ISM规则要求的公司的证明文件。

1.1.6　安全管理证书(SMC):系指颁发给船舶,证明公司及其船舶管理营运符合已批准的安全管理体系(SMS)的证书。

1.1.7　客观证据:系指根据观察、测量或试验得到的,且可证实的定性或定量的关于SMS要素的存在和实施情况的信息、记录或事实的陈述。

1.1.8　观察结果(观察项):系指在安全管理审核期间所得出的并有客观证据所证实的陈述(观察结果)。它也可以是审核员对SMS提出的如不改正可能会导致不合格的陈述(观察项)。

1.1.9　不合格(不符合):系指有客观证据表明的不满足要求的客观结果。

1.1.10 严重不合格(严重不符合):系指可标识的对人身或船舶安全构成严重威胁或对环境构成严重危险,要求立即采取纠正措施的偏差。此外,对ISM规则的要求缺乏有效和系统的实施,也被认为严重不合格。

1.1.11 周年日:系指与DOC或SMC证书的到期日相应的每年的日期。

1.1.12 公约:系指经修正的“1974年国际海上人命安全公约”。

1.2 目标

1.2.1 本规则的目标是保证海上安全,防止人员受伤或丧失生命,避免对环境(特别是对海洋环境造成危害以及对财产造成的损失)。

1.2.2 公司的安全管理目标尤其应该是:

1)提供船舶营运的安全方法和安全工作环境;

2)对所有已标识的危害建立防范措施;

3)以及不断提高岸上及船上人员的安全管理技能,包括安全及环境保护方面的应急部署。

1.2.3 安全管理体系应当保证:

1)符合强制性规范及规则;

2)对国际海事组织、主管机关、船级社和海运行业组织所推荐的适用的规则、指南和标准予以考虑。

1.3 适用范围

本规则的要求可适用于所有船舶。

1.4 安全管理体系(SMS)的基本要求

每个公司均应制定、实施并保持包括以下基本要求的安全管理体系(SMS):

1)安全和环境保护方针;

2)确保船舶的安全营运和环境保护符合有关的国际公约和船旗国法规的须知和程序;

3)明确岸上和船上人员的权限和相互间的通信联络方式;

4)按本规则规定报告事故和不合格的程序;

5)对紧急情况的准备和反应程序;

6)内部评审和管理评审程序。

2 安全和环境保护方针

2.1 公司应当制定安全和环境保护方针,说明如何实现第1.2款规定的目标。

2.2 公司应当保证船、岸双方机构的所有层次均能执行和维护该方针。

3 公司的责任和权限

3.1 如果负责船舶营运的实体不是船舶所有人,则船舶所有人必须向主管机关报告该实体的全称和详细情况。

3.2 对管理、从事和审核涉及安全和防止污染工作的所有人员,公司应当明确并用文件形式规定其职责,权限及相互关系。

3.3 公司应当提供足够的资源和岸基地的支持,以便使指定人员能够履行其职能。

4 确定人员

为确保每艘船舶的安全营运,并提供公司与船上人员相互之间的联系渠道,每个公司应当根据情况指定一名或数名岸上人员,他们能直接同最高管理层联系。指定人员的责任和权限应包括对每一艘船舶营运方面的安全和防止污染范围内进行监控,在要求时确保按需要提供足够的资源和岸基地支持。

5　船长的责任与权限

5.1　公司应当以文件形式明确规定船长的下列责任：

1)执行公司的安全和环境保护方针；

2)激励船员遵守该方针；

3)以简明扼要的方式发布适当的命令和指令；

4)验证规定的要求得到遵守；

5)评审安全管理体系(SMS)并向岸上基地管理部门报告SMS的缺陷。

5.2　公司应当保证在船上实施的安全管理体系(SMS)中包含一份强调船长权限的明确声明。公司应当在安全管理体系(SMS)规定船长在涉及安全及防污染方面具有越权处置的权限,并有责任作决定,必要时,可要求公司给予协助。

6 资源与人员

6.1　公司应当保证船长：

1)具有适当的指挥资格；

2)完全熟悉公司的安全管理体系(SMS)；

3)得到必要的支持,以便能安全地执行船长的任务。

6.2　公司应当保证为每艘船舶配备符合国家及国际要求的适任、持证,并且身体健康的船员 。

6.3　公司应当建立有关程序,以便保证与安全和环境保护工作有关的新聘人员及新调至该岗位人员适当熟悉其任务。在开航前要提供的主要须知应当给予标识,并以文件形式发给有关人员。

6.4　公司应当保证与其安全管理体系(SMS)有关的所有人员能充分理解有关规范、条例、规则及导则。.

6.5 公司应当建立并保持有关程序,以便标识为支持安全管理体系(SMS)可能需要的任何培训,并保证向所有相关人员提供这种培训。

6.6　公司应当建立有关程序,保证船上人员能收到用工作语言或他们懂得的其他语言编写的有关安全管理体系(SMS)信息。

6.7　公司应当保证船上人员在执行有关安全管理体系(SMS)的任务中能够有效地进行联系。

7　船上操作计划的制订

公司应当建立制订涉及船舶安全及防止污染的船上关键的操作计划及须知的程序,包括合适的检查清单。所涉及的各项任务都应明确,且指派适任的人员来执行。

8　应急部署

8.1　对船上可能出现的紧急情况,公司应当建立标识、阐明和处理船舶潜在应急情况的程序。

8.2　公司应当建立准备应急行动的操练和演习的计划。

8.3　安全管理体系(SMS)应提供保证公司的有关机构能在任何时候对其船舶所面临的险情、事故及应急情况做出反应的措施。

9　不合格情况、事故与险情的报告及分析

9.1　安全管理体系应当包括确保不符合规定的情况,事故和险情得到报告(至公司),调查和分析的程序,以便改进安全和防止污染工作。

9.2 公司应当建立实施纠正措施的程序。

10 船舶和设备的维护

10.1 公司应当建立有关程序,以使保证船舶按照有关规定、规则以及公司可能制定的任何附加要求进行维护。

10.2 为满足这些要求,公司应当确保:

1)按照适当的间隔期进行检查;

2)报告已知的不符合规定的情况并附可能的原因(如果知道时);

3)采取适当的纠正措施;

4)保存这些活动的记录。

10.3 公司应当在安全管理体系(SMS)中制定有关程序,以便标明哪些会因突发性操作故障而导致险情的设备和技术系统。安全管理体系(SMS)应当提供旨在提高这些设备或系统可靠性的具体措施。这些措施应当包括对备用装置及设备或非连续使用的技术系统的定期测试。

10.4 第10.2中所述的检查和第10.3中所提及的措施应当纳入船舶操作维护的日常工作中。

11 文件管理

11.1 公司应当建立并保持控制与安全管理体系(SMS)有关的所有文件和资料的程序。

11.2 公司应当保证:

1)所有有关场所均能够获得有效的文件;

2)文件的更改需经授权的人审查和批准;

3)失效的文件要立即撤换。

11.3 用于阐述和实施安全管理体系(SMS)的文件可称为"安全管理手册"。文件应当以公司认为最有效的方式予以保存。每一艘船应将与该船有关的全部文件存放于船上。

12 公司验证、评审与评估

12.1 公司应当开展内部安全审核,以便验证安全及防止污染活动是否符合安全管理体系(SMS)的要求。

12.2 公司应当定期评估安全管理体系(SMS)的有效性,必要时还应当根据公司建立的有关程序对安全管理体系(SMS)进行评审。

12.3 评审及可能采取的纠正措施应当按文件规定的程序进行。

12.4 除非由于公司的规模和性质不可能做到。实施评审的人员应当独立于被评审的部门。

12.5 审核及评审结果应当告知有关部门负有相关责任的所有的人员,以便提请他们的注意。

12.6 负责该部门工作的管理人员应当对所发现的缺陷及时采取纠正措施。

B.部分——发证与验证

13. 发证与定期验证

13.1 船舶应当由持有与该船相关的"符合证明"或根据14.1与该船相关的临时符合证明的公司营运。

13.2 对每一个符合ISM规则要求的公司,应当有主管机关、主管机关认可的机构或在主管机关的要求下,由另一缔约国政府签发不超过5年的符合证明。此证明应被作为该公司能符合ISM规则要求的证据予以接受。

13.3 符合证明仅对明确列入此证明的船舶类型有效。列入此证明的船舶类型应在初次审核时确定。对于在符合证明内增加符合本规则的船舶类型,只能在公司的初次审核后进行。本规则所指的船舶类型系指SOLAS公约第IX/1所定义的船舶类型。

13.4 符合证明应在每年周年日的前或后3个月内接受由主管机关、或主管机关认可的机构或在主管机关的要求下由另一缔约国政府进行的年度审核。

13.5 当符合证明未按本规则13.4要求接受年度审核,或存在严重不合格证据时,应由主管机关或在主管机关的要求下,由另一签发此证明的缔约国政府撤消。

13.5.1 如果符合证明失效,则相关的安全管理证书和/或临时安全管理证书也失效。

13.6 符合证明的副本应保存在船上,以便当船长如被要求时,可出示给机关或其认可的机构验证,或根据SOLAS公约IX/6.2要求受到控制。符合证明的副本不要求被验证。

13.7 对每艘船舶,应有主管机关、主管机关认可的机构或在主管机关的要求下,由另一缔约国政府签发不超过5年的安全管理证书。安全管理证书应在验证了公司和船舶的管理已根据批准的安全管理体系运行后签发。此证明应被作为该船舶能符合ISM规则要求的证据予以接受。

13.8 安全管理证书至少应接受主管机关、主管机关认可的机构或在主管机关的要求下,由另一缔约国政府进行的中间审核。如果在5年的周期内仅进行一次中间审核,它应在第2个周年日和第3个周年日进行。

13.9 除了13.5.1外,当安全管理证书未按本规则13.8要求接受中间审核,或存在严重不合格证据时,应由主管机关,或在主管机关的要求下,由另一签发此证明的缔约国政府撤消。

13.10 尽管有13.2和13.7的要求,当换证审核在原符合证明或安全管理证书到期日前3个月内完成,则新符合证明或安全管理证书的有效期从原符合证明或安全管理证书到期日起不超过5年。

13.11 若换证审核在原符合证明或安全管理证书到期日前3个月前完成,则新符合证明或安全管理证书的有效期从换证审核的完成日起不超过5年。

14 临时审核

14.1 为了推进本规则的初次执行,对于下列情况,可签发临时符合证明:

1)对新建公司;

2)持有符合证明但需新增船型的公司。

在验证了公司的安全管理体系满足了本规则1.2.3的目标,提供了在临时符合证明的有效期内公司实施满足本规则全部要求的计划后,主管机关、主管机关认可的机构或在主管机关的要求下,由另一缔约国政府签发不超过12个月的临时符合证明。符合证明的副本应保存在船上,以便当船长如被要求时,可出示给主管机关或其认可的机构验证,或根据SOLAS公约IX/6.2要求受到控制。符合证明的副本不要求被验证。

14.2 临时安全管理证书可以签发给:

1)新接受的船舶;

2)新到公司的船舶;

3)船舶更改船旗时。

主管机关、主管机关认可的机构或在主管机关的要求下,由另一缔约国政府签发不超过6个月的临时安全管理证书。

14.3　在特殊情况下，主管机关或在主管机关的要求下，由另一缔约国政府可以对临时安全管理证书从到期日起延期不超过6个月。

14.4　在验证了下列要求满足后，可以签发临时安全管理证书：

1)公司符合证明或临时符合证明与该船相关；

2)公司为该船提供的SMS，包括了本规则的关键要素，且在为签发符合证明的审核期间业经验证，或在签发临时符合证明时业已证明；

3)具有在3个月之内公司对该船进行审核的计划；

4)船长及高级船员熟悉SMS和为其实施的计划安排；

5)已在开航前提供且认为是必要的须知；

6)安全管理体系的有关信息用工作语言或船上人员懂得的语言传递。

15　验证

15.1　本规则规定要求的所有验证，应根据主管机关可接受的程序进行，并应考虑到主管机关所制定的"主管机关实施ISM规则的导则"的要求。

16　证书格式

16.1　符合证明、安全管理证书、临时符合证明和临时安全管理证书格式应根据本规则所附的模板格式制定。如果所用的语言既不是英语，也不是法语，则文字必须翻译成其中的一种语言。

16.2　除了本规则13.3要求外，在安全管理体系中描述的反映船舶营运的任何限制要求可以签注在符合证明和临时符合证明上的船舶类型内。

思考题

1. 什么是ISM规则？

2. 制定ISM规则的目标是什么？它所适应的范围是什么？

3. ISM规则的主要内容有哪些？

第四篇 船舶技术经济论证篇

第十六章 船型论证绪论

第一节 概 述

一、船型论证的含义

船型是指船舶在尺度、船舱结构、船体线型、动力装置、总体布置及其他主要设备等方面的特征。对于某一运输任务,可采用不同吨位、不同尺度、不同航速、不同结构的船舶进行运输。虽然这些类型船舶在技术上是可行的,均能保质保量地完成给定的运输任务,但经济效果却是不一样的。因此,必须事先确定船舶的尺度、吨位、航速、主机类型等技术参数,以保证船舶投入运营后具有良好的经济效益。所谓船型论证就是在已定航线和货运任务的基础上,研究采用什么类型的船舶在技术上可行、在经济上合理并具有较强的市场竞争能力。

从国内外航运发展过程看,近年来出现了大量的新型专用船,海运市场的运输格局发生较大变化。这些新型专用船具有较高的运输效率和较强的竞争能力,因此,船型论证工作日益受到重视。

二、船舶设计建造过程

船舶设计建造过程大致如下:

首先,船公司根据营运需要确定新船的船型、吨位或客位、主机功率、航速及主要舾装设备等,提交造船厂或设计部门询价或委托设计,然后船厂或设计部门根据设计技术任务书进行初步设计。根据“投标设计”,船公司与造船厂达成协议,签订合同,设计部门进行详细的方案设计或技术设计。有时一些船舶常常未作“投标设计”,设计部门直接按使用部门提交的设计技术任务书进行方案设计;有时设计技术任务书由设计部门根据调研情况草拟,供使用部门参考或认可;有时则略去初步设计和技术设计,直接进行施工设计。对于较重大的船舶,往往在方案设计和施工设计阶段之间插入初步设计、扩大初步设计或技术设计,然后进行施工设计。一般在施工设计前对方案要进行审查,涉及船检的重大问题(如规范未明确规定部分)也应得到妥善解决。经过审批后的方案设计(或技术设计)结合造船厂的施工条件,根据有关船舶规范的要求,绘制整套施工图及编制技术文件,最后进行建造和交船。

船舶设计过程有传统船舶设计方法和现代船舶设计方法两种。传统的船舶设计方法一般过程是:选择母型船,采用逐步近似的方法,设计一艘满足设计技术任务书有关要求的船舶,此方法也称经验类比设计或“模仿”设计。该方法注重技术设计,在设计的各个环节中一般不进行仔细的经济分析或作多方案的技术与经济分析比较,忽视了方案的经济性,容易做出错误的决策。

现代船舶设计方法是造船或设计部门与用船单位密切配合,共同进行调查、研究和设计的过程。除了采用传统船舶设计方法中考虑选择最优船体线型、最有效的船舶结构以及最先进的船舶设备等外,该方法还要对营运条件和市场情况进行分析,并注重财务评价、综合评价和经济评价,可为企业带来更好的效益。

三、船型论证的阶段划分

由于船型论证包含的范围广,根据不同的论证目的及论证的深度,船型技术经济论证分析工作可分为规划阶段和方案阶段。

1.规划阶段

规划阶段的技术经济内容比较广泛,方案的自由度也较大,应尽量地考虑与船舶有密切关系的港口、航道、造船厂等条件,如有可能还应作各种运输方式或者各种运输船型的技术经济分析,如新航线的开辟和新船型的开发论证等就属于此类。规划阶段的研究相当于国外的投资前可行性研究。论证的目的是为了解决该项目是否要上马,以及如何上马等一系列具体的问题,制订出一个科学、切实可行、经济效益好的规划,供有关部门采用。

2.方案阶段

方案阶段技术经济论证主要是按《船舶设计技术任务书》的要求来做,其目的是为了解决项目规划制定中所涉及的技术经济问题,在逐步完善方案的过程中,从多方案中选出最佳方案。

在此阶段,技术性更强,要确定船舶的各种性能以及施工图设计;经济性更准确,各方案不仅具有可比性且应趋于合理。

第二节　船型论证的步骤

船型论证工作一般是以某条具体的航线为对象进行的。在完成相同运输任务的前提下,可采用不同的运输方式和不同的船型要素方案。若该航线的货种、航道和港口适合不同运输方式和船型时,尚需作各种运输方式的论证;然后再将最优运输方式所对应的船型主尺度、吨位、航速、机型等要素进行多种组合,设立多种方案进行技术经济计算分析,进行优选。在运输方式单一时,仅作不同的船型要素方案论证即可。

一、船型论证一般步骤

(一)调查研究与资料分析

调查研究船舶运营环境是船型论证的首要环节。通过调查研究,弄清论证船舶的使用目的和使用条件,为拟订船型方案提供可靠依据,为计算运营经济性和投资效果提供准确的基础数据。其主要内容有:

1.货(客)源及货(客)流

它包括货物的运量、流向、种类、积载因素、批量、方向和时间不平衡性及理化性质等;了解客运量、流向、客流的构成及时间不平衡性、货主的特殊需求等,同时需分析货(客)源的现状和发展趋势。

2.航线

它包括航线所经航道的整治规划及航道的航道水深、航宽、曲率半径、底质、坡降、过江建筑物、闸坝等,及航线的运距、所经航区、水文气象条件等。

3.港口

它包括航线上挂靠港口的发展和扩建规划、泊位的前沿水深、泊位数量、泊位长度、潮差、码头及锚地作业条件、仓库与堆场面积和集疏运能力、码头装卸工艺、装卸效率、装卸机械的技术参数、机械化程度、港口作业班制、港口收费等。

4.船厂

它包括船舶的制造和修理能力,如船台、船坞的吨位、长度、宽度、坞门宽,造船周期、造船质量、船厂造价资料和估价方法等。

5.主机及设备的配套

它包括拟选用的主机、发电机组、甲板机械的类型和系列及其技术性能参数、耗油率、重量、价格等。

6.现有运营船舶

它包括现有运营船舶的主尺度、船型系数、载重量、排水量、稳性资料、布置特点、主辅机机型、航速及使用等情况;船舶的营运率、航行率、舱容系数、装卸货物时间、生产和非生产时间及典型的航次报告等;实船的造价、船员工资、燃润料价格、港口使费、运价、银行贷款利率、还款方式、各项船舶费用(成本)开支情况、典型的单船经济分析资料等。

7.有关技术政策和法规

它包括国家有关行业技术政策、水运和船型发展规划、国内外运输方式、船型和动力装置发展方向以及有关船舶建造规范、规定和公约等。

(二)船型方案的拟定

船型论证一般采用方案比较法,应尽量避免遗漏最优方案,并注意所列方案应具有实用性和可比性。

拟定的船型方案主要有:船型尺度方案、载重吨位方案、航速方案、船舶运行组织方案等。对于客船(客货船)则由不同的客位、班期、载客量等组成若干方案;对于推船和半分节驳船组成的顶推船队,可由不同吨位的驳船与不同功率的推船配合组合成多种船队方案。

在一般情况下,对于某一具体航线或特定船型有明确使用要求或限制条件时,船型方案可少些;对于有重要影响的因素,如内河船型的吃水方案,在按航道水深确定吃水后,有时可用敏感性分析来确定吃水变化后对营运效益的影响。

(三)技术、营运及经济计算

1.技术参数及性能计算

技术参数主要有排水量、载重量、船长、船宽、型深、吃水、方型系数等;技术性能主要有阻力、推力、航速、初稳性高、横摇周期以及其他特殊技术要求等。

技术参数及性能计算的目的是为了检验船型方案在技术上的可行性,为营运经济计算和造价估算、选择主机和最优船型提供依据。

计算的深度取决于论证的目的和性质。

2.营运及经济指标计算

营运计算的目的是计算各船型营运时所能达到的运输能力,一般用年货(客)运量表示。当年货运量为假定时(或已知时),可改为计算所需的船队数(或船舶数)。

经济计算内容包括:船舶造价估算、船舶各项营运费用的计算,以及收入、支出、利润、运输成本及其静态、动态经济指标的计算。计算结果作为方案比选的主要依据。

(四)确定最佳船型方案

选择最优船型的依据是技术上可行和经济上合理。技术上的可行性包含技术上的先进性和适宜性;经济上的合理性表现为经济指标较优。

影响船型选择的因素较多,因此,船型选择是一个综合评价的问题,尤其要重视船东的意见,船东的资金实力、使用条件、管理能力等都会影响最优船型的选择。

通过各船型方案的技术经济指标比较,从中选出最佳船型。有时会出现有的方案某些指标较好,而另一些指标不如其他方案好的现象。遇到这种情况时,需根据实际情况确定以哪些指标作为主要评价指标,哪些指标作为辅助评价指标;或者在各项指标之间作出综合分析评价,以确定最满意船型。

(五)敏感性分析

由于船型论证中涉及到的众多参数和条件具有不确定性,需要了解这些参数在发生变化以后对计算结果的影响程度。通过敏感性分析可以得知哪些因素是敏感的,哪些因素是不敏感的,从而对所选的船型方案作出更为确切的评价。

敏感性分析是经济评价中常用的不确定因素分析方法,它是对如船长、船宽、燃油价格、主机功率等重要参数做变动计算分析;重复计算分析重要参数变化时,观察各主要指标变化趋势,掌握对计算结果产生的影响及其影响程度,以减少决策的风险性。

(六)制订船舶设计技术任务书

船舶设计技术任务书一般是由用船部门负责编制的,在设计前提交设计部门。对于非航运用船部门或者技术力量较薄弱的用船部门,也可委托设计部门代为编制。

船舶设计任务书应能全面反映船舶的性能和使用上的基本要求,其编制质量是设计质量的基础。船舶设计技术任务书的主要内容有:

1.船舶类别、用途及船体形式

船舶类别主要指常规杂货船、集装箱船、干散货船、油船、游船等。

用途主要指载客、装货、顶推、拖带或港作等所承担的具体运输任务。

船体形式是指机舱位置、甲板层数和特点、上层建筑和数量、首尾形式、主机类型和螺旋桨数目等。

2.航区和船级

航区即指该船航行的区域。船舶航区可分为内河、沿海、近洋和远洋。海船从结构角度分为无限航区和沿海航区;从稳性角度分为Ⅰ类航区、Ⅱ类航区、Ⅲ类航区。内河船根据水文、气象等实际情况,将航区划分为A、B、C三级,并对于具有季节性、滩多水乱的急流航段,称J级航段。对船级要求应明确所符合的规范名称及按哪一级船舶要求进行设计。

船舶主要技术性能应简要地阐明船舶主要的技术性能,以便对新船有完整的轮廓,它一般包括:

1)主尺度

在设计任务书中有时提出新船的主尺度范围,一般仅规定受航行条件限制的船舶尺度。如港口限制船舶总长、航道限制船舶吃水、船闸限制船舶的宽度、桥梁等限制船舶的总高度等。有时需要明确允许最大的船长、船宽和吃水,如为变吃水应明确枯、中、洪水位时船舶的吃水要求。

2)船舶载重性能、舱容性能

货船应明确总载重量或载货量;游船应指明客舱等级及各等级客舱的旅客定额;集装箱船要按国际标准箱给出箱位数;滚装船则确定标准载车数。此外,有某些特殊要求也应指出,如甲板货的数量、特大特重件货的尺寸和重量等。

3)航速及续航力

货船应指出要求达到的满载试航速度;推拖船应给出拖带航速及拖曳时的具体推拖力要求。续航力是指在规定的航速或主机功率下船上所带燃料储备量可供航行的距离。

4)稳性及适航性

对新船初稳性高度、大倾角稳性等的要求。有时还需提出抗风能力、操纵性(迴转半径)等方面的要求。

5)纵倾和抗沉性

对新船在各种装载情况下的浮态及抗沉性的要求。

6)船体结构及材料

应指明属于何种结构形式,如纵骨架式、横骨架式、混合骨架式;船体部分结构有何特殊要求,如冰区加强、货舱口加强、甲板负荷及某些部位的局部加强等,以及采用什么船体材料。

7)船员配备及生活设施

应给出各类船员定员数、居住舱室及其他舱室的标准及其生活设施标准。

8)船舶设备

(1)装卸设备:装卸设备的能力、形式、数量及安装位置,吊杆的数量、起重量和舷外跨距,起卸货物速度、舱口大小、开启方法等要求。

(2)操舵设备:明舵和操舵装置的类型、转舵时间要求以及舵机有无应急操纵设备。

(3)锚泊设备:明确锚的类型和数量、抛锚深度和起锚速度、锚机的类型和数量,绞盘、绞车的类型和数量等。

(4)推拖设备:提出拖曳和顶推设备的要求,如拖钩形式和能力,顶推架的位置、间距。

(5)救生设备:说明按何规范要求配备。特殊要求可具体列出,如工作艇兼用救生艇等。必要时对防火结构、探火和失火报警系统、固定式灭火系统及灭火设备等提出要求。

(6)消防设备:说明按何种规范要求配备。必要时对防火结构、探火和失火报警系统、固定式灭火系统等提出要求。

(7)其他设备:包括其他特殊设备,如减摇装置等。

9)动力装置

(1)给出主机的类型、功率及台数,主机除作推进外是否再带动其他辅机,如泵、发电机等。

(2)给出辅机的类型、功率及台数、传动方式等要求。

(3)给出其他设备,如遥控装置、机修设备等的规格要求。

10)船舶管系

说明对船上各种系统的特点及工作能力等要求,或按何种规范设计。

11)船舶轴系

指出对轴系的要求,如轴承的材料、冷却方式,尾轴最大长度等。

12)电气设备

明确发电机的原动机类型、电制、电压等具体要求,或按何种规范设计。

13)航行通信设备

规定船上主要航行设备、对外通信设备的安装处所及数量,对装在内部通信设备的要求等。

14)备品及供应品

对船舶所必需的杂物、备用品、航行用具、厨房用具、机械设备的必要备品及专用工具等的要求。

如果是常规船舶无特殊要求者,上述10)~14)项可简单叙述或按规范要求配备。

二、常规型与开发型船舶的船型论证步骤

1.常规型船舶的船型论证

常规型船舶的船型论证一般步骤如下:

(1)调查研究,收集有关技术经济数据;

(2)分析营运情况,选取主尺度要素(尺度比)、吨位、航速的范围;

(3)建立各种技术方案;

(4)各方案的技术性能计算;

(5)各方案的营运和经济指标的计算和敏感性分析;

(6)分析、评价方案,选择最优方案。

由上述步骤可知,常规型船舶的船型论证具有以下特点:

(1)由于整个论证过程是在现有船型或称母型船的基础上扩延和修改而完成的,有较可靠的母型船作参照,因此,船型的主尺度、船型系数一般可用数学公式表示,常用经验方程或回归公式来表示载重量(排水量)与船长、船长与船宽、方形系数与航速等关系。

(2)由于有母型船,所以技术、经济指标计算结果较可靠,如航速、造价等重要因素估算较为正确。

(3)论证结果可以直接与实际情况进行分析比较,有利于对论证结果进行修正,对营运情况进行分析改进。

(4)在某些特殊情况下,如航速、货源等已定,其他船型运输方式明显无竞争力时,可以不做各种运输方式多种船型方案的论证,而大大减少论证方案数,但在论证报告中应预备详尽的说明。

2.开发型船舶的船型论证

开发型船舶有别于常规船,是指新型及特种船型的船舶。在常规船型基础上有重大突破性的船舶也属开发型船。开发型船舶可从根本上提高船舶的性能、质量、节能和经济效益。

开发型船舶的开发可以吸收传统技术方法的优点而不受其束缚,在论证时应尽可能地吸收国内外相类似船舶的优点进行创新,所以船型开发工作是一项创造性的工作。开发型船舶的船型论证过程与常规船类似。由于无常规的、现成的技术经济资料作可靠的参照,因此,需广泛地收集资料、分析数据。在无现成资料的情况下,一般采用多种公式计算或留有一定的余地。此外,对新船型航速的估算、重量的估算等也应慎重。

开发型船舶的船型论证大致有下列特点:

(1)新船型的开发一般基于新货种、新航线,所以对货源、航线的调研工作尤其重要。如在开辟江海航线时,首先要明确江海航线的货源、货种、流向、流量航道水深、挂靠港等情况。

(2)在同一航线、相同货源的情况下采用不同运输方式完成货运任务时,开发型论证一般应先作不同运输方式的论证,优选后再作不同技术参数船型方案的论证。

(3)开发型船舶的船型论证一般无可靠母型船作参照。因此,对船型的主尺度、船型系数要作较多的分析比较工作,航速、重量等参数的确定需留有一定的余地。同样,对于重要的经济参数也应在充分调查的基础上,分析对比后才能选用。

(4)除了宏观环境对船型方案有重要影响外,有时微观因素也会成为船型方案重要影响因素。例如船员工作班制、驾机合一,以及不同的主机、不同的燃料种类和价格、配备新设备等。

(5)开发船型除了具有技术可行、经济合理的特点外,还具有高、新、尖等特点,因而更具较强的竞争能力。

第三节　船型论证背景资料收集与分析

背景资料分析是对论证对象的技术、经济及营运条件所做的分析,是拟定方案的范围和选择评价指标体系的依据。因此必须事先深入调查研究,了解运输生产实际,掌握论证对象的使用目的和条件,以及为达到此目的所需的手段和途径。

背景资料分析的目的是为拟定方案,确定各方案的边界范围,为进行各项技术经济指标计算提供依据。背景资料的深度和广度决定于论证的要求,而资料充足、分析准确是保证论证正确性的必要条件和前提,所以,此阶段是船型论证工作的基础,是极其重要的环节。

背景资料主要有货流、客流、航线、航道、港口、船厂、现有营运的实船、主机及配套设备、有关的国内外法规、有关的发展规划及技术政策等。尤其需注意分析对论证船型的限制条件和特殊要求,如船舶主尺度和受港口泊位条件、装卸条件、船闸、大桥及过江建筑物、航道条件、船厂的设备、船坞、船台等的影响;船舶吨位受货源及货批量的影响等。具体内容如下:

一、货(客)流资料

它包括货物流向、流量、批量、货种、货物积载因素、货物的理化性质及运输保管条件、旅客构成、货(客)的方向不平衡性和时间不平衡性、与航线具有相同功能的其他运输方式的运输情况等。

二、航线资料

它包括航线的运距,水文、气象、地理条件以及水面建筑物高度的限制,关键(浅窄)航道的水深、航道底质、对航行的限制等。例如要弄清航道的等级、通航里程、设计最低水位时航道的水深、宽度、曲率半径、航道在最大及一般水位的流速和流态、通航天数、夜航条件、规划情况等。

三、港口资料

港口的条件直接影响船舶的主尺度,尤其是船舶吃水、船长和干舷,船上装卸、舾装、供电等设备的配备、船舶的布置,主要是货舱口大小和位置、上下客的位置等。

港口码头主要了解泊位长度、前沿水深、码头潮差、标高,包括水文、地理环境在内的港口水域情况、码头和锚地作业条件、船舶平均在港停时、码头装卸设备、装卸能力、工作制度、仓库堆场面积和疏运能力等。尤其要明确确定码头泊位长度、港口水域情况对于船长、吃水和型深的限制;港口装卸条件对船宽、船舶装卸设备的配备、舱口数目和大小及布置的要求等。

四、船舶修造资料

由于主尺度与制造厂的生产设备情况、施工工艺等有密切关系,如船长和船宽与船台及船坞的尺度有关;起吊能力与船体分段的大小有关,因此,在确定论证船型的主尺度范围、主机选型时应了解船舶和主机的制造修理能力信息,重点了解船厂的船台、船坞的尺度和数量,包括长度、宽度、吨位、坞门宽、水深等。

此外,船厂的估价方法和支付方式、已造实船的造价资料、批量生产对造价的影响等对于论证有直接的影响。

五、现有营运船舶资料

现有营运船舶资料主要是指通过对同航线同类型船舶的设计和使用情况进行分析,获得的有关技术经济数据。分析时应着重下列各方面内容。

1.现有营运船舶的技术性能及设计特点分析

船舶的技术性能包括主尺度、船型系数、结构形式、稳性、适航性、操纵性、快速性、船体重量、木作舾装重量、机电重量、舱室布置、结构特征、主机和辅机等。分析其优缺点及改进措施,对新船的设计方案的构思会有重大的帮助。

2.现有营运船舶的营运指标分析

分析同类船舶在类似航线上的航次报告;分析其规律,得出营运天、营运率、航行率、装载率、生产和非生产停泊时间等有关数据作为本论证项目的相关数据。

3.现有营运船舶的成本结构分析

对同类船舶在类似航线上的历年来营运成本开支情况、各项费用的计算方法、成本结构等进行分析,必要时对某典型航线、典型船舶进行单船成本分析。由于分析所得到的资料是论证船舶计算的依据,因此,成本结构分析工作非常重要。

此外,船舶运输成本构成远洋、沿海和内河各不相同,应注意搜集相关实际资料。

4.现有营运船舶的其他资料分析

它包括现有运价、油价、工资等,船舶修理方式、修理时间、修理费用,船舶使用年限等的分析。

总之,在论证中所需的技术经济数据都应在调研时认真收集。

第四节　影响船型选择的主要因素

对于既定的货物(或旅客)运输航线,可以采用不同类型的船舶营运,同一类型船舶也可采用不同尺度、不同吨位、不同主机、不同装备、不同速度的船舶营运。但是,在满足同样使用条件时,不同船舶其经济性便不会相同。为了获得较好的营运经济性,必须对船舶进行吨位、航速的选择。但船型的选择与货种、港口、航道、船舶、船厂、通信等生产技术条件以及各种经济因素有较密切的关系;航速的选择又与市场油价、货种、航线的气象条件等紧密相关。

一、港口装卸效率对船型选择的影响

港口装卸效率的高低直接影响船舶在港停泊时间的长短,因此,提高港口装卸效率对缩短停泊时间、加速船舶周转、提高船舶运输能力和降低单位运输成本有着重要的作用。

1.装卸效率对船舶吨位的影响

在运距与航速一定的条件下,较小吨位船舶对运输效率的提高更为有利,合理的船舶吨位将随着装卸效率的增加而提高。

2.装卸效率对船舶航速的影响

在较低的装卸效率下,提高航速对提高船舶运输能力效果不大,只有在较高的装卸效率下,提高船舶航速才能大幅度提高货运量。

二、航线运距对船型选择的影响

航线运距的长短与船舶的吨位、速度有一定关系。在一般情况下,长运距航线宜配大吨位船及高速船;短运距航线宜配小吨位船及低速船。

1.航线运距对船舶吨位的影响

在航速和装卸效率一定的条件下,运距长的航线,采用大吨位船舶可显著提高运输能力。因此,大吨位船适用于长运距航线;反之,小吨位船宜用于短距离航线。

2.航线运距对船舶航速的影响

当船舶吨位和装卸效率一定时,在长航线上,航速的增加对提高运输能力有一定的作用。换言之,高速船舶航行于长航线时其经济性较短航线好。

三、航道水流速度对船速选择的影响

内河航道要考虑水流速对船速选择的影响。随着水流速度的提高,必要运费 RFR 将随之增加。例如,对于某船队,当水流速度由 1m/s 增加到 1.5m/s 时, RFR 增大 3% ~ 4%;水流速度增加到 2m/s 时,RFR 增大 8% ~ 11%;水流速度增加到 2.5m/s 时,RFR 增大 10% ~ 22%。且随着航道水流速的增大,船队经济航速也随之提高。

四、航道水深对船舶吨位选择的影响

航道的水深直接影响船舶吨位的大小。随着航道水深的增加,船舶吨位的不断增大,每千吨千米成本、必要运费率、船队总投资、平均年费用等均有较明显的下降。在年运量一定的情况下,随着航道条件的改善以及船舶吨位的增加,所需的船舶数明显下降。但是,改善航道条件意味着需要增加投资,所以应综合考虑航道疏浚的投资与船舶所获得的效益。目前,在内河水深有限的航道上,船舶吃水主要根据航道的水深确定。

五、航道水位变化对船舶吨位的影响

船舶吃水一般由航道水深减去一定的富余水深确定,因此,航道水位变化的情况是决定船舶采取变吃水的前提条件。船舶采取变吃水的目的是为了充分利用航道水位变化,从而提高运输经济效益,因此,对于水位变化较大的航道,船舶吃水值的选择须慎重。

六、船舶造价对船型选择的影响

在船舶的运输成本结构中,与船舶造价直接有关的费用包括折旧费、修理费、保险、物料供应费等。一般来说,与造价有关的费用占 40% ~ 60%,因此,船舶造价的高低对运输成本有直接的影响。

一般来说,船舶吨位越大,由于每载重吨位的用钢量以及放样等费用的下降,每载重吨的单位造价是递减的,因此大船较小船经济。但是随着航速的增加,主机功率将大幅增加,造价因此而提高。

船舶造价随船舶建造批量的增大而减小,其降低率为 5% ~ 20%。因此,在建造船舶时,要简化船型，采用标准船型并考虑批量建造，以降低船舶造价。

七、燃料价格对航速选择的影响

近年来，船舶的运输成本中，燃料费所占有的比例有所上升，约占 30% 以上，甚至高达 50%。随着油价的不断上涨，各类船舶的航速有降低趋势。有关资料表明，油船的航速稳定在 17kn 左右，集装箱的最高航速不超过 27kn，普通杂货船其经济航速只有 14kn 左右。

八、燃料价格对选择机型的影响

不同的机型其耗油率是不同的，耗油率低的主机价格较高。另外，能用劣质油的主机其维修情况与设备配置与一般主机不同，因此，最好能根据不同用途的船型来选择合理经济的主机。

九、船队运行组织对选择船型的影响

对于内河船队，可以组织不同的船队形式来进行大宗货物的运输。由于不同船队形式的载重量及其阻力有明显的差异，所以不同的船队形式其经济性有明显的不同。例如目前长江油运船队为 3×3 000t 普通驳 + 1942kW 推船，如果改为另一种船队 4×5 000t 双底双舷油分节驳 + 1942kW 推船，其单位运输成本可降低 30%左右，利润可增加 20%左右。

由此可见，当年货运量、港口装卸效率等一定时，采用不同的船队进行运输，其经济效果是不一样的，必须通过多方案比选才能求出最优的船队运输方式。

思考题

1. 什么是船型论证？它有何作用？
2. 船型论证有哪些步骤？
3. 船型论证需要收集哪些资料？
4. 影响船型选择的因素有哪些？

第十七章　船型论证方案的拟定及论证

第一节　概　述

在调查收集、分析有关的基础资料后，根据运输任务的要求和航线的具体条件，在技术上可行和经济上合理的条件下，拟定包括各种可能范围在内的若干船型方案，以便通过论证，选取最优方案。

一、论证方案变量范围的选择

1. 在限制条件较多的情况下

此种情况一般属于某具体航线的特定船舶，如专业化货船、港作船等。在一般任务明确、限制条件具体的情况下，如吃水、船长、货运量、作业条件等均有一定的具体要求，此时就不必再设置不同载货量方案，可设不同航速、主尺度、方形系数等方案。

2.在限制条件少但有特殊技术要求的情况下

此种情况下,对船舶的载货量、主尺度及主机(航速)等限制较少,但对航速、稳性等船舶技术指标有一定的要求,一般属于某种专门用途的船舶如舰艇、测量船等。此时须注意船舶吨位、主尺度及主机功率(航速)方案应满足其技术指标。

3.在载货量、主尺度及主机功率(航速)等均无限制情况下

此时要结合航线、航道及港口的条件作全面的分析,在可能的范围内拟定载货量、主尺度、主机功率(航速)等多种方案,从中选优。

二、具体船舶论证方案的拟定

(一)船舶运输方式方案的拟定

船舶运输方式包含船舶运输工艺、运行组织及营运方式。由于同一运输任务可采用不同类型的船舶方案来完成,一般情况下,不同运输方式存在着运输经济性以及运输管理方式的差异,通过不同运输方式方案的比较论证,从中选择经济性最佳的船舶。

(二)船舶运行组织方案的拟定

船舶运行组织的主要内容有拟定航线、拟定船舶运行组织的形式——直达和中转、选择适航的船舶或船队,确定船队的构成、发船密度等。

1.影响船舶运行组织方案的因素

船舶运行组织方案的选择主要是根据航道水深、流速、风浪、港口水深、泊位装卸能力等和货(客)流量而定。在航线系统配船时一般应遵循"大船大线"的经济准则,还要使船舶的技术营运性能与航线的任务、条件相适应。

2.航线的选择及其配船需注意的问题

(1)在货运量充足、货物价值较高、江海联运中江段距离不长及水深、流速、风浪等航行条件差别不悬殊、中途港的装卸效率较低等条件时,开辟直达航线较为合理。

(2)由于货运量不大、江海航段的距离比例及航段水深、流速等航行条件差异程度较大时,可采用中转运输方式。

(3)当航线航道水深有明显差异时,采用直达航线的优点是减少了中转环节、船队重新编组的时间和费用,加快了运行速度;但其缺点是船舶的载重量和航道水深不能被充分利用。因此,对于干支、干支直达和江海直达运输,就有一个选择直达合理化的最优船舶吃水和吨位问题,只有通过论证才能确定。

(4)对于拖带或顶推船队,推(拖)船的功率、驳船吨位、船队大小、驳船的编队形式等均对经济性有较大的影响,论证时应考虑所有可能的情况,经计算比较后再进行删选。

(三)船舶吨位方案的拟定

船舶吨位通常是指满载吃水时的总载重量,也可指载货量或排水量。船舶吨位方案的拟定与船舶类型有关,主要取决于运距、货种、货物批量、港口与航道条件和经济性等。

1.需考虑的因素

拟定船舶吨位方案时需考虑的因素如下:

1)货物种类和一次发送货批量

一般情况下,运量大、批量足的大宗货,船舶总载重量宜大;反之,运量少、批量小的件杂货,则船舶总载重量应定得小些。航行距离长、装卸效率高的航线,宜拟定总载重量大的船舶吨位方案,反之,总吨位方案则宜小些。但是应特别注意港口装卸效率与船舶吨位的关系。

2)航线参数

在装卸效率一定的情况下,增加船舶吨位会使船舶在港停时延长,从而降低大吨位船舶的经济性。

3)港口的靠泊条件及航道条件

港口的靠泊条件指的是泊位水深及长度,它直接影响到挂靠船舶吨位的大小。航道技术特征及通航条件包括航道水深、弯曲半径,船闸尺度、桥梁净空高度、季节性水位变化等,这些均会制约船舶的尺度和吨位。可根据有关的限制尺度拟定船舶总载重量方案的上限值。在水位季节性变化的航道上,可采取在枯洪水位使用不同的吃水,即变吃水船。

2.船舶吨位方案的拟定

(1)船舶吨位方案已定时,可不必设多种吨位方案,而可设与吨位有密切关系的不同的船舶尺度比,如长宽比、长深比和方形系数等方案。

(2)船舶吨位方案未定时,应尽可能多设吨位方案,以便选择最佳方案。

在一般情况下,船舶吨位大经济性好。但船舶吨位的增大受到港口码头水深及长度、航道水深与曲率半径、装卸设备的尺度与装卸效率、发货批量等条件的限制。

(3)拟定船舶吨位方案时,应考虑航区、船舶类型、货种等因素。在分析时应搜集国内外同型船舶吨位的情况,结合国情,特别要注意国家有关技术政策等。

(四)船舶航速方案的拟定

船舶航速方案中的航速常指试航速度,也可以是运营速度。船舶航速的拟定主要取决于货种、航行条件、运行方式、燃料价格、主机功率及经济性等。

1.拟定航速方案时应考虑的因素

1)货物种类

一般来说,价格高的件杂货承担运价的能力较强,其运送速度要求也较高。反之,对运送速度要求不高的大宗散货,可采用较低的航速。

2)航行条件

航行条件主要指航区风浪、水流、堤岸、船只来往频度等。

速度高的船舶,抗风浪性能好,故在风浪大、易受台风影响的航区。船舶速度宜高些,以利于安全,也有利于减少失速。

在水流速度较大的内河航道上,要求船舶航速高于临界航速,这对于保证船舶能逆流而上及保持上下水平均速度不低于静水速度都是必要的。此外,也应注意在内河某些航段由于堤岸和船只来往频繁对船速的限制。

3)航速的经济性

众所周知,主机功率约与航速的三次方成正比,因此,随着航速的提高,动力装置的重量及造价随之提高,船舶的尺度及重量也会增加。这必然使船舶在单位时间内的燃料消耗量迅速提高,营运成本中燃料费用也将大幅度提高。

4)服务航速

运输船舶在主机营运工况及一定海况下经常使用的航速称服务航速。在营运计算时用服务航速较为合理。内河船的服务航速一般为设计航速(或试航速度)减去1~1.5km/h;海船的服务航速还应考虑失速率,一般为设计航速(或试航速度)减去0.5~1 km/h,海船的失速率与方形系数大小有关,一般可取6%~10%。

5)主机机型

主机和航速有密切关系，一般分两种情况：一是先选定主机机型和功率，然后再求船舶的航速；另一是先确定船舶的航速，然后再算出所需的主机功率，选取最适宜的机型。在船舶吨位(载货量)初步选定时，一般先按适当的主机机型，包括主机的功率、转速、齿箱速比、燃油单耗等数值，估算相应的航速范围，该值可作为拟定航速方案的参考。

6)其他因素

(1)油价与速度关系密切，油价提高，航速就低；反之，航速相应提高。

(2)船舶吨位大、航程远、航行时间长、装卸效率高的船舶，宜采用较高的航速。

(3)航行条件对船舶最低航速的要求等，如对于中小型江海直达船需考虑海上的适航性，最低航速不宜小于8.5～9kn，每载重吨主机功率能达到0.26～0.3kW以上。

2.航速方案的拟定

船型论证时可按下列两种情况拟定航速方案：

1)船舶航速方案已定

有时航速方案已经由业主确定，如客船、班轮已从运行组织及其他要求规定最低航速，此时不必多设航速方案，而设立与航速有密切关系的不同主机功率、船舶尺度比(主要是长宽比)和方形系数方案，以得出满足业主航速要求的最低主机功率值。

2)船舶航速方案未定

设立的航速方案应包含所有可能的情况，以便选择最佳方案。

拟定船舶航速方案时，应考虑上述各种因素。必要时可根据运营船舶最佳航速和服务航速范围选择。

(五)船舶主机方案的拟定

主机功率的大小直接受船舶航速高低的影响，它影响机舱的尺度、载货量、舱室布置、机电重量和船舶造价，影响船舶营运成本中的燃料费用、修理费用等多项成本项目。

目前世界上动力装置的形式中按总功率计，柴油机占90%以上，运输船舶仍应以油为基本燃料。船用柴油机一般分低速机(100～300r/min)、中速机(300～600r/min)、中高速机(600～1 000r/min)和高速机(1 000r/min及以上)。

1.拟定主机方案时应考虑的因素

1)船舶航速

主机方案和船舶航速有密切关系，本书已在船舶航速方案拟定中做了较为详细的阐述。

2)经济性

动力装置中主机是主要设备，主要从以下几方面考虑：

(1)燃润料费用。该项费用一般占船舶营运成本的20%～40%，高的可达40%～50%。因此，低燃油消耗率或使用低质燃油机型是船东首选对象。

(2)可靠性及使用寿命。主机的可靠性能影响到航行安全，特别是航行于急流航段的船舶更应引起重视。主机寿命则影响船舶的修理费用。

(3)主机的尺寸重量和价格。主机的尺寸影响机舱长度，影响舱室布置和载重量。主机重量影响船舶重心位置，影响载重量，对浅水船还直接影响排水量和船舶尺度。由于轮机设备的报价一般以主机为基点，其他设备都以相对于主机的比例计算，所以主机价格影响轮机设备的造价，一般机电设备的造价占全船造价的20%～40%。此外，主机价格影响造价，与之有关的折旧费、大修理费等也影响到船舶营运成本。

3)使用、维修、保养

选择机型时应考虑使用方便、维修简便、保养容易，如便于安装主机的遥控设备；配套备件供应需及时；日常操作应简便等。对内河船而言，主机需有较大的工作范围，以满足突变负荷的要求。

4)船舶类型和航行条件

根据不同的船舶和种类，主机的选型应满足船舶的航行条件。内河船舶一般受航道限制，吃水浅，要求主机重量轻、尺寸小。一般来说，低速机的动力装置总重量为中速机的1.3～1.7倍。由于中速及高速柴油机重量轻、尺寸小，所以内河船、小型海船、滚装船等特种船舶一般不用低速重型柴油机为主机，尤其是内河船舶由于主机重量、体积等因素几乎没有采用低速重型柴油机作为主机的，有的吃水特别浅的小吨位船舶甚至采用高速机。反之，吃水深、重量不受严格控制的海船，考虑到油耗率、寿命、维修保养、噪声振动等因素，一般采用效率较高的低速柴油机作为主机。

2.主机方案的拟定

在船型论证时，除了特殊的要求，一般不单独进行动力装置的论证，主机的选型配合船型一起分析。

(1)如船舶航速已定，且有几种机型可供选择的情况下，可设立几种方案进行论证，以求出满足船东航速要求的主机功率值，以及与船舶不同尺度系数、吨位相配合的最经济的主机功率和机型。

(2)如船舶航速未定，应考虑上述各种因素，根据营运船舶的实际使用情况，配合机型方案进行技术经济论证，以求出最佳主机机型和功率。

(六)船舶主尺度及船型系数方案的拟定

1.任务书的要求

一般来说，使用部门常常按照营运船舶的情况，提供对拟建船舶的尺度限制或具体尺度，如吃水、船长等。这时，可根据业主要求，选取变值参数及其变化范围进行论证。

2.经验公式的应用

对常规型或某些开发性船型，使用部门常常提出吨位或客位要求，而无主尺度的具体要求(但有限制要求)。此时，为了较容易地求出主尺度的初值，也为了使各尺度方案具有可比性，常常应用经验公式。

经验公式或统计公式，一般由实船的主尺度进行统计回归得出。如船长公式，载重型的船舶常用载重量与船长的关系，推(拖)船常用主机额定功率与船长的关系等。

除主尺度和系数外，有时稳性半径、螺旋桨推力、阻力等也用经验公式或统计公式计算。

3.注意载重型、布置型船舶的不同点

在考虑选择船舶主尺度时，应考虑载重型和布置型船舶的不同点。

一般来说，载重型船舶其主尺度与载重量有密切的关系，这类船舶需要的是舱容，随着载重量(载货量)的增大而主尺度增大，如货船、油船、机动驳、驳船等；布置型船舶其主尺度与舱室标准有密切的关系，这类船舶需要的是平面面积，随着舱室标准的提高而主尺度增大，如客船、拖(推)船等。

因此，在参照型船时应对型船及拟定新船型进行分析，必要时可绘布置草图，使求得的主尺度满足技术的可行性。

4.考虑对船舶的限制条件

这里的限制条件主要有：内河船的吃水受航道和港口的限制，以及前述的对主尺度的各种限制、船宽受稳性和适航性的限制、型深受干舷和大倾角稳性的限制等。

5.船型系数的考虑

船型系数，尤其是方形系数的大小，与船舶的阻力推进性能、适航性、舱容、施工等限制条件有关。一般内河自航船舶的方形系数不小于0.4，也不大于0.86。

总而言之，船型参数的选取应考虑其合理性。

6.主尺度和系数应考虑有关规范、规章的要求

钢船建造规范从强度安全考虑，对主尺度比值范围根据船级和机动船、非机动船有具体的规定。如：

江船规范规定：$L/H \leqslant 25 \sim 33$　　$B/H \leqslant 4 \sim 5$

海船规范规定：$L/H \leqslant 17$　　$B/H \leqslant 2.5$

第二节　船型方案技术参数计算

一、技术参数计算

船型技术参数指船型方案的主尺度及船型系数等，论证阶段主要有，排水量 Δ、船长 L(可采用水线长或垂线间长)、型宽 B、型深 H、吃水 T、方形系数 C_b、棱形系数 C_p、水线面系数 C_w 等。

论证时，考虑到各船型方案的可比性，常用统一的经验公式进行估算。但应注意各公式都有一定的适用范围，应参照具体的型船对公式进行验算，必要时还应对经验公式的系数、常数或指数进行修正。

(一)技术参数计算的目的和要求

船型技术参数计算是为技术性能提供计算基础；而技术性能计算是为方案的营运计算提供依据，因此，其计算目的在于确定船型方案的主尺度、排水量、载重量、主机功率(或航速)、舱容、初稳性、空船重量等一系列船型方案的技术参数；计算和检验各船型方案在技术上和营运上的可行性。由主尺度估算的船体钢料、木作舾装和机电设备重量是船舶造价估算的原始数据。当航速设定时，技术性能计算结果是选择主机功率的依据；当主机功率设定时，技术性能计算能为船型方案得出其对应的营运航速。当载货量设定时，技术参数计算为论证提供了一系列满足载货量要求的主尺度和船型系数方案；反之，当船型主尺度和船型系数系列变化时，技术性能计算可求得该主尺度和船型系数时船舶对应的载货量。总之，船型方案的技术计算是检验方案满足技术可行性的重要依据，是下一步进行船型方案营运、经济计算的依据。

技术计算的深度可随着论证的不同阶段有不同的重点和精度。例如规划阶段，由于论证方案众多，已知条件有限，经验公式的计算可简便些，其重点应是提供方案供领导决策。在方案阶级，技术性较强，方案的技术性能计算应较符合实际，所提方案供下一步设计、施工参考，其重点应是提供若干个技术上可行的最优方案。

(二)技术参数计算步骤

论证时的技术参数计算可选用可靠的近似公式计算，大致计算过程如下：

1.载重量系数

载重量系数 E 表示船舶排水量利用率，E 值越大，船舶的运载效能也越高。E 值随着船舶载重量、航速、方形系数、设备的复杂程度、主机类型及续航力等的不同而变化。在一般情况下,它随着船舶载重量、方形系数的增加而增长,随着航速增大而下降;随着吨位(载货量)增大而增大,航道水深有限时其值也会减小。同样条件下因续航力大,油舱占据的容积多,载重量系数就小。

对于不定航线的船舶,在载重量已定情况下,可按母型船资料估 E。在缺乏适当母型船资料时,载重量系数也可用一般统计资料确定,其大致范围见表 17-1。

各种船舶载重量系数的大致范围 表 17-1

船型	载重量系数	船型	载重量系数
拖　船	0.15~0.05	驳　船	0.80~0.70
中小货船	0.70~0.57	中、小型客船	0.50~0.30
大型货船	0.73~0.64	大型客船	0.55~0.40
中、小型油船	0.65~0.50	渔　船	0.40~0.30
大型油船	0.80~0.65		

也可用下式估算:

$$\text{上限}\quad E = 0.88 - 0.139v/L^{0.5} \tag{17-1}$$

$$\text{下限}\quad E = 0.944 - 0.252v/L^{0.5} \tag{17-2}$$

式中:v——航速,kn;

L——船长,m。

2.排水量计算

船舶排水量可按下式计算:

$$\Delta = \frac{DW}{E} \tag{17-3}$$

式中:Δ——船舶排水量,t;

DW——载重量,t;

E——载重量系数。

通常在载重量给定的条件下,初估排水量可用上式求出。

3.载重量计算

如果载货量已知,计算船舶载重量需计算下列各项:

1)燃油、滑油重量

(1)燃油重量 Q_R:

根据主机功率、燃油消耗率、续航力、服务航速等计算:

$$Q_R = 0.001k_1 \cdot k_2 \cdot g_z \cdot (R/v_s) \cdot P_b \tag{17-4}$$

式中:Q_R——燃油总重量,t;

k_1——风浪储备系数,可取 1.10~1.20;

k_2——考虑辅机等燃油重量的系数,可取 1.10~1.15;

R——续航力,km(或 n mile);

v_s——服务航速,km/h(或 kn);

P_b——主机额定功率,kW(或马力);

g_z——主机燃油消耗率,g/(kW·h)(或克/马力小时)。

燃油消耗率 g_z 可从主机说明书查得。目前国内船用柴油机该值大致范围如表 17-2 所示:

主机燃油消耗率表　　表 17-2

主机机型	转　速(r/min)	燃油消耗率[g/(kW·h)]
低速机	100 ~ 285	166 ~ 231
中速机	320 ~ 600	215 ~ 238
高速机	680 ~ 1000	218 ~ 252
高速机	1500 ~ 2000	231 ~ 258

内河船主机的燃油消耗率 g_z 一般为 224 ~ 271 g/(kW·h),多数为 231g/(kW·h)。进口机的油耗率比同型国产机低 20 ~ 34g/(kW·h)。

注意:辅助功率较大的船舶,如油船有加热设备,冷藏船有制冷设备,旅游船有空调等,辅机的燃油重量应分开计算。

(2)滑油重量 Q_H:

柴油机滑油重量一般可取燃油总重量的 3% ~ 6%。

$$Q_H = (3\% \sim 6\%) \times Q_R \tag{17-5}$$

式中:Q_H——滑油重量,t;

Q_R——燃油总重量,t。

柴油机的滑油消耗率也可取 10.9g/(kW·h)。

2)船员及行李重量

船员及行李重量按 100 ~ 120kg/人计,其中船员每人重 65kg,其他为行李重量。

3)淡水重量

淡水重量包括饮用水和洗涤用水。船员每人每昼夜按 50kg 计(小船可少些);长途旅客每人每昼夜按 15kg 计,短途旅客按 5kg 计。

内河船由于吃水受限制,不可能携带很多清水,一般船上设置滤水设备。如长江大型客船有江水滤清装置,洗用水只考虑在澄清水舱内有足够一天消耗的储备量即可。

4)粮食及供应品重量

该项重量,旅客可按 2 ~ 3kg/(人·d)计算,船员可取大些,短途船舶可取小些。

5)其他重量

其他重量,即储备重量。可视重量计算的可靠性以及考虑设计时设备变化等因素,一般取为空船重量的 5%,对于小船还可以多留一些。

以上是内河船的一般取法,海船略取大些或加 10% ~ 15%的储备系数。

船舶载重量 DW 为载货量、旅客及行李重量、船员及行李重量、燃油重量、滑油重量、炉水重量、清水重量、粮食及供应品重量和其他重量等之和。

4.船长、型宽、吃水的估算

船长通常指垂线间长。当船长、型宽、吃水受限时,最大只能取其限制值。无限制时船长主要有下列几种估算方法:

1)经验公式方法

(1)船长:一般经验公式可以将船长表示为排水量、设计航速的函数;也可将其表示为载重量(载货量)与排水量的函数;拖(推)船可表示为主机制动功率的函数。当求得排水量和设定航速或已知载重量、主机功率时即可求得船长。

(2)船宽一般表达为船长的函数。

(3)吃水一般表达为船长、排水量的函数。

常用计算船长、船宽、吃水的经验公式如下：

①巴氏公式：

$$L = C\left(\frac{v}{2+v}\right)\nabla^{1/3} \tag{17-6}$$

式中：v——试航速度，kn；

∇——排水体积，m^3；

L——计算船长，m；

C——系数，可按下表 17-3 选取。

巴氏公式系数表 表 17-3

船舶类型	系数 C	备注
沿海船	7.0	$L = 30 \sim 80$m
沿海小油船	6.6	
大油船	6.8~7.0	$v = 11 \sim 16.5$kn
单螺旋桨货船及客船	6.7~7.3 或取 $C = 7.16$	
双螺旋桨货船及客船	6.6~7.5 或取 $C = 7.32$	$v = 7.32$

巴氏认为，海船的 $T/\nabla^{1/3}$ 值比较稳定，在 0.304~0.340 之间。

②机动驳及小型货船：

$$L = 2.04DW^{0.502} + 11.2 \tag{17-7}$$

$$L = 4.95\Delta^{0.367} \tag{17-8}$$

$$B = 0.165L + 1.1 \tag{17-9}$$

$$T_m = 0.05L + 0.8(T_m - \text{平均吃水}) \tag{17-10}$$

③内河和沿海小型油水船：

$$L = 4.22DW^{0.386} \tag{17-11}$$

$$L = 0.2782\Delta^{0.667} + 17.6 \tag{17-12}$$

$$B = 0.123L + 3(\text{平均值}) \tag{17-13}$$

$$B = 0.121L + 2.3(\text{下限值}) \tag{17-14}$$

$$T_m = 2.74\lg DW - 3.9 \tag{17-15}$$

④长江拖船：

当主机功率 $P_b = 177 \sim 1471$kW 和船长 20~44m 可用下式表示：

$$L = 23\lg(1.3596P_b) - 34.8 \tag{17-16}$$

$$L = 6.24\Delta^{0.291} \tag{17-17}$$

$$B = 0.2L + 1.2 \tag{17-18}$$

$$T_m = 0.067L - 0.135 \tag{17-19}$$

$$T_m = 0.645 + \sqrt{\Delta/L} + 0.09 \tag{17-20}$$

$$T_a = 0.255(1.3596P_b)^{0.298} \tag{17-21}$$

2)应用浮性方程

船长 L、型宽 B、吃水 T 可利用浮性方程求出。

浮性方程：

$$\Delta = \gamma\cdot L\cdot B\cdot T\cdot C_b \tag{17-22}$$

经转换可得

$$L = \left(\frac{\Delta K_1^2K_2}{\gamma\cdot C_b}\right)^{1/3} \tag{17-23}$$

式中：K_1——长宽比 L/B，可由型船资料选取，系列分析时，可设定初始值，按步长变化；

K_2——船宽吃水比 B/T，可由型船资料选取，系列分析时，可设定初始值，按步长变化；

γ——水的密度，淡水为 1.0 t/m³，海水为 1.025 t/m³。

$$B = L/K_1 \tag{17-24}$$

$$T = B/K_2 \tag{17-25}$$

如果航道水深有限，则公式(5-23)改为：

$$L = \left(\frac{\Delta \cdot K_1}{\gamma \cdot C_b}\right)^{1/3} \tag{17-26}$$

3)集装箱船舶主尺度的计算

集装箱船舶主尺度与装载总箱数以及集装箱装载的行、列、层数有关，其主尺度估算步骤如下：

(1)按总箱数确定甲板箱数与舱内箱数的分配；

(2)确定舱内集装箱的行数、列数和层数；

(3)按行、列、层数确定船长、船宽、型深。

①船长：船长主要与集装箱的行数有关。一般先从布置的需要入手选出初步值，再从阻力等角度进行校核和调整。船长也可按船长与舱内箱数统计资料确定。

②船宽：船宽与集装箱的装载列数有关。根据布置要求，船宽应等于集装箱宽度乘以列数，还需加上集装箱的横向间隙及主甲板两边通道的数值。确定船宽后，再校核 L/B 是否在正常范围内。

③型深：型深主要取决于舱内集装箱的层数，还需考虑舱底垫板厚度、双层底高、集装箱与舱盖板间的间隙、舱口围板高度、甲板梁拱等。型深确定后，需校验 L/H 值是否在常用范围内，作适当调整。

5.型深估算

当船长宽 B、吃水 T 初步选定后，型深的选取主要应满足干舷和容积的要求，并用建造规范中规定的主尺度比值范围进行校核，删除不能满足规范要求的方案。型深估算方法有：

1)已知干舷

$$H = T + F \tag{17-27}$$

式中：H——型深，m；

F——规范规定最小干舷值或业主根据航区条件所提出的最小干舷值，m。

2)已知货舱容积

货舱容积 V_c 可用下式估算：

$$V_c = \omega_{lc} BH_c = \omega \cdot (L - l_w - l_s - l_m) B(H - H_D) \tag{17-28}$$

式中：L——垂线间长，m；

ω——舱容系数；

l_c——载货舱长度，m；

l_w——尾尖舱长度，m(一般 $l_w = 4\% \sim 6\% L$)；

l_s——首尖舱长度，m；

l_m——机舱长度，m；

H_D——双层底高度，m。

6.初稳性高校核

初稳性高 GM 的大小表示小倾角时船舶抵抗外力的能力。初稳性高过小,不利于安全;过大会引起船舶剧烈的横摇。GM 值多大才符合需要须结合具体情况参照母型船决定。但一般选取时必须满足有关规范的规定,保证船舶的航行安全要求。当载重量一定时,方形系数增大,船长和船宽相应减小。有时为了保证所需的货舱容积,需加大型深值,但这样会导致重心 KG 的提高和初稳性高 GM 的减小。当方形系数 C_b 增大到一定程度,使初稳性高 GM 值小于所要求的初稳性高 GM_0 时,须采取增大船宽 B 和减小吃水 T、型深等措施。

1)初稳性高估算

当船舶在小角度倾斜时,此时认为横稳心 M 点固定不变,重心 G 至横稳心 M 的高度 GM 称为初稳性高。

$$GM = KB + BM - KG \tag{17-29}$$

式中:GM——初稳性高,m;

KB——浮心纵向坐标,m;

BM——横稳心半径,m;

KG——重心纵向坐标,m。

2)所需初稳性高

在船型论证阶段,由于方案多且已知船型要素较少,因此只能用满载或压载,或其他最危险状态时的所需初稳性高来校核。

在选取所需初稳性高时主要考虑下面几点:

(1)规范规定的最低值:如《内河船舶稳性规范》(1993)规定,船舶所核算的各种装载情况下的初稳性高度应不小于 0.2m。《海船稳性规范》规定:客船、货船、油船等的 GM 不小于 0.15m,集装箱船的 GM 不小于 0.3m。

(2)从安全和使用要求考虑:主要是旅客集中一舷和回航、急牵等要求。规范对各类船舶的极限静倾角有规定,若能估算出倾侧力矩即可求出所需初稳性高。论证时可用母型船来比较,参考母型船实际的初稳性高,求出新船的所需初稳性高。

实际计算时,若计算的初稳性高不符合要求,可以取消该方案,让计算机自动删除。由于是系列计算,这样编程既简单也不影响方案的优选。

7.干舷校核

干舷计算是按照载重线规范的要求,按船舶种类、航区及船长选取。论证时为了便于系列计算,可作一些简化。若选用基本干舷作为干舷最小要求,可删去各项修正等。若干舷不足可采用型深 $H = T + F$,此时的型深不再按舱容要求决定。增大 H 后算出 L/H,如载重量不符合要求,还要调整主尺度。

8.空船重量计算

论证阶段各方案的空船重量 LW 包括船体钢料重量 W_s、木作舾装重量 W_E 和机电设备重量 W_m。

$$LW = W_s + W_E + W_m \tag{17-30}$$

式中:LW——空船重量,t;

W_s——船体钢料重量,t:

W_E——木作舾装重量,t;

W_m——机电设备重量,t。

1)内河空船重量计算

立方数 N 用下式表示：

$$N = L \cdot B \cdot H \tag{17-31}$$

式中：N——立方数；

L——计算船长，一般取垂线间长或水线长，m；

B——型宽，m；

H——型深，m。

设母型船的主尺度为 L_0、B_0、H_0，其立方数为 N_0，船体钢料重量为 W_{s0}，木作舾装重量为 W_{E0}，机电重量为 W_{m0}，则

型船船体钢料系数 w_{s0}为：

$$w_{S0} = W_{s0} / N_0 \tag{17-32}$$

换算为新船船体钢料重量：

$$W_s = w_{s0} \times N \tag{17-33}$$

母型船木作舾装系数 w_{E0}为：

$$w_{E0} = W_{E0} / N_0 \tag{17-34}$$

新船木作舾装重量：

$$W_E = w_{E0} \times N \tag{17-35}$$

型船机电重量系数 w_{m0}为：

$$w_{m0} = W_{m0} / P_{b0} \tag{17-36}$$

新船机电重量为：

$$W_m = w_{m0} \times P_b \tag{17-37}$$

式中：P_b——新船主机制动功率，kW。

2)海船空船重量计算

沿海船各项重量估算公式较多，可参考有关资料分析后选用。对于 5 000t 级以上的沿海干货船、江海集装箱船等可用下列公式估算：

船体钢料重量 W_s：

$$W_s = k_s (LBH)(1 + 0.5C_b)(L/H)^{0.5} \tag{17-38}$$

式中：k_s——系数，$k_s = 0.019 \sim 0.021$；沿海干货船取 0.0195，江海直达集装箱船取 0.023。

木作舾装重量 W_E：

$$W_E = k_E L(B + H) \tag{17-39}$$

式中：k_E——系数，$k_E = 0.21 \sim 0.28$，沿海干货船取 0.24。

机电设备重量 W_m：

$$W_m = Z[9.38(1.3596\ P_b / RPM)^{0.84} + 0.68(1.3596\ P_b)^{0.7}] \tag{17-40}$$

式中：Z——螺旋桨数，单桨为 1，双桨为 2；

P_b——主机额定功率，kW；

RPM——主机转速，r/min。

9.排水量校核

经过以上计算可得出新排水量 Δ_1：

$$\Delta_1 = LW + DW + (3\% \sim 5\%) LW \tag{17-41}$$

$$\left|\frac{\Delta_1-\Delta}{\Delta}\right| \leqslant 0.002 \sim 0.005$$

式中：Δ_1——新排水量，t；

Δ——前次计算的排水量，t。

当排水量的误差小于或等于规定值后，即可进行计算下一方案或营运经济计算。

第三节　船型方案营运指标的计算

在船型论证中，对各船型方案进行运营指标计算，以预估各船型方案在投产后所能达到的营运能力，即年货运量和年货运周转量。当年货运量已设定时，应求出各船型方案所需的船舶（或船队）的数量。

一、营运指标的内容

营运指标主要包括：

(1)船舶产量指标：年货运量、年货运周转量、平均运输距离等；

(2)船舶生产能力指标：船舶艘数、平均使用船舶数、载货量、载重量等；

(3)船舶营运效率指标：营运率、航行率、载重量利用率、平均航行速度等；

(4)船舶生产效率指标：吨天生产量、吨船生产量等；

(5)船员劳动生产率指标：船员劳动生产率。

二、营运指标的计算

1.有关速度的计算

通过技术计算求出的各船型方案的航速，一般为试航航速，或服务航速。

1)技术速度 $v_{技}$

在一般情况下，技术速度为主机额定功率的85%时的速度。

$$v_{技}=\sqrt[3]{\frac{P_b \times C}{\Delta^{\frac{2}{3}}}} \times 85\% \tag{17-42}$$

2)营运速度

$v_{营}=v_{技}-v_{技}\times(5\% \sim 7\%)$试航速度越高，所选系数越小。

3)压载航速

压载航行速度可取1.0～1.08满载试航航速，或取1.05～1.12的服务速度，或取营运速度的1.1倍。

4)水流速度

在内河航行船舶的营运速度应考虑上、下水水流速度对其的影响。

5)失速率

对于航行于沿海的船舶，应考虑海上航行的失速率。其大小应随着航区条件(波长、波高、水流、风力等)以及船舶本身技术特征(排水量、航速、方形系数等)而有所差别，一般认为与方形系数 C_b 大小有关，失速率可取5%～10%，方形系数大者失速率大。

2.航次可变载荷 ΣJ 的计算

$$\Sigma J=燃润料重量+淡水重量+行李重量+食品重量+备品重量$$

3.航次净载重量 *NDW* 的计算

$$NDW = DW - \Sigma J - C$$

$$t_{往返} = \left(\sum \frac{L_{限}}{V_{限}} + \frac{L - \sum L_{限}}{V}\right) + \frac{Q}{M_{装} f_{装}} + \frac{Q}{M_{卸} f_{卸}} + t_{辅} + t_{压航} \quad (17\text{-}43)$$

4.单船年往返航次数 *n* 的计算

$$n = \frac{t_{营}}{t_{往返}} \quad (17\text{-}44)$$

5.单船年运量 $Q_{单船}$ 的计算

$$Q_{单船} = n \times NDW$$

6.航线所需船舶数 *N* 的计算

$$N = \frac{年运量 \sum Q}{D_{单船} \times n} \quad (17\text{-}45)$$

第四节　船型方案的经济指标计算

在船型论证中,除计算各船型方案营运指标后,还必须进行经济指标的计算,以预估各船型方案投入营运后的成本、收益等经济性能。

一、年(客)货运收入的计算

年(客)货运收入的计算公式:

年(客)货运收入 = 往返航次运量 × 年航次数 × 运费率

二、年运输成本的计算

年运输成本的计算公式:

年运输成本 = 船舶航行费用 + 船舶固定费用

1.船舶航行费用

1)燃料费

燃料费 = 主机燃料费 + 辅机燃料费

= 主机功率 × 主机油耗率 × 航行时间 × 主机燃油价 + 辅机功率 ×(辅机航行油耗率 × 航行时间 + 停泊时间辅机油耗率 × 停泊时间)× 辅机燃油价

2)润料费

润料费 = 燃料费 × 润滑油系数

式中:润滑油系数——中高速机取 17%,中速机取 10% ~ 15%,低速机取 7% ~ 10%。

3)材料费

材料费是指船舶在营运中耗用的各种物料、备品配件等。论证时可取年货运收入的 2%,也可取工资、修理及总燃料费之和的 6%等。

4)事故损失和其他费用

事故损失和其他费用是指因船方责任发生的海损、机损、货损、货差等事故损失费用及其他航行费用,论证时可取年货运收入的 2%。

5)养河、过闸费

它是指内河船舶向航道管理部门支付的养河费和向船闸管理部门支付的过闸费用，养河费论证时可取年货运收入的6%。

2.船舶固定费用

(1)工资：指船员工资及附加，根据船公司实际情况定。

(2)折旧费：按船公司采用的折旧方法计提。

(3)修理基金：按船公司有关规定计提。

(4)保险费：论证时通常取1%。

(5)车船使用税：按车船使用税计征。

3.港口费用

论证时常取年收入的12%～14%。

4.管理费用

论证时常取年收入的15%。

三、船舶价格估算

船型论证中船价估算方法一般采用整船估算法和分项估算法，考虑方案之间的可比性，论证时采用分项估算法较好。

分项估算法将船价分成船体、木作舾装、机电设备及其他杂项等四大项。按各大项的重量乘以每吨单价估算船价，机电设备可用主机功率代替重量。下面介绍简单的分项估算法：

$$P=(W'_S R_S+W_E R_E+W_m R_m)(1+k)\times 10^{-4}$$

式中：P——估算的船价，万元；

W'_S——船体钢材实际消耗重量，t；

R_S——船体结构单位重量价格，元/t；

W_E——木作舾装重量，t；

R_E——木作舾装单位重量价格，元/t；

W_m——机电设备重量，t；

R_m——机电设备单位重量价格，元/t；

k——其他杂项造价比率，%。

上述各类单位重量价格可参照相关书籍和市场价格而定，其他杂项费用可取船体、舾装、机电3项价格之和的20%～40%。

四、船型方案经济指标的计算

需计算的经济指标有年均费用(AAC)、必要运费率(RFR)、净现值(NPV)、投资回收期(PBP)、内部收益率(IRR)税前收益和税前利润等，应根据实际情况选取。具体计算公式参见有关书籍，本书不再赘述。

思考题

1. 拟定船舶吨位方案时需考虑哪些因素？
2. 拟定航速方案时应考虑哪些因素？
3. 船型论证方案是如何拟定及论证的？

第十八章　江海直达货船技术经济论证案例

本案例是长江某省市建造中小型江海直达简易货船所作的简要船型技术经济论证。

一、调研及背景分析

江海直达运输可减少货物中途倒载、存储等中转环节,加快货物周转、减少货损货差,加强内地与沿海经济区的联系,有利于外向型经济的发展,江海直达运输也日益受到船公司的重视。

1.货源分析

1)货种、货物流向、积载因素分析

货种主要是煤、矿石、砂石等散货以及钢材、水泥、粮食等件杂货,船公司希望建造多用途船。

货物流向主要是长江至东南沿海各省,回程货约占30%左右。

货物积载因数一般大于1.5m³/t。

2)货运量预测

目前,每年约有60万t。随着经济的发展,直达货运量将呈增长趋势,预测近期可达150万t左右。

3)典型航线及平均运距的选择

典型航线为长江中游宜昌至东南沿海港口。

考虑到江段运距、海段运距等具体情况,取平均运距为1 000 n mile,并进行敏感性分析。

2.航道条件

宜昌港至东南沿海港口的其航道现状如下:

1)长江干线段航道

宜昌至临湘段:里程416km,维护航道尺度(航深×航宽×曲率半程)为2.9m×80m×750m,可通航1 500~3 000t级船舶。

临湘至汉口段:里程210km,维护航道尺度为3.5m× 80m×1 000m,可通航3 000t级船舶。

汉口以上的航道在枯水季节(全年约两个月)自然水深仅有2.5~2.8m,洪水期流速约为2m/s,枯水期约1.5m/s。全年基本上可通航1 500t级船舶,临湘以下则可通航3 000t级船舶。

汉口至上海(浏河口)段:里程1 028.6km,维护航道尺度为4m×100m×1 000m。其中汉口至安庆段水深4m,安庆至南京段水深4.5m,南京至浏河口段水深7.1m。洪水期流速1.7m/s,枯水期流速0.8~1.1m/s,全年可通航3 000~5 000t级船舶。

2)长江大桥跨距及净空

枝城长江大桥	152m×18m
武汉长江大桥	120m×18m
九江长江大桥	173m×24m
南京长江大桥	152m×24m

3)沿海风浪情况

我国沿海常刮4、5级风,届时有30~60m波长的波浪,波浪周期8s以下者居多。与江海直达货船的尺度和横摇周期十分接近,吃水浅或因无回程货而空载的船舶,主机易发生飞车而使船舶失速,而满载船舶容易发生货物位移而倾侧,故适航性应予以重视。

3.港口状况

沿海港口水深一般均能满足江海直达船舶吃水的需要,且装卸效率在25~30t/h,较内河港高。

有关统计表明,船舶吃水小于4.2m时,沿海及长江下游42个港口中有59.5%的港口低潮时均能挂靠,有97.5%港口高潮时能挂靠;船舶吃水为3.4m时仅个别港口不能挂靠,因此,300~2 000t级江海直达机动货船其吃水值一般均在3.0~4.6m之间。

二、论证方案的拟定

本论证采用方案比较法。

方案拟定的具体内容为:初步确定船舶吨位为500、800、1 000、1 200、1 500、2 000六个吨级。

船型参数作一定变化,每一吨级垂线间长变化范围均为5m,步长为1m,基本包含了现有同吨级所有江、海货船的实船数值。根据同类实船长宽比的范围且考虑江海船的特点,取长宽比变化范围为5.0~6.4,步长为0.2,主机分单机和双机两类。

对技术经济指标影响较大的船舶设计吃水及平均运距进行敏感性分析。

通过计算各种变化参数的组合方案,用计算机输出各方案的技术经济指标和船型尺度,从中优选出最佳方案。

拟定论证方案的范围参见表18-1。

江海直达论证方案的拟定表 表18-1

载货量		500t级	800t级	1000t级	1200t级	1500t级	2000t级
船员人数(人)		18	20	22	24	26	28
设计吃水(m)		3.0	3.2	3.4	3.5	3.7	4.0
长宽比 L/B 变化范围(步长0.2)		5.0、5.2、5.4、5.6、5.8、6.0	5. 05、5. 25、5.45、5. 65、5.85、6.05	5.1、5.3、5.5、5.7、5.9、6.1	5.3、5.4、5.6、5.8、6.0、6.2	5.3、5.5、5.7、5.9、6.1、6.3	5.4、5.6、5.8、6.0、6.2、6.4
单机	主机型号	6 300C	6 300C	6 300ZC	6 300ZC	G6 300ZC	G6 300ZC
	功率×转速	294×400	294×400	441×400	441×400	736×400	736×400
双机	主机型号	6 250C	6 250C	6 250C	6 300C	6 300ZC	6 300ZC
	功率×转速	199×600	199×600	294×400	294×400	441×400	441×400
辅机型号		2 135	2 135	4 135Ca	4 135Ca	4 135ACa	6 135Ca
台数×功率		2×29	2×29	2×59	2×59	2×74	2×88

注:1.功率单位kW,转速单位r/min;

2.速比:主机转速600r/min时,取3:1;主机转速400r/min时,取2:1,但以螺旋桨最佳直径而定。

三、主要技术参数的选取

1.载货量

本案例着重论证中小型江海货船,初步拟定载货量为500、800、1 000、1 200、1 500、2 000t

级。

2.船员人数

参照沿海中小型货船的人数选取,遵循载货量增加船员人数有所增加的原则,使方案具有可比性。具体数值参见表18-1。

3.设计吃水

选取设计吃水时应考虑:

(1) 沿海航道的水深,尽量使船舶能全年通航;

(2)沿海中小港口的水深;

(3)经济性和适航性。在航道条件好时,吃水大的船舶经济性和适航性较好。实际设计时可考虑采用变吃水以提高船舶营运的经济性。

4.长宽比

根据沿海小货船的实船统计 $L/B=5.0\sim6.0$,且随着载货量的增大而增加。但江海直达船由于吃水受限制,随着载货量的增大其 L/B 值增加幅度减小,因此,L/B 主要与设计吃水有关。考虑到 L/B 对尺度的影响,论证时在初估值的上下范围变动,L/B 值的变动范围为5.0~6.4。

5.方形系数

沿海小货船方形系数较小,在0.65~0.70之间。由于江海直达货船吃水受限,且航速属低速范围。为了能在较大范围内选择船型,本论证取消方形系数大于0.86的方案。

6.航速

江海直达船舶属中、低速范围。根据江段和海段的航行实际,航速低于7kn是不利的,大于16kn是不经济的。且考虑到江段水流速度4km/h以及海段8%~10%失速率的影响,论证时取消航速低于7kn和大于16kn的方案。

7.初稳性高度和横摇周期

根据主尺度利用经验公式求出各方案的初稳性高,并利用海船规范的公式求出横摇周期。选取方案时,取消初稳性高小于0.7m,横摇周期小于5s的方案。

8.主辅机及齿轮箱的选取

主辅机选取油耗低、在国内成熟的机型。齿轮箱的速比选择主要考虑尾部吃水的限制,并使求得的螺旋桨直径接近最佳值范围。速比选取还需考虑选用的螺旋桨转速在200r/min左右。

四、其他有关参数的选取

1.利率

船舶投资由3部分组成:资金的1/3是专项贷款,1/3是自贷,1/3是自筹。分别按年利率11.52%、14.4%和15%计,三者得综合利率为13.64%。(按国家计委、中国人民银行,计投资(1989)383号文选取年利率)。

2.使用期、年折旧率、维修费提成

按交通部有关船舶使用年限规定以及本省具体情况,取折旧年限为20年,年折旧率为5%(不计残值),维修费提成为10%。

3.船舶营运率及年营运天

年营运天取320d,船舶营运率为85%。

4.燃油价格、滑油价格

燃油价:1 500 元/t,滑油价:3 000 元/t。

5.年船员工资

船员基本工资:300 元/(月·人)及工资附加 11%;

津贴:150 元/(月·人);

退休统筹:22.5%;

船员年工资:6 600 元/(年·人)。

6.续航力

考虑到平均运距和航速,取 200h。

7.装卸货停泊时间

按现有实船平均统计,装货停泊时间为 3.5d,卸货停泊时间为 3.5d。

8.负载率和回程系数

按现有实船统计,负载率为 0.9,回程系数为 0.3。

9.平均运费

由于运费浮动变化大,且影响论证的结果,暂取平均运费 120 元/(kt·km)。

五、船舶造价估算

1.估价基础

按中国船舶总公司 1990 年提供的船舶估价手册,分别按船体钢料、木作舾装和机电设备 3 项估算。选用散货船船类,钢材价格按 1 500 元/t 计。

2.估价方法

先根据主尺度求出各方案船体钢料、木作舾装和机电设备的重量,再根据单位重量的价格求出船舶造价。估价过程中还需考虑物价指数以及材料耗用系数。

造价估算应使各方案之间具有可比性。

六、技术性能计算

1.推力功率计算

本论证采用常用 B4-55 螺旋桨的设计图谱进行推力计算和螺旋桨要素计算。

2.有效功率计算

本论证采用常用适用范围较广的荷兰水池法,并考虑一定的余裕进行有效功率计算。

3.其他有关航速问题的考虑因素

船舶有效功率与螺旋桨的推力功率相交即得所求的航速。航速除余裕外,且考虑江段水流速度 4km/h 对上下水的影响以及在海段航行时有 8% ~ 10% 失速率的影响。根据有关实船记录,取回程空载航速为满载航速的 1.05 倍。

七、营 运 计 算

营运计算的目的是估算各船型方案投产营运时能达到的运输能力,如年运量及周转量等,以便求出年收入等经济指标。

八、船舶费用计算

船舶主要费用有:

1.船舶航行费用

(1)燃料:按主辅机功率、油耗率、航速等计算;

(2)润料:按主辅机功率、油耗率、航速等计算;

(3)材料:按收入2%计;

(4)港口费:

①船舶港务费:按吨船0.125元计;

②码头停泊费:按收入的0.2%计。

(5)业务费:

①业务管理费按收入4%计;

②业务代办费按收入1.5%计。

(6)事故损失:按收入1%计;

(7)航道养护费:按收入5%(仅考虑江段);

(8)其他航行费用:按收入1%计。

2.船舶固定费用

(1)工资:取6 600元/(年·人);

(2)折旧费:按5%船价计;

(3)修理基金:按10%船价计;

(4)保险费:按1%船价计;

(5)车船使用等税金:按收入3.24%计。

3.船舶维护费用

(1)航管费能按收入3%计;

(2)企业管理费:按收入3%计。

九、经济指标

1.平均年费用

平均年费用(AAC),即将投资的现值用复利计算平均分摊到每年,再加上每年平均年营运费用。

$$AAC=(P-L_{残})(A/P,i\%,N)+L_{残}\cdot i+\gamma$$

式中:AAC——平均年费用,万元;

P——投资的现值,万元;

$L_{残}$——残值(不计);

$(A/P,i\%,N)$——资金回收因数;

γ——年营运费用,万元;

N——使用期,年;

i——年利率,%。

2.必要运费率

必要运费率(RFR)就是为了达到预定的投资收益率,运输单位货物所必须收取的费用。

$$RFR=AAC/\sum QL$$

式中:RFR——必要运费率,元/(t·km);

Q——运量,t;

L——运距，km。

3.投资回收期

投资回收期(T)是船舶年运费收入扣除年总成本以后的年利润，不计利息偿还投资的年限。

$$T = K/AP$$

式中：T——投资回收期，年；

K——船舶投资总额，元；

AP——年利润，元。

4.单位运输成本

单位运输成本(C)是船舶完成单位周转量所支出的费用。

$$C_{单} = C/\sum QL$$

式中：$C_{单}$——单位运输成本，元/(t·km)；

C——年总成本，元。

其他符号意义同前。

5.年利润

年利润(AP)是年运费收入扣除年总成本的余额。

$$AP = F - C$$

式中：AP——年利润，元；

F——年运费收入，元；

C——年总成本，元。

十、设计吃水与运距变化计算

为了解设计吃水与运距变化对船型技术经济指标的影响程度和变化规律，对这两个参数在一定范围内进行变化计算，详见表18-2。

设计吃水及平均运距计算变化范围　　表18-2

船舶吨级	500	800	1 000	1 200	1 500	2 000
设计吃水变化范围(m)	2.6、2.8	2.8、3.0	3.0、3.2	3.1、3.3	3.3、3.5	3.6、3.8
	3.0、3.2	3.2、3.4	3.4、3.6	3.5、3.7	3.7、3.9	4.0、4.2
	3.4、3.6	3.6、3.8	3.8、4.0	3.9、4.1	4.1、4.3	4.4、4.6
平均运距变化范围(km)	江海两段：800、1 000、1 200、1 400、1 600、1 800 全部海段：200、300、400、500、600、700					

十一、论证结果及其分析

1.各吨级优选方案

先从计算结果中某一个吨级和某一个长宽比约25个方案中挑出一个较优方案；再从各长宽比的较优方案中挑选出最优方案，得出单、双机各吨级优选方案系列，如表18-3、表18-4所示。

各吨级优选方案系列主要经济指标 表 18-3

载货量(t) \ 项目		单位运输成本(%)	投资回收期(%)	年利润(%)	必要运费率(%)	造价(%)
双机	500t 级	100.0	100.0	100.0	100.0	100.0
	800t 级	76.6	19.9	690.1	77.7	138.6
	1 000t 级	77.6	18.9	863.9	77.5	165.1
	1 200t 级	71.3	15.1	1 259.0	71.8	192.4
	1 500t 级	73.1	16.4	1 549.3	73.7	257.0
	2 000t 级	65.2	12.3	2 486.7	66.2	310.5
单机	500t 级	100.0	100.0	100.0	100.0	100.0
	800t 级	80.6	42.3	319.9	81.7	135.0
	1 000t 级	83.5	48.9	391.8	85.0	191.4
	1 200t 级	77.8	39.0	531.0	79.2	207.1
	1 500t 级	78.1	37.2	712.4	78.8	265.2
	2 000t 级	70.3	28.6	1 103.2	71.1	315..4

注:以 500t 级船舶为基数(100%)。

各吨级优选方案系列的主尺度表 表 18-4

载货量(t) \ 项目		船长(m)	船宽(m)	型深(m)	吃水(m)	排水量(t)	方形系数	长宽比	主机台数×功率(kW)	初稳性高(m)	横摇周期(s)	航速(kn/h)
双机	500t 级	46	8.65	3.75	3.0	903	0.749	5.4	2×199	0.98	5.87	9.45
	800t 级	60	9.92	4.14	3.2	1 389	0.712	6.05	2×199	1.37	5.69	10.11
	1 000t 级	62	11.27	4.40	3.4	1 740	0.714	5.5	2×294	1.85	5.48	10.74
	1 200t 级	69	12.32	4.50	3.5	2 075	0.681	5.6	2×294	2.35	5.23	10.77
	1 500t 级	74	12.98	4.83	3.7	2 573	0.706	5.7	2×441	2.40	5.48	11.47
	2 000t 级	82	14.14	5.38	4.0	3 347	0.704	5.8	2×441	2.54	5.83	11.03
单机	500t 级	47	8.7	3.75	3.0	896	0.712	5.4	1×294	1.08	5.67	9.57
	800t 级	58	9.59	4.33	3.2	1 357	0.744	6.05	1×294	1.06	6.39	9.00
	1 000t 级	63	11	4.41	3.4	1 731	0.688	5.5	1×441	1.69	5.39	9.95
	1 200t 级	65	45	4.81	3.5	2 008	0.742	5.6	1×441	1.70	5.97	9.44
	1 500t 级	75	11.61	4.82	3.7	2 567	0.686	5.7	1×736	2.52	5.40	10.84
	2 000t 级	81	13.16	5.49	4.0	3 312	0.714	5.8	1×736	2.36	6.01	10.27

2.载货量分析

根据表 18-3 计算结果可知:

(1)无论单、双机方案,单位运输成本、回收期和必要运费率随着船舶载货量的增大明显降低,年利润明显增大。但随着载货量的继续增大,其单位成本、回收期和必要运费率的变化趋缓,而年利润变化率仍较大。

(2)无论单、双机方案,船舶载货量由 500t 级变化到 800t 级时,其指标变化率最大。例如,单机船舶由 500t 级变化到 800t 级时,其单位运输成本下降 19.4%,投资回收期缩短了 57.7%,年利润增加了 3.2 倍,必要运费率减小了 18.3%,这表明提高小吨位船舶的吨位具有较好的经济性。

(3)在一般情况下,单机船较双机船具有较好的经济指标。吨位越小,单机船的经济性具有明显优势。尤其是1 000t级以下的单机船舶,其经济性较双机船更具明显优势。

3.长宽比分析

长宽比对航速和初稳性有较大的影响。随着 L/B 值的增大,船舶阻力减小而航速增大,而初稳性高则有明显的减小。

随着载货量的增大,L/B 值有明显增大,即对于吨级较大的船,其 L/B 应取较大的值,而对于吨级较小的船,其 L/B 应取较小的值,其原因是船舶吨级小而 L/B 值大时,其初稳性高较小。因此,为使船舶保持足够的稳性,即使有其他经济指标好的方案,但也只能取 L/B 较小的方案;而吨级较大的船舶稳性余裕较大,取较大的 L/B 值对其他指标有利。

4.方形系数分析

由表18-3可知:当载货量一定时,方形系数影响船舶的各项技术经济指标。方形系数增大,船舶航速降低,船舶的各项经济指标变差;过小的方形系数对船舶的航速不一定有利,可使船舶各项经济指标明显地趋于不利状态。

5.航速分析

由表18-3可知:当载货量一定时,航速直接影响船舶的各项技术经济指标。随着船舶载货吨位的增大,其最佳航速有所增大。此外,双机船的最佳航速大于单机船。各项技术经济指标较好方案的船舶航速为9~11.5kn(其中单机船为9~10.8kn,双机船为9.5~11.5kn)。

6.造价分析

随着船舶吨位的增大,造价也随之增大。由表18-3可知,1 200t级船舶约为500t级的造价近2倍,3 000t级约为500t级的3倍多。但是随着船舶吨位的增大,每载货吨的造价则明显降低。如单机800t级船舶平均每单位载货吨的造价仅为500t级的84.4%;双机1 200吨级船舶为500t级的80.2%,而单、双机的1 200t级为500t级的77.7%~78.8%,详见表18-5。

各吨级优选方案的造价分析表 表18-5

项目	船舶载货量(t)											
	单机						双机					
	500 t级	800 t级	1 000 t级	1 200 t级	1 500 t级	2 000 t级	500 t级	800 t级	1 000 t级	1 200 t级	1 500 t级	2 000 t级
可比造价百分数(%)	100.0	135.0	191.4	207.1	265.2	315.4	100.0	138.6	165.1	192.4	257.0	315.4
单位造价百分数(%)	100.0	84.4	95.8	86.2	88.3	78.8	100.0	86.7	82.7	80.2	85.7	78.8

注:以500t级为100%。

7.吃水变化分析

船舶吃水对船的航速、造价等经济指标有一定的影响。

1)吃水对航速的影响

在船长、船宽、排水量一定时,随着吃水的增大,方形系数减小,对提高航速有利。

随着吃水值减小,船长将相应增大;换言之,增大吃水可使船长缩短。船舶吃水过小对经济性不利,过大对快速性不利。

2)吃水对造价的影响

由于船舶吃水增大可减小船长,因此增大吃水对降低造价有利。如单机 800t 级船舶,船舶吃水由 2.8m 增大到 3.8m 时,船长可从 61m 减小到 52m,造价相应降低,从而影响其他经济指标。

十二、结论意见及船型系列的选取

各吨级优选方案的主尺度,参见表 18-4。

基本结论:

(1)载货吨位大对经济性较为有利,由于大吨位方案其年利润明显增大,必要运费率、回收期明显减小。但从初投资、年利润、航道、港口等条件综合考虑,目前以建造单机 800～1 000t 级、双机 1 200～1 500t 级的方案为宜。

(2)船舶长宽比对航速和初稳性影响较大,吨位较大的船(如 1 200t 级以上)可增大长宽比以提高航速,而对小吨位船则需要考虑稳性。

(3)方形系数影响船舶的各项技术经济指标,优选方案系列的方形系数在 0.68～0.74 范围内,一般可取 0.72 左右。

(4)航速影响船舶的各项技术经济指标,吨位大的船舶其最佳航速可高些,吨位小的船舶其最佳航速可低些。优选方案系列的航速范围为 9～11.5kn(单机船为 9～10.8kn,双机船为 9.5～11.5kn)。

(5)单机 800t 级、双机 1 200t 级以及单双机 2 000t 级,每单位载货吨的造价相对于 500t 级较低。

(6)吃水影响船舶的航速、造价等技术经济指标。

(7)运距对船舶航速和造价无多大影响,对其他经济指标有一定影响。随着运距增大,各项经济指标趋好,但以 1 000n mile 为宜。

参考文献

1 周宗世.水运实用知识.武汉:湖北辞书出版社,2003

2 贾大山.中国水运发展战略探讨.大连:大连海事大学出版社,2003

3 丁以中.交通运输网络规划.大连:大连海事大学出版社,2000

4 韩彪.交通运输学.北京:中国铁道出版社,2000

5 徐天芳等.国际航运实务.大连:大连海事大学出版社,2000

6 沈志云.交通运输工程学.北京:人民交通出版社,1999

7 郭萍等.航运业务与海商法.大连:大连海事大学出版社,1999

8 谢新连.船舶运输管理与经营.大连:大连海事大学出版社,1997

9 赵刚.国际航运管理.北京:人民交通出版社,1997

10 王彩当.内河船型技术经济论证.北京:人民交通出版社,1996

11 吴长仲.航运管理.大连:大连海运学院出版社,1992

12 毛侠.远洋船队经营管理.上海:中国城市经济社会出版社,1990